周易禪解

·第二版·

蕅益大師——著
周春塘——譯註

五南圖書出版公司 印行

佛教易經

淨空

蓮宗九祖清靈峰蕅益大師

導讀：「群龍無首，吉！」

人身難得今已得，佛法難聞今已聞；
此身不向今生度，更向何生度此身？

這是一個陰陽失調、上下失序的時代；這是一個青黃不接、黑白不分的時代；這是一個呼天不應、叫地不靈的時代；老年人感到無奈，青年人感到彷徨，少年人感到焦躁；我們丟失了過去，隨風飄向茫然的未來，沒有重心，沒有方向，手中捏著一把冷汗：這是噩夢，還是幻想？是煉獄，還是解脫？是絕望，還是希望？

生活在二十一世紀，想尋找希望，可真不容易。每天層出不窮的恐怖事件，毫無理性的集體屠殺，加上昧著良心的政客和奸商，把國家和民眾的福祉安危，在惟利是圖的前提下變成了當然的犧牲品。

哪裡是我們的希望？哪裡是我們生命的意義呀？

有人打開《易經》，尋找答案。有些《易經》達人說：「生死有命，富貴在天。」有些說：「樂天知命，禍福相倚。」雖然給了我們些許安慰，抓住了《易經》形而上學的幌子，卻沒有發揚《易經》解決問題的精神。這種滿足於形而上的陳述，是中國哲學界向有的現象，不足為怪；但如果問題沒有解決，目的沒有達到，跟阿Q的精神勝利又有什麼不同？佛教要求智慧的超越和身心的解脫，它的外觀雖有形而上的包裝，內部卻是一個嚴謹的經驗論和實踐論。每當人向釋迦牟尼問起哲理的問題時，他總是閉口不言，保持「高貴的緘默」，他的用意，不難想見。

佛陀最微妙的「中觀論」，包括空假中的「三觀」和「破三觀」的中道，是佛陀七百年後印度哲學家龍樹整理出來的思想，也成為後來天台宗教理的骨幹。明代蕅益大師用佛理解讀《易經》，雖也借用這些術語，但一如佛陀，仍然全神卻貫注在實踐——也就是修行——的工夫上。事實上，實事求是也是《易經》一貫的主張，但不到《周易禪解》問世，很少人察覺到罷了。在「慈航普度」的佛經和「雲行雨施」的《易經》相互對照下，蕅益大師給了我們一部跟傳統截然不同的《易經》，充滿了儒佛交融的趣味，和自度度人的妙方！

人的苦來自「我」，佛經中的「身、口、意」便是「我」的象徵，稱為「三業」。但誰都知道，我的身體、我的言論和我的意念可以做善事，也可以做惡事，因此也有「三善業」和「三惡業」的不同，前者造福人群，值得讚美，後者製造糾紛，需要防範。懂得這個道理，人才會開始警覺，對自己要求多，對人責難少，而人世間的祥和之氣才會隨之而發生。蕅益大師提醒我們說，其實孔子的「仁學」也有同樣的作用；《論語》裡「克己復禮，天下歸仁焉」的話，便是身口意的管制，提高了個人的價值和力量，成為大同理想的先決條件。蕅益年青時代便是一個熱血沸騰的儒生，隨後潛心佛學，開啟了他劃時代的「以禪入儒、誘儒知禪」的《周易禪解》工程。

蕅益大師（一五九九—一六五五），俗姓鍾，明代四大高僧之一。二十三歲聽《大佛頂楞嚴經》，「世界在空，空生大覺」那句神祕的話打動了他，次年剃度出家，法名智旭。剃度前，他的舅父母不同意，舅母問他：「今天佛教圈裡亂成一團，你幹嘛要做和尚？你是想做善知識吧？」蕅益說：「我佛都不想做，而況其他？」舅父聽了，笑著說：「既然如此，又何必出家呢？」他回答說：「只要復我本來面目！」

用佛經的話說，人的本來面目，就是真如本性，也稱佛性；這是人人能夠成佛的根本原理。然而人的本性不容易看見，因為身口意把它層層污染了。《周易》以乾坤為首，開天闢地後，亂象叢生，最顯著的莫過於人心，人雖有佛性，人的心卻是虛妄和無明的大本營。蕅益用屯卦（䷂）解釋了人心「一念初動」時的利弊。他說：「人的真如如果不依本性的原則行動，讓無明牽著你的鼻子走，並用因明學來推理，製造妄念，顛倒是非，亂象便發生了。」但他繼續說：「如果沒有一念初動的亂象，我們又怎能悟到修德的重要呢？」屯卦上坎下震，上面是滂沱的大雨，下面是震耳欲聾的雷電，險象重重。在這惡劣的環境中，幸而一念初動，證明我們的身口意沒有昏睡，還有機會開啓智慧的大門，給自己帶來轉機，這便是生命的力量，也是坎險（☵）的神奇。

蕅益對坎的認識，賦予了佛經和《易經》特殊的趣味，也說明了人的覺心充滿了潛在的力量。繼險象環生的屯卦之後，他還指出童蒙無知的蒙卦（上艮下坎，䷃），能在危險中向自己招手喊停，回頭是岸，便是吉利；在風雨飄搖的需卦（上坎下乾，䷄）裡，如果有人按兵不動，不是怯懦，而是因為智慧也需要韜光養晦的機會；在你爭我奪的訟卦（上乾下坎，䷅）中，敢向自己興師問罪，坦白「自訟」，才是真正的智慧；在干戈相向的師卦（上坤下坎，䷆）裡，如果戰爭不能避免，挺身而出，以毒攻毒，藥到病除，才是真正的勇敢；在人事莫測的比卦（上坎下坤，䷇）裡，人吃盡了苦頭，丟盡了朋友，才發現希望原來就在自己的身邊。乾卦「群龍無首」的妙喻，在這裡也產生了奇特的效應。

從屯卦初九的「建侯」，到比卦上六的「比之無首」，是一部人類生存奮鬥的小史，而坎卦從不缺席。依照天台止觀的學說，只要有智慧，加上禪定的工夫，困難沒有不被克服，光明沒有不會朗照；危險和希望總是緊緊相扣在一起。人不怕一念初動，只怕覺悟來遲。人需要的是覺，是解脫，不是語言的麻醉。坎險對人的意義非比尋常。但這些簡單而永恆的真理，如果沒有蕅益大師的提醒，誰注意到呢？

從佛法看《易經》，蕅益也為我們揭開了永恆的面紗。

咸卦（䷞）上兌下艮，恆卦（䷟）上震下巽，它們分別代表感和應，是「天地萬物之情」一感一應、一動一靜的自然現象，雖然變化無窮，但連智慧不高的魚和豬都能感受，還不夠恆常嗎？咸（感）是動，是無常，但它的卦象是寂然不動的澤（☱）和山（☶）；恆是靜，是有常，卦象卻是瞬息萬變的雷（☳）和風（☴），是饒有趣味的安排，所以蕅益說：

如果寂然不動的澤和山是「咸」，那麼常就是无常了；如果瞬息萬變的雷和風是「恆」，那麼无常就是有常了。變化无常的「咸」既然是寂然不動的澤和山，所謂无常，就是有常了；永不改變的「恆」既然是瞬息萬變的雷和風，所謂常，也就是无常了。《涅槃經．鳥喻品》拿鴛鴦雙宿雙飛的現象，比喻常與无常永不分離，從這裡也可以得到理解！

佛教講究真理，追求寂照（《楞嚴經》用語：真理的體是寂，真理的用是照），在寂照的光芒中我們得到無言的啟示，那才是「看破」和「放下」真正的動力；如果我們能走上覺悟的道路，則更是智慧和禪定的收穫了。這些個人的努力，遠比「生死有命，富貴在天」那樣的話有意義多多。

再說，佛經中司空見慣的常與無常，對蕅益本人來說，卻有切膚之痛：他四十三歲開始寫《周易禪解》，是明崇禎十四年（一六四一），當他四十七歲完成寫作時，崇禎皇帝已經縊死煤山，大明三百年的江山已經走入歷史，是清順治皇帝入關的第二年（一六四五）了！短短四年間翻天覆地的變化，滄海桑田的淒涼，個人和時代意識的破滅，鐵石心腸也會墮淚！他才有資格說「這是一個陰陽失調、上下失序的時代；這是一個青黃不接、黑白不分的時代……」！然而，他沒有這樣做。在痛定思痛之餘，他親眼看見該變的全變了，不該變的也變了，但出乎意料之外地，他「卻發現有些東西竟然一成不變」！這時他才體會到，「不變」原來就是「至變」，而「至變」原來就是「不變」！他再度想到比翼雙飛的鴛鴦，這個常與無常的象徵，從來便在空中翩翩起舞，一刻都不曾休歇！

這便是真理！這便是生活！在徹底的破滅中，真理會露面；在群龍無首的天地間，吉祥會呈現奪目的光彩！然而，沒有智慧，不能看破；沒有禪定，不能放下。對蕅益來說，「悟」是時間的造化，時間淨化了他的生命，讓他在不幸中懂得慈悲的重要，也為他解開了《大佛頂經》「世界在空，空生大覺」那句神祕難解的名言。

抽象的思維常有提綱挈領、畫龍點睛的妙用，在宗教和哲學的領域中，尤為恰當。

在詮釋《易經》時，蕅益不斷提到的是「隨緣不變，不變隨緣」八個字。那是天台圓教（大乘窮極的實教）的教理，用在「神無方而易無體」的《易經》身上，再合適不過了。從佛學的角度看，隨緣不變，指森羅萬象的大千世界如如不動；不變隨緣，指千波萬浪的因緣在覺性中翻騰，而真如不改。解讀《易．繫辭》時，蕅益說：

> 《易經》的道理，一言以蔽之，就是「隨緣不變，不變隨緣」。這是天地萬物構成的基本原則。書中卦爻陰陽的變化，是天地萬物的縮影。至于天的「易知」、地的「易從」，是品玩天地萬物之後得到的結論。……（《繫辭》）先說怎樣從天地萬物中得到了《易》書，從《易》書中完成了《易》學，又怎樣從《易》學中印證了《易》理。

對蕅益來說，所謂《易》理，是從本體開始推演，得到空假中「三觀」的結論，這就是「不變隨緣」；以中道的本體作為推演的過程，達到「破三觀」的效果，回到真如本性，這就是「隨緣不變」。他的方法，在原則上避免了宿命論和排他性的陷阱，讓人在瞬息間領悟到天下的至理和生命的意義。至於「讓人不在歧路上痛哭，明白成功不是運氣」等等的觀察，把高深化為平易，把日用化為神奇，正是宗教家救人濟世精神的體現。

在《周易禪解．序》中蕅益說他寫此書不過是「以禪入儒，誘儒知禪」，重點好像在學術。但他的話只說了一半，而且誤導了讀者三百六十年。他自己很清楚，他的《易》，是《易》又不是《易》，是《非易》，又是《非非易》；換句話說，他用《易經》作為誘餌，用佛經作為釣竿，弘揚儒佛思想，執行他宗教家「救人濟世」的任務，達到了「得魚忘筌」的化境：儒者對他傾心側目，佛徒讚歎他的功德無量，聽眾範圍越來越大，而傳播的效果也到達了頂峰。

不過，佛經遇上了《易經》，這種今天稱之為「儒佛會通」的行動，給我們帶來了怎樣的結果呢？蕅益替入世的《易經》增添了宗教的光芒，替出世的佛教增添了人世間的精神！從宗教的立場說，這是儒學的進步，是佛學的讓步；但從歷史的角度看，卻是一件不可避免的、皆大歡喜的文化大事。中國自從隋唐以來，佛教便開始了明顯而漫長的漢化過程，其中最大的成就，莫過於天台宗的創建。天台圓教「一行一切行」的包容，和「隨緣不變，不變隨緣」的教理，開啓了人間佛教的先河。宋代廓庵的《牧牛圖》便是人間佛教勝利的宣言，其中「返本還原」、「入鄽垂手」的欣慰，曾一再出現在蕅益大師的詩文中。蕅益在《周易禪解》中更不斷強調說，證得佛果的人，不入涅槃，而願流轉九界，度化眾生，乃是從「凡夫性」進入「聖人性」的證明，是值得讚揚的人間智慧。

當然，有勝利就有挫敗，有解脫就有沉淪，有安樂就有憂患，這正是蕅益所說「二鳥雙遊」的必然性。但蕅益提出個人超越時空的修養，利用定慧的力量，在群龍無首的困境中，發現自己，發揚自覺覺他、救人濟世的菩薩精神，足以造就一個全新的天地：雖然空無一物，群龍無首，依然處之泰然。用蕅益在《繫辭上傳》裡的話說，那就是：「運用乾坤的力量，修持定慧的工夫；運用定慧的力量，發揮心中本然的易理！」

中國人談《易經》，喜歡把它高深化，所謂「探頤索隱，鉤深致遠」，向來是我們讀《易》的標準模式。蕅益大師也不例外。他借重這個複雜的模式，圓滿達成了他簡單的度化眾生的願望。雖然不少後世學者認為他有比這更廣大、更深遠的計劃。我們不能否認蕅益大師解《易》時儒佛雙管齊下的努力和他在學術上另闢蹊徑的成就，然而因此便相信他有王弼註《老》、僧肇建立「般若學」一般的雄心，未免強人所難；尤其當他們發現蕅益運用了太多的「比附」，卻沒有完成他的「計劃」，開始對他感到遺憾時，便有欠公允了！

蕅益是一位學富五車的學者，更是一位樸實無華而充滿詩趣的高僧。他想從知識中發現智慧，從本性中找回生命，歸還給人們應有的本來面目。但這不是學問可以做到的事。他把學問比喻為「楊葉空拳」（《四書蕅益解．序》），並非偶然。楊葉被風一吹，散落滿地，不可收拾；拳頭打開，裡面空無一物：這便是所謂的學問，不是真理！是束縛，不是解脫！他心中「青青翠竹，總是真如；鬱鬱黃花，無非般若」的禪師境界，是王充、僧肇，以及後來以搬弄學問為榮的學者所望塵莫及的！

作為一個宗教家，他有他憂心如焚的地方，但他的壓力不在學問，而在時間，這個「無在而無所不在」的時間，這個只會在人心中若隱若現、跟人捉迷藏的時間（〈革卦．象傳〉），才是他最大的敵人！他說：「時无實法，依于色心分位假立。」意思是說，時間的現象不過是依心對物觀察的結果。從《易經》千言萬語語中，除了吉凶悔吝這些詞彙外，他最看重一句話是：「與時俱進」，不要錯過了時間！

人的生命是時間，而悟的關鍵也是時間。

蕅益在乾卦中提出的話：「此身不向今生度，更向何生度此身！」雖是通俗至極的老生常談，卻是他給我們讀《易經》時語重心長、至高無上的企盼！

此書的寫作，最早受到華梵大學創辦人曉雲導師的啓示，並得到隆迅法師和悟觀法師一再的關心和協助；寫作期間，又謬承淨空老和尚賜予殷切的鼓勵和題字，自始至終，法喜充滿，感到無上的榮幸和感恩！小詩一首，是我讀「神無方而易無體」的《周易》時揮之不去的感受，願與讀者分享，並請指教：

隨緣不變緣非假，不變隨緣變亦眞。
念念精誠眞法眼，緣緣總契會心人！

周春塘
敬序於新店花園新城攬翠樓

《周易禪解》序

蕅益子結冬于月台，禪誦之餘，手持韋編而箋釋之。或問曰：「子所解者是《易》耶？」余應之曰：「然。」復有視而問曰：「子所解者非《易》耶？」余亦應之曰：「然。」又有視而問曰：「子所解者亦《易》亦非《易》耶？」余亦應之曰：「然。」更有視而問曰：「子所解者非《易》非《非易》耶？」余亦應之曰：「然。」

侍者聞而笑曰：「若是乎墮在四句中也！」余曰：「汝不聞四句皆不可説，有因緣故四句皆可説乎？因緣者，四悉檀也。人謂我釋子也，而亦通儒，能解《易》，則生歡喜焉。故謂是《易》者，吾然之：世界悉檀也。或謂我釋子也，奈何解《易》，以同俗儒？知所解之非《易》，則善心生焉。故謂《非易》者，吾然之：爲人悉檀也。或謂儒、釋殆无分也，若知《易》與《非易》必有差別，雖異而同，雖同而異，則儱侗之病不得作焉。故謂亦《易》亦《非易》者，吾然之：對治悉檀也。或謂儒釋必有實法也，若知《非易》，則儒非定儒；知《非非易》，則釋非定釋，但有名字，而无實性，頓見不思議理焉。故謂《非易》、《非非易》者，吾然之：第一義悉檀也。」

侍者曰：「不然。若所解者是《易》，則人將謂《易》可助出世法，成增益謗；若所解非《易》，則人將謂師自説禪，何嘗知《易》！成減損謗；若所解亦《易》亦《非易》，則人將謂儒原非禪，禪亦非儒，成相違謗；若所解《非易》

《非非易》，則人將謂儒不成儒，禪不成禪，成戲論謗。烏見其爲四悉檀也？」

余曰：「是固然。汝獨不聞人參善補人，而氣喘者服之立斃乎？抑不聞大黃最損人，而中滿者服之立瘥乎？春之生育萬物也，物固有遇春而爛壞者；夏之長養庶品也，草亦有夏枯者；秋之肅殺也，而菊有黃花；冬之閉藏也，而松柏青青，梅英馥馥。如必擇其有利无害者而後爲之，天地恐亦不能无憾矣！且佛以慈眼視大千，知群機已熟，然後示生，猶有魔波旬擾亂之，九十五種嫉妒之，提婆達多思中害之，豈惟堯舜稱猶病哉？吾所由解《易》者，无他：以禪入儒，務誘儒以知禪耳。縱令不得四益，而起四謗，如從地倒，還從地起，置毒乳中，轉至醍醐，厥毒仍在。偏行爲外道師，薩遮爲尼犍主，意在斯也。」

侍者再拜而謝曰：「此非弟子所及也，請得筆而存之。」

崇禎辛巳仲冬旭道人書于溫陵之毫餘樓

【譯註】

今年我在溫陵（福建泉州）月台過冬，讀經之餘，隨意拿起《周易》，開始註釋。有人問我：「你註的是《周易》嗎？」我回答他說：「對。」有人看了我的文稿，問我：「你註的好像不是《周易》呢！」我也回答他說：「對。」又有人問我：「你註的好像是《易》，好像又不是《易》呢！」我回答他說：「也對。」更有人問我：「你註的好像不是《易》，好像也不是《非易》吧？」我說：「都對。」

身旁的侍者聽到這裡，笑了起來，說「這樣看來，你不是自己掉在『四句』的陷阱中了嗎？」（「四句」是「四句分別」的簡稱：第一句，有而非空；第二句，空而非有；第三句，亦有亦空；第四句，非有非空。）我對他說：「你聽過『四句』有講不通的時候吧？但得到恰當因緣時，『四句』也能豁然貫通，沒有障礙。我所說的因緣，就是『四悉檀』（《大智度論》中指出佛說法時的四種方法）。怎樣叫做『四悉檀』呢？人們聽說我是念佛的人，居然懂儒，也懂《易》，心生歡喜，便與我共同享受《周易》的趣味，這就是隨順眾生的『世界悉檀』了。有人認為，我既然是念佛的人，幹嘛要扯上《周易》，沾染時下俗儒的陋習，以談《周易》為高？但當他們知道我解的不是《易》，知道我別有用心，有方便隨緣的一番好意，所以我的《非易》，看來就是隨機教化的『為人悉檀』了。也有人說，儒佛並沒有實際的分野，假如認為《易》和《非易》有別，那麼異中有同，同中有異，並不籠統含糊，因此把《易》和《非易》等量齊觀，當作為人處世的一種參考，這便是調和鼎鼐的『對治悉檀』了。也有人認為，儒和禪都有定論，假如你說《易》是《非易》，那麼儒就不是儒了；假如你說《非易》又是《非非易》，那麼禪也不是禪了：它們空有其名，卻無其實，轉眼之間，《非易》也好，《非非易》也好，竟然出現了不可思議的弦外之音，這便是機緣已熟、入於真證的『第一義悉檀』了。」

侍者反駁我說：「不對呀！如果你解的真是《易》，有人會說，原來《周易》像佛經一樣，可以度人出苦海：這是毀謗呀，叫做『增益謗』；如果你解的不是《易》，有人說，你假借禪名，自說自話，哪裡懂得《易》呀！這便叫做『減損謗』；如果你解的又是《易》，又不是《易》，有人說你儒既非禪，禪也非儒，這便是『相違謗』了；如果你解的是《非易》，又是《非非易》，那麼人家說你儒不成儒，禪不成禪，這便是『戲論謗』了！從你話中，我看見了『四謗』，哪裡有什麼『四悉檀』呀？」

我回答他說：「你的話有理。但你有沒有聽人說人參是補藥，患氣喘的人吃了立刻送命嗎？大黃最傷人，但患腹脹的人，一服病就消除嗎？春天生長萬物，有些東西，卻逢春便爛；夏季頤養萬物，有些草木則見夏必枯；秋風肅殺，而黃菊盎然；冬寒徹骨，而松柏長青，梅花也在此時，發放出濃郁的芬芳。如果做事只能有利，不能有害，天地恐怕也不能沒有遺憾了！我佛以慈眼看大千，把一切最好、最圓滿的東西，送給了眾生；但自己仍然受到惡魔波旬的干擾，被九十五種外道妒忌，還被提婆達多這樣的人陷害。面臨困境的人，看來不僅僅是堯舜而已呢！

「至於我註《周易》，只有一個理由：把佛的思想介紹給儒者，誘導他們進入禪境。縱使我得不到四悉檀的利益，反而招來四種毀謗，我也不後悔。從哪裡倒下，我會從哪裡再爬起來；乳酪有毒時，把它轉換成醍醐，即使毒素並未拔除，也算是一場功德！我大膽給佛門以外的人做老師，跟薩遮跑到尼揵陀（佛陀時代的六大外道之一）去傳播佛音一樣，有相同的意義呀！」

侍者聽完話我的話，連連下拜，慚愧地說：「這不是弟子能做到的事！請繼續寫你的《周易》，讓它流傳下去吧！」

（明）崇禎辛巳（十四年，一六四一）仲冬智旭道人蕅益書于溫陵毫餘樓

《易解》跋

憶曩歲幻游溫陵，結冬月台，有郭氏子來問《易》義，遂舉筆屬稿。先成《繫辭》等五傳，次成《上經》，而《下經》解未及半，偶應紫雲《法華》之請，旋置高閣，屈指忽越三載半矣！今春應留都請，兵阻石城，聊就濟生庵度夏。日長无事，爲二三子商就大乘止觀法門，復以餘力拈示《易》學，始竟全稿。

嗟嗟！從閩至吳，地不過三千餘里，從辛巳冬至夏，時不過一千二百餘日，乃世事幻夢，蓋不啻萬別千差。交易耶？變易耶？至于歷盡萬別千差世事，時地俱易，而不易者依然如故。吾是以知「日月稽天而不歷，江河競注而不流」，肇公非欺我也！得其不易者，以應其至易；觀其至易者，以驗其不易。常與无常，二鳥雙游，吾安知文王之于羑里，周公之被流言，孔子之息機于周流，而韋編三爲之絕，不同感于斯旨耶？予愧无三聖之德之學，而竊類三聖與民同患之時，故閣筆而復爲之跋。

時乙酉閏六月二十九日也。

北天目道人古吳蕅益智旭書

【譯註】

記得數年前我雲遊來到福建溫陵，在月台過冬，一位姓郭的先生（名雍）來向我問《周易》，我便開始了《周易禪解》的註釋。我初步完成了《繫辭上、下傳》、《序卦傳》、《說卦傳》和《雜卦傳》等五傳，也完成了《上經》的全部。《下經》寫不到一半，因紫雲寺（泉南和尚）的邀請去講《法華經》，《禪解》的工作遂中斷了。歲月匆匆，彈指三年過去了；今年（清順治二年，一六四五）春天，有人請我講經來到都城南京（其時明福王由崧即位南京，改元弘光），我因戰亂被困石城（南京），住在濟生庵裡度夏。日長無事，跟弟子討論大乘止觀法門，有空時也談到《周易》，竟然完成了《禪解》的工作。

說來也真可歎！從福建到江蘇，距離不過三千餘里，從辛巳（明崇禎十四年）冬到今年（清順治二年）的夏天，時間不過一千二百餘日，而人世間夢幻一般的變化，卻不可以道里計！從《周易》的角度看，這是「交易」還是「變易」呢？從現實的角度看，在這次改朝換代的變化中，時空全然變了，而我卻發現有些東西竟然一成不變！我因此懂得了「日月稽天而不歷，江河競注而不流」（日月運行，不離天體；江河競瀉，流而不流）的話，僧肇大師（三八四—四一四）可沒有騙我呀（語見僧肇《物不遷論》）！然而，從這裡我也發現了，「不變」原來就是「至變」，而「至變」原來就是「不變」！「常」和「無常」，就像兩隻比翼雙飛的鳥，從來便在空中飛翻翱翔。我怎能不猜想，文王囚禁在羑里時，周公遭到毀謗時，孔子在災難中苦讀《周易》時，牛皮線都折斷了三次，不會沒有與此相同的感受呢？

我慚愧沒有這三位聖人的道德和學問，但相信多少也遭逢到了跟他們相似的苦難，所以在書末加上這篇跋語，聊表寸心。

今天是乙酉（清順治二年，一六四五）閏六月二十九日。

天目山道人古吳蕅益智旭書

目次

《周易禪解》卷第八

《周易禪解》卷第九

《周易禪解》卷第十（圖說）

《周易禪解》卷第一（上經之一）

六十四卦皆伏羲所畫。夏經以艮居首，名曰《連山》；商經以坤居首，名曰《歸藏》，各有繇辭以斷吉凶。文王囚羑里時，繫今彖辭，以乾坤二卦居首，名之曰《易》。周公被流言時，復繫爻辭。孔子又爲之傳，以輔翊之，故名《周易》。古本文王、周公彖、爻二辭，自分上下兩經。孔子則有上經彖傳、下經彖傳、上經象傳、下經象傳、乾坤二卦文言、繫辭上傳、繫辭下傳、說卦傳、序卦傳、雜卦傳，共名《十翼》。後人以孔子前之五傳，會入上下兩經，而繫辭等五傳不可會入，附後別行，即今經也。

可上可下，可內可外，易地皆然，初无死局，故名「交易」；能動能靜，能柔能剛，陰陽不測，初无死法，故名「變易」。雖无死局，而就事論事，則上下內外，仍自歷然；雖无死法，而即象言象，則動靜剛柔，仍自燦然：此所謂萬古不易之常經也。若以事物言之，可以一事一物各對一卦一爻，亦可于一事一物之中，具有六十四卦三百八十四爻；若以卦爻言之，可以一卦一爻各對一事一物，亦可于一卦一爻之中，具斷萬事萬物，乃至世出世間一切事物。又一切事物即一事一物，一事一物即一切事物，一切卦爻即一卦一爻，一卦一爻即一切卦爻，故名「交易」、「變易」，實即「不變隨緣」、「隨緣不變」、「互具互造」、「互入互融」之法界耳。

伏羲但有畫而无辭，設陰陽之象，隨人作何等解，「世界悉檀」也。文王彖辭，吉多而凶少，舉大綱以生善，「爲人悉檀」也。周公爻辭，誡多而吉少，盡變態以勸懲，「對治悉檀」也。孔子《十傳》，會歸內聖外王之學，「第一義悉檀」

也。偏說如此，剋實論之，四聖各具前三悉檀；開權顯實，則各四悉。

【譯註】

六十四卦是伏羲畫的。夏代的《易》以艮卦（☶）居首，名為《連山》；商代的《易》以坤卦（☷）居首，名為《歸藏》。它們都有各自的卦兆和占辭。當紂王把文王（當時還是西伯侯）囚禁在羑里時，文王在獄中寫下了今天的《彖辭》，並以乾（☰）坤（☷）二卦居首，把書名改為《易》。在周公被流言誣衊的日子裡，也替《易》寫下了《爻辭》；後來孔子又替《彖辭》寫了《彖傳》，周公替《爻辭》寫了《象傳》等文字，便成為今天流傳的的《周易》。根據古本，《彖辭》和《爻辭》分別納入《周易》上下兩經內；《彖傳》和《象傳》貫串全書，加上乾坤二卦的《文言》，《繫辭》上下傳，和《說卦》、《序卦》、《雜卦》等傳，共稱《十翼》。後人把孔子以前的五傳匯入上下二經，而把《繫辭》等五傳置於書末，今天的《周易》還保存著這個傳統的形式。

《易》「可上可下」、「可內可外」的特質，不論放在哪裡都是如此，沒有走不通的死路，因此叫做「交易」；它「能動能靜」、「能柔能剛」，而「陰陽不測」的原則，可以隨時變通，因此叫做「變易」。雖然沒有死路，就事論事，而上下內外的次序，歷歷在目；雖然不是死法，即象言象，而動靜剛柔的本質，燦然自備，這便是萬古不易的常理。如果以事物來說，一事一物可以跟一卦一爻相對應，也可以在一事一物中，同時具備六十四卦和三百八十四爻的可能性。如果以卦爻來說，一卦一爻可以跟一事一物相對應，也可以用一卦一爻來判斷萬事萬物，包括一切世間和出世間的事物。再說，一切事物就是一事一物，而一事一物也就是一切事物；一切卦爻就是一卦一爻，而一卦一爻也就是一切卦爻：這便是「交易」和「變易」名稱的由來了。實際上，這也是天台宗所說「隨緣不變」、「不變隨緣」、「互具互造」、「互入互融」的法性世界。

伏羲最早的卦只有畫，沒有文字。他設定了陰陽的圖像，讓人做任何解釋，依照眾生成就佛道的四種方法（四悉檀）來說，這便是「世界悉檀」；文王的彖辭，吉多凶少，列舉大綱，誘導人們做善事，造福人群，這便是「為人悉檀」；周公的爻辭，告誡多，吉利話少，想藉變化多端的人事來勸善懲惡，這便是「對治悉檀」；孔子的《十傳》，講究抽象的義理，回歸內聖外王之學，這便是「第一義悉檀」。分別說來是如此，全體來說，四聖都具備前三種悉檀；在實際的操作中，則四悉檀都在他們的運用中。

☰ 乾下乾上（乾為天：1）

乾，元亨利貞。

六畫皆陽，故名爲乾。乾者，健也。在天爲陽，在地爲剛，在人爲智爲義，在性爲照，在修爲觀。又：在器界爲覆，在根身爲首爲天君，在家爲主，在國爲王，在天下爲帝。或有以天道釋，或有以王道釋者，皆偏舉一隅耳。

健則所行无礙，故元亨，然須視其所健者何事。利貞之誡，聖人開示學者切要在此，所謂修道之教也。

夫健于上品十惡者，必墮地獄；健于中品十惡者，必墮畜生；健于下品十惡者，必墮鬼趣；健于下品十善者，必成修羅；健于中品十善者，必生人道；健于上品十善者，必生天上；健于上品十善，兼修禪定者，必生色无色界；健于上品十善，兼修四諦十二因緣觀者，必獲二乘果證；健于上上品十善，能自利利他者，即名菩薩；健于上上品十善，了知十善即是法界、即是佛性者，必圓无上菩提：故十界皆元亨也。

三惡爲邪，三善爲正；六道有漏爲邪，二乘无漏爲正；二乘偏眞爲邪，菩薩度人爲正；權乘二諦爲邪，佛界中道爲正；分別中邊不同爲邪，一切无非中道爲正：

此利貞之誠，所以當爲健行者設也。

【譯註】

六爻都是陽，便是乾。乾，是健的意思。在天是陽，在地是剛；在人是智、是義，在性是「照」（真如之妙用照十方曰照）；在修是「觀」（即天台止觀的「慧」）。又，在「器界」（眾生可居住的世界），是「覆」（即「覆俗諦」，指足以覆蓋一切真理之世俗事相者）；在「根身」（指「眼、耳、鼻、舌、身」五根），是首腦，是天君。在家是主，在國是王，在天下是帝。也有人用天道和王道來詮釋，都有舉一反三的效果。

然而，「健」是乾卦的關鍵字：能健，才能無所不至，才能「元亨」（開始順暢）。但我們得注意的是：「健」的重點該放在哪裡？聖人給我們最重要的啓示，是「利貞」（結果成功）！這便是所謂的「修道之教」了。

一般說來，健的觀念，在善惡中劃分了界線。健於「上品十惡」者（九品淨土中一輩人所犯「身、口、意」等十惡），必墮地獄；健於「中品十惡」者，必墮畜生；健於「下品十惡」者，必墮餓鬼。行善則不同。健於「下品十善」（行「身、口、意」等十善）者，必成修羅；健於「中品十善」者，必生人道；健於「上品十善」者，必生天上。至於那些健於「上品十善」的人，如果還兼修「禪定」（即：思維修），必生色界或無色界；如果兼修「四諦」（即：苦、集、滅、道），和「十二因緣觀」（即：無明、行、識、名色、六根、觸、受、愛、取、有、生，和老死觀），必獲二乘果證（即依照大小乘不同因位的修行，而取得不同果位的證悟）；健於「上上品十善」者，還能自利利他，那就肯定是菩薩了；如果更進一步，了解十善原來就是法界和佛性的人，必將圓成無上菩提（即：無上正等正覺、大智大慧）的境界。因此上面提到的十種法界，都是「元亨」（開始順暢），也是「利貞」（結果成功）的實例。

三惡為邪（墮地獄、畜生、餓鬼），三善為正（成修羅、人道、天人）。六道輪迴中，有煩惱的人（「有漏」）是邪；大小二乘中沒煩惱的人（「無漏」）是正。二乘中自以為真的人是邪；菩薩界中人，普度眾生是正。玩弄和利用「真」「俗」二諦的人是邪；在佛境界中，中道是正。強分中與不中、同與不同的人是邪；相信一切無非中道的人是正。對講究健行工夫的人來說，「利貞」二字對人成功的告誡，還真切合實用呢！

初九，潛龍勿用。

龍之爲物也，能大能小，能屈能伸，故以喻乾德焉。初未嘗非龍，特以在下，則宜潛而勿用耳。此如大舜耕歷山時，亦如顏子居陋巷乎？其靜爲「復」，其變爲「姤」。「復」則后不省方以自養，「姤」則施命誥四方以養眾，皆潛之義也。

【譯註】

龍能大能小、能屈能伸，因此用他來比喻乾的德性。乾卦初爻就是龍，只因居卦之下，有如藏在深淵之中，最好潛伏不動。這個情況，很像大舜得帝位前在歷山耕種，或者顏回簞食瓢飲，在陋巷中埋頭苦讀。若從靜態的消息卦看，乾卦（䷀）是從「見天地之心」的復卦（䷗）變來的，而復的動態錯卦（陰陽交錯而成的卦）則是「剛遇中正」的姤（䷫）。復是十一月，姤是五月。十一月是冬至，帝王需要閉關保養，停止巡守；五月是夏至，人們需要儲存糧食，準備過冬：都有潛龍勿用的涵義。

九二，見龍在田，利見大人。

初如淵，二如田，時位之不同耳，龍豈有異哉？二五曰大人，三曰君子，皆人而能龍者也。此如大舜征庸時，亦如孔子遑遑求仕乎！其靜爲臨爲師，其變爲同人，皆有利見之義焉。

【譯註】

初九像龍在深淵，九二則浮出了水面，站在土地上了，只是時間和地點不同，龍則一無差異！這裡九二的「大人」和九三的「君子」，都指人對事業的追求，有如大舜南方的征戰，或者孔子四處求仕。從靜態的消息卦看，十一月復卦的陽氣如果再進一步，便成為十二月的臨（䷒），若從坤卦出發，陽氣進駐九二，便成為師（䷆），而師的錯卦是同人（䷌），它們分別有「保民無疆」、「容民畜眾」，和「利涉大川、利君子貞」的意義，都是利見大人的意涵。

九三，君子終日乾乾。夕惕若厲，无咎。

在下之上則地危，純剛之德則望重，故必終日乾乾。雖至于夕，而猶惕若，所謂安而不忘危。危者，安其位者也。此如大舜攝政時，亦如王臣蹇蹇匪躬者乎？其靜爲泰爲謙，其變爲履，皆有乾乾惕勵之義焉。

【譯註】

九三處在下卦的上端，上卦的下端，以處境論，是個險境，幸而以陽爻而居陽位，可謂德高望重，因此更須抖擻精神，終日剛健自持，即使到了晚上，也應戰戰兢兢，不能鬆懈：這就是「安不忘危」的意思。什麼叫做「危」呢？除了「高而懼」，你還得端正坐在該坐的位子上。這不正像大舜攝政時戒慎恐懼，和群臣們忠心耿耿，奮不顧身的情況嗎？若從靜處看，臨卦的陽氣再進一步，就變成正月的泰卦（䷊），如從坤卦出發，陽氣進駐九三，就變成了謙（䷎），而謙的錯卦是履（䷉），它們分別都有「輔相天地，以左右民」、「謙謙君子」，和「履帝位而不疚」的謙恭而剛正的意涵。

九四，或躍在淵。无咎。

初之勿用，必于深淵；四亦在淵，何也？初則潛，斯則躍，時勢不同，而跡暫同。此如大舜避位時，亦如大臣之休休有容者乎？其靜爲大壯爲豫，其變爲小畜，皆有將非未飛，已以退成進之義焉。

【譯註】

初九潛龍勿用，是因為身在深淵，時候不到；但九四怎麼又回到深淵來了呢？事實上，初九是靜態的潛藏，九四則是動態的潛藏，時勢有不同，暫求迴避的用心卻是一樣。正如大舜禪讓，和群臣反躬待命的表現。此時正月的泰卦再進一步，就變成了二月的大壯（䷡），陽氣進入坤卦的九四，就變成了豫（䷏），而豫的錯卦是小畜（䷈），都有如箭在弦，待時而動，以退為進的意思。

九五，飛龍在天，利見大人。

今之飛者，即昔之或躍、或惕、或見、或潛者也。不如此，安所稱大人哉！我爲大人，則所見无非大人矣。此如大舜垂衣裳而天下治，亦如一切聖王之御極者乎？其靜爲夬爲比，其變爲大有，皆有利見之義焉。

【譯註】

今天高飛在九五尊位上的「龍」，不就是前面九四、九三、九二和初九的「龍」嗎？沒有經過一番歷練，怎能被稱為大人呢？承認自己是大人，你就是大人了，所見也無不都是大人了。這就是大舜為何垂衣安坐，無為而治，或者賢君把國家治理得盡善盡美的原因。如果二月大壯的陽氣再進一步，就變成三月的夬（䷪），陽氣進駐坤卦的九五，就變成了比（䷇），而比的錯卦是大有（䷍），它們分別有「利有攸往」、「以建萬國」，和「應天時行」的心意，都是利見大人的意思。

上九，亢龍有悔。

亢者，時勢之窮；悔者，處亢之道也。此如大舜遇有苗弗格，舞干羽于兩階乎？否則不爲秦皇、漢武者幾希矣。其靜爲乾爲剝，其動爲夬，皆亢而須悔者也。王陽明曰：「乾六爻作一人看，有顯晦，无優劣；作六人看，有貴賤，无優劣。」

【譯註】

亢是極高、走到盡頭的意思；身在百尺竿頭，前無進路，人必須有憂患意識，以免悔恨。這就像大舜征苗不利時，在兩階間改用干羽之舞，用文德感化外夷，挽救了他淪為秦始皇、漢武帝這種暴君的危險。三月的夬卦再進一步，就回歸到了立夏的乾（䷀），陽氣進駐坤卦的上九時，變而為剝（䷖），而剝卦的錯卦也回到了夬（䷪）。剝有「不利有攸往」，夬有「不利即戎」的卦辭，預言後患的存在。王陽明說：「乾的六爻如作一人看，則生命中有明有暗，但不分優劣；若分別成六人看，則各有貴有賤，也不分優劣。」

統論六爻表法，通乎世出世間。

若約三才，則上二爻爲天，中二爻爲人，下二爻爲地；若約天時，則冬至後爲初爻，立春後爲二爻，清明後爲三爻，夏爲四爻，秋爲五爻，九月後爲上爻。

又乾坤二卦合論者，十一月爲乾初爻，十二月爲二爻，正月爲三爻，二月爲四爻，三月爲五爻，四月爲上爻；五月爲坤初爻，乃至十月爲坤上爻也。

若約欲天，則初爻爲四王，二忉利，三夜摩，四兜率，五化樂，上他化。

若約三界，則初欲界，二三四五色界，上无色界。

若約地理，則初爲淵底，二爲田，三爲高原，四爲山谷，五爲山之正基，上爲山頂。

若約方位，則初爲東，三爲南，四爲西，六爲北，二五爲中。若約家，則初爲門外，上爲後園，中四爻爲家庭。

若約國，則初上爲郊野，中四爻爲城內。

若約人類，則初民，二士，三官長，四宰輔，五君主，上太皇，或祖廟。

若約一身，則初爲足，二爲腓，三爲股爲限，四爲胸爲身，五爲口爲脢，上爲首，亦爲口。

若約一世，則初爲孩童，二少，三壯，四強，五艾，上老。

若約六道，則如次可配六爻。又約十界，則初爲四惡道，二爲人天，三爲色无色界，四爲二乘，五爲菩薩，上爲佛。

若約六即，則初理，二名字，三觀行，四相似，五分證，上究竟。

以要言之，世出世法，若大若小，若依若正，若善若惡，皆可以六爻作表法，有何一爻不攝一切法，有何一法不攝一切爻哉！

【譯註】

總論《周易》六爻的表現，這是世間和出世間都通用的。

若以天地人三才的觀念看，則上二爻是天，中二爻是人，下二爻是地。

若以天時論，則冬至後（農曆一、二月）為初爻，立春後（三、四月）為二爻，清明後（五、六月）為三爻，夏（七、八月）為四爻，秋（九、十月）為五爻，九月後（十一、十二月）為上爻。

也有人以乾坤二卦合論的，則十一月是乾的初爻，十二月為二爻，正月為三爻，二月為四爻，三月為五爻，四月為上爻；五月為坤卦的初爻，六月為二爻，順序到十月，為坤卦的上爻。

若以欲界之諸天論，則初爻為四王天，二爻為忉利天，三爻為夜摩，四爻為兜率，五爻為化樂，上爻為他化。

若從三界論，則初爻為欲界，二、三、四、五爻為色界，上爻為無色界。

若從地理論，則初爻為淵底，二爻為田，三爻為高原，四爻為山谷，五爻為山的脊樑，上爻為山頂。

若從方位論，則初、三、四、六分別是東、南、西、北，而二、五是中。若以家論，則初爻為門外，上爻為後園，中間四爻為家庭。若以國論，則初、上二爻是郊野，中間四爻是城內。

若以人類論，則初爻是民，二爻是士，三爻長官，四爻宰輔，五爻君主，上爻是太皇，或祖廟。

若從身體論，初爻是腳，二爻是腿肚，三爻是大腿，或腰胯，四爻是胸腔，或上身，五爻是口，或背脊，上爻是頭，有時也是口。

若從人的一生論，則初爻是孩童，二爻是少年，三爻是壯年，四爻是強健，五爻是艾（五十曰艾），上爻是老（七十曰老）。

若從六道論，則地獄、餓鬼、畜生、阿修羅、人和天，從下而上，恰好配合了六爻。

若從十界論，則初爻為四惡道，二爻為人天，三爻為色界、無色界，四爻為聲聞、緣覺二乘，五爻為菩薩，上爻為佛。

若從六即（天台宗止觀大乘菩薩的行位）論，則初爻是理即，二爻是名字即，三爻是觀行即，四爻是相似即，五爻是分證即，上爻是究竟即。

原則上，世間法和出世間法中任何事物，不論大小、邪正、善惡，都可以用六爻來做規範。我們不會找到任何一爻而不統攝一切法，也不會找到任何一法而不統攝一切爻。

佛法釋乾六爻者：龍乃神通變化之物，喻佛性也。理即位中，佛性爲煩惱所覆，故勿用。名字位中，宜參見師友，故利見大人。觀行位中，宜精進不息，故日乾夕惕。相似位中，不著似道法愛，故或躍在淵。分證位中，八相成道，利益群品，故爲人所利見。究竟位中，不入涅槃，同流九界，故云有悔。此原始要終，兼性與修而言之也。

若單約修德者，陽爲智德，即是慧行。初心乾慧，宜以定水濟之，不宜偏用。二居陰位，定慧調適，能見佛性，故云利見大人。三以慧性偏觀諸法。四以定水善養其機。五則中道正慧，證實相理。上則覓智慧相，了不可得。

又約通塞而言之者：初是淺慧，故不可用。上是慧過于定，故不可用。中之四爻，皆是妙慧。二如開佛知見，三如示佛知見，四如悟佛知見，五如入佛知見也。

【譯註】

用佛法解釋，龍是神通變化之物，象徵佛性。

如從大乘菩薩行位的「六即」（天台止觀「始凡終聖」和成佛的次第）著眼，一、理即：人人都有佛性，但如不聞不問，與凡夫何異？故初九潛龍勿用。二、名字即：想從名字中認識佛性，故九二必須離開深淵，來到地面，廣接師友，多多接觸大人。三、觀行即：在名相中認識的佛性是初步，更須力求上進，深入其中，才不愧君子之名。四、相似即：不以相似為滿足，不做表面工夫，實事求是，甚至不惜翻江倒海，上下求索，所以說「或躍在淵」。五、分證即（一作分真即）：拿出真智，斬斷無明，一心成道，用八種面目出現，處處受人歡迎。六、究竟即：成為究竟圓滿的覺悟者，但仍留在九界，不入涅槃；但這是極大的發心，得謹慎選擇，以免悔恨。這是從尋本逐源，講究自性和修行的觀點來看。

如果只言修德，那麼陽代表智德，也就是慧行。初九是乾慧，需要「定」的工夫，不能偏頗。九二陽在陰位，除了「定」，還須「慧」的調適，才能見佛性，所以有「利見大人」的要求。九三陽在陽位，宜遍觀諸法，增長智慧。九四再居陰位，動蕩之間，得求「定」水的滋潤，以便自我頤養。九五地尊勢顯，又居中道，當以正慧之心，斷絕無明，證實至道的圓融。上九前不見古人，後不見來者，欲求智慧，會有困難。

如從通達和壅塞處著眼，初九是淺慧，不可用。上九慧過於定，也不可用，而中間的四爻則是層次不同的妙慧：九二開啓了佛的知見，九三看見了佛的知見，九四悟到了佛的知見，九五則進入了佛的知見。

用九，見群龍无首，吉。

六十四卦，共計三百八十四爻，陰陽各半，則陽爻共有百九十二。此周公總明一切陽爻所以用九而不用七之旨也。蓋七爲少陽，靜而不變；九爲老陽，動而變陰。今若筮得乾卦，六爻皆九，則變爲坤卦，不惟可知大始，亦可作爲成物，而六龍不作六龍用，其變化妙无端倪矣。此如大舜薦禹于天，不以位傳其子；亦如堯舜之猶病，文王之望道未見，孔子之聖仁豈敢乎？

若約佛法釋者，用九，是用有變化之慧，不用七之无變化慧也。陽動即變爲陰，喻妙慧必與定俱。《華嚴》云：「智慧了境同三昧。」大慧云：「一悟之後，穩貼貼地。」皆是此意。群龍者，因中三觀，果上三智也。觀之與智，離四句，絕百非，不可以相求，不可以識識，故无首而吉。

【譯註】

《周易》六十四卦，共三百八十四爻，陰陽各半，因此陽爻共有一百九十二個。周公之所以用九作為陽爻的數目而不用七，是因為七是少陽，在卦筮中保持靜態，沒有變化。九是老陽，能轉換為陰。現在假如有人卜筮而得乾卦，六個陽爻，一變而為坤卦，不惟可以知道變化的根源，還可知道變化的結果；況且六龍不再是六龍，如此徹底的變化，是不可思議的新開始！正像大舜放棄了帝位，把天下讓給了禹，而不讓給兒子；也像堯舜自知不夠完美，文王自歎尚未見道，或者孔子不敢接受聖與仁的美譽。

如用佛法解釋，「用九」，是用有變化的九，不用無變化的七，是最合理的選擇。陽動而為陰，正是慧變而為定的過程。《華嚴經》說：「智慧達到最高境界時，就是『三昧』。」（心體寂靜，離於邪亂，故曰三昧，亦即禪定）一行禪師（六八二—七二七，本名張遂，卒諡大慧，玄宗開元三年敕入禁廷）說：「人一旦徹悟，就穩穩站定在地面上，不再動搖了。」都是這個意思。群龍，指人在因果中的「三觀」（空、假、中）和「三智」（聲聞、緣覺、菩薩）的表現。在「三觀」和「三智」之間，群龍可以脫離所謂的「四句」執，不執著於「常」、「无常」、「亦常亦无常」，或者「非常非无常」的無謂爭辯，或者以皮相認作本體，不再人云亦云。如此巨大的改變，就是群龍無首的吉利！

《彖》曰：大哉乾元，萬物資始，乃統天。雲行雨施，品物流行。

此孔子彖傳，所以釋文王之彖辭也。釋彖之法，或闡明文王言中之奧，或點示文王言外之旨，或借文王言句而自出手眼，別申妙義，事非一概。今乾坤二卦，皆是自出手眼，或亦文王言外之旨。

此一節是釋「元亨」二字，以顯性德法爾之妙，所謂无不從此法界流也。蓋乾坤之德不可勝言，而惟元能統之。元之德，不可名狀，惟于萬物資始處驗之。始者，對終而言，不始不足以致終，不終不足名資始。即始而終，故曰統天。舉凡雲行雨施，品物流行，莫非元之德用，所謂始則必亨者也。

【譯註】

孔子的《彖傳》用來解釋文王的《彖辭》，闡明文王言論中深奧的地方，指出文王的言外之意，也可以借題發揮，或者提出自己的意見，沒有一定的格式。此處乾坤二卦的《彖傳》，多是孔子的思想，也可能是受到文王的啓發。

這一節專門解釋「元亨」，彰顯本自具足的性德，本來便是如此，無始無終，無去無來，無生無滅；換句話說，在真如的法界中，法爾圓融，包容了一切諸法，自從開天闢地以來，便不曾改變。但乾德廣大，非語言所能道盡，只有一個「元」字可以統攝；而元就是開始，須從萬物開始生發時去體驗。開始，是相對於終結而言：沒有開始，怎有終結？沒有終結，又怎有萬物的開始？有始有終，才是天地的楷模。我們所能見到的，包含行雲行雨、萬物的生長變化，無不是「元」的始功，既然開始順暢，結果當然成功而圓滿了，這就是「亨」的意義。

大明終始，六位時成，時乘六龍以御天。

此一節，是顯聖人以修合性，而自利功圓也。聖人見萬物之資始，便能即始見終，知其由終有始，始終只是一理。

但約時節因緣，假分六位，達此六位，无非一理，則位位皆具龍德，而可以御天矣。天即性德也。修德有功，性德方顯，故名御天。

【譯註】

這一節，聖人想藉修德的工夫結合真如的性德，而藉由自身的努力，求得功德上的圓滿。聖人從萬物生長的開始，便看見萬物的終結。不論從終到始，還是從始到終，道理都是相同的。

從時序的觀念看，把爻分為六位，而以同一道理讓爻位發生變化，因此每爻都是龍，都能推動四時的運行，賦予萬物以生命。天是性德；修德要有所成就，性德才會彰顯，這就是順天運行的意義。

乾道變化，各正性命，保合太和，乃利貞。

此一節，是釋「利貞」二字，以顯性德本來融徧，所謂无不還歸此法界也。蓋一切萬物既皆資始于乾元，則罔非乾道之變化。既皆乾道變化，則必各得乾道之全體大用，非是乾道少分功能，故能各正性命，物物具乾道全體。又能保合太和，物物具乾元資始大用，乃所謂利貞也。

【譯註】

這一節解釋「利貞」二字，它顯示了性德原本便是圓融遍蓋的，而一切世間法相，無不蘊含在十法界（從地獄、到菩薩、到佛）中。假如一切萬物都以乾元為開端，那麼一切無非是乾元的變化。假如一切都是乾元的變化，萬物便有乾元整體的精神，而不是局部的了。惟其如此，萬物才能各自呈現乾元所受的「性」，延續乾元所賦予的「命」，進而還能發揮他們各自的力量，保存、凝聚天地間至高無上的和諧（「太和」）。讓萬物具備生生不息的利益，和圓融遍蓋的美德，這便是利貞的意義了。

首出庶物，萬國咸寧。

此一節，是顯聖人修德功圓，而利他自在也。

【譯註】這一節解釋聖人在萬物生長完成之後，繼以修繕德性，造成功德的圓滿，而在利他的觀念中，實現了天下太平的大同思想。

統論一傳宗旨，乃孔子藉釋彖爻之辭，而深明性修不二之學，以乾表雄猛不可沮壞之佛性，以元亨利貞表佛性本具常樂我淨之四德。佛性必常，常必備乎四德，竪窮橫徧，當體絕待，故曰大哉乾元。

試觀世間萬物，何一不從眞常佛性建立？設无佛性，則亦无三千性相，百界千如。故舉一常住佛性，而世間果報天、方便淨天、實報義天、寂光大涅槃天，无不統攝之矣。

依此佛性常住法身，遂有應身之雲、八教之雨，能令三草二木各稱種性而得生長。而聖人則于諸法實相究竟明了，所謂實相非始非終，但約究竟徹證名之爲終，衆生理本名之爲始，知其始亦佛性，終亦佛性，不過因于迷悟時節因緣，假立六位之殊。位雖分六，位位皆龍，所謂理即佛，乃至究竟即佛。乘此即而常六之修德，以顯六而常即之性德，故名乘六龍以御天也。

此常住佛性之乾道，雖亙古亙今不變不壞，而具足一切變化功用，故能使三草二木各隨其位，而證佛性。既證佛性，則位位皆是法界，統一切法无有不盡，而保合太和矣。所以如來成道，首出九界之表，而刹海眾生，皆得安住于佛性中也。

【譯註】

綜論本傳一貫的旨趣：孔子藉解釋乾卦彖、爻的機會，說明「性」「修」二者不能分割的特性。「乾」代表佛性，雄猛剛健，恆久長存；「元、亨、利、貞」四德，代表佛性的「常、樂、我、淨」（涅槃所具的四德）。佛性恆常，恆常則常樂我淨，上通古往今來的時間，橫亙上下八荒的空間，自體圓融，並無相對性的存在，因此才叫做偉大的萬物資始者，這就是「大哉乾元」的意思！

且看我們世間萬法，哪一件不來自真如佛性？假如沒有佛性，怎會有一念三千的性相，又怎會有百千萬種的大千世界？因此只要標舉一個常住的佛性，天台所謂的四土，即：果報天（凡聖同居之土）、方便淨天（出離三界生死之人所居之土）、實報義天（菩薩所居之土）、寂光大涅槃天（諸佛如來所居之土），全都包攬無餘了。

有了如此佛性常住的「法身」（佛之真身），世界才有「應身」（與真如相應的佛身）的法雲，天空才會降下「八教」的法雨（八教，指天台頓教、漸教、密教、不定教；三藏教、通教、別教、圓教），使一切草木，按照本性和時序，自然生長。聖人明察秋毫，高瞻遠矚，看見諸法實相，知道實相既非開始，也非終結，只是為了引入究竟徹底的概念，才假借「終」的名；為了說明眾生各具理性的根源，才假借「始」的名。但他知道始是佛性，終也是佛性，為了避免時序、因緣的錯亂，才設定六個不同的爻位。不過雖是六個不同的爻位，卻位位皆龍，又傳達了理即佛，甚至究竟即佛的思想。以「六即」配合六爻的觀念修德，來證明六爻都具「六即佛」的性德，這樣一來，乾卦的六爻變成了六龍，便可以統天了（「六即佛」，指理佛、名字佛、觀行佛、相似佛、分證佛、究竟佛）！

這便是常住佛性的乾道，不變不壞，卻有具足一切變化的功能，使一切生物隨其本位而證佛性。一旦證得佛性，則每個生命的階段都是法界，並能統御一切法，永無止息，也因而足以保存、凝聚天地間至高無上的和諧。這便是為什麼如來成道，第一步須先跳出九界（除佛界以外的十界）之外，而不論十方水陸眾生（剎海眾生），都能安居佛性中。

《象》曰：天行健，君子以自強不息。

六十四卦大象傳，皆是約觀心釋，所謂无有一事一物而不會歸于即心自性也。本由法性不息，所以天行常健。今法天行之健而自強不息，則以修合性矣。

【譯註】

六十四卦中的《象傳》，是從觀察心性的角度所做的解釋。心為萬法之王，觀察萬事萬物，沒有不透過心中的自性。由於法性恆常變化，一如天道運行的恆常剛健。如果我們懂得效法天道，也能自強不息，那便是把修德和法性二者結合在一起了。

潛龍勿用，陽在下也。見龍在田，德施普也。終日乾乾，反復道也。或躍在淵，進无咎也。飛龍在天，大人造也。亢龍有悔，盈不可久也。用九，天德不可為首也。

文並可知。釋佛法者，法身流轉五道名曰衆生，故爲潛龍。理即法身，不可用也。具縛凡夫，能知如來祕密之藏，故德施普；十乘妙觀，念念熏修，故反復道；不住相似中道法愛，故進无咎；八相成道，廣度衆生，故是大人之事。无住大般涅槃，亦不畢竟入于滅度，盡未來時，同流九界，故盈不可久。但恃性德，便廢修德，全以修德而爲教門，故天德不可爲首。

馮文所曰：「其潛藏者，非謂有時而發用也，即發用而常潛藏也。其在下者，非謂有時而上也，其上者不離乎下也。乾卦所謂『勿用之潛龍』，即大衍所謂『勿用之一』也。」

【譯註】

這裡的文字很清楚。用佛法的「六即」來解釋：在五道（亦即五趣：地獄、餓鬼、畜生、人、天）中流轉的眾生，因為處在「有情往來之所」，因此都是潛龍；但「六即」的第一即，「理即」是抽象的法身，當然不可用。第二即的「名字即」，人雖然束縛在凡夫的名下，卻深藏如來法身的內涵，因此也具有德性普施的可能。至於相當於九三的第三即「分證即」，亦稱「觀行即」，因為使用了十乘觀法（即一念三千的妙諦），取得了熏修的成就，故不論進退上下，都能不離正道。九四是個風險地帶，但只要不停留在「相似即」的曖昧狀態中，不做表面工夫，實事求是，即使翻江倒海，也可以平安無事。到了九五的尊位，若從「分證即」看，一如佛陀在八種成道的面貌中，發揮力量，普度眾生，這便是所謂的「大人之事」了。上九大功告成，但心懷謙讓，不敢安享尊榮，有如在「究竟即」上，雖不入寂滅安樂的涅槃，也不住究竟圓滿的智慧，而寧願暫留法界，甘心奉獻。不過上九不是一個久留之地，更何況性德在百尺竿頭上，如有自得的感覺，便是棄德退轉的開始。修德實是「出三界苦」、「入道之門」，天德乃一切法性的歸宿，故不能把它視為萬物的首腦。

馮文所（即馮時可，明代思想家，著作有《嚴棲稿》三卷）說：「初九的潛藏，並不是說有時有用；而是說，即使有用，仍然是潛藏的性質。他雖處位低下，有時也會上達，只不過他的上達，仍是潛藏的一種狀態。乾卦說『潛龍勿用』，也就是《繫辭》所說『掛一以象三』的『勿用之一』。」（案：《繫辭》「大衍之數五十，其用四十有九」，蕅益大師似乎同意這個被抽出來的「一」就是乾卦的潛龍。）

《文言》曰：元者，善之長也；亨者，嘉之會也；利者，義之和也；貞者，事之幹也。

六十四卦不出陰陽二爻。陰陽之純，則爲乾坤二卦，乾坤二義明，則一切卦義明矣，故特作《文言》一傳以申暢之。此一節先明性德也。

【譯註】

六十四卦都是由陰陽二爻構成。六爻皆陽是乾卦，六爻皆陰是坤卦，把乾坤二卦鬧清楚了，六十四卦也就清楚了。孔子寫了一篇《文言》專門談論這個問題。這一節先談性德。

君子體仁足以長人，嘉會足以合禮，利物足以和義，貞固足以幹事。

此一節明修德也。

君子行此四德者，故曰乾，元亨利貞。

此一節顯以修合性也。非君子之妙修，何能顯乾健之本性哉？

【譯註】這一節說明修德便是與性德結合。沒有君子的妙修，又怎能彰顯乾卦剛健的本性呢？

統論乾坤二義：約性，則寂照之體；約修，則明靜之德；約因，則止觀之功；約果，則定慧之嚴也。若性若修，若因若果，无非常樂我淨。常樂我淨之慧，名一切種智；常樂我淨之定，名《首楞嚴》定，所以乾坤各明元亨利貞四德也。

今以儒理言之，則爲仁義禮智。若一往對釋者，仁是常德，體无遷故。禮是樂德，具莊嚴故。義是我德，裁制自在故。智是淨德，无昏翳故。若互攝互含者，仁義禮智性恆故常，仁義禮智以爲受用故樂，仁義禮智自在滿足故我，仁義禮智无雜无垢故淨。又四德无雜故爲仁，四德周備故爲禮，四德相攝故爲義，四德爲一切法本故爲智也。

【譯註】

總論乾坤二卦的意義：從性德處看，乾有真理之體（「寂」），坤有真智之用（「照」）；從修德處看，乾主「明」，坤主「靜」；在未知因由的時候，乾有「觀」，坤有「止」的功用；在已知結果的時候，乾是「慧」，坤是「定」。說到性和修，或者因和果，無非便是「常樂我淨」的意思。常樂我淨的慧，是用智慧深入一切諸佛的道法；常樂我淨的定，就是《首楞嚴經》所說的定，成為佛家修行的依據。因此乾坤二卦所闡揚的四德就是「元亨利貞」。

如用儒家的觀念解釋，這四德也是相當於「常樂我淨」的「仁義禮智」。相對來說，仁是「常」德，因為它的本體從不變遷；禮是「樂」德，因為它有具足的莊嚴；義是「我」德，因為它能自我約束而不失其自在的本性；智是「淨」德，因為它思想清朗，沒有昏瞀絮亂的過失。如果說到相互的統攝和包容，仁義禮智的本質不變，這便是「常」；仁義禮智可以實際產生作用，這便是「樂」；仁義禮智是天生本具的美德，一切具備與我，這便是「我」；仁義禮智簡潔易行，乾淨俐落，這便是「淨」。再者，元亨利貞四德，簡潔易行，不複雜，故稱為「仁」；周到完善，不偏頗，故稱為「禮」；彼此相攝相容，不衝突，故稱為「義」；它們是一切法的根本，不必另找出路，故稱為「智」。

初九曰：潛龍勿用。何謂也？子曰：龍德而隱者也。不易乎世，不成乎名，遯世无悶，不見是而无悶。樂則行之，憂則違之，確乎其不可拔，潛龍也。

約聖德釋，如文可解。若約理即釋者，龍德而隱，即所謂隱名如來藏也。昏迷倒惑，其理長存，故不易乎世。佛性之名未彰，故不成乎名。終日行而不自覺，枉入諸趣，然畢竟在凡不減，故遯世无悶，不見是而无悶。樂則行之，而行者亦是佛性。憂者違之，而違者亦是佛性。終日隨緣，終日不變，故確乎其不可拔也。

【譯註】

這裡的話，是從儒家聖人之德的觀點上說的，文字清楚明白。如從佛法「六即」的第一即「理即」來看，龍德是隱蔽，也就是佛家所說的「如來藏」（真如在煩惱中，謂之如來藏；真如出煩惱，謂之法身）。即使一個人被煩惱所困，昏迷顛倒，如來藏的道理，卻永遠可通，他不會隨著世俗而改變自己；此時佛性之名，尚未彰顯，他不會去追逐世俗的名利。即使在不自覺中，誤入歧途，他畢竟是在世俗中，權且抓住隱世的心情，不給自己增添煩惱，也不要因為無路可走而感到苦悶。做自己開心的事，不做不開心的事，但不論開心與否，其實都在佛性中。因此看似終日在變，卻從來不變，守護著他沉雄不拔的隱者精神，就是潛龍的精神。

九二曰：見龍在田，利見大人。何謂也？子曰：龍德而正中者也。庸言之信，庸行之謹，閑邪存其誠，善世而不伐，德博而化。《易》曰：見龍在田，利見大人，君德也。

文亦可解。若約名字即佛釋者，庸言庸行，祇是身口七支，以知法性无染污故，隨順修行尸波羅蜜，從此閑九界之邪，而存佛性之誠。初心一念，圓解善根，已超三乘權學塵劫功德，而不自滿假，故其德雖博，亦不存德博之想，以成我慢也。發心畢竟二不別。如是二心先心難，故雖名字初心，已具佛知佛見而爲君德。

【譯註】

這裡的文字也不難解讀。如從佛家「六即」中「名字即」來看，對日常說話和行為的謹慎，不過避免了身業（殺、盜、淫）和口業（妄語、綺語、兩舌、惡言）等七種過失，做到了法性無染的工夫；但人必須更進一步，修煉足以達到彼岸的戒律（尸波羅密），才能杜絕九界的邪妄，吸取佛性的精誠。對一個初發心而尚未深行的人，憑他一念初生，便能圓滿認識「身、口、意」三業的善根，他已步入了聲聞、緣覺、菩薩三乘的教法，暫時懂得了一塵一劫（「塵點劫」）永恆的功德。然而，他謙恭不自滿，雖有深厚的德性，卻不以德博自居，沒有掉入倨傲、「我慢」的陷阱。不過，發菩提心和初心畢竟沒有什麼差別；不論發心還是初心，都對心有所強求，因此雖名為初心，已具備了佛智和佛見，這就是君德。

九三曰：君子終日乾乾，夕惕若厲，无咎。何謂也？子曰：君子進德修業，忠信所以進德也；修辭立其誠，所以居業也。知至至之，可與幾也；知終終之，可與存義也。是故居上位而不驕，在下位而不憂。故乾乾因其時而惕，雖危无咎矣。

忠信是存心之道，而正所以進德；修辭立誠，是進修之功，而正所以居業。此合外內之道也。可往則往是其幾，可止則止是其義，進退不失其道，故上下无不宜矣。

若約佛法六即釋者，正觀行位中圓妙工夫也。直心正念眞如，名爲忠信，所以進德而爲正行也。隨説法淨，則智慧淨，導利前人，化功歸己，名爲修辭立誠，所以居業而爲助行也。知至至之是妙觀，知終終之是妙止，止觀雙行，定慧具足，則能上合諸佛慈力而不驕，下合衆生悲仰而不憂矣。

【譯註】

忠信是為人處世之道，也是增進德性的幫手；用最恰當的言詞表達誠意，則可看出自己進修的工夫，這也是一種陶冶德業的方法。這樣一來，人的內心和外在就融和在一起了。該進就進，這是幾兆；該退就退，這是正義。進退不失時，上下無不安穩。

這一爻，如果用佛法的「六即」解釋，它正像《法華》所讚美的「觀行即」，超越了「理即」、「名字即」，近乎圓妙的地步。一心護念不虛妄、不變易的真如，就是忠信，也是進德的行為，這便是「正行」的意思。用慧眼觀看事物，語言簡潔清淨，足以導利他人，助人觀心受惠，這便是修辭立誠的意思，且在陶冶德業之餘，還有弘法利生的功德。知道並且做到該做的事是妙觀；即時結束該結束的事是妙止；「止」「觀」雙行，便是「定」「慧」圓成：上合諸佛慈悲的念力，下合眾生悲苦的仰望，心中既沒有驕傲，也沒有擔憂。

九四曰：或躍在淵，无咎。何謂也？子曰：上下无常，非為邪也。進退无恆，非離群也。君子進德修業，欲及時也，故无咎。

此正闡明舜禹避位，仍即登位之心事也。若約佛法者，直觀不思議境爲上，用餘九法助成爲下。心心欲趨薩婆若海爲進，深觀六即不起上慢爲退。欲及時者，欲于此生了辦大事也。此生不向今生度，更向何生度此身？設不證入圓住正位，不名度二死海。

【譯註】

這裡說明的，是舜和禹在避讓帝位時，心中念念不忘的還是登位的大事。從佛法「十乘觀法」的第一法「不思議境」看，直接進入「空、假、中」三觀的不可思議境界，是上根之人上等的選擇，用其餘的九法來襄助完成進德，是次等的選擇。一心想進入智慧之海（薩婆若，波羅密的別名，即一切智）的人，採取了積極的行動；深入了解「六即」（大乘菩薩行位差別）而免於驕傲的人，採取了消極的行動。但不論積極還是消極，問題是時間：他們都想今生今世成就大事！「此身不向今生度，更向何生度此生？」假如不能因三慧（聞慧、思慧、修慧）而取得圓滿的正果，很難說人能脫離生死兩大苦海！

九五曰：飛龍在天，利見大人。何謂也？子曰：同聲相應，同氣相求，水流濕，火就燥，雲從龍，風從虎，聖人作而萬物睹。本乎天者親上，本乎地者親下，則各從其類也。

此明聖人垂衣裳而天下治，初非有意而造作也。佛法釋者，如來成正覺時，悉見一切眾生成正覺。初地離異生性，入同生性，大樂歡喜，悉是此意。乃至證法身已，入普現色身三昧，在天同天，在人同人，皆所謂利見大人，法界六道所同仰也。

【譯註】

這裡說明了聖人無為而天下大治的道理，但並不是說他們蓄意要這樣做。用佛法來說，當如來成就真正覺智時，他已經看到一切眾生都有同等的成就。猶如「十地」中「初地」之人，一旦脫離凡夫的本質（異生性），進入了「同生天」的天性，高興得了不得，就是這個道理。甚至當他已成就了莊嚴的法身，看來仍具色身之相，縱然他已達到了「真心體寂，自性不動」的三昧境地。不論是天是人，他們都是人人樂見的「大人」，都是法界或者六道所共同敬仰的眾生。

上九曰：亢龍有悔。何謂也？子曰：貴而无位，高而无民，賢人在下而无輔，是以動而有悔也。

李衷一曰：「從來說聖人无亢，卻都從履滿招損上看。夫子乃以无位、无民、无輔表之。此堯舜有天下而不與之心也，非位喪、民叛、賢人離去之謂也。『動』字下得妙。无停思，无二慮；天下積重難返之局，止在聖人一反掌間。致悔之由，止在一動；處亢之術，止在一悔。」

佛法釋者，法身不墮諸數，故貴而无位；佛果出九界表，故高而无民；寂光非等覺一下境界，故賢人在下位而无輔。是以究竟位中，必逆流而出，示同九界，還現嬰兒行及病行也。

【譯註】

李衷一（李光縉，一五四九—一六二三，晚明儒商，鼓吹重商思想，著有《錦璧集》）說：「向來解釋聖人登峰造極時不驕淫，多在他們行為的『滿招損』上著眼。孔子卻從『無位』、『無民』、『無輔』處立說，證明他們雖擁有天下，卻沒有家天下的思想。禪位時也沒有王位喪失、民眾叛逆、賢人離異的感覺。這裡的『動』字用得妙：他們思想富饒，卻沒有憂患；處理天下最棘手的情勢，易若反掌。只要懂得不妄動，他們便無悔；只要無悔，他們便居高而安。」

從佛法的觀點看，只要法身不墮落，即使無位也高貴。如佛一般的成就，超出了九界。如果把自己放在高高的上位，怎能見到子民？所以說「無民」。具備了「真理」（寂）和「真智」（光）二德的菩薩，他的境界去佛不遠，因此賢人常處下位，看來也比較孤獨無助。所以即使在最高的「究竟即」中，他們也需選擇相反的方向，退出究竟位，行動在九法界裡，用「嬰兒行」（小善）和「病行」（治病）的姿態來度化眾生。

潛龍勿用，下也。見龍在田，時舍也。終日乾乾，行事也。或躍在淵，自試也。飛龍在天，上治也。亢龍有悔，窮之災也。乾元用九，天下治也。

此以時位重釋六爻之義也。用九而曰乾元，正顯乾卦全體大用，亦顯潛見惕躍飛亢，皆无首而皆吉。

佛法釋者，理即佛，爲貶之極，故下。名字即佛，未有工夫，故時舍。五品位正修觀行，故行事。相似位擬欲證眞，故自試。分證位八相成道，故上治。究竟位不住涅槃，故窮之災。用九，則以修合性，故天下治也。

【譯註】

《文言》用不同的爻位再度詮釋六爻的意義。在「用九」的地方，孔子把乾卦稱為「乾元」（《易》之首），突顯了乾卦在易道中整體象徵性的意味，也說明了從初九到上九這一系列的變化，都是因為無首而吉造成的的自然現象。

從佛法「六即」的觀點看，「理即佛」處在最低的層次，故位次在下。「名字即佛」，也因為還未斷惑，因此隨時有被捨棄的可能。「觀行即」雖在凡位，天台宗認為已獲《法華》所謂的五品位，可以開始修行了。「相似即」用心學習，有證真的意願，可謂躍躍而欲試。「分證即」既斷無明，又證中道，拿起如來「八相成道」的勇氣，進入聖位，故能完成至高無上的政治理想。縱然達到了最高「究竟即」的「等覺」位，聖人卻選擇不入涅槃，因為心中懷有窮極而災至的擔憂。到了用九，聖人之德與天德同修，這便是天下可以大治的道理。

潛龍勿用，陽氣潛藏。見龍在田，天下文明。終日乾乾，

與時偕行。或躍在淵，乾道乃革。飛龍在天，乃位乎天德。亢龍有悔，與時偕極。乾元用九，乃見天則。

此兼約德之與時，再釋六爻之義也。與時偕極，對與時偕行看，皆所謂時乘御天者也。乃見天則，則潛而勿用亦天則，乃至亢而有悔亦天則也。

佛法釋者，佛性隱在眾生身中，故潛藏。一聞佛性，則知心佛眾生三无差別，故天下文明。念念與觀慧相應无間，故與時偕行。捨凡夫性，入聖人性，故乾道乃革。由證三德，方坐道場，故位乎天德。天德者，天然之性德也，極則必返。證佛果者，必當同流九界。性必具修，全性起修，乃見性修不二之則。

【譯註】

這一節用性德和時勢兩種關係解釋六爻。六爻與時勢同時達到極致，跟六爻與時勢同步前進，都是按部就班，駕馭六龍，率天運行的意思。如果這便是天的法則，那麼「潛龍勿用」也就是天則了，一如「亢龍有悔」是天則一樣。

從佛法看，佛性隱藏在眾生身上，就像潛龍的隱匿。一旦聽聞佛性，就會知道原來心、佛、眾生三位一體，並無差別，天下因此也就受到了這種思想的感染。如果人的心中念念相續，都與「觀」「慧」相呼應，那就是與時勢同步前進的證明。當人脫離了凡夫位，進入聖人位時，乾道變革的現象就產生了：此時身既取得大涅槃所具備的法身德（佛體）、般若德（覺智者）和解脫德（大自在者）的「三德」，同時又坐在學道者的法座上，聖位便成為天德之位了。什麼是天德呢？就是自然生成的性德，當它走到極致時，一定會折回頭來。一如取得佛果的人，滯留九界，不入涅槃。性德必須與修德密切無間結合，而性修不二的法則，便是乾道的天則了。

乾元者，始而亨者也。利貞者，性情也。乾始，能以美利利天下，不言所利，大矣哉。

前約仁義禮智四德，以釋元亨利貞。今更申明四德一以貫之，統惟屬乾，而非判然四物也。舉一「乾」字，必具元德；舉一「元」字，必統四德。元之大，即乾之大矣。

【譯註】

前面我們曾以儒家的仁義禮智四德解釋元亨利貞。這裡更可看出元亨利貞的四德具備一以貫之的精神：四德全為乾卦所統領，它們並不是四個絕然不同的東西。只要提一個「乾」字，這個作為《周易》第一卦的乾，便代表了一切元始的德性；只要提一個「元」字，這個作為一切元始的特質，便具備了乾卦所統率的四德。這樣一來，「元」的偉大，就是「乾」的偉大了。

大哉乾乎！剛健中正，純粹精也。六爻發揮，旁通情也。

乾具四德，而非定四，故大，故復以剛健等七字而深讚之。卦言其體，爻言其用，卦據其定，爻據其變。體大則用亦大，體剛健中正純粹精，則用亦剛健中正純粹精矣。

【譯註】

乾卦具備元亨利貞四德，卻不局限於四德之中，故能成其大，因此孔子再用「剛健」、「中正」、「純粹精」七個字，給了它深入的讚美。卦是實體（「寂」），爻是運用（「照」）；實體給了乾卦定力，運用使它發生變化。如果實體偉大，運用就夠偉大；實體「剛健」、「中正」、純粹而「精」，運用當然也就「剛健」、「中正」、純粹而「精」了。

時乘六龍，以御天也。雲行雨施，天下平也。

上明乾德體必具用，此明聖人因用以得體也。

佛法釋者，此章申明性必具修，修全在性也。佛性常住之理，名爲乾元，无一法不從此法界而始，无一法不由此法界而建立生長，亦无有一法而不即以此法界爲其性情。所以，佛性常住之理，徧能出生成就百界千如之法，而實无能生所生，能利所利。

以要言之，即不變而隨緣，即隨緣而不變，豎窮橫徧，絕待難思，但可強名之曰大耳。其性雄猛，物莫能壞，故名剛。依此性而發菩提心，能動无邊生死大海，故名健。非有无眞俗之二邊，故名中。非斷常空假之偏法，故名正。佛性更无少法相雜，故名純。是萬法之體要，故名粹。无有一微塵處，而非佛性之充徧貫徹者，故名精。

所以，只此佛性乾體，法爾具足六爻始終修證之相，以旁通乎十界迷悟之情。此所謂性必具修也。

聖人乘此即而常六之龍，以御合于六而常即之天。自既以修合性，遂能稱性，起于身雲，施于法雨，悉使一切眾生同成正覺而天下平。此所謂全修在性也。

【譯註】

上一節說明乾德的實體，必須要有靈活的運用，這一節則說明聖人從運用中獲得了實體的乾德。從佛法看，這一章強調性德必須與修德結合，而修德必須以性德為鵠的。佛性常在，一如乾元常在，無一法不是從這個法界產生、建立、生長，也無一法不是依隨這個法界而取得它們各自的性情。因此常在的佛性，雖然不生所生，不利所利，仍然是創造、成就我們三千大千世界的法源。

簡單說，這就是「不變隨緣」、「隨緣不變」的道理；它上窮碧落下黃泉，無微不至，無有比擬，不可思議，只好把它勉強叫做「大」。乾性雄猛，金剛不壞，故名為

「剛」；依照乾性而發菩提心，可以征服無邊無際的生死大海，故名為「健」；不辨別真俗二諦，故名為「中」；不執著於常與非常、空與假的偏見，故名為「正」；佛性之外，別無他法摻雜其間，故名為「純」；萬法以此為宗，故名為「粹」；無論多細微的地方，無不佛性充滿透徹，故名為「精」。

所以這個與佛性相當的乾體，由於它自足圓融，在六爻終始的變化中，無去無來，無生無滅，還能夠旁通十界善惡和迷悟的性德：這便是所謂「性必具修」的意思。

聖人駕馭「六即」，也就是六爻的龍，統率六爻，也就是「六即」的天，而性與修合而為一，如此才能說他們的性德是法雲為體、法雨為用，能使一切眾生同成正覺，而天下太平：這便是所謂「全修在性」的意思。

君子以成德為行，日可見之行也。潛之為言也，隱而未見，行而未成，是以君子弗用也。

此下六爻，皆但約修德，兼約通塞言之。

佛法釋者，成德爲行，謂依本自天成之性德而起行也。既全以性德爲行，則狂心頓歇，歇即菩提，故爲日可見之行也。然猶云潛者，以其雖則開悟，習漏未除，故佛性猶爲虛妄煩惱所隱而未現。而正助二行，尚在觀行相似，未成般若解脫二德，是以君子必以修德成之，而弗專用此虛解也。

【譯註】

下面乾卦六爻的解讀，著重在修德和通達雙方面的考量。

從佛法看，第一爻的初九，就是依照天然生成的性德（亦即「六即」的層次）來做行為的標準。既然行為合乎性德，那麼即使在初九，狂心也會立刻消歇；狂心消歇，就是菩提心的生長，而端莊的行為便會呈現眼前。但潛藏仍有必要，因為心雖開悟，舊有的陋習猶在，因此佛性依然被虛妄和煩惱遮蔽，不能放出光明。即使利用「正行」（即稱名）或者「助行」（即讀誦、禮拜、供奉）兩種行為，也不能與「觀行即」、「相似即」一樣，達到智慧和解脫的層次。君子此時宜以修德為懷，不要相信虛假不實的解脫。

君子學以聚之，問以辯之，寬以居之，仁以行之。《易》曰：見龍在田，利見大人，君德也。

學問是聞慧，寬居是思慧，仁行是修慧。從三慧而入圓住，開佛知見，即名爲佛。故云君德。

【譯註】

九二需要注意的，是充實自己的知識（聞慧），處世寬宏大量（思慧），並以仁作為行為的重心（修慧）。循此三慧的路徑，便能進入圓教的位次（由凡入聖），開啓佛的智慧和見聞，也就可稱為佛了。這便是君德的意義。

九三，重剛而不中。上不在天，下不在田。故乾乾因其時而惕，雖危无咎矣。

重剛者，自強不息，有進而无退也。不中者，不著中道而息息取證也。上不在天者，未登十地，入佛知見也。下不在田者，已超十住，開佛知見。因時而惕，正是不思議十行法門，徧入法界，而能行于非道，通達佛道，故雖危无咎。

【譯註】

九三陽居陽位，雙重的陽剛，具有自強不息、一往無前的精神；但身居下卦之上，不在中道，卻企圖進入上卦，有所作為，故稱「不中」。所謂「上不在天」，是說此時距離上卦之上（第六爻）還遠，尚未登上十地（亦稱十住，指深入般若，住於佛位的十種心態，包含發心、修行、正心、童真等），卻想到了佛的智慧和見聞。至於「下不在田」，指脫離九二的階段，超越十地，開啓了佛的智慧和見聞。這時需要注意的，是警惕自己，明白除了修習自利的「十地」，還須闡揚利他的「十行」（菩薩修行的方法，如歡喜行、饒益行、無瞋恨行、善法行等），把這不可思議的法門傳遍法界，但願在不中的道路上，也能上通佛道。因此即使危險重重，也沒有過失可言了。

九四，重剛而不中。上不在天，下不在田，中不在人，故或之。或之者，疑之也，故无咎。

重剛而不中，亦如上說。中不在人，謂已超十行，示佛知見也。或之者，迴事向理，迴因向果，迴自向他，和融法界而无所偏倚，有似乎疑之也。疑者，擬議以成變化之謂。故雖似有修證之事，而實无事也。

【譯註】 九四處於上卦的初爻，也是陽居陽位，陽剛太過，一如九三。所謂「中不在人」的話，是說能還沒有登天，就離開了土地人群，超越了菩薩的「十行」，顯示了佛的智慧和見地。然而經文裡的「或」字，不是「疑惑」的意思，而是在認知的過程中做了方向的調整：從事看理，從因追果，破除我見，廣納善言，融合法界中種種不同的現象，不再偏激、固執。因此，所謂的疑惑，事實上是變化中必要的階段。看來像有修正、驗證的企圖，其實並不如此。

夫大人者，與天地合其德，與日月合其明，與四時合其序，與鬼神合其吉凶。先天而天弗違，後天而奉天時。天且弗違，而況于人乎？況于鬼神乎？

十地入佛知見，如天普覆，如地普載，如日照晝，如月照夜，如四時次序之始終萬物，如鬼神吉凶之折攝群機。根本妙智，窮法界无始之始；差別妙智，建法界无時之時。理既相契弗違，則凡人與鬼神，總囿于一理者，安得不相順而利見哉？

【譯註】

九五飛龍在天，有如十地眾生，臻至佛位，像天覆蓋了大地，大地承載了萬有，像太陽、月亮朗照日夜，四季依序生長萬物，也像鬼神的吉凶貫徹在生命之中。這種沒有分別的真智（根本妙智），能窮追法界的「無始之始」；而它萬法非一如的差別智（差別妙智），能建立法界阿僧只劫的「無時之時」。萬物在時空中既然同屬一理，不相違背，那麼凡人和鬼神也當同屬此理，怎能不相隨順而成為人人所利見的「大人」呢？

亢之為言也，知進而不知退，知存而不知亡，知得而不知喪，其惟聖人乎！知進退存亡而不失其正者，其惟聖人乎！

凡有慧无定者，惟知佛性之可尚，而不知法身之能流轉五道也；惟知佛性之无所不在，而不知背覺合塵之不亡而亡也；惟知高談理性之爲得，而不知撥无修證之爲喪也。

惟聖人能知進退存亡之差別，而進亦佛性，退亦佛性，存亦佛性，亡亦佛性。進退存亡不曾增減佛性，佛性不礙進退存亡。故全性起修，全修在性，而不失其正也。若徒恃佛性，不幾亢而非龍乎？

又約究竟位中解者，示現成佛是知進，示現九界是知退，示現聖行、梵行、嬰兒行是知存，示現病行是知亡，而于佛果智斷无所缺減，是不失其正也。

【譯註】

從天台「止觀」學說看，如果只講求「慧」而不講求「定」，人只知佛性尊嚴可貴，卻不知法身（亦即佛的真身）也可輪迴於五道（即不計阿修羅一道的「六道」）之中；人如果只知佛性無所不在，卻不知一旦背離菩提、同流合汙，不死也等於死了；如果只談空疏的理性，還自以為是，卻不知否定因果、斷滅善根（撥無修證），是自己天大的損失。

惟有聖人懂進退存亡之間微妙的關係：進是佛性，退也是佛性，存是佛性，亡也是佛性。進退存亡不會為你增加一分佛性，不會為你減少一分佛性；佛性也不會妨害你的進退存亡。因此，最完美的「性」在「修」，最成功的「修」在「性」，而且怎樣做都不會失去正道直行的莊嚴。如果一心依賴佛性，自以為有恃無恐，那豈不是傲慢固執，失去了龍的身份嗎？

又從「六即」最高的「究竟位」看，一心想成佛是知進，停留在九界是知退；從涅槃「五行」看，志在聖行（修戒、定、慧）、梵行（慈悲度眾）和嬰兒行的（小乘、小善之行）是知存，志在病行的（與眾生同有煩惱、病痛）是知亡。至於對佛果的認識，既具備「智德」（即菩提，照見真理），又不缺「斷德」（即涅槃，斷盡煩惱），那便是最正道直行的成就了！

䷁ 坤下坤上（坤為地：2）

坤，元亨，利牝馬之貞。君子有攸往。先迷後得，主利。西南得朋，東北喪朋。安貞吉。

六畫皆陰，故名爲坤。坤者，順也。在天爲陰，在地爲柔，在人爲仁，在性爲寂，在修爲止。又在器界爲載，在根身爲腹、爲腑臟，在家爲妻，在國爲臣。順則所行无逆，故亦元亨。然必利牝馬之貞，隨順牡馬而不亂。其在君子之體，坤德以修道也，必先用乾智以開圓解，然後用此坤行以卒成之。若未有智解，先修定行，則必成暗證之迷。惟隨智後用之，則得主而有利，如目足並運，安穩入清涼池。亦如巧力並具，能中于百步之外也。若往西南，則但得陰之朋類，如水濟水，不堪成事。若往東北，則喪其陰之朋黨，而與智慧相應，方安于定慧均平之貞而吉也。

【譯註】

坤卦六爻都是陰。坤是柔順的意思。在天是陰，在地是柔，在人是仁，在性是「寂」（真如之妙體圓融無礙為寂），在修是「止」（天台止觀的「定」）。又，在「器界」（眾生可居住處）是「載」（承載萬物），在「根身」（人的五根）是腹、是內臟，在家是妻，在國是臣。如果柔順，她一切的作為都能止於至善，因此也是「元亨」，和乾卦的四德完全一致。惟一的不同在「貞」字。這個對坤卦特別有利的牝馬（雌馬）之貞，在原則上是與牡馬（雄馬）的配合和完成。從儒家的君子之道著眼，坤德的意義是行為的落實化：人必須首先用乾的智慧了解圓融的道理，然後啓動坤卦實事求是的精神，方能成事。若沒有透徹地了解，便去蒲團打坐，思而不學，一定會走入盲禪（暗證禪）的迷途。惟有把智慧視同自己的主人，緊隨其後，就像眼睛和雙腳並用，有方向，有行動，才能安然到達離惡去煩的清涼池。又如彎弓射箭，有真功力，加上智巧，百步外的箭靶也能命中無誤！依據文王八卦的方位，西南方是巽（☴，長女）、離（☲，中女），和兌（☱，少女），是坤母的陰類，陰不能濟陰，水不能濟水，所以不能有所作為。但若往東北方去，則會遇到震（☳，長男）、坎（☵，中男）和艮（☶，少男），是乾父的陽類，這樣才能陰陽相濟，在定和慧的平均分配中，壯大了坤卦的精神和力量，因此大吉大利了！

《彖》曰：至哉坤元，萬物資生，乃順承天。坤厚載物，德合无疆，含弘光大，品物咸亨。牝馬地類，行地无疆。柔順利貞，君子攸行。先迷失道，後順得常。西南得朋，乃與類行。東北喪朋，乃終有慶。安貞之吉，應地无疆。

此傳詳釋彖辭。先約地道明坤四德，次明君子體坤德而應地道也。資始所以稟氣，資生所以成形。由稟氣故，方得成形，故名順承天也。德合无疆，言其與天合德。西南則兑離以及于巽，皆陰之類。東北則震艮以至坎乾，可賴之以終吉矣。

佛法釋者，以坤表多所含蓄而无積聚之如來藏性。約智名乾，約理名坤；約照名乾，約寂名坤。又可約性名乾，約修名坤。又可修中慧行名乾，行行名坤。乾坤實无先後，以喻理智一如，寂照不二，性修交徹，福慧互嚴。

今于无先後中說先後者，由智故顯理，由照故顯寂，由性故起修，由慧故導福。而理與智冥，寂與照一，修與性合，福與慧融，故曰：「至哉坤元，萬物資生，乃順承天也。」稱理之行，自利利他。一行一切行，故德合于无疆之智，而含弘光大也。牝馬行地，雖順而健，三昧隨智慧行，所以爲佛之三昧也。

夫五度如盲，般若如導，若以福行爲先，則佛知見未開，未免落于旁蹊曲徑而失道。惟以智導行，行順于智，則智常而行亦常。故西南得朋，不過與類俱行而已。惟東北喪朋，則于一一行中具見佛性，而行行无非法界，當體絕待，終有慶矣。所以安貞之吉，定慧均平，乃可應如來藏性之无疆也。

【譯註】

這段話詳細解釋了《彖辭》的意義。它先從地的行為上看坤卦的四德，然後在君子體驗坤德的過程中，發現地道的精神。乾是萬物的開始，所以有賦予萬物生命的力量；坤延續萬物的生長，但得賴乾卦所賦予的生命才能使萬物具有形體，所以坤也有順天承道之名。當我們說坤德無限，是指她與乾德合流時，變成了一個完美的整體。位於《周易》西南的方位，有兌、離和巽三卦，是坤母的陰類；在東北，則有震、艮和坎與乾父緊密相連，都是陽類，有了陰陽的調和，才有吉祥的結果。

用佛法解釋，坤代表豐富而沒有淤塞的如來藏性。這時甚至可以反過來說，乾是智和照，坤是理和寂，或者說乾是性，而坤是修；也可以說修中道的慧是乾，修身口意造作的是坤。乾坤其實沒有先後次序，正因如此，我們才能證明理和智、寂和照、性和修、福和慧，這些對立的觀念都是相互融匯，如出一體的。

假如一定要論先後次序，我們也許可以這樣說：因為有了所謂的智，我們才知道因緣所生的理；因為有了以真理為體的寂，我們才知道以真智為用的照；因為有善、惡、迷、悟等不同的性德，我們才知道有通於身、語、意三業的修德。福因慧來，理因智合，寂照如一，性修不二，福慧圓融，因此《彖辭》才說：「偉大的坤元呀！你順天承道，萬物在你的懷抱中生長！」一切合於理性的行動，才能自利利他；由於任何一種行動都具有一切行動的理，因此《彖辭》才說：「地德包含了無限的智慧，光芒萬丈！」雌馬在地面上奔忙，柔順而堅強。她的三昧（正定）配合智慧，也就是佛的三昧。

我們所賴以祈福的「五度」（布施、持戒、忍辱、精進、禪定）其實是盲目的，只有智慧（第六度）才能替我們打開眼睛。若盲目求福，不啓動佛的三昧，難免誤入歧途，迷失方向。惟有聽從智慧的指引，行為才能圓滿。西南方雖有朋友，只是同性同行而已，並無實際的幫助；離開這些朋友後，在東北方結合了陽性的朋友，步入真如的法界，才取得陰陽的調和和定慧的均衡，既平和，又貞定，大吉大利，這才應順了如來藏無邊無際的性德。

《象》曰：地勢坤，君子以厚德載物。

性德本厚，所以地勢亦厚。今法地勢以厚積其德，荷載群品，正以修合性之眞學也。

【譯註】

如來藏的性德厚重圓滿，地則效法如來藏，所以積德厚重圓滿，能承載萬物。這便是藉「修」來完成「性」的最好榜樣。

初六，履霜，堅冰至。

《象》曰：履霜堅冰，陰始凝也；馴至其道，至堅冰也。

此爻其靜爲姤，其變爲復，姤則必至于坤，復則必至于乾，皆所謂「馴致其道」者也。

問曰：「乾坤之初爻，等耳，乾胡誡以勿用，坤胡決其必至乎？」答曰：「陽性動，妄動恐其洩也，故誡之。陰性靜，安靜則有成也，故決之。積善積惡，皆如履霜；餘慶、餘殃，皆如堅冰。陽亦有剛善、剛惡，陰亦有柔善、柔惡，不當偏作陰柔邪惡釋之。」《說統》云：「善乾惡坤，此晉魏大謬處。」《九家易》曰：「霜者，乾之命；堅冰者，陰功成也。」京氏曰：「陰雖柔順，氣則堅剛，爲无邪氣也。陰中有陽，氣積萬象。」孫聞斯曰：「隤霜不殺菽，冬无冰，春秋皆爲記異。然時霜而霜，時冰而冰，正令正道，以堅冰爲至，而至之自初也，如是謂凝謂順。冰畢竟是陰之所結，然惟陽伏于內，故陰氣外沍而爲冰。」聖人于乾曰爲冰，明是此處註腳。「馴致」二字，正表坤德之順處。腳跟无霜，不秋而凋；面孔无血，見敵輒走。

若約佛法釋者，乾之六爻，兼性修而言之。坤之六爻，皆約修德定行而言。初上二爻，表世間味禪之始終；中間四爻，表禪波羅蜜具四種也。二即世間淨禪，而達實相；三即亦世間亦出世禪；四即出世間禪；五即非世間非出世禪。

又藉乾爻對釋，初九有慧无定，故勿用，欲以養成其定；初六以定含慧，故如履霜若馴致之，則爲堅冰之乾德。九二中道妙慧，故利見大人；六二中道妙定，故无不利。九三慧過于定，故惕勵而无咎；六三定有其慧，故含章而可貞。九四慧與定俱，故或躍而可進；六四定過于慧，故括囊而无譽。九五大慧中正，故在天而利見；六五大定即慧，故黃裳而元吉。亢以慧有定而知悔；戰則定无慧而道窮也。

又約乾爲正行，坤爲助行者：坤之六爻即表六度，布施如履霜，馴之可致堅冰。冰者，乾德之象，故云「乾爲冰」也。持戒則直方大，攝律儀故直，攝善法故方，攝衆生故大。忍辱爲含章，力中最故；精進如括囊，于法无遺失故；禪定如黃裳，中道妙定徧法界故；智慧如龍戰，破煩惱賊故。

【譯註】

坤卦初六的陰爻，從靜態的消息卦著眼，像是四月的乾卦進展到了五月的姤（䷫），陰陽交錯後，則變成十一月的復（䷗）。陰氣初生的五月（姤）一定會發展成為陰氣全盛的十月（坤，䷁），而陽氣初生的十一月（復）也一定會發展成為陽氣全盛的四月（乾，䷀）：這便是《小象》所說「順習、因循、自然而然的結局」（馴致其道）了。

有人問：「乾卦和坤卦的初爻應有相等的意義，為何乾卦初九勸人不要妄動，而坤卦初六卻認為一切正常呢？」我的回答是：「陽性善動，隨便亂動，會傷元氣，所以勸人以不動為好；陰氣善靜，安靜才能成就大事，所以堅持該動就動的態度。善惡的堆積，像薄霜初降，沒人注意；久而久之，天高地厚，自然凍結成冰。事實上，陽氣有大善，也有大惡，陰氣有小善，也有小惡，不能把陰柔邪惡的罪狀一律歸罪於陰卦。」

《周易說統》（十二卷，明張振淵著，萬曆四十三年版）說：「『乾善坤惡』的話，是晉魏時代易學家所犯最大的錯誤。」荀爽（一二八—一九〇，字慈明，一名諝，東漢著名易學家。）《九家易》（十卷）說：「霜，是乾卦必至的命運；堅冰，是坤卦大功告成的象徵。」京房（前七七—前三七，西漢易學家）也說：「陰雖柔順，卻有凜然堅剛之氣，絕無邪氣可言。她的特色在陰中有陽，萬物因而叢生。」孫慎行（一五六五—一六三六，字聞斯，號淇澳，明理學家，東林黨人，著有《困思抄》，

《玄宴齋集》等書）說：「柔軟的飛霜，不會摧毀菽麥；冬天如不夠冷，沒有冰凍，春秋的收成會有傷害。該下霜就下霜，該結冰就結冰，這是時令，也是正道。如果把結冰當作季節的終點，這個終點是有開端的，是凝聚和順從的表現。雖然冰是陰氣的產品，假如沒有陽氣潛伏在內，陰氣也不可能外凍成冰。」孔子在《說卦》中說「乾為寒、為冰」，應當是這話最好的註腳。至於「馴致」二字，指順習、因循的自然現象，也表明了坤德順從的特性。冬天如不結霜，秋華不會結實；臉孔如不血氣高昂，打仗時只有逃跑的命！

用佛法解釋，乾的六爻是性和修的表現；坤的六爻偏重修德和禪定，有如六波羅密：初六（布施）和上六（智慧），代表禪的開始和成就，中間四爻：六二（持戒）是世間的淨禪，屬於實相的世間；六三（忍辱）介乎世間和出世之間；六四（精進）是出世；六五（禪定）是非世間和非出世間。

如果用乾卦來做比較，乾的初九，潛龍伏淵，有慧無定，所以最好不動，以便培養定力；坤卦初六，布施謙讓，定而含慧，如果能理解順習、因循的道理，便會取得冰一般堅忍的乾德精神。乾卦九二初出茅廬，位下居中，具有妙慧，所以利見大人，對他一定有好處；坤卦六二，持戒居中，又有妙慧，可以無憂。乾卦九三，終日乾乾，慧過於定，如能惕勵自己，也可無咎；坤卦六三，盡忠職守，有定也有慧，隱含了謙讓的美德，令人敬仰。乾卦九四，走上康莊大道，有慧也有定，可在行動中求進步；坤卦六四，柔居陰位，精進小心，定多於慧，因此應當「收緊口袋」，不求名譽。乾卦九五，飛龍在天，智慧圓滿，中道而行，成為人人心目中的大人。坤卦六五，禪慧俱在，美在其中，也形之於外。乾卦的上九，陽極於上，慧而且定，幸而懂得動而有悔的道理，不會莽撞；坤卦上六，陰盛逼陽，如果投入戰爭，勢必失去理性，走上絕路！如果視乾為相對於邪行的正行，而視坤為輔助正行的幫手，那麼坤卦的六爻便像是六波羅密（六度）了：初六布施如履霜，開啓了順習、因循的自然之道，等候堅冰的到來。（不過這裡所謂的堅冰，是乾德的象徵，亦即《說卦》「乾為寒、為冰」的意思。）六二持戒，能直、能方、能大：堅守戒律故直；行善故方；容眾故大。六三忍辱謙讓，顯示了人最大的潛力。六四精進謹慎，收緊「口袋」，精力不浪費。六五禪定，守中護身，妙定遍及法界。上六智慧，如龍出征，掃盡心中的煩惱之賊。

六二，直方大，不習无不利。《象》曰：六二之動，直以方也。不習无不利，地道光也。

純柔中正，順之至也。順理故直，依理而動故方，既直且方，則必大矣。此地道本具之德，非關習也。

佛法釋者，世間淨禪即是實相，故直方大。正念眞如爲直，定之體也；善法无缺爲方，定之相也；功德廣博爲大，定之用也。世間淨禪法爾本具實相三德，能于根本禪中通達實相，故不習无不利也。向淨禪中，覰實相理，名之爲動。動則三德之理現前，于禪開祕密藏，故地道光也。

【譯註】

六二陰爻處於下卦之中，純粹的柔順和中庸，是柔順的極致。因為順理，所以直；因為依理而動，所以方；既直且方，一定能成其大。然而，這是地本具的美德，不是後天可以學習得來的。

如用佛法解釋，世間純淨的禪法，便是法界的實相，必然是直，是方，是大。一心放在真如的理性上，所以直，這是禪法的「本體」；善行和悲心圓滿無缺，所以方，這是禪法的「外觀」；功德開廣，普及群生，所以大，這是禪法的「實用」。世間純淨的法本來便具備這三種特性，和一般禪法不相衝突，所以不必依賴後天的學習，就有無限的成就。從淨禪中尋找實相，把靜態變成動態，三種特性都同時呈現眼前，打開了禪法的祕密，這便是《象辭》所說「地道的光芒」了！

六三，含章可貞，或從王事，无成有終。

《象》曰：含章可貞，以時發也。或從王事，知光大也。

蘇眉山曰：「三有陽德，苟用其陽，則非所以爲坤也，故有章而含之。有章則可以爲正矣。然以其可正而遂專之，亦非所以爲坤也。故從事而不造事，无成而代有終。」

佛法釋者，亦世間亦出世禪，亦愛亦策，故含光而可貞。或從一乘无上王三昧事，則借此可發出世上上妙智而有終，不復成次第禪矣。

【譯註】

蘇軾《東坡易傳》說：「坤卦第三爻，替乾行道，卓具陽德，但若以陽道視之，則錯看了坤道，所以《小象》說她雖有美質，深藏不露，這才是正道的精神；不惟如此，功成而不居功，更見坤卦的高潔。坤只默默耕耘，做該做的事，不標新立異，所以《小象》說她不標榜成就，便是她有始有終的大成就！」

用佛法解釋，這是世間法，也是出世間法，沒有汙染的愛心，她鞭策上進，內含美德，令人敬仰。如從惟一無上的一乘教（法華教）著眼，致力於王事的正定之心，也可以產生出世的妙智，得到圓滿無上的菩提，這跟漸次修禪的法門便很不一樣了。

六四，括囊，无咎无譽。

《象》曰：括囊无咎，慎不害也。

得陰之正，而處于上卦之下，位高任重，故括囊以自慎焉。吳幼清曰：「坤體虛而容物，囊之象也。四變爲奇，塞壓其上，猶括結囊之上口。人之緊閉其口而不言，亦猶是也。」蘇眉山曰：「咎與譽，人之所不能免也。出乎咎，必入乎譽；脫乎譽，必罹乎咎。咎所以致罪，而譽所以致疑也。甚矣！无譽之難也。」

釋佛法者，出世間禪，切忌取證。取證則墮聲聞、辟支佛地，雖无生死之咎，亦无利他之譽矣！若能慎其誓願，不取小證，則不爲大乘之害也。

【譯註】

六四陰在陰位，又居上卦之下，位高任重，因此「收緊口袋」，謹慎自重。吳澄（一二四九—一三三三，字幼清，宋元理學家，朱熹四傳弟子，有《易纂言》十卷）說：「單卦的坤體（☷）內空，很像一隻口袋。坤卦第四爻變成上卦的第一爻，是奇數，壓塞在口袋的上方，好像是收緊口袋的樣子。人們出言謹慎，把嘴巴緊閉，不就是這個樣子嗎？」蘇東坡說：「責怪和讚譽，是人生不能避免的兩件事。不是被責怪，便是被讚譽；剛脫離讚譽，又落入責怪。責怪會陷人於罪；讚譽會令人嫉恨。可怕呀！沒人讚美你也是好事呢！」

用佛法解釋，出世間的禪，最忌諱世俗語言的取證。一旦用語言取證，便墮入三乘中聲聞（小乘、最下根）、辟支佛（中乘、獨善其身者）的境界，雖然不致淪於生死大難，卻也沒有利他的好處了！人若能貫徹自己弘願，不求語言的小證，就不會妨害大乘的修行了。

六五，黃裳，元吉。

《象》曰：黃裳元吉，文在中也。

黃者，中色，君之德也；裳者，下飾，臣之職也。三分天下有其二，以服事殷，斯之謂乎？

佛法釋者，非世間非出世禪，禪即中道實相，故黃；不起滅定，現諸威儀，同流九界，故如裳。此眞无上菩提法門，故元吉。定慧莊嚴，名之曰「文」，全修在性，名「文在中」。

【譯註】

黃是中色，象徵君德居中；裳是相對於衣而言，衣是上身，裳是下身，象徵臣德居下。殷紂時代，三分之二的天下歸順於周，而周文王（當時的西伯侯）仍以臣禮對待紂王，說的不正是這件事嗎？

用佛法解釋，這樣的禪法，既非世間法，也非出世間法，而是實相的法界，故以戒律中僧衣的黃色作為象徵。不住寂滅，也不住涅槃，而仍不失其威儀，身穿下裳，流轉於九界之中，知進知退，濟度眾生，真可謂無上菩提的法門，因此《小象》認為這是最大的吉祥。定慧具足，文采奪目，堅持以性為修的目的，因此《小象》「文在中」（有文采，又居中）的話，就是這個意思。

上六，龍戰于野，其血玄黃。

《象》曰：龍戰于野，其道窮也。

其靜爲夬，其變爲剝，皆有戰之義焉。善極則斷惡必盡，惡極則斷善必盡，故窮則必戰，戰則必有一傷也。陳旻昭曰：「此天地既已定位，而震龍欲出，故戰于野也。震爲龍，爲玄黃，氣已盛故爲血，窮乎上者必反下，故爲屯卦之初爻。夫乾坤立而有君，故次之以屯；有君則有師，故次之以蒙。屯明君道，蒙明師道，乾坤即天地父母，合而言之，天地君親師也。」

釋佛法者，无想天灰凝五百劫而墮落，非非想天八萬大劫而還作飛狸牛蟲，乃至四禪无聞比丘墮阿鼻獄，皆偏用定，而不知以慧濟之，故至于如此之窮。

【譯註】

上六的陰爻在靜態的消息卦中是三月的夬卦（䷪），陰陽對轉後，成為九月的剝卦（䷖），前者一柔乘五剛，後者五陰剝一陽，都有戰鬥的意義。善要達到頂峰，才會把惡除盡；惡要達到頂峰，才會把善除盡；頂峰是盡頭，盡頭必導致戰爭，而戰爭必有一傷。陳旻昭（蕅益大師的在家朋友，生平不詳）說：「天地既定，而象徵龍的單卦震（☳）卻躍躍欲出。根據《說卦》的描述，震不惟象龍，還射影天地的玄（黑）黃之色，血氣方剛；既然身在巔峰，自然會掉頭反攻，成為屯卦（䷂）的下卦。原則上說，乾坤既已成立，必須有君王治理，這便是屯卦（利建侯）跟隨在後的道理。有君怎能無師，蒙卦（䷃，童蒙教育）因此也旋踵而至。屯是君道，蒙是師道，乾坤是天地的父母，在這個特殊關係中，《周易》完成了『天、地、君、親、師』一套完整的倫理系統。」

用佛法解釋，無想天（欲滅一切心想之禪定）的眾生，經過空虛凝固的五百劫後，還是墮落惡趣，一無所成；非想非非想禪天的眾生（修此天中之精妙禪定），經過八萬大劫的煎熬，還是淪為畜生；即使苦修四禪無眼耳鼻舌的比丘，最後仍被打入最下層的阿鼻地獄。他們的錯誤在只知有定，不知有慧，從不改悔，才走上如此悲慘的命運。

用六，利永貞。

《象》曰：用六永貞，以大終也。

此總明百九十二陰爻所以用六而不用八之旨也。八爲少陰，靜而不變；六爲老陰，動而變陽。今筮得坤卦，六爻皆六，則變爲乾卦，不惟順承乎天，亦且爲天行之健矣！

佛法釋者，用八如不發慧之定，用六如發慧之定。發慧之定，一切皆應久修習之，禪波羅蜜至佛方究竟滿，故曰大終。

【譯註】

這裡解釋一百九十二個陰爻用六而不用八的道理。八是少陰，靜而不變；六是老陰，動而變陽。假如有人卜筮卜得坤卦，六爻都是六，故一變而為乾，不但順乎乾意，還貫徹了乾卦「天行健，君子以自強不息」的意義！

用佛法解釋，八不能啓發智慧，是靜態的定，而六能啓發智慧，是動態的定，也是成熟圓融的老陰，需要認真地修習，直到禪定的智慧達到佛的最高境界。這便是「大終」（偉大的終結）的意義。

《文言》曰：坤，至柔而動也剛，至靜而德方。後得主而有常，含萬物而化光。坤道其順乎？承天而時行。

此仍以地道申贊坤之德也。贊乾，則自元而亨而利而貞；贊坤，則自貞而利而亨而元。乾之始必徹終，而坤之終必徹始也。文並可知。佛法釋者，即是直贊禪波羅蜜。以其住寂滅地，故至柔至靜；以其能起神通變化，普應群機，感而遂通，故動剛德方。由般若爲導而成，故後得主而有常，所謂般若常故禪亦常也。于禪中具足萬行，一一妙行與智相應，導利含識，故含萬物而化光。非智不禪，故坤道爲順；非禪不智，故承天時行也。

【譯註】

這裡仍是依據地的行為而讚揚坤的德性。讚揚乾，必須維持元、亨、利、貞的順序；讚揚坤，則必須顛倒過來，是貞、利、亨、元。乾是有始有終，坤是以終見始。《文言》的文字從不含糊。

用佛法解釋，這是直接對禪定的讚美。禪定（即禪波羅密，六度的第五種），因為處於涅槃（寂滅）的境界，所以極柔、極靜；因為能神奇變化，敏感而有效，所以有強大、方正的力量。禪定成就於般若（智慧）的啓發，因追隨乾的指導而變得恆常。正因為般若恆常，所以禪也恆常。由於禪行廣布，無遠勿屆，無智不應，群生受惠，所以《文言》說他「蘊含萬物，光芒萬丈」！沒有般若，就不會有禪，所以坤道既柔且順；沒有禪，就不會有般若；坤繼承天的意志，依照時序而行事。

積善之家，必有餘慶；積不善之家，必有餘殃。臣弑其君，子弑其父，非一朝一夕之故，其所由來者漸矣，由辯之不早辯也。《易》曰：履霜，堅冰至。蓋言順也。

順，即馴致其道之謂。洪化昭曰：「臣而順，必不弑君；子而順，必不弑父。」此正所謂「辯之于早」者，不作慎字解。陳非白問曰：「何故積善餘慶、積惡餘殃？不發明于乾之初爻，而明于坤之初爻耶？」答曰：「乾是巧智，坤是聖力。非智巧則不能知善知惡，非聖力則不能積善積惡，故曰：『乾知大始，坤作成物』。」

佛法釋者，十善爲善，十惡爲不善；无漏爲善，有漏爲不善；利他爲善，自利爲不善；中道爲善，二邊爲不善；圓中爲善，但中爲不善。善即君父之義，不善即臣子之義。以善統御不善，則不善即善之臣子；以不善妨礙于善，則善遂爲不善所障。如君父之被弒矣！所以千里之行，始于一步，必宜辯之于早也。

【譯註】

順，就是《小象》所說的「馴致其道」（順習、因循的自然之道）。洪化昭（號日北居士，明天啓、崇禎間理學家，有《周易獨坐談》五卷）說：「順從的臣，不會弑君，順從的子，不會弑父。」這就是「及早發現」的意思。「蓋言順也」，有人把「順」字作「慎」字解，是不對的。陳非白（蕅益大師方外的朋友，《大師全集》中有《和陳非白三首》，餘不詳）曾經問我：「為什麼積善便有餘慶，積惡便有餘殃？又為什麼這話不在乾卦的初爻上說，卻在坤卦的初爻上說？」我的答覆是：「乾是『智巧』（即智慧的巧力），而坤是『聖力』（即戒定慧所修成的正道的力量）。沒有智慧的巧力，不能分辨善惡，沒有戒定慧的正道之力，不能累積善和惡，這便是《繫辭》所說：『乾是大創造的開始，坤是萬物生長的成就。』」開始時不談好壞，成就後才做檢討。

用佛法解釋，善行是善，惡行是不善；無煩惱是善，有煩惱是不善；利他是善，自利是不善；絕待不二是善，模棱兩可是不善；圓融中道是善，堅持中道是不善。君父統治的觀念是善，臣子被統治的觀念是不善。用善治理不善，會使不善變為善；用不善治理善，善會被不善掩埋：這便是君父被弒的道理了！所以善惡長時間地累積，始於降霜，必須及早發現，防患於未然。

直其正也，方其義也。君子敬以直內，義以方外，敬義立而德不孤。直方大，不習无不利，則不疑其所行也。

惟正故直，惟義故方，直方皆本具之德。而「敬」之一字，乃君子修道之要術也。敬即至順，順則必直且方，而德不孤，可謂大矣！

佛法釋者，正念眞如，是定之內體；具一切義，而无減缺，是定之外相。既具內體外相，則必大用現前而德不孤，所以于禪開祕密藏，了了見于佛性而无疑也。

【譯註】

惟有「正」才能「直」，惟有「義」才能「方」，然而「直」和「義」是人的本性，惟有「敬」這個字才是君子修道的樞紐。能敬才能順，能順才能「直」和「方」，使一切德性融會貫通，才夠得上「大」。

用佛法解釋，捨相入實（正念），離虛去妄（真如），是禪的內體；含智中之智（一切智義），了無缺失，是禪的外相。有如此的內體、如此的外相，一定有恢宏的氣象，體大用亦大，而眾德薈萃於一身，有如禪定打開了甚深奧祕的法藏之門，佛性清楚展現眼前，讓人不再疑惑了。

陰雖有美，含之以從王事，弗敢成也，地道也，妻道也，臣道也。地道无成，而代有終也。

文義可知。佛法釋者，亦世間亦出世禪。雖即具足實相之美，但含而未發，以此爲王三昧之助，弗宜偏修以至成也。蓋禪定隨智慧行，如地承天，如妻隨夫，如臣輔君。然智慧不得禪定，則不能終其自利利他之事，故禪定能代有終也。

【譯註】這話意思很清楚。用佛法解釋，這是世間禪也是出世間禪。坤道雖然充滿法界之美，卻蘊含在內，不事鋪張，以便協助完成主人禪定的需求。一般來說，禪定追隨智慧，就像地隨天，妻隨夫，臣隨君。如果智慧沒有禪定，便不能自利利他，因此禪定的貢獻，就在承擔大功告成的責任，換言之，就是成就的彰顯。

天地變化，草木蕃；天地閉，賢人隱。《易》曰：囊括无咎无譽。蓋言謹也。

能謹則可以成變化，變化則草木亦蕃；不謹則天地必閉，閉則雖賢人亦隱矣！安得不囊括哉？

佛法釋者，定慧變化，則三草二木各得潤澤生長。若入于出世果證，則灰身泯智，而无利生之事矣！故修此法門者，不可以不謹也。

【譯註】謹慎是變化的條件：草木在天地變化中繁殖；不謹慎，天地會閉塞，變化會終止，賢人會隱而不見！這時你能不把口袋收緊，謹慎你的一舉一動嗎？

用佛法解釋，由於定和慧的變化，天地間一切草木也都滋潤生長。如果只求出世果地的證明（果證），則身入泥淖，泯滅智慧，不再有做弘法利生的可能了！所以修此禪定的人，不能不謹慎自己的言行。

君子黃中通理，正位居體，美在其中，而暢于四支，發于事業，美之至也！

黃是中色，即表中德。德雖在中，而通乎腠理。故雖屬正位，仍居四體，此釋黃裳也。美在其中者，重牒上義以釋元吉之義。

佛法釋者，以黃中三昧，而通達實相之理。實相雖名正位，偏入一切諸法而居眾體。蓋惟深證非世間非出世上上之禪，故能暢于四支，發于事業，而三輪不思議化，普利法界，乃爲美之至也。

【譯註】

六五以黃裳為代表；黃是中色，象徵中德，卻貫穿四肢全體，所以雖在中位，仍與整個身體相關連，這就是黃裳特殊的意義。「美在其中」重申「陰雖有美」的話，是對「元吉」二字的交代。

用佛法解釋，黃是戒律僧衣的正色，貫穿實相（法界）的理性。實相雖在正位，卻貫穿於一切諸法之中。惟有徹底證得出世間上上禪的最高境界，才能把禪的精神貫徹在自己的全身和全事業中，利用佛的身業現種種不可思議的變化而普度眾生，才是至高無上的美。

陰疑于陽，必戰。為其嫌于无陽也，故稱龍焉；猶未離其類也，故稱血焉。夫玄黃者，天地之雜也，天玄而地黃。

夫陰陽皆本于太極，則本于體，何至相疑而戰哉！陽者見之謂之陽，不知與陰同體，故疑陰而必戰；陰者見之謂之陰，不知與陽同體，故亦疑陽而必戰。方陰之盛而戰陽，則有似乎无陽，故稱龍，以明陽本未嘗无焉。逮陰之動而變陽，則似離乎陰類，故稱血，以明陰仍未離類焉。夫惟動而將變，故玄黃相雜耳。變定之後，天玄地黃，豈可雜哉？子韶〈風草頌〉云：「君子何嘗去小人？小人如草去還生。但令鼓舞心歸化，不必區區務力爭。」得此旨者，可以立消朋黨之禍。不然，君子疑嫌小人，小人亦疑嫌君子，不至于兩敗俱傷者幾希矣。

佛法釋者，始則誤認四禪爲四果，及至後陰相現，則反疑四果不受後有之說爲虛，而起謗佛之心，是必戰也。然世間豈无眞證四果智德者耶？故稱龍，以顯四果之非虛焉。彼雖自謂四果，止是暗證味禪，實未離于生死之類，故稱血，以定其類焉。夫玄黃者，定慧俱傷之象也。以定傷慧，慧傷而定亦傷。然此俱約修德，故言傷耳。若本有寂照之性，則玄自玄，黃自黃，雖闡提亦不能斷性善，雖昏迷倒惑，其理常存，豈可得而雜哉？

又觀心釋者，陰陽各論善惡，今且以陰爲惡，以陽爲善。善惡无性，同一如來藏性，何疑何戰？惟不達性善性惡者，則有无相傾，起輪迴見而必戰，戰則埋沒无性之妙性，似乎无陽，故稱龍以顯性善之不斷焉。既以善惡相抗則二俱有漏。故稱血以顯未離生死類焉。夫善惡相傾奪者，由未達妙性體一，而徒見幻妄事相之相雜也。實則天玄地黃，性不可改，何嫌何疑，何法可相戰耶？善惡不同，而同是一性。如玄黃不同，而同是眼識相分；天地不同，而同一太極；有如妍媸影像不同，而同在一鏡也。若知不同而同，則決不敵對相除而成戰；若知同而不同，則絕應熏習无漏善種以轉惡矣。

【譯註】

陰陽二者都來自太極，本體相同，為什麼要彼此懷疑，甚至相鬥呢！當陽自以為是陽，不知道也有一部分的陰，才會懷疑陰，以至於劍拔弩張；如果陰自以為是陰，卻不知也有一部分的陽，才會懷疑陽，而生必戰的決心。當陰向陽宣戰時，好像是怨恨陽氣消失，所以自稱為龍，強調陽氣的存在。但當陰一變而為陽時，脫離了陰類，卻為了證明陰氣仍在，所以自稱為血，而血氣沸騰。在陰陽變化的一瞬間，玄黃的顏色會混亂；一旦變化完成，天地定位，天玄地黃，一切又恢復了常態，哪有含糊不清的地方呢？

子韶（姓氏不詳）〈風草頌〉的詩說得好：「君子哪會排斥小人？小人像草，拔了還生。給他們一點鼓勵，勸他們收心，何必斤斤計較於你奪我爭！」有這樣的胸懷，就有消滅「朋黨之禍」的本領。否則，君子懷疑小人，小人懷疑君子，哪有不兩敗俱傷的道理？

用佛法解釋，起初誤以為修「四禪天」（即四禪定所修的境界）就能證得「四果」（逆流果、一來果、不還果、不生果）的人，等到法界的實相出現後，反而相信「四果」以後的法界是虛假的現象，因此開始毀謗佛法，甚至開始殺伐。然而，誰敢說世間沒有真正證得聖智之果的人呢？他們自許為龍，用以證明「四果」的存在。至於那些誤以「四禪天」為「四果」的人，他們只懂坐禪，不識佛法義理（指暗證禪師），仍在生死苦海中，只好自稱為血，現出他們可悲的面貌。玄黃（又黑又黃）的血色，是禪定和智慧受到傷害的結果。假如定傷害了慧，慧被傷害而定也難保。我們說傷害，指修德而言；如果從真理之體（寂）和真智之用（照）著眼，其實玄者自玄，黃者自黃，即使像一闡提（捨棄一切善根的人），也不能斷絕性善之念，在昏迷顛倒中，把事實的真相搞亂。

如用觀心法解釋，陰陽都論及善惡，但我們今天卻認為陰是惡，陽是善。其實，善惡和陰陽一樣，都來自太極，有何可疑，有何可鬥？只有那些不了解性善性惡的人，才會用善與不善的觀念相互傾軋，冒著生死輪迴的危險，干戈相向，埋沒了無善無惡的天然妙性！擔心陽的消失，人會挺身而出，自以為龍，強調善的存在。然而，善惡一旦相鬥，二者都難自保，只好自稱為血，承認自己還輪迴在六道之中的事實。只有不理解無善無惡的人，才會相信善惡的對立，相信虛幻不實的影像。事實上，天玄地黃，天經地義，無須相鬥。善惡雖然不同，同屬一性，一如玄黃不同，不過是視覺上的差異。天地不同，卻同在太極，美醜不同，也同在鏡中。如果知道不同中有同，便不會拔刀相向；如果知道同中有不同，便會熏修沒有煩惱的善法，轉惡為善了！

《周易禪解》卷第二（上經之二）

䷂ 震下坎上（水雷屯：3）

屯，元亨利貞。勿用有攸往，利建侯。

乾坤始立，震一索而得男，爲動爲雷；坎再索而得男，爲陷爲險，爲雲爲雨，乃萬物始生之時，出而未申之象也。始則必亨，始或不正，則終于不正矣！故元亨而利于正焉。此元亨利貞，即乾坤之元亨利貞也。乾坤全體太極，則屯亦全體太極也，而或謂乾坤二卦大，餘卦小，不亦惑乎？夫世既屯矣，儻務往以求功，只益其亂。惟隨地建侯，俾人人各歸其主，各安其生，則天下不難平定耳。楊慈湖曰：「理屯如理絲，固自有其緒，建侯，其理之緒也。」

佛法釋者，有一劫初成之屯，有一世初生之屯，有一事初難之屯，有一念初動之屯。初成，初生，初難，姑置弗論，一念初動之屯，今當說之。蓋乾坤二卦，表妙明明妙之性覺。性覺必明，妄爲明覺，所謂眞如不守自性。无明初動，動則必至因明立所而生妄能，成異立同，紛然難起，故名爲屯。然不因妄動，何有修德？故曰：「无明動而種智生，妄想興而涅槃現。」此所以元亨而利貞也。但一念出生，既爲流轉根本，故勿用有所往。有所往，則是順无明而背法性矣！惟利即于此處用智慧深觀察之，名爲建侯。若以智慧觀察，則知念无生相，而當下得太平矣！觀心妙訣，孰過于此？

【譯註】

乾、坤定位後，依照文王安排的卦序，接下來便是「屯」。屯：下震（☳，雷）上坎（☵，水），震是乾父的長男（陽爻在第一位），象徵瞬息萬變、雷電交錯時的景象；坎是乾父的次男（陽爻在第二位），象徵陷阱、危險、雲和雨，這些都是萬物開始生長、艱苦掙扎時面臨的困境。開始一定要順暢，開始不順暢，結束很難好；而開始的順暢（元亨），有利於結束的成功（利貞），因此屯卦的元亨利貞，意義等同於乾坤二卦的元亨利貞；乾坤來自太極，屯卦當然也來自太極。或許有人要問，乾坤如此之大，屯卦如此之小，不是不相稱嗎？我認為把混亂的世界安頓（屯）下來，不是一件容易的事，如果一心追問誰大誰小，只能增添混亂，一無好處。屯卦強調管理的重要（建侯），管理得法，人人有歸宿；人人有了歸屬，天下自然就太平了。楊簡（一一四一—一二二六，字敬仲，號慈湖，師承陸象山，著有《楊氏易傳》）說：「整理草莽初開的混亂，有如整理亂絲，建立諸侯，便是管理的開始。」

用佛法解釋，有時代開始時的亂象，有生命開始時的亂象，有事業開始時的亂象，也有一念初動時的亂象。不論前三者，我們姑且談談一念初動時的亂象。乾坤二卦代表玲瓏剔透的覺性；覺性必須玲瓏剔透、既圓妙，又光明，否則怎能照見虛妄的無明？然而，人的真如本性如果不依本性的原則行動，讓無明（癡闇之心）牽著你的鼻子走，並用因明學（倫理學）來推理，製造妄念，顛倒是非，亂象便開始了。

不過話說回來，如果沒有一念初動的亂象（妄念和妄動），我們又怎能悟到修德的重要呢？俗話說得好，「無明動而一切種智（佛智）生，妄念起而涅槃現。」既然一念已動，進駐到了人的行為中，屯卦才會提出暫時不動的警告：因為這時的行動是聽從無明的指示，違背法性的莊嚴。用智慧深入觀察，屯卦還指出，此時最有利的是建立諸侯的職掌，在混亂中得到管理，替眾生奠立新的秩序。既然拿出了智慧，眾生懂得了無生無滅的涅槃真理（無生之理），當下便是太平了！試問觀心的妙訣，有勝過這一招的嗎？

《彖》曰：屯，剛柔始交而難生，動乎險中，大亨貞。雷雨之動滿盈，天造草昧，宜建侯而不寧。

乾坤立而剛柔交，一索得震爲雷，再索得坎爲雨，非難生乎？由動故大亨，由在險中故宜貞。夫雷雨之動，本天地所以生成萬物，然方其盈滿交作時，則天運尚自草亂昧暝。諸侯之建，本聖王所以安撫萬民，然方其初建，又豈可遽謂寧貼哉？

佛法釋者，无明初動爲剛，因明立所爲柔。既有能所，便爲三種相續之因，是難生也。然此一念妄動，即是流轉初門，又即還滅關竅，惟視其所動何如耳。當此際也，三細方生，六粗頓具，故爲雷雨滿盈、天造草昧之象，宜急以妙觀察智，重重推簡，不可坐在滅相无明窠臼之中。蓋凡做工夫人，若見雜念暫時不起，便妄以爲得力，不知滅是生之窟宅，故不可守此境界，還須推破之也。

【譯註】

乾坤初立，剛柔初交，屯卦的下卦是震耳欲聾的雷電，上卦是滂沱不斷的豪雨，這難道不是生長的困境嗎？然而由於屯有動的勇氣，所以大亨；又由於屯不避艱險，所以能夠堅貞。事實上，雷雨是萬物生長的有利條件，即使在高度的動蕩中，天地並不能脫離混亂的現象。同樣情形，諸侯的建立雖是聖王安撫萬民的過程，然而在建立之初，又怎能保證預期的安寧呢？

用佛法解釋，無明的初動是剛，用因明學的理論是柔。一旦建立了行為原則，《成實論》所說三種行為因素（生因、習因、依因，亦即觀念、行動、糾纏）便開始運轉，但這是另一種生態的難題。而且這種妄念的升起，不但流轉人身，還會關閉真如本性的大門，因此一切得看困難的深淺，來做處理。在此緊要關頭，種種無明和迷妄（三細：無明業相、能見相、境界相；六粗：智相、相續相、執取相、記名相、起業相、業繫相）紛至沓來，糾纏不清，一如雷雨滔天的災難。當此之際，人須抓緊不可思議的妙智慧，化繁為簡，跳出毀滅性的無明。通常修行的人，常會因一時雜念不起，誤以為修行已經成功。殊不知，毀滅常常和生命緊緊相鄰，此處不惟不可久留，還須把這窠臼推倒，徹底打破才行！

《象》曰：雲雷屯，君子以經綸。

在器界，則有雲雷以生草木；在君子，則有經綸以自新新民。約新民論經綸，古人言之詳矣。約自新論經綸者，豎觀此心不在過現未來，出入无時，名爲經；橫觀此心不在內外中間，莫知其鄉，名爲綸也。

佛法釋者，迷于妙明明妙眞性，一念无明動相即爲雷；所現晦昧境界之相即爲雲；從此便有三種相續，名之爲屯。然善修圓頓止觀者，只須就路還家，當知一念動相，即了因智慧性，其境界相，即緣因福德性。于此緣了二因，豎論三止三觀名經，橫論十界百界千如名綸也。此是第一觀不思議境。

【譯註】

在人可以居住的物質世界中，雲雷可使草木生長；在人的世界中，經營和管理能革新自己，革新萬民。經管萬民的話，古人說得夠多了，我且說說經管自己的事。從縱的時間看，人心不在過去，不在現在，不在未來，它隨時出現，隨時消失，這便是「經」（貫穿古今的常道叫「經」）。從橫的空間看，人心不在內，不在外，不在中間，它的住處是個不解之謎，這便是「綸」（古人治理絲麻的技術叫「綸」）。

用佛法解釋，人都有玲瓏剔透、既圓妙又光明的真如本性，然而愚蠢無明的心會隨時起鬨，有如雷霆；這時心中的晦暗，有如濃厚的雲霧，蒙住了一切；再加上前面所說三種行為（觀念、行動、糾纏）連環不斷攻擊，製造混亂，這便是人世的困境了。然而對熟悉圓頓二教的人，問題不大，只要認識回家路就對了。不過我們必須明白，一念初生，就開啓了法性的門戶；一動而亂象生，也造成了福德出現的可能。這裡的「了因」（頓教）和「緣因」（圓教），從縱的方面看，是止於真、止於俗、止於中諦的「三止」，屬於空、假、中「三觀」的管制，我們稱之為經；從橫的方面看，便是對十界、百界，甚至三千大千世界的包容，我們稱之為綸。有真知、真見，便是天台中觀不可思議的境界了。

初九，盤桓，利居貞，利建侯。

有君德而无君位，故盤桓而利居貞。其德既盛，可爲民牧，故利建侯以濟屯也。

佛法釋者，一念初動，一動便覺，不隨動轉，名爲盤桓。所謂不遠之復，乃善于修證者也。由其正慧爲主，故如頓悟法門。

【譯註】

屯卦初九地位低下，雖陽在陽位，有君德而無君位，所以應當保留在原位上，享受貞靜的利益。他有足夠的德尚，有朝一日會成為萬民的表率，有利於建侯的計劃。在這裡，他如箭在弦，靜候時機的到來。

用佛法解釋，一念初動，一動便覺，就是頓悟。但他不能輕舉妄動，好比磐石和棟棵。復卦初九「不遠遊，準備回來」（不遠之復）的話，正指這種善於修德證果的人。由於他懂得居正守慧，他無異抓住了頓悟的大門。

《象》曰：雖盤桓，志行正也；以貴下賤，大得民也。

盤桓不進，似无意于救世，然斯世決非強往求功者所能救，則居貞乃所以行正耳，世之屯也。有上下之情隔絕，今能以貴下賤，故雖不希望為侯，而大得民心，不得不建之矣。

佛法釋者，不隨生死流，乃其隨順法性流而行于正者也。雖復頓悟法性之貴，又能不廢事功之賤，所謂以中道妙觀，徧入因緣事境，故正助法門，並得成就，而大得民。

【譯註】

初九安如磐石棟樑，卻不往前進，好像沒有救世的意圖，然而這個世界不是刻意求功者救得了的。他留在原位，危言慎行，做該做的事。這便是處世的道理。初九距離九五很遠，溝通有困難；他以高貴的身份，恭謙下士，雖然無意於權勢，已受到民眾的擁護，建侯之事也少不了他的一份了。

用佛法解釋，初九不走生死凡夫的小道，而順從法性的坦途，是一個守正不阿的君子。雖然領悟到法性的可貴，他並不放棄娑婆世界的任務，以中道妙慧的高標，承擔俗世因緣的塵勞，希望完成聖人入道的使命。他得到民眾的擁護是自然的事。

六二，屯如，邅如。乘馬班如，匪寇婚媾，女子貞不字，十年乃字。

柔德中正，上應九五，乃乘初九得民之侯，故邅如、班如而不能進也。初本非寇，而二視之則以爲寇矣。吾豈與寇爲婚媾哉？寧守貞而不字，至于十年之久，乃能字于正應耳。吳幼清曰：「二、三、四在坤爲數十，則逢五正應而許嫁矣。」

佛法釋者，此如從次第禪門修證工夫，蓋以六居二，本是中正定法，但不能頓超，必備歷觀練，熏修諸禪，方見佛性，故爲十年乃字。

【譯註】

屯卦的第二爻是一個柔順的少女，繼承了初爻剛健愛民的天性，又上應九五，顯得特別溫柔端莊。她希望完成婚事，對象可能是初九，然而擺在她面前的上卦是坎（☵），像個強盜土匪，而她處於下卦的震（☳），像一匹急躁的馬，所以屯卦描寫她時而騎在馬上，急得團團打轉（邅如），時而跳下馬來，不敢前進（班如）。不過事實上，前來的不是土匪，而是求親（這是古代搶婚習俗的殘留），所以初看不是土匪，再看還像土匪，「我怎能跟土匪結婚呀！」寧願不嫁，等上十年，也不在乎！吳澄

（一二四九—一三三三，字幼清，宋元理學家，朱熹四傳弟子，著有《易纂言》十卷）說：「屯卦二、三、四爻正好組成下互卦的坤（☷），而坤在《繫辭》中的數字是十，所以說十年。十年過後，到了第五爻的九五時，便有成婚的希望了。」

用佛法解釋，這正符合《釋禪波羅密次第法門》所說修證工夫的次序。六二以陰居陰，是標準的居中而正直的表現，但沒有頓悟的可能，必須經過觀察、鍛鍊、熏修，才能得到佛性。沒有十年的工夫，很難有成。

《象》曰：六二之難，乘剛也；十年乃字，反常也。

乘剛，故自成難，非初九難之也。數窮時極，乃反于常，明其不失女子之貞。

佛法釋者，乘剛即是煩惱障重，故非次第深修諸禪，不足以斷惑而反歸法性之常。

【譯註】

《象辭》相信六二的困難來自依仗初九的剛強。其實依仗剛強，煩惱是自己給的，不來自初九。人不到走投無路，時日耗盡，不會回頭。這說明了六二如何保護她自己的堅貞。

用佛法解釋，依仗剛強會帶來煩惱，但不經過先後有序、高低不同層次的禪修，人沒有能力把煩惱切斷，返回法性的常道。

六三，即鹿无虞，惟入于林中。君子幾，不如舍，往吝。

欲取天下，須得賢才，譬如逐鹿，須藉虞人。六三自既不中不正，又无應與，以此濟屯，屯不可濟，徒取羞耳。

佛法釋者，欲修禪定，須假智慧。自无正智，又无明師良友，瞎煉盲修，則墮坑落塹，不待言矣！君子知幾，寧舍蒲團之功，訪求知識爲妙。若自信自恃，一味盲往，必爲无聞比丘，反招墮落之吝。

【譯註】

取得天下，需要賢才，正如狩獵射鹿，需要虞人（古代皇家山林的管理人）。六三陰在陽位，不中不正，跟她相應的上六又同屬陰性，非但不能解除屯卦的困境，還會帶來羞辱。

用佛法解釋，禪定需要智慧。如果自己缺少智慧，又沒有良師益友的協助，盲目修煉，肯定會掉進深坑，陷入泥淖！君子應當懂得事物的微妙，寧可放棄蒲團上打坐的工夫，不能不求知識的幫助。如果過分自信自恃，盲撞瞎打，遲早會變成無知的比丘或比丘尼，得到墮落的下場。

《象》曰：即鹿无虞，以從禽也；君子舍之，往吝窮也。

堯舜揖讓，固是有天下而不與；湯武征伐，亦是萬不得已，爲救斯民，非富天下。今六三不中不正，居下之上，假言濟屯，實貪富貴，故曰「以從禽也」。從禽已非聖賢安世之心，況无應與，安得不吝且窮哉！

佛法釋者，貪著味禪，名爲從禽，本无菩提大志願故。

【譯註】

堯舜讓位，證明他們用心治理天下，並不擁有天下；商湯伐桀，也是迫於情勢，為了救民，不是為財富。屯卦的六三不中不正，居下卦之上，虛張聲勢，借救災之名，圖富貴之實，所以《象辭》說這是「跟隨禽獸的表現」。跟隨禽獸不是聖賢治國的初衷，更何況孤家寡人，無援無助，怎能不蒙災禍、走上絕境呢！

用佛法解釋，有些東拉西扯、以貪心放縱當作禪趣的人，像是跟隨禽獸走一樣，沒頭沒腦，從不覺悟，是心無大志的表現。

六四，乘馬班如，求婚媾；往吉，无不利。

柔而得正，居坎之下，近于九五，進退不能自決，故乘馬而班如也。夫五雖君位，不能以貴下賤，方屯其膏。初九得民于下，實我正應，奈何不急往乎？故以吉无不利策之。

佛法釋者，六四正而不中，以此定法而修，則其路迂遠難進。惟求初九之明師良友以往，則吉无不利矣。

【譯註】六四位正心柔，居坎卦之下，與九五近在咫尺，卻進退不能自主，所以騎在馬上，彷徨不安。她在上的九五雖貴為君，不能禮賢下士，只把恩惠屯積在自己身上，不與民同享。這時她想到深得民心的初九，與她門當戶對，陰陽協調，何不找他一敘？這是個吉祥而無不利的打算。

用佛法解釋，六四正而不中，在這種情況下想修道有成，恐怕路遠而困難多。如果得到初九的相濟，可能吉祥而有利。

《象》曰：求而往，明也。

佛法釋者，不恃禪定工夫，而求智慧師友，此眞有抉擇之明者也。

【譯註】用佛法解釋，不依仗禪定工夫，勇敢地尋求智慧的師友，這才是聰明的選擇。

九五，屯其膏，小貞吉，大貞凶。

屯難之世，惟以貴下賤，乃能得民。今尊居正位，專應六二，膏澤何由普及乎？夫小者患不貞一，大者患不廣博，故在二則吉，在五則凶也。

佛法釋者，中正之慧，固可斷惑，由其早取正位，則墮聲聞、辟支佛地。所以四弘膏澤不復能下于民，在小乘則速出生死而吉，在大乘則違遠菩薩而凶。

【譯註】

治理艱難的時代，必須降低身段，接近民眾。這裡的九五，居高不下，且存有六二的心態，想依恃自己的剛強，如此的話，他的恩惠無法普及大眾。一般說來，恩惠小的不容易專一，恩惠大的不容易廣施，這種情況，在低位的六二是吉，在高位的九五則是凶。

用佛法解釋，中正的智慧，雖然可以解決疑難，然而九五得位太早，自恃自驕，墮入小乘下根的地步。因此他早年所發的宏願（度眾、斷煩、學法、證菩提）的恩澤，不能普及大眾。身在小乘的人，如能及時跳出生死，算是吉利，但身在大乘，一旦遠離菩薩心腸，問題便嚴重了。

《象》曰：屯其膏，施未光也。

非无小施，特不合于大道耳。

【譯註】

九五吝嗇地施惠，雖然也是施惠，但距離大道太遠。

上六，乘馬班如，泣血漣如。

以陰居陰，處險之上，當屯之終。三非其應，五不足歸，而初九又甚相遠，進退无據，將安歸哉！

佛法釋者，一味修于禪定，而无慧以濟之，雖高居三界之頂，不免窮空輪轉之殃，決不能斷惑出生死，故乘馬班如，八萬大劫，仍落空亡，故泣血漣如。

【譯註】

上六陰在陰位，在坎卦（危險）的頂端，在屯卦（困難）的巔峰，六三陰陽不調，九五不堪尊重，初九雖好，距離太遠，種種不如意，使她彷徨失據，無所適從。

用佛法解釋，過分依賴禪定，沒有智慧的輔導，即使高處萬人之上，仍是原地踏步，一無進展，既不能斷絕困惑，也不能脫離生死。此時她騎在馬上，團團打轉，永恆的生命，對她只是一片無邊際的空白，她怎能不泣血漣漣，放聲一哭呢！

《象》曰：泣血漣如，何可長也。

佛法釋者，八萬大劫，究竟亦是无常。

【譯註】

用佛法解釋，永恆的生命，儘管有十萬大劫，說穿了，仍是一個無常（生滅遷流，剎那不住，謂之無常）。

䷃ 坎下艮上（山水蒙：4）

蒙，亨。匪我求童蒙，童蒙求我。初筮吉，再三瀆。瀆則不告。利貞。

再索得坎，既爲險爲水；三索得艮，復爲止爲山。遇險而止，水涵于山，皆蒙昧未開發之象也。蒙雖有蔽于物，物豈能蔽性哉？故亨。但發蒙之道，不可以我求蒙，必待童蒙求我。求者誠，則告之必達；求者瀆，則告者亦瀆矣！瀆豈發蒙之正耶？不憤不啓，不悱不發，孔子眞善于訓蒙者也。

佛法釋者，夫心不動則已，動必有險；遇險必止，止則有返本還源之機會，蒙所以有亨道也。蒙而欲亨，須賴明師良友，故凡爲師友者，雖念念以教育成就爲懷，然須待其求我，方成機感。又必初筮則告，方顯法之尊重，其所以告之者，又必契理契機而貞，然後可使人人爲聖爲佛矣。

【譯註】

乾父的中男是坎（陽爻居第二位），象徵險和水；少男是艮（陽爻居第三位），象徵山和靜止。坎下艮上，就形成了蒙。我們通常相信遇見危險便得停下腳步，而山是儲蓄水的地方，然而險和水、止和山，都有蒙昧未開的意味。昏昧會蒙蔽事理，但事理不會永遠被蒙蔽，所以蒙仍是可以亨通的吉卦。不過啓蒙教育倒是個問題。老師的任務不是找學生，學生應當主動找老師，這樣的求教才有誠意，才有效果。求教輕率，瀆犯了教育的尊嚴，不能替教育建立正常的秩序。孔子說：「不到學生有學習的意願，想表達自己的思想，不要強迫他。」孔子真是一位深懂學生心理的好老師！

用佛法解釋，心可以不動，動則有險；如果危險出現了，給自己喊停，仍然回頭是岸：這就是蒙卦吉祥的原因了。不過蒙的吉利靠良師益友，而良師益友即使以教育為職志，學生不來求你，你也無可奈何！再說，學生求你，一如他向神求問，第一次一定要給他好好解答，這是對啓蒙的尊重。而你的解答，必須合情合理，給人做最善意的回饋。

《彖》曰：蒙，山下有險，險而止，蒙。蒙亨，以亨行，時中也；匪我求童蒙，童蒙求我，志應也；初筮告，以剛中也；再三瀆，瀆則不告。瀆，蒙也。蒙以養正，聖功也。

山下有險，即是遇險而止，故名爲蒙。蒙之所以可亨者，由有能亨人之師，善以時中行教故也。雖有善教，必待童蒙求我者，彼有感通之志然後可應，如水清方可印月也。初筮即告者，以剛而得中，故應不失幾也。瀆則不告者，非是恐其瀆我，正恐瀆蒙而損无益也。及其蒙時，即以正道養之，此聖人教化之功，令彼亦得成聖者也。

【譯註】

艮的山下隱藏著坎的危險，想跳開險象，卻被艮的高山擋住，進退兩難，這是蒙的困境。蒙卦的啓蒙教育如果能亨通，關鍵在對師長的尊重，懂得順乎時序、合乎中道的原則。不惟如此，它還堅持學生的主動，並以師生間的互動作為條件。水清才能映月，教育也是一樣。求學有如卜筮，第一次叩問，由於心誠意正，必須及時反應，不能錯過良機。接二連三輕率地求問，則是冒犯神明，需要勸阻。不是怕人冒犯我，而是怕他冒犯了教育。當人在蒙昧中時，老師應當用正道啓發他，亦即援用正見、正思維、正定這種聖者的心態，一定要給他們成功的希望。

《象》曰：山下出泉，蒙，君子以果行育德。

溪澗不能留，故爲果行之象；盈科而後進，故爲育德之象。自既果行育德，便可爲師作範矣！

佛法釋者，此依不思議境而發眞正菩提心也。菩提之心不可沮壞，如泉之必行；四弘廣被，如泉之潤物。

【譯註】

山中的溪水和澗水，涓涓細流，但從不休歇，象徵堅毅的行為；培育德性，必須按部就班，事有先後，才是最好的辦法。假如行為堅毅，又有方法，就可以為人師表了！用佛法解釋，這是以甚深微妙的佛法，做啓發正覺之心（菩提心）的依據。菩提心不會損壞，一如泉水不會乾涸；菩薩的宏願廣被萬有，也如泉水一樣，會永遠護衛宇宙間的萬事萬物。

初六，發蒙，利用刑人，用說（說通脫）桎梏；以往吝。

以九二、上九二陽爲師道，以餘四陰爲弟子。初六以陰居下，厥蒙雖甚，而居陽位，又近九二，故有可發之機。夫蒙昧既甚，須用折獄法門，故利用刑人，所謂扑作教刑也。然既說（脱）桎梏之後，當羞愧懲艾而不出，若遽有所往，則吝矣。

【譯註】

蒙卦的初二和上九是兩個陽爻，有如師長，其餘四爻是陰，有如學生。至於初六這個學生處境最低，蒙昧最深，身居陽位，卻不識好歹。好在他緊隨九二老師之後，有被開導的可能。如果蒙昧太深，需要一點突破，例如懲罰，但輕輕的拍打就夠了。學生受到懲罰後，會心生慚愧和悔恨。如果他閉門思過，更好。如果此時出去亂跑，會惹來更多的麻煩。

《象》曰：利用刑人，以正法也。

以正法而扑作教刑，豈瞋打之謂哉？

【譯註】用正見、正思維、正定這一類正法作為鞭策，怎會跟怒目相向、捶打身體的懲罰混為一談呢？

九二，包蒙吉，納婦吉，子克家。

以九居二，知及之，仁能守之，師之道也。蘇眉山曰：「童蒙若无能爲，然容之則足爲助，拒之則所喪多矣！明不可以无蒙，猶子不可以无婦，子而无婦，不能家矣。」

佛法釋者，定慧平等，自利已成，故可以包容覆育群蒙而吉。以此教授群蒙修行妙定，名納婦吉，定能生慧，慧能紹隆佛種，爲子克家。婦是定，子是慧也。

【譯註】

九二以陽居陰（二、四、六，是陰位），處境不利，但他仁心仁術，包容一切，懂得為師之道。蘇東坡說：「如果蒙昧的人顯得無能，接受他，他遲早會有用；排斥他，你會蒙受損失！聰明最好帶點蒙昧，就像男人總要娶個媳婦。男人沒有媳婦，就不能成家立業了。」

用佛法解釋，定和慧是相輔相成的。自己如有所成，可以接納眾多的人，給他們啓蒙，帶來吉利。這也是推廣教育，助人修行，取得妙定，一如娶媳婦帶來吉祥。慧能誕生新的生命，傳播佛種，並讓男子建立家庭。因為婦人是定，孩子是慧。

《象》曰：子克家，剛柔接也。

明納婦而云子克家者，以定必發慧，慧必與定平等，而非偏也。

【譯註】

經文說娶媳婦，男子可以建立家庭，是指剛來自柔，也就是說定可以生慧，並讓他們得到平衡，沒有偏於一隅的毛病。

六三，勿用取（取通娶）女。見金夫，不有躬，无攸利。

以陰居陽，不中不正，乃駁雜之質。宜從上九正應處，求其擊蒙之大鉗錘，方可治病。今貪九五之包容慈攝，殆如女見金夫而失節者乎？

佛法釋者，不中不正，則定慧俱劣。而居陽位，又是好弄小聰明者，且在坎體之上，機械已深，若使更修禪定，必于禪中發起利使邪見，利使一發，則善根斷盡矣！

【譯註】

六三陰在陽位，不居中，也不合正道，雜亂昏昧。與她相應的上九像是救星，可以給她當頭一棒，打醒迷夢。然而如果她貪戀上九的寬大和地位，就會像貪女見到財主一樣，失去自己的立場，沒有實際的好處。

用佛法解釋，不中不正的人，定慧兩種工夫都不夠；霸占陽位，弄小聰明，且身在險惡的坎卦頂端，積習已深，如果叫她學禪，在禪坐中一旦被偏執自私的邪見驅使（利使），一切善根都送盡了！

《象》曰：勿用取女，行不順也。

行不順，故須惡辣鉗錘以鍛鍊之，不可使其修定。

【譯註】行為不合規矩的人，必須給予強烈的管制，鍛鍊他的心性。此刻不是勸他學禪的時候。

六四，困蒙，吝。

陰爻皆蒙象也。初可發，三可擊，五可包，惟四絕无明師良友，則終于蒙而已，可恥孰甚焉。

【譯註】蒙卦的四個陰爻代表蒙昧。初六可以啓發，六三可以激勵，六五可以接受上九的包容，問題在六四：六四陷於昏矇中，前不見明師，後不見良友，孤獨無援，昏矇已極。沒有比這更難堪的事了！

《象》曰：困蒙之吝，獨遠實也。

非實德之師友遠我，我自獨遠于師友耳，師友且奈之何哉？

【譯註】

師友沒有遠離我，是我遠離了師友。師友對我有什麼辦法呢？

六五，童蒙吉。

以六居五，雖大人而不失其赤子之心，故爲童蒙而吉。蓋上親上九之嚴師，下應九二之良友故也。蘇眉山曰：「六五之位尊矣！恐其不安于童蒙之分，而自強于明，故教之曰『童蒙吉』。」

【譯註】

六五陰居陽位，自許為成人，不失赤子之心，這樣的話，即使是童蒙無知，也能吉祥如意。蘇東坡說：「六五之位，有帝王的尊嚴，如果童蒙感到不安，而強制自己變得聰明，就壞事了！蒙卦重視啓蒙的教育，是『童蒙吉祥』的意思。」

《象》曰：童蒙之吉，順以巽（巽通遜）也。

學道之法，順則能入，設行不順，則入道无從矣。

【譯註】

學習想要成功，一定得有順應、謙遜的意願。如果行為與意願相違，學習不會有結果。

上九，擊蒙，不利為寇，利禦寇。

陽居陰位，剛而不過，能以定慧之力，擊破蒙昧之關者也。然訓蒙之道，原无實法繫綴于人，所謂但有去翳法，別无與明法。若欲以我法授設，則是爲寇；若應病與藥，爲其解粘去縛，則是禦寇也。

【譯註】

上九陽爻居於陰位，是剛強的掩護，他想藉定慧的力量，撬開蒙昧的大門。教導蒙昧，並沒有確切的原則。佛法有所謂替人去翳障的主張，卻沒有給人光明的技巧。假如我說我有妙法讓你解脫，那是土匪式的騙局。良醫給你把脈，給你藥方，讓你一步一步脫離病痛，那才是避免做土匪正確的途徑。

《象》曰：利用禦寇，上下順也。

无實法繫綴于人，則三根普接，契理契機，故上下順也。

【譯註】

佛教雖然沒有確切的原則給人啓蒙，但拔除心中貪、瞋、癡的三種根毒，用合情合理的態度面對愚昧，至少打開了啓蒙的門戶，讓上下得到溝通的機會。

䷄ 乾下坎上（水天需：5）

需，有孚，光亨貞吉，利涉大川。

養蒙之法，不可欲速，類彼助苗，故必須其時節因緣。時節若到，其理自彰。但貴因眞果正，故有孚，則光亨而貞吉也。始雖云需，究竟能度生死大川，登于大般若涅槃彼岸矣。

【譯註】

教化工作不能求速，時機不到而揠苗助長，有害無益。等候恰當的時機是應該的；時機到了，事情自然順利。由於真因能生正果，因果的可貴，便是在此。所以，打開眼睛，堅定信心，光明吉祥終會到來。雖然經文說等待，渡過生死大川，踏上智慧涅槃的彼岸，其實是個保證。

《彖》曰：需，須也，險在前也。剛健而不陷，其義不困窮矣。需有孚，光亨貞吉，位乎天位，以正中也。利涉大川，往有功也。

險在前而知須，乃是剛健之德。不妄動以自陷耳。坎何嘗拒乾哉？且坎得乾之中爻，與乾合德。今九五位乎天位，素與乾孚，則乾之利涉，往必有功，可无疑矣。

佛法釋者，譬如五百由旬險難惡道，名險在前，智慧之力不被煩惱所陷，故終能度脫而不困窮。坎中一陽，本即乾體，喻煩惱險道之性本如來藏，以此不生不滅之性爲本修因，則從始至終，无非稱性天行之位。從正因性，中中流入薩婆若海，故利涉大川，從凡至聖而有功也。

【譯註】

需是等待的意思。它的下卦是乾（☰），上卦是坎（☵）。如果坎險在前，而乾健止步，並非怯懦，相反地，那是剛健的表現，不使無謂的行動讓自己陷入困境。不過事實上，坎怎會阻擋乾的前進呢？坎的中爻也是陽，跟乾德一脈相承；況且身居九五，全是乾卦的精神。用乾的精神採取行動，當然無往而不利了。

用佛法解釋，即使百千萬劫的艱險和磨難呈現眼前，只要智慧的力量沒有陷入自己煩惱的泥淖中，超脫生死，跳出苦海，還是有望的。坎中的陽爻是乾的本體，象徵煩惱和危難，也是如來的真如本性，並非虛妄。如果你抓住這種不生不滅的本性作為修行的根本，自始至終，你將與天同行，平順地流入一切智海（薩婆若海）。這便是經文所說的「利涉大川」了，對任何人來說，都是有利的。

《象》曰：雲上于天，需。君子以飲食宴樂。

果行育德之後，更无餘事，但飲食宴樂，任乎雲行雨施而已。

佛法釋者，助道行行爲飲，正道慧行爲食。以稱性所起緣了二因莊嚴一性，如雲上于天之象。全性起修，全修在性，不藉劬勞肯綮修證，故名宴樂。此是善巧安心止觀，止觀不二，如飲食調適。

【譯註】

完成教育的工作後，有多餘的時間便可以飲食宴樂，等待密雲成雨，寄望普降甘霖了。

用佛法解釋，資助定慧的行為就是「飲」；以真正的師道幫助慧業的生長就是「食」。利用智慧的「了因」和功德的「緣因」所生定慧莊嚴的善性，就像把雲送到天上，變成滋潤萬物的雨水，不久就會降雨了。最完美的性在修，最成功的修在性，無須勞筋累骨，求得果報；相反地，這是一場歡宴，令人喜樂。這就是善巧貼心的止觀法門：止（定）觀（慧）不是對立的二元，它們頤養身體，調適性情，有如飲食一般自然。

初九，需于郊，利用恆，无咎。

溫陵郭氏云：「此如顏子之需。」

佛法釋者，理即位中，不足以言需；名字位中，且宜恆以聞熏之力資其慧性。未與煩惱魔軍相戰也。

【譯註】

溫陵的郭君（郭雍，向蕅益大師問《易》的朋友）說：「初九就像是顏回的等待（顏回好學，居陋巷，簞食瓢飲，不改其樂）。」

用佛法解釋，藉大乘菩薩行位的「六即」來說，初九像是第一即的理即，這是成佛初步的次序，不是等待；即使第二即的名字即，也只應該用聽聞熏修的力量來輔助慧性。此刻也不是跟煩惱的群魔打架的時候。

《象》曰：需于郊，不犯難行也，利用恆，无咎，未失常也。

九二，需于沙，小有言，終吉。

郭氏云：「此如孔子之需。」

佛法釋者，觀行位中，既已伏惑，則魔軍動矣，故小有言。

【譯註】

郭雍說：「九二像是孔子的等待（孔子有志於道，儘管顛沛流離，從不退縮）。」

用佛法解釋，在第三即的觀行即中，沙漸近於水（危險）。既然魔軍已動，也就小有是非了，必須加倍注意自己的行為。

《象》曰：需于沙，衍在中也。雖小有言，以吉終也。

九三，需于泥，致寇至。

郭氏云：「此如周公之需。」

佛法釋者，相似位中，將渡生死大河，故有以致魔軍之來而後降之。

【譯註】

郭雍說：「九三像是周公的等待（周公遭讒言毀謗，一再忍辱，以國事為重，不予計較）。」

用佛法解釋，在第四即的相似即中，泥更逼近於水，就像準備渡過生死大河的時刻，群魔前來騷擾，但會遭到殲滅，終獲吉祥。

《象》曰：需于泥，災在外也；自我致寇，敬慎不敗也。

災既在外，故主人不迷，客不得便，但以願力使其來戰，以顯降魔成道之力。而三觀之功，敬而且慎，決无敗也。

【譯註】

既然災害來自外界，只要主人一心不亂，來客便不可得逞；再使用願力向群魔挑戰，更可展現你降魔成道的力量。如能恭敬而謹慎掌握空、假、中三觀的本領，你絕無失敗的可能。

六四，需于血，出自穴。

郭氏云：「此如文王之需。」

佛法釋者，魔軍敗衄，超然從三界穴出而成正覺矣。

【譯註】

郭雍說：「六四像是文王的等待（文王有剪商之意，但一再觀看，等待時機，不草率）。」

用佛法解釋，群魔既然敗北（衄），你會從三界（欲界、色界、無色界）的洞穴中歡欣鼓舞地一躍而出，取得正覺。

《象》曰：需于血，順以聽也。

未嘗用力降魔，止是慈心三昧之力，魔軍自退，而菩提自成耳。

【譯註】

佛法不用強力降魔，所用的都是慈悲的禪定力量，讓魔軍自己退卻，而菩提心會自然到來。

九五，需于酒食，貞吉。

郭氏云：「此如帝堯館甥之需。」

佛法釋者，魔界如即佛界如，惟以定慧力莊嚴而度眾生，故爲需于酒食。

【譯註】

郭雍說：「九五像是帝堯在宮中款待女婿（舜）時的等待（這是帝堯測試和觀察舜的能力的時期）。」

用佛法解釋，魔界的法相，一如佛界的法相，總要以定力和慧力的莊嚴來濟度眾生，一如酒食對身心的需求。

《象》曰：酒食貞吉，以中正也。

上六，入于穴，有不速之客三人來，敬之，終吉。

郭氏云：「此如仁傑之結交五虎。」

佛法釋者，不惟入佛境界，亦可如魔境界，還來三界，廣度眾生。觀三界依正因果諸法，无不現現成成即是一心三觀，故常爲三界不請之友，而三界眾生有敬之者，終吉。

【譯註】

郭雍說：「上六像是狄仁傑推薦五虎給武則天時的等待（狄仁傑把張柬之等五人推薦入朝，他們終於發動政變，逼退武則天，使中宗復位，唐祚重光）。」

用佛法解釋，能進入佛境者，也可以進入魔境，或者停留在三界中救度眾生。事實上，娑婆世界遵守因果正法，無處不是圓融三觀的道場（一心三觀，是天台圓教的觀法，是利根菩薩修行的準則），所以三界眾生即使不請自來，尊敬他們，善待他們，一切終將歸圓滿吉祥。

《象》曰：不速之客來，敬之終吉；雖不當位，未大失也。

既同流三界，雖不當佛祖之位，而隨類可以度生。設眾生有不知而不敬者，亦與遠作得度因緣，而未大失也。

【譯註】

既然都流轉在娑婆世界中，即使你不在佛祖位上，仍然可以依類而度化眾生。萬一遇到不認識你也不尊敬你的人，遠距離中也不要放棄他們，你不會有太多的損失。

䷅ 坎下乾上（天水訟：6）

訟，有孚窒，惕中吉，終凶。利見大人，不利涉大川。

天在上而水就下，上下之情不通，所以成訟。然坎本得乾中爻以爲體，則跡雖違，而性未嘗非一也。惕中則復性而吉，終訟則違性而凶。利見大人，所以復性也。不利涉大川，誡其逐流而違性也。

佛法釋者，夫善養蒙之道，以圓頓止觀需之而已。若煩惱習強，不能无自訟之功。訟者，懺悔剋責，改過遷善之謂也。有信心而被煩惱惡業所障窒，當以慚愧自惕其中而吉。若悔之不已，无善方便，則成悔蓋而終凶，宜見大人以抉擇開發，斷除疑惑。不利涉于煩惱生死大川，而終至陷沒也。

【譯註】

訟卦的天（☰，乾）往上衝，水（☵，坎）往下瀉，上下失去溝通的機會，因此有爭訟。不過和需卦一樣，坎的中爻是陽，有乾的本體，所以即使發生爭訟，乾的精神可以作為調和。只要心生警惕，你會在爭訟中找回自信，獲得吉祥；如果堅持爭鬥，讓煩惱覆蓋心頭，違背本性，凶險就要降臨了。此時宜見有德的大人，幫助你找回自信，不宜穿越大川，到處奔走，避免更多的錯誤。

用佛法解釋，前面蒙卦已經說到，開啓蒙昧，需要圓教的禪定和智慧；如果煩惱積習太深，人必須借重自我爭訟的力量，求得解脫。對自己爭訟，就是懺悔克己，改過自新。人都有自知之明，但會被煩惱掩蓋，惟有內心的愧疚和警惕才能撥開雲霧，化凶為吉。如果執意不改，不給自己方便，滿心悔恨煩惱（蓋，是煩惱的異名），就是凶兆了。宜讓開悟之人替你斷疑解惑，不宜更涉煩惱淵藪，穿越生死大川，催促自己的滅亡。

《彖》曰：訟，上剛下險，險而健，訟。訟有孚，窒惕中吉，剛來而得中也；終凶，訟不可成也；利見大人，尚中正也；不利涉大川，入于淵也。

剛而无險，則不必自訟；險而无剛，則不能自訟。今處煩惱險惡窟中，而慧性勇健，所以有自訟改過之心也。所謂有孚窒，惕中吉者，以剛德來復于无過之體，僅取滅罪即止，不過悔以成蓋也；所謂終凶者，悔箭入心，則成大失，故不可使其成也；所謂利見大人者，中正之德有以決疑而出罪也；所謂不利涉大川者，心垢未淨，而入生死海中，必至墮落而不出也。

約觀心者，修慧行名見大人，修禪行名涉大川。需約无過之人，故可習定；訟約有過之人，習定則發魔事也。

【譯註】

如果你稟性剛強，但不在危險的境況中，沒有必要向自己挑戰；如果你身處險境卻沒有剛強的稟性，你也無力向自己挑戰。當你陷落在煩惱險惡的穴竇中時，如果有智慧和勇氣，你應該自我檢討，改過自新。經文所謂「有孚窒，惕中吉」的話，是說剛強惕勵的個性可以保護你不犯大錯，不讓罪衍毀滅自己，也不讓悔恨堆積在心中，使善心不得開展，如是而已。所謂「終凶」，是說如果你滿懷憤懣，有如利箭穿心，會帶給你更大的損傷，千萬別讓這事發生。所謂「利見大人」，是說不偏不倚的有德之人能幫助你排難解紛，脫離罪惡。所謂「不利涉大川」，是說如果你心不清淨，而捲入紅塵萬丈的生死海中，肯定會墮落其中，跳不出來。

從觀察心性的角度看，耕耘智慧，就是讀萬卷書，尋求智慧；進修禪定，就是行萬里路，往返生死大川。需卦談到的是純潔無過的人，所以可修禪定；訟卦擔心的是心煩慮亂的有過之人，如果修禪，難免誤入魔道。

《象》曰：天與水違行，訟。君子以作事謀始。

天亦太極，水亦太極，性本无違。天一生水，亦未嘗違。而今隨虛妄相，則一上一下，其行相違。所謂意欲潔而偏染者也。祇因介爾一念不能愼始，致使從性所起煩惱，其習漸強而違于性。故君子必愼其獨，謹于一事一念之始，而不使其滋延難治。夫是之謂善于自訟者也。

佛法釋者，是破法遍，謂四性簡責，知本无生。

【譯註】

天和水都來自太極，它們的本性必不相違。上古的「河圖洛書」，相信天創造了水，天和水彼此沒有忤逆的可能。只是從訟的卦象看，天和水，一上一下，造成視覺上的錯亂。這便是娑婆世界的煩惱，和求潔反汙的痛苦了。當初一個極小的念頭，如果處理不當，會惹起煩惱，太多的煩惱，遲早扭曲你的性情。所以《中庸》說「君子慎其獨」，是要人一念初生時謹慎小心，不讓它有蔓延擴大的機會，到不可收拾的地步。防患於未然，是聰明的自訟。

用佛法解釋，這是運用空假中三觀的大乘觀法（破法遍），作為打破一切法執的根本，讓人知道不論你採取何種行為（四性行：自性行、願性行、順性行、轉性行）作為藉口，涅槃的真理是既不生，也不滅的（無生）。

初六，不永所事，小有言，終吉。

《象》曰：不永所事，訟不可長也。雖小有言，其辨明也。

大凡善貴剛進，惡宜柔退。初六柔退，故爲惡未成，改悔亦易。不過小有言而已，如此佛法中作法懺也。

【譯註】一般說來，善值得大力鼓勵，惡需要柔性勸退。初六陰柔退讓，不曾做什麼大壞事，改悔不難。小小的批評有必要，按照佛教的儀式做點懺悔的法事，也有好處。

九二，不克訟，歸而逋（ㄅㄨ）。其邑人三百戶，无眚（ㄕㄥˇ）。

剛而不正，不能自克以至于訟。然犯過既重，何能无損？但可逋逃，處于卑約，庶免災耳。此如佛法中，比丘犯戒，退作與學沙彌者也。

【譯註】九二陽居陰位，雖剛不正，恐怕沒有自訟的能力。既然犯了過錯，怎能不蒙損傷呢？只好躲在人少的地方（歸而逋），避開災難（無眚）。在佛教圈內，這就像出家受具足戒的比丘犯戒，當降格為沙彌，作為一種懲罰。

《象》曰：不克訟，歸逋竄也。自下訟上，患至掇（ㄉㄨㄛˊ）也。

佛法釋者，自既犯戒而居下流，欲以小小懺悔而復上位，罪必不滅，且亂法門矣。

【譯註】

用佛法解釋，自己犯了戒，自甘下流，不事長進，只想用小小的懺悔恢復地位，不但不能滅罪，還破壞了法門的清規。這種禍患是自招的（患至掇也），怪不了人。

六三，食舊德，貞厲終吉。或從王事，无成。

六三陰柔，不敢為惡，但僅守常規，小心翼翼，故終得吉。然是硜硜之士，恐不足以成大事也。

【譯註】

六三柔弱，不敢作惡，幸好身居陽位，懂得謹慎小心，終得吉祥。不過這樣不失信、不馬虎，堅守小信小忠的小儒（硜硜之士），不是衛國干城的勇士，擔當不了大事。

《象》曰：食舊德，從上吉也。

自立則不能，附人則仍吉，所謂依松之葛，上聳千尋也。佛法釋者，雖非大乘法門，若開權顯實，則彼所行亦即是菩薩道。故必從上乘圓頓之解方吉。

【譯註】不能自立的人，有時得到旁人的扶持，也能吉利。正如攀附在松樹上的葛藤，也能爬上高空。

用佛法解釋，這雖非大乘法門，但就事論事，他們所作所為，從天台圓頓的教法看，仍可說是吉利。

九四，不克訟，復即命渝，安貞吉。

《象》曰：復即命渝，安貞不失也。

九四亦是不正之剛，故不能自克以至于訟。然居乾體，則改悔力強，故能復歸无過，而悟性命淵微之體。是則反常合道，猶佛法中因取相懺而悟无生者也。

【譯註】

九四居陰位，跟九二一樣，雖剛不正，不會有自訟的能力。幸好他已進入乾卦的邊緣，應有惕勵之心，能找回本性，避免過失，領悟生命的本原和微妙。這雖不是最好的辦法，但回歸正道，一如藉懺悔而重新接受涅槃的真理，仍能安貞。

九五，訟元吉。

《象》曰：訟元吉，以中正也。

剛健中正，有不善未嘗不知，知之未嘗復行，乃至小罪。恆懷大懼而不敢犯，大善而吉之道也。

佛法釋者，則性業遮業，三千八萬，无不清淨者矣。

【譯註】

九五的剛健與生俱來，知道什麼是善和不善，即使最小的惡行也不敢做。他常懷戒慎恐懼之心，不妄動，這是求善求吉最好的方法。

用佛法解釋，不論是性業（殺、盜、淫等自性之罪）還是遮業（飲酒、伐木等非自性之罪），不論是三千法門還是八萬法門，只要能顯示佛的清淨，人遲早會回歸清淨之身。

上九，或錫之鞶（ㄆㄢˊ）帶，終朝三褫（ㄔˇ）之。

過極之剛，不中不正，數數犯過，數數改悔，就改悔處，薄有慚愧之衣，猶如鞶帶。就累犯處，更无一日清淨，猶如三褫也。

【譯註】

訟卦的上九，在三個陽爻的頂端，過於剛強，且不中不正。雖然他累有犯過，也累有悔改，他的愧疚得到上級的寬恕，竟然讓他穿上了官服（鞶帶，是繫官服的帶子，象徵高官厚爵）。然而罪狀累累，並非清白之身。他的官服有一再被迫脫下的可能。

《象》曰：以訟受服，亦不足敬也。

有過而改，名爲慚愧，已不若无過之足敬矣！又何必至三褫而後恥哉？此甚誡人不可輒犯過也。

【譯註】

上九頻頻犯過，頻頻改過，總算有羞惡之心。但與從不犯過的人相比，他可敬的程度仍有可疑！他哪裡需要等到三次被強迫脫下官服才感到羞恥呢？《象辭》的意思，是勸人不要累累犯錯。

䷆ 坎下坤上（地水師：7）

師，貞，丈人吉，无咎。

夫能自訟，則不至于相訟矣。相訟而不得其平則亂，亂則必至于用師。勢之不得不然，亦撥亂之正道也。但兵凶戰危，非老成有德之丈人何以行之？

佛法釋者，蒙而无過，則需以養之；蒙而有過，則訟以改之。但眾生煩惱過患无量，故對破法門亦復无量。无量對破之法名之爲師，亦必以正治邪也。然須深知藥病因緣，應病與藥，猶如老將，善知方略，善知通塞，方可吉而无咎。不然，法不逗機，藥不治病，未有不反而害者也。

【譯註】

能夠自訟，便不會走到相訟的地步。一旦互相爭訟而不能公平解決，就會生亂，亂是戰爭的根源。不過有些無可避免的戰爭，卻有可能是撥亂反正的好機會。然而兵力兇暴，戰爭危險，非老成有德之人不能駕馭。

用佛法解釋，蒙昧而不犯過的人，教養可以成就他；雖受教養仍然犯過的人，爭訟可以改正他。然而，如果眾生有無量的煩惱，只能用無量的法門如空假中三觀的「破法遮」來做補救。這裡興師動眾，訴諸武力的「師」字，其實也可解作「老師」，或者「醫師」。佛法無量無邊的破法遮是我們的良師，是運用公正來治理邪惡的醫師。他懂得疾病和醫藥的關係，什麼病用什麼藥。正像慣於鏖戰的老將，熟悉戰爭中的方陣策略，明白戰場上的通暢阻塞，才能逢凶化吉，化險為夷。否則選錯了方法、用錯了藥，只有招來禍害。

《彖》曰：師，衆也。貞，正也。能以衆正，可以王矣。剛中而應，行險而順，以此毒天下，而民從之，吉，又何咎矣？

用衆以正，謂六五專任九二爲將，統御群陰，此王者之道也。兵者不得已而用之，猶藥治病，故名爲毒天下。

佛法釋者，師是衆多之門，貞是出世正印也。能以衆多法門正无量邪惑，則自利利他，可以爲法王而統治法界矣。剛中則定慧莊嚴，隨感而應，雖行于生死險道，而未嘗不順涅槃。以此圓頓妙藥，如毒鼓、毒乳，毒于天下，而九界之民皆悉從之，吉，又何咎矣！

【譯註】

用正道統理大眾，像卦中的六五，以陰居君位，以九二為將領，率領五陰，正是王者之道；不得已才用兵，一如生了病才吃藥，這叫做「以毒攻毒」。

用佛法解釋，用兵可以是解決眾多問題的途徑，而把人帶上正道，卻是超世間的成就。用此途徑糾正人的邪惡虛妄，讓人懂得自利利他的好處，便是諸法之王，足以成為法性世界的領袖。剛強居中，定慧俱全，從感生應，雖然出死入生，並未背叛涅槃的原則。而用圓頓妙藥，正如良醫用有毒的鼓皮、乳液為餌，以毒攻毒，藥到病除。這是好事，怎有過錯呢！

《象》曰：地中有水，師。君子以容民畜眾。

地中有水，水載地也。君子之德猶如水，故能容陰民而畜坤眾。容民即所以畜眾，未有戕民以養兵者也。爲君將者，奈何弗深思哉？

佛法釋者，一切諸法中，悉有安樂性，亦悉具對治法，如地中有水之象。故君子了知八萬四千塵勞門，即是八萬四千法門，而不執一法，不廢一法也。此是善識通塞，如撫之則即民即兵，失之則爲賊爲寇。

【譯註】

師卦上卦是坤，下卦是水，是地中載水之象。君子之德似水，能以一陽容納五陰，而統率大地的民眾。容民便是凝聚眾民之力，相反地，傷害民眾永遠得不到好的兵力。替君王衛國的將領們，為何不深思呀？

用佛法解釋，一切佛法中，都有智顗大師指出的「安樂性」，即《法華文句》所云「身無危險故安，心無憂惱故樂」的特性，也像「四悉檀」中「對治悉檀」針對鈍根者施以法藥，除其疾病的功能，就如地中有水一般的自然。因此，一個好領袖，應當知道八萬四千的煩惱，便是八萬四千個法門，路路可通，一無偏廢。這樣才能無往而不利。愛護民眾，你得到民，也得到兵；放棄民眾，你得到是強盜和土匪。

初六，師出以律，否臧凶。

大司馬九伐之法名之爲律。師出苟不以律，縱令徼幸成功，然其利近，其禍遠，其獲小，其喪大，故凶。孟子所謂一戰勝齊，遂有南陽，然且不可也。

佛法釋者，初機對治之法，无過大小乘律，若違律制，則身口意皆悉不善而凶矣。

【譯註】

《周禮．夏官》替大司馬定下「九伐」的原則，是國家出師的標準。如不依此標準出師，即使徼幸成功，目的在利，把禍患留給明天，收穫小而損失大，是凶事。當年魯國想任命慎子為將軍，進攻齊國，收復南陽故地，孟子認為不教育民眾，便把他們送上戰場，即使勝利，也不是好事。

用佛法解釋，「對治悉檀」對初入門的人來說，無論大小乘的規律都須遵守。任何紀律的違背都是身、口、意的孽障，會引來凶報。

《象》曰：師出以律。失律凶矣！

九二，在師中，吉，无咎，王三錫命。

以大將才德，膺賢主專任，故但有吉而无咎也。陳旻昭曰：「九二以一陽，而五陰皆爲所用，不幾爲權臣乎？」故曰「在師中，吉」，以見在朝則不可也。

佛法釋者，有定之慧，遍用一切法門自治治他，故吉且无咎，而法王授記之矣。

【譯註】

九二是師卦中惟一的陽爻，是大將之才，被六五的賢主信賴，所以吉而無咎。陳旻昭說：「九二一個陽，而五陰聽從他，不就是一個權臣嗎？」經文說：「在軍旅中，這是吉祥。」言外之意是說，軍中可以，朝中卻不行。

用佛法解釋，九二有定又有慧，能用種種法門治理自己，也治理他人，所以吉而無咎，得到了未來成佛的授記。

《象》曰：在師中吉，承天寵也；王三錫命，懷萬邦也。

自古未有无主于內，而大將能立功于外者。九二之吉，承六五之寵故也。爲天下得人者，謂之「仁」，故三錫命于賢將，即所以懷萬邦。

佛法釋者，承天行而爲聖行、梵行等，所謂一心中五行，故爲法王所寵，而授記，以廣化萬邦也。

【譯註】

師卦雖有君位，但陰爻六五居之，故曰「無主」。天下從來沒有朝廷無主而大將能立功於外的事。九二的成功，是因受到六五的信任。他能挺身而出，造福人群，便是「仁」；他以賢將之身，得到三度授命，說明他心懷天下，大公無私。

用佛法解釋，能奉天行道，不論是聖行還是梵行，一心都在五行（聖行、梵行、天行、嬰兒行、病行）中，當然會得到法王的愛寵；如果受到成佛的授記，也是對他施福萬民的寄望。

六三，師或輿尸，凶。

不中不正，才弱志剛，每戰必敗，不言可知。

佛法釋者，不知四悉因緣，而妄用對治，反致損傷自他慧命。

【譯註】

六三陰居陽位，才淺志高，一看便知是個常敗將軍。用佛法解釋，不明白四悉檀的真意，而貿然採用兵法，認為是一種「對治悉檀」，肯定會損傷自己和他人的生命。

《象》曰：師或輿尸，大无功也。

六四，師左次，无咎。

雖柔弱而得正，不敢行險，徼幸以自取敗，故无咎也。佛法釋者，此如宣律師不敢妄號大乘。

【譯註】

六四雖柔弱退讓（左次），但陰居陰位，可謂得正；且在上卦之下，不敢存徼幸的心理而四出冒險，所以無咎。

用佛法解釋，這正像道宣法師（五九六—六六七，律宗始祖）有自知之明，謙恭簡讓，不敢自誇為大乘一樣。

《象》曰：左次无咎，未失常也。

六五，田有禽，利執言，无咎。長子帥師，弟子輿尸，貞凶。

《象》曰：長子帥師，以中行也；弟子輿尸，使不當也。

柔中之主，當此用師之時，仗義執言以討有罪，固无過也。但恐其多疑，而不專任九二之長子，故誡以弟子輿尸，雖正亦凶。

佛法釋者，田中有禽，妨害良禾，喻心有煩惱，妨害道芽也。利執言者，宜看經教，以照了之也。然看經之法，依義不依語，依了義不依不了義，依智不依識。若能深求經中義理，隨文入觀，則如長子帥師；若但著文字，不依實義，則如弟子輿尸，雖貞亦凶。此如今時教家。

【譯註】

在君位的六五雖然柔弱，用兵時，如果堅信自己是義師，見識正確，興師伐罪，可以無過。然而六五如果多心，沒有完全信賴九二這個長子（師卦的下互卦是震，☳，是乾的長子），也讓六三這樣的敗將出征，造成傷亡，便是凶災了。

用佛法解釋，田裡（師卦上卦是坤，☷，是田地）來了鳥獸，肯定傷害稻禾，正如心田來了煩惱，肯定傷害道苗一樣。然而，拋棄煩惱，見諸光明，需讀經書，以求正確的了解。只是讀經之法，在追究真義，不在咬文嚼字；在求絕對的意義，不在求相對的意義；在上求佛的智慧，不在聽人的言語。如果抓緊經中的義理，按部漸進，就像長子領軍一般，戰無不勝；若一心執著文字，不顧實義，就像才弱志高的弟子，每戰必敗，裹屍而還，雖說是打義仗，仍是災害。今天的教師多是如此！

上六，大君有命，開國承家，小人勿用。

《象》曰：大君有命，以正功也；小人勿用，必亂邦也。

方師之始，即以「失律凶」爲誡矣。今師終定功，又誡小人勿用，夫小人必儌幸以取功者耳。蘇氏云：「聖人用師，其始不求苟勝，故其終可以正功。」

佛法釋者，正當用對治時，或順治，或逆治，于通起塞，即塞成通，事非一概。今對治功畢，入第一悉檀，將欲開國承家，設大小兩乘教法以化眾生，止用善法，不用惡法。儻不簡邪存正，簡愛見而示三印一印，則佛法與外道，幾无辨矣。

【譯註】

師卦剛開始時，便有「失律凶」的警告；結束時又提出「小人勿用」的呼籲，因為小人的過失，便在「儌幸取功」。蘇濬（明代易學家，著有《周易冥冥篇》）說：「聖人用兵之道，最初無意儌幸取勝，這樣才能真正成功。」

用佛法解釋，對治悉檀可以順用，也可以逆用，可以把通暢變成阻塞，也可以把阻塞化為通暢，沒有固定的法則。然而對治工作完成後，進入高層次的施教（第一悉檀）時，為了做開國承家的大事業，便得設施大小二乘的法門，教化眾生，用善事為誘導，而不用惡事。假如我們不摒除邪惡，保存正道，拋開私情偏見，顯示佛法中「無常、無我、涅槃」的三法印，那麼佛法與外道幾乎沒有差別了。

䷇ 坤下坎上（水地比：8）

比，吉，原筮，元永貞，无咎。不寧方來，後夫凶。

用師既畢，踐天位而天下歸之，名比，比未有不吉者也。然聖人用師之初心，但為救民于水火，非貪天下之富貴。今功成眾服，原須細自筮審，果與元初心相合而永貞，乃无咎耳。夫如是，則萬國歸化。而不寧方來，彼負固不服者，但自取其凶矣！

佛法釋者，善用對破法門，則成佛作祖，九界歸依，名比。

又，觀心釋者，既知對破通塞，要須道品調適，七科三十七品相屬相連名比。仍須觀所修行，要與不生不滅本性相應，名原筮，元永貞，无咎。所謂圓四念處，全修在性者也。一切正勤根力等，无不次第相從。名不寧方來，一切愛見煩惱不順正法門者，則永被摧壞而凶矣。

【譯註】

軍事行動完畢，天下歸附，治理便開始了，這就是比卦。比卦原有的筮辭是吉利，可見最初統治者興兵動武時，是想拯救民間的疾苦，不在自己的功名富貴。現在戰爭既然結束，民眾順服，是認真檢討得失的時候了。如果一切貞祥，符合你的初衷，那便沒事，萬國也會來歸。不過戰後的局面不穩定，一定會有頑強分子不服管制，那便會有凶象了！

用佛法解釋，善用空假中三觀（破法遮）的法門，破人愚昧，使人成佛作祖，讓九界來歸，就叫做比。

用觀心法解釋，不僅運用三觀法門，懂得道品的調養和適應，還能把通往菩薩道的淨土、分為七科的三十七種道品連成一氣，那也是比。

不論怎樣，修行仍是最重要的關鍵。經文「元永貞，无咎」的卦辭，必須與不生不滅的本性相吻合，也就是要做到四念處（身念、受念、心念、法念）的工夫，因為修行全賴本性。一旦掌握了本性，除了四念處，其他的四正勤、五根、五力等等，都會隨踵而來。至於因自私或煩惱而不歸順法門的人，遲早會遭摧毀，不得吉利。

《彖》曰：比，吉也；比，輔也，下順從也。原筮，元永貞，无咎，以剛中也。不寧方來，上下應也。後夫凶，其道窮也。

比則必吉，故非衍文，餘皆可知。

佛法釋者，約人，則九界爲下，順從佛界爲輔；約法，則行行爲下，順從慧行爲輔。剛中，故能全性起修，全修在性。上下應者，約人，則十界同稟道化；約法，則七科皆會圓慧也。其道窮者，約人，則魔外不順佛化而墮落；約法，則愛見不順正法而被簡也。

【譯註】

經文一再說「比，吉也」，因為比就是吉，不是文字的重複。

用佛法解釋，從人來說，九界未開悟的眾生都在下，開悟後而能配合佛界的眾生是輔佐；從法來說，我行我素的人是下，順從智慧而行的人是輔佐。比卦只有九五一個陽爻，剛強居中，所以能用本性起修，而修成的本性就是真如。所謂「上下應」，從人來說，指十方世界都稟承同樣的教化，從法來說，指三十七種道品都能臻至圓滿智慧的境界。所謂「其道窮」，從人來說，指魔不受教，招致墮落，從佛法來說，指因煩惱不接受正法的指導，因而被排除在外。

《象》曰：地上有水，比；先王以建萬國，親諸侯。

建萬國，親諸侯，即所謂開國承家者也。

佛法釋者，地如鏡諦，水如觀慧；地如寂光，水如三土差別，皆比之象也。約化他，則建三土剎網，令諸菩薩轉相傳化；約觀心，則立陰界入等一切境以爲發起觀慧之地，觀慧名諸侯也。此是道品調適，謂七科三十七品相比无間。

【譯註】

建立萬國，親臨諸侯，也就是開國成家的意思。

用佛法解釋，大地可以觀象，水可以觀慧；大地有真智寂靜的光芒，水則有三佛土（法性土、受用土、變化土）的差異：這些都是比卦的特徵。從教化上看，比就像佛土和法網的建設，讓諸菩薩得有轉變傳化的機會；從觀心處看，比就像「陰入界」（五陰、十二入、十八界）包括身心境界的建設，作為引起觀慧的地方。觀慧，指諸侯的力量。比也是種種因素的調和，把七科三十七種的菩提分連成一氣，共證菩提，無有差別。

初六，有孚，比之，无咎。有孚盈缶，終來有他吉。

《象》曰：比之初六，有他吉也。

柔順之民，率先歸附，有孚而无咎矣。下賤之位，雖如缶器，而居陽位，有君子之德焉，故爲有孚盈缶，將來必得徵庸，有他吉也。

約佛法者，初六如人道，六二如欲天，六三如魔天，六四如禪天，九五如佛，爲法王，上六如无想及非非想天。今人道易趣菩提，故有他吉。

約觀心者，初六如藏教法門，六二如通教法門，六三如愛見法門，六四如別教法門，九五如圓教眞正法門，上六如拔无因果邪空法門。今藏教正因緣境，開之即是妙諦，故有他吉。

【譯註】最先來歸附的多是柔順的民眾，他們因為有信心，所以無咎。有些地位稍低的，就如初六，雖像瓦缶一樣尋常，卻居陽位，盎然有君子的風度，再因上承坎卦的雨露，讓他自覺信心滿滿，未來會有大用，這就是吉祥。

從佛法看，初六像人道，六二像欲天，六三像魔天，六四像禪天，九五像佛，是法王，上六則像無想和非非想天。此刻初六的人道，靠她的虔誠和努力，不難走上菩提大道，她還會有其他許多的吉祥。

從觀心處看，初六像藏教法門，六二像通教法門，六三像愛見法門，六四像別教法門，九五像圓教法門，上六像脫離了因果關係的邪空法門。由於初六小乘的藏教含有十二因緣覺悟的道理，一旦開啓，即是妙諦，所以也是意外的吉祥。

六二，比之自內，貞吉。

《象》曰：比之自內，不自失也。

柔順中正之臣，上應陽剛中正之君，中心比之，故正而吉也。

佛法釋者，欲天有福，亦復有慧，但須內修深定，又通教界內巧度，與圓教全事即理相同，但須以內通外。

【譯註】

六二柔而居中，上與陽剛而居中的九五相應，以心相比，當然中正而吉利了。

用佛法解釋，欲界諸天有福也有慧，但必須注意內在的修定。至於通教所說巧妙的空理，和圓教所說真如的中道，其實都相同，但必須有內在的力量，不把自己丟失，才能通達於外。

六三，比之匪人。

《象》曰：比之匪人，不亦傷乎？

不中不正，居下之上，又无陽剛師友以諫諍之，故曰「比之匪人」。

佛法釋者，魔波旬无一念之善，又愛見決不與佛法相應。

【譯註】

六三不中不正，在下的六二，和在上的六四又都是陰類，缺少陽剛師友的激勵，所以經文說她「沒有可靠的人與她為鄰，令人傷心」！

用佛法解釋，惡魔波旬沒有善念，又懷偏頗之心，不上不下，可說跟佛法完全絕緣了。

六四，外比之，貞吉。

柔而得正，近于聖君，吉之道也。但非其應，故名外比，誡之以貞。佛法釋者，色界具諸禪定，但須發菩提心，外修一切差別智門。又別教爲界外拙度，宜以圓融正觀接之。

【譯註】

六四陰柔，陰在陰位，向外依靠，緊緊追隨在九五聖君之後，也不失為吉祥。然而《周易》只承認二、五正常的關係，四、五的聯盟不在正規之內，所以把她稱為「外比」，也告誡她只有守正（貞），也能吉利。

用佛法解釋，色界中有初禪天乃至四禪天，但他們必須內發菩提心，外修一切智慧法門。至於別教對界外小乘鈍菩薩所設的度化（拙度），則應以圓融的三觀來包容。

《象》曰：外比于賢，以從上也。

九五既有賢德，又居君位，四外比之，理所當然，亦分所當然矣。

【譯註】

在上的九五賢而居君位，六四雖以不正規的方式去依附他，事理上說得過去，情分上也無可厚非。

九五，顯比，王用三驅，失前禽；邑人不誡，吉。

《象》曰：顯比之吉，位正中也；舍逆取順，失前禽也；邑人不誡，上使中也。

陽剛中正，爲天下之共主，故名顯比。而聖人初无意于要結人心也，如成湯于四面之網解其三面，任彼禽獸驅走，雖失前禽，邑人亦知王意而不警誡。此所謂「有天下而不與」，吉之道也。

佛法釋者，法王出世，如杲日當空，名顯比。三輪施化，又初、中、後三語誘度，又令種熟脱三世得益，名「王用三驅」。于无緣人善用大捨三昧，即諸佛弟子，亦不強化无緣之人，名「失前禽，邑人不誡」。

觀心釋者，實慧開發，如赫日麗天，名顯比。一心三觀，又轉接會前三教，名「王用三驅」。覺意三昧，隨起隨觀，不怕念起，只怕覺遲，一覺則歸于正念，不以前念之非介懷，名「失前禽，邑人不誡」。

【譯註】

陽剛中正的九五，成為天下光耀的共主，因此叫做「顯比」。聖人做事起初並無討好人的意思，但他的行為令人愛慕，就像仁慈的湯王，他狩獵時採用「三驅」（網開三面）的方法，只捕捉一方的禽獸，讓其餘的逃逸，國人了解他的好心，也不提出異議。這便是《論語》所說「治理天下而不擁有天下」的意思，也是吉祥之道。

用佛法解釋，當諸法的法王出現時，就像麗日中天，萬物俱顯，因此叫做「顯比」。他用空、假、中三觀的理念，和初、中、後三種等次的教化，促使心田種植的瓜果成熟，而讓人在過去、現在、未來的三世都獲得利益，這也是「王用三驅」的意思。對跟佛無緣的人，他善用隨緣取捨的態度，即使是佛弟子，也不強加勸化，讓人自由去來。這便是「失前禽，邑人不誡」（網開一面，讓有些獵物溜跑，但國人不在意）的意思。

用觀心法解釋，當真實的智慧開啓時，就如光耀天下，因此這一爻叫做「顯比」。三觀的理念加上前面所說三種教化，就是「王用三驅」的意思。對真如的覺悟，是剎那間的生滅。你不必怕意念生起，你只怕覺悟來遲。覺悟一旦到來，你便進入了捨相入實的正念，不再介意過去種種的失誤了，這就是「失前禽，邑人不誡」的意思。

上六，比之无首，凶。

陰柔无德，反據聖主之上，眾叛親離，不足以爲人首矣。

佛法釋者，窮空輪轉，不能見佛聞法，假饒八萬劫，不免落空亡。

觀心釋者，豁達空，撥因果，自謂毘盧頂上行，悟得威音王那畔又那畔，實不與眞實宗乘相應。業識茫茫，无本可據，生死到來，便如落湯螃蟹也。

【譯註】

陰柔的上六不講德性，高踞在聖王九五之上，拋棄了親戚朋友，像丟了自己的頭腦（無首），不再有資格做領袖，是徹底的凶災！

用佛法解釋，上六在虛空中打轉，前不見佛，後不聞法，一無依傍，即使他有八萬劫的壽命，仍會落空，沒有所獲。

用觀心法解釋，這位自尊自大、玩弄因果的莽漢，目空一切，自認為行走在毗盧舍那佛（法身佛的通稱）的頭頂上，得到威音王如來以前和以後的徹悟，但他所說不合任何宗乘的道理。他心中充滿有情世界的無明，四處飄蕩，無依無憑。當生死大限到時，他會像一隻大螃蟹，掉落在滾燙的熱鍋中！

《象》曰：比之无首，无所終也。

從屯至此六卦，皆有坎焉。坎得乾之中爻，蓋中道妙慧也，其德爲陷爲險。夫煩惱大海，與薩婆若海，豈眞有二性哉？且從古及今，无不生于憂患，死于安樂。故四諦以苦居首，佛稱八苦爲師。苦則悚惕不安，悚惕不安，則煩惱海動，而種智現前矣！聖人序卦之旨，不亦甚深也與？

【譯註】

從屯卦到比卦，六卦（屯、蒙、需、訟、師、比）都有坎（☵）在當中。坎的中爻是陽爻，具有中道的妙慧，但坎也代表陷阱和危險。一般說來，人的煩惱大海和智慧的薩婆若海怎會有不同的性質呢？而且從古到今，凡是生於憂患，沒有不死於安樂的。因此「苦、集、滅、道」的四諦以苦為首；佛也說「八苦」（生、老、病、死、愛別離、求不得、怨憎會、五陰熾盛）是眾生最好的導師。苦會使人害怕不安，害怕不安會生煩惱，煩惱海中的波濤生起，則佛的一切種智，有如救星，也就呈現在眼前了！從屯卦初九的建侯，到比卦上六的失落，人到群龍無首，一切都消失了時，才會看見希望。文王給卦序的安排不是很有深意嗎？

䷈ 乾下巽上（風天小畜：9）

小畜，亨。密雲不雨，自我西郊。

畜（ㄔㄨˋ），阻滯也。又讀若蓄（ㄒㄩˋ），養也。遇阻滯之境，不怨不尤，惟自養以消之，故亨，然不可求速效也。

約世法，則如垂衣裳而天下治，有苗弗格；

約佛法，則如大集會中魔王未順；

約觀心，則如道品調適之後，无始事障偏強，阻滯慧觀，不能克證。然聖人御世，不忌頑民，如來化度，不嫌魔侶。觀心勝進，豈畏夙障？譬諸拳石，不礙車輪；又譬鐘擊則鳴，刀磨則利；豬揩金山，益其光彩；霜雪相加，松柏增秀，故亨也。然當此時雖不足畏，亦不可輕于取功，須如密雲不雨，自我西郊，直俟陰陽之和而後雨耳。蓋凡雲起于東者易雨，起于西者難雨，今不貴取功之易，而貴奏效之遲也。

楊慈湖曰：「畜有包畜之義，故云『畜君何尤？』此卦六四以柔得近君之位，而上下諸陽皆應之，是以小畜大，以臣畜君，故曰『小畜』，其理亦通，其六爻皆約臣畜君說亦妙。」

陳旻昭曰：「小畜者，以臣畜君，如文王之畜紂也；亨者，冀紂改過自新，望之之辭也；密雲不雨，自我西郊者，言祇因自我西郊，故不能雨，怨己之德不能格君，乃自責之辭，猶所云：『臣罪當誅，天王聖明』也。」六四則是出羑里時，九五則是三分天下有二以服事殷之時，上九則是武王伐紂之時，故施已行而既雨，然以臣伐君，冒萬古不韙之名，故曰「君子征凶」。

【譯註】

畜，阻礙的意思，也可讀如儲蓄的蓄，是飼養的意思。境遇不順利時，如果不怨天尤人，一心自我修養，渡過難關，就會亨通。不過這需要時間，快不了的。

從世道看，有如帝舜的無為而治，當苗亂發生時，他並不使用武力；

從佛法看，有如佛在靈山說《大集會正法經》時，並不去折服前來鬧事的尼犍外道；

從觀心處看，有如道品的調適完成後，而障礙仍在，阻礙真理智慧的傳播，不能及時得到果證。然而聖人統御人寰，並不厭惡百姓的頑強；如來度化眾生，也不擔心群魔亂舞。觀心的好處，在節節前進，爭取勝利，不怕過去的孽障。就像拳頭和石頭擋不住車輪一樣；又像敲鐘則響，磨刀則利；還有，如果油晃晃的豬去摩擦金山，只會使金山更加光亮；霜雪層層堆積，只會使松柏更加秀麗：這都是亨通之道。

不過有些小事雖不足畏，卻也不是輕易可以征服的。經文說，從西郊吹來的雲層，雖然厚重，卻沒有雨，必須等到陰陽調和後，雨水才會降下來。東方來的雲容易降雨，西方來的卻否。成功不求容易，遲來的成功才最可貴。

楊簡說：「畜，有包養的意思，所以說：『包養君王有什麼不對？』小畜卦惟一的陰爻六四，以柔順接近君位，而全體的陽爻無不呼應配合，就是『以小畜大』。但以臣畜君，當然只是小畜。」

陳旻昭說：「小畜說以臣畜君，就像文王包畜紂王一樣。卦辭說『吉』，是相信紂有改過自新的可能，也是寄予希望的話。卦辭又說：『密雲不雨，自我西郊』指出文王的謙虛：因為西郊（陝西的岐山）是周朝的發源地，文王自謙德望不夠，不能讓甘霖下降，不能感動君王。這很像韓愈模擬周文王的口吻所寫的詩句：『臣罪當誅兮天王聖明。』」

六四指文王離開囚禁之地羑里時，九五指文王三分天下有其二而仍然侍奉紂王之時，上九則指武王伐紂之時，這一切的忍讓和等待終於得到了報償，而霖雨也終於降下。然而，以臣伐君的事，畢竟犯了萬古大不韙的罪過，所以經文說「君子征凶」（這樣的出征，不是好事）。

《彖》曰：小畜，柔得位，而上下應之，曰小畜。健而巽，剛中而志行，乃亨。密雲不雨，尚往也；自我西郊，施未行也。

既畜矣，而云小者，以在我之柔德既正，又有上下之剛應之，所以一切外難不足擾我鎮定剛決之德，反藉此以小自養也。健則无物欲之邪，巽則无躁動之失，剛中則慧與定俱，故其志得行而亨也。雲雖密而尚往，則修德不妨益進；自西郊而施未行，則取效不可欲速。

【譯註】

既然是畜（養），卻說是小畜，因為我德柔而志正，上下的陽爻一致擁護我，所以外界的困擾不會動搖我的決心，我可以乘機稍稍多自養一會。剛健的乾（☰）助我拋棄物欲，溫和的巽（☴）助我免除暴躁，剛中使定慧成長，因此我的志向得以施展，前途也無礙。雖是密雲不雨，仍然持續向前，因為修德不能一刻放鬆；西郊的情勢始終不好，欲速則不達，我也不宜造次。

《象》曰：風行天上，小畜；君子以懿文德。

鼓萬物者莫妙于風，懿文德，猶所謂遠人不服，則修文德以來之。舞干羽于兩階而有苗格，即是其驗，故曰「君子之德風」也。觀心，則遍用事六度等對治助開，名「懿文德」。

【譯註】

最能鼓動萬物的莫過於風（巽），所謂「懿文德」，是說當遠地的人不歸順時，你用文德來安撫他們。大舜在宮廷兩階間行干羽之舞（盾和羽毛配合起來的舞蹈）而苗民來歸，便是最好的例子，難怪孔子要說「君子感動人的力量像風」（見《論語‧顏淵》）了。從觀心處看，普遍運用六波羅密（布施、持戒、忍辱、精進、禪定、智慧）作為對治的方法，就是「懿文德」（用美和善的德性，給人安撫）的意思。

初九，復自道，何其咎？吉。《象》曰：復自道，其義吉也。

九二，牽復，吉。《象》曰：牽復在中，亦不自失也。

九三，輿說（說通脫）輻，夫妻反目。《象》曰：夫妻反目，不能正室也。

六四，有孚，血去惕出，无咎。《象》曰：有孚惕出，上合志也。

九五，有孚攣如，富以其鄰。《象》曰：有孚攣如，不獨富也。

上九，既雨既處，尚德載；婦貞厲，月幾望，君子征凶。

《象》曰：既雨既處，德積載也；君子征凶，有所疑也。

時當小畜，六爻皆有修文德以來遠人之任者也。初九剛而得正，克己復禮，天下歸之，故吉；九二剛中，與初同復，故亦得吉；九三過剛不中，恃力服人，人偏不服。故輿説輻而不能行，尚不可以齊家，況可服遠人乎？六四柔而得正，能用上賢以成其功，故惕出而无咎；九五陽剛中正，化被无疆，故能富以其鄰；上九剛而不過，又居小畜之終，如密雲之久而既雨，遠近皆得安處太平，此乃懿尚文德，至于積滿，故能如此。然在彼臣婦，宜守中而時時自危，不可恃君有優容之德而失其分。世道至此，如月幾望，可謂圓滿无缺矣。其在君子，更不宜窮兵黷武以取凶也。

佛法觀心釋者，修正道時，或有事障力強，須用對治助開，雖用助開，仍以正道觀慧爲主。

初九正智力強，故事障不能爲害，而復自道；

九二定慧得中，故能化彼事障反爲我助而不自失；

九三恃其乾慧，故為事障所礙，而定慧兩傷；
六四善用正定以發巧慧，故血去而惕出；
九五中正妙慧，體障即德，故能富以其鄰；
上九定慧平等，故事障釋然解脫，如既雨既處，而修德有功。
夫事障因對助而排脫，必有一番輕安境界現前，名之為「婦」，而此輕安不可味著，味著則生上慢，自謂「上同極聖」，為「月幾望」，若信此以往，則反成大妄語之凶矣，可不戒乎？

【譯註】

小畜卦，六個爻都有修文德以安撫遠人的願望。

初九剛正，與全卦惟一的陰爻六四相應，走在正途上，是眾望所歸的人物，有克己復禮的美德，所以吉利；

九二剛而居中，與初九連成一氣，共走正途，也是吉利；

九三的剛強走到了盡頭，又不居中，想依恃自己的力量折服他人，但沒有人服他。他與小畜的主爻六四近在咫尺，但陰在上，陽在下，造成夫婦的不和，甚至反目，就像車輪脫離了車軸，車子不能行動。像這樣的人，齊家都辦不到，怎能治國平天下？

六四是小畜的主爻，她以一陰應付五陽，用賢成就大事，避免了流血的災難，她的努力和警覺，使她得以無咎；

九五陽剛，處於君位，雖受到六四的約制，仍有極大的感化力，他的富有，是全體陽爻通力合作的收穫；

上九有恰到好處的剛強，又居小畜的終結處，甘霖終於降下，遠近得到祥和，這是崇尚美善得到的成果。不過對九三的「臣」和六四的「婦」而言，他們必須時時以貞定自守，不能依仗九五君王的威勢，失去自己的分寸。至於世事的發展，至此已達高峰，就像月亮將圓，一切大功告成；作為統治階級的君子，不宜動用武力，自取凶禍。

用佛法觀心法解釋，修三乘（聲聞、緣覺、菩薩）所行的正道而遇到障礙時，需要有實際的治療來幫助，最好以觀慧的方法為主。

初九位正力強，智慧端莊，不受凡俗障礙的傷害，能走上正途；

九二定慧守中，把障礙轉化為助力，堅固了自己的地位；

九三自恃有乾卦的力量，遭到凡俗的障礙，結果定慧兩傷；

六四懂得用正定來開啓巧慧，避免了爭鬥，而警惕之心也得到了報酬；

九五居尊位，有妙慧，還有化障礙為菩提的本領；他的財富，是他左右的好鄰居；

上九定慧具足，凡俗的障礙在他身上自然解脫，就像雨水下降了，事功告成了，都是修德的工夫。俗障一旦排除，會有一種看來輕鬆平安的境界出現，那便是夫妻關係中的「妻」字了。這是一個不可太過貪戀的境界，否則會生驕傲心，自以為是登峰造極的聖人，有如月亮圓滿無缺，長此以往，會妄語成災，能不引以為戒嗎？

䷉ 兌下乾上（天澤履：10）

履虎尾，不咥（ㄉㄧㄝ）人，亨。

約世道，則頑民既格，上下定而爲履。以說應乾，故不咥人；

約佛法，則魔王歸順，化道行而可履。以慈攝暴，故不咥人；

約觀心，則對治之後，須明識次位，而成眞造實履。觀心即佛，如履虎尾，不起上慢，如不咥人，亨也。

【譯註】

從世道看，頑強者歸化，君民定位，就是履。履卦以兌（☱）應乾（☰），有力量，也溫順，所以老虎（乾）在前，也不咬（咥）人。

從佛法看，魔王既已歸化，教化之道也已通行，眼前是平坦的大道，可以自由來往了。履卦以慈悲心治理暴亂，沒有老虎咬人的擔憂；

從觀心處看，國家經過治理後，須辨明人人的身份和價値，創造一個堅實的新社會。如果心即是佛，你不會驕傲；無心踩到老虎的尾巴，老虎也不咬你。這是一個何等吉祥的世界！

《彖》曰：履，柔履剛也；說（說通悅）而應乎乾，是以履虎尾，不咥人，亨。剛中上，履帝位而不疚，光明也。

履之道，莫善于柔，柔能勝剛，弱能勝強。故善履者，雖履虎尾，亦不咥人。不善履者，雖履平地，猶傷其足。此卦以說（悅）應乾，說即柔順之謂，臣有柔順之德，乃能使彼剛健之主，中正光明，履帝位而不疚。否則不免于夬履貞厲矣！

佛法釋者，以定發慧，以修合性，以始覺而欲上契本覺，以凡學聖，皆名爲柔履剛。得法喜名說，悟理性名應乾。不起上慢，進趣正位，則能以修合性，處于法王尊位如九五也。

【譯註】

履卦的好處，在善於運用柔弱：柔能勝剛，懂得走正道的人，即使踩到老虎的尾巴，也不會被老虎咬，不走正道的人，在平地上也有傷足的可能。履卦是兌（悅）和乾（剛）的組合；悅是柔順，是人臣的美德，具有感化剛健之主的力量，使主人趨向正大光明，坐在皇帝的寶座上無所愧疚。否則我行我素，難免遭到不祥！

用佛法解釋，從禪定走向智慧，從修行回到本性，從初生的覺悟（始覺）找到如來的法身（本覺），從平凡的學習成為聖賢，都叫做「柔履剛」。得到法喜是「兌」（悅），因而悟入理性是「乾」（健）。不生上慢之心，一心進取正位，這樣才能回到本性，才有達到法王尊位的可能，不負九五的尊嚴。

《象》曰：上天下澤，履；君子以辯上下，定民志。

佛法釋者，深知即而常六，道不浪階，是爲辯上下、定民志。

【譯註】

用佛法解釋，了解菩薩的行位有六種（六即：理即、名字二即，未斷惑相；觀行、相似二即，是凡位；分證、究竟二即，是聖體），不隨便錯亂自己的行位，就叫做「辯上下、定民志」（上下有序，民心安定）。

初九，素履往，无咎。

《象》曰：素履之往，獨行願也。

此如伯夷、叔齊之履。

佛法釋者，以正慧力，深知无位次之位次，以此而往，則不起上慢矣。

【譯註】

初九像伯夷、叔齊的行為（伯夷、叔齊為商代孤獨君的二子，商亡不仕，義不食周粟，餓死在首陽山上）。

用佛法解釋，抓緊正慧的力量，懂得什麼是沒有地位的地位，久而久之，你就不會再有無理驕傲（上慢）的心了。

九二，履道坦坦，幽人貞吉。

《象》曰：幽人貞吉，中不自亂也。

此如柳下惠、蘧伯玉之履。

佛法釋者，中道定慧進趣佛果，而不自滿，潛修密證，不求人知，故吉。

【譯註】

九二像柳下惠、蘧伯玉的行為（柳下惠，春秋時人，任魯國士師，三次被罷免，三次拒絕離開，人問其故，他說：「我正道直行，怎會不被解聘三次呢？」蘧伯玉，春秋時衛國大夫，「行年五十，知四十九之非」，勤於改過，行為光明磊落，孔子盛讚之）。

用佛法解釋，守住中道，一心成佛，從不自滿。像這樣的人，潛心修行，獨自證道，不求人知，因此吉利。

六三，眇能視，跛能履；履虎尾，咥人，凶。武人為于大君。

《象》曰：眇能視，不足以有明也；跛能履，不足以與行也；咥人之凶，位不當也。武人為于大君，志剛也。

此如項羽、董卓之履。

佛法釋者，知性德而不知修德，如眇其一目；尚慧行而不尚行行，如跛其一足。自謂能視，而實不見正法身也；自謂能履，而實不能到彼岸也。高談佛性，反被佛性二字所害。本是鹵莽武人，妄稱祖師，其不至于墮地獄者鮮矣！

問：「六三爲悅之主，《象》辭讚其應乾而亨，爻胡貶之甚也？」答：「《象》約兌之全體而言，爻約六三不與初二相合，自信自任而言。」

【譯註】

六三像項羽、董卓的行為（項羽少有奇才，力能扛鼎，與劉邦爭天下，卒為所敗，烏江自刎。董卓粗猛有謀，自稱相國，廢少帝，立獻帝，有篡立之意，後為呂布所殺）。

用佛法解釋，懂得本性中有善惡迷悟的性能，卻不懂修德的重要，就像瞎了一隻眼睛；崇尚智慧的行為，卻不在乎身、口、意的作孽，就像跛了一條腿。雖然用一隻眼還能看，但他看不見正法了；雖然一條腿還能走路，但他到不了彼岸了。高談佛性，有時會被「佛性」二字所害。一個魯莽的老粗，妄稱自己是佛門的師祖，這人不墮地獄才怪！

有人問我：「《彖辭》認為履卦的六三有愉悅（兌）的意思，又與乾道的精神相應，所以對她有高度的讚美，為何六三的爻辭極力貶斥她，是什麼道理？」我的答覆是：「《彖辭》說兌（☱）的整個卦體有愉悅的天性，然而爻辭專講六三，指出六三陰居陽位，不與初九、九二合作，過於自信自專，破壞了初九『素履』的無咎和九二『履道坦坦』的貞吉，所以是履卦中惟一的『凶』爻。」

九四，履虎尾，愬（ㄙㄨˋ）愬，終吉。《象》曰：愬愬終吉，志行也。

此如周公吐握勤勞之履。

佛法釋者，定慧相濟，雖未即證中道，然有進无退矣。

【譯註】

九四像周公戒慎恐懼的樣子（愬愬）（武王崩，成王少，周公代為攝政，憂勞天下，乃至一飯三吐哺，一沐三握髮，戒慎恐懼，有無比的勤勞）。

用佛法解釋，得到禪定和智慧相助的人，即使沒有得到中道的果證，也必須勇往直前，沒有退路可走。

九五，夬（ㄍㄨㄞˋ）履，貞厲。

《象》曰：夬履貞厲，位正當也。

此如湯武反身之履，亦如堯舜危微允執之履。或云，此是誡辭，恐其爲漢武也。須虛心以應柔悦之臣，乃不疚而光明耳。

佛法釋者，剛健中正，決定證于佛性。從此增道損生，出沒化物，不取涅槃以自安穩矣。

【譯註】

九五像湯武堅決的中興（夬履），也像堯舜執政時戒慎恐懼、允執厥中的心態（貞厲）。也有人說，經文含有告誡的意思，擔心通西域、平匈奴的漢武帝，會流為迷信神仙術士的昏君。這裡的要點是，統治者必須虛心接納柔順的賢臣，使自己內無愧疚，外顯光輝。

用佛法解釋，剛健中正的九五充滿力量，必然會證得佛果，且可以有生之年，增進道力，奉獻自己，度化眾生，即使不取得涅槃的境界，也能找到安樂和自在。

上九，視履考祥，其旋元吉。

《象》曰：元吉在上，大有慶也。

此如堯舜既薦舜禹于天，舜禹執政，堯舜垂拱无爲之履。佛法釋者，果徹因源，完善圓滿，復吾本有之性，稱吾發覺初心，故大吉也。

【譯註】

上九像堯推薦舜、舜推薦禹，而當舜和禹執政時，堯和舜都在旁默默地幫助他們。用佛法解釋，善果來自善因，徹底圓滿的行為，能幫助你回歸自己真如的本性，證實初覺心中定下的夙願，這便是大吉大利了。

《周易禪解》卷第三（上經之三）

䷊ 乾下坤上（地天泰：11）

泰，小往大來，吉亨。

夫爲下者每難于上達，而爲上者每難于下交。今小往而達于上，大來而交于下，此所以爲泰而吉亨也。

約世道，則上下分定之後，情得相通，而天下泰寧；約佛法，則化道已行，而法門通泰；約觀心，則深明六即，不起上慢，而修證可期；又是安忍強軟二魔，則魔退而道亨也。強軟二魔不能爲患是小往，忍力成就是大來。

【譯註】

一般說來，在下位的人很難走在上面，在上位的人很難走在下面。但泰卦不同，地位低的陰卦（坤）反而處於上，地位高的陽卦（乾）反而處於下，所以泰卦有吉祥、順利的意涵。

從世道看，上下名分既定，彼此心意溝通，天下自然安寧了；

從佛法看，教化和開導既已奏效，佛法種種的門徑也就通暢無阻了；從觀心上看，一個深明大乘菩薩六種行位（六即）的人，當然不會有驕矜的心態，而證果成佛，是計日可待的事了。

再者，泰卦也可看作是強（☰）軟（☷）二魔的相爭；只要二魔和平相處，事情就好辦了。二魔不再無理取鬧，是我們的小收穫；因此而培養了我們不動心的忍耐力，則是可觀的大收穫。

《彖》曰：泰，小往大來，吉亨，則是天地交而萬物通也，上下交而其志同也。內陽而外陰，內健而外順，內君子而外小人；君子道長，小人道消也。

約四時，則如春，天地之氣交而萬物咸通；

約世道，如初治，上下之情交而志同爲善；

約體質，則內陽而外陰，陽剛爲主；

約德性，則內健而外順，无私合理；

約取捨，則內君子而外小人；見賢思齊，見惡自省，故君子道長，則六爻皆有君子之道；小人道消，則六爻皆有保泰防否之功也。

佛法釋者，若得小往大來，則性德之天與修德之地相交，而萬行俱通也。向上玄悟與向下操履相交，而解行不分作兩橛也。內具陽剛之德，而外示陰柔之忍；內具健行不息之力，而外有隨順世間方便；內合佛道之君子，而外同流于九界之小人，能化九界俱成佛界，故君子道長而小人道消也。

【譯註】

從四時看，泰卦如春，而天地之氣在春天的氣息中相互交融，萬物蒙受無邊無際的恩澤；

從世道看，天下如果安寧，上下又能溝通，人們便可同心協力，共創美好的家園了；

從實體上看，陽在內，陰在外，陽剛之氣，成為一家之主；

從德性上看，內健外順，合情合理，而自私的念頭消失了；

從行為的取捨上看，泰卦愛惜君子，防範小人。如果人人見賢思齊，效法賢人，不讓罪惡擴散，君子之道自然抬頭；如果泰卦的六爻都守護安寧，防禦混亂，小人之道自然堙沒無聞了；

從佛法看，若把柔弱放在前面，以剛強為後盾，就像德性的天空護衛著修德的地面，一切都有圓滿成就的希望。超然的妙悟，結合實際的修行，理解和行為也不再南轅北轍了！內在你有成佛的大力量，外表上你與九界眾生、市廛小民生活在一起，你遲早能把九界化為佛土，這便是君子之道長、小人之道消的意義。

《象》曰：天地交，泰；后以財成天地之道，輔相天地之宜，以左右民。

佛法釋者，天地之道，即性具定慧；天地之宜，即定慧有適用之宜；財（財同裁）成輔相，即以修禪性也；左右民者，不被強軟二魔所壞，則能用此二魔爲侍者也。

【譯註】

用佛法解釋，天地之間，充滿禪定和智慧；經文所說的「天地之宜」，指定慧二氣在天地間自由揮灑；給定慧在運用上加以剪裁，不惟治國有效，還有助人們心性上的修行；至於所說「左右民」的話，是指降服強弱二魔後，把二魔的力量化為護衛百姓的力量，不失為自然力量最好的運用。

初九，拔茅茹，以其彙，征吉。

《象》曰：拔茅征吉，志在外也。

陽剛之德，當泰之初，豈應終其身于下位哉？連彼同類以進，志不在于身家，故可保天下之終泰矣。

【譯註】

泰卦的初爻是剛健的陽爻，但他怎甘於終身屈居下位呢？他一定會像拔茅草一樣，把根莖相連（茹，今天的植物學家稱之為遊走莖）的茅草一連串拔起（隱喻九二、九三和初九同為陽爻，共同長在一條相連的根莖上生長），不顧身家，攜手前進，以保天下的安寧。

九二，包荒，用馮河，不遐遺，朋亡（亡同无），得尚于中行。

《象》曰：包荒，得尚于中行，以光大也。

剛中而應六五，此得時行道之賢臣也。故宜休休有容，荒而无用者包之，有才能馮河者用之，遐者亦不遺之，勿但以二陽爲朋，乃得尚合六五中正之道而光大耳。

【譯註】

九二剛健中正，上應六五，得到天時、地利、人和的好運，成為治國賢臣。他有恢宏優雅的氣度，包容荒疏無用的人，僱用有才華、勇於涉水赴難的人，居於偏遠地帶的人也不放棄；總之，他不單靠像初九和九三兩位陽剛的朋友；他的行徑，依循上方六五陰柔的統帥，且能發揚光大，走得更遠。

九三，无平不陂，无往不復；艱貞，无咎；勿恤其孚，于食有福。

《象》曰：无往不復，天地際也。

世固未有久泰而不否者，顧所以持之者何如耳。九三剛正，故能艱貞而有福，挽回此天地之際。

【譯註】世界上沒有一個永久的太平而不被顛覆，全看你如何維護。九三陽剛中正，能在旋乾轉坤的剃刀邊緣上，堅守沉雄貞潔的個性，不擔憂自己的誠信，給人帶來衣食無虞的幸福。

六四，翩翩不富以其鄰，不戒以孚。

《象》曰：翩翩不富，皆失實也；不戒以孚，中心願也。

柔正之德，處泰已過中之時。雖无致治眞實才力，而賴有同志以防禍亂，則不約而相信，故猶可保持此泰也。

俞玉吾曰：「泰之時，三陰陽皆應，上下交而志同，不獨二五也。乾之初爻，即拔茅連茹以上交；四爲坤之初爻，亦翩然連類而下交；三爻乎上，即勿恤其孚，故四爻于下，亦不戒以孚，上下一心，陰陽調和，此大道爲公之盛，所以爲泰。」

季彭己曰：「失實，言三陰從陽而不爲主也，陽實則能爲主，陰虛則但順承乎陽而已，不有其富之義也。中心願者，言其出于本心也。」

【譯註】

溫柔端莊的六四出現在上卦（坤卦）的初爻，這時泰卦的好時光已經過了一半。她雖沒有陽剛的實力可以治理國家，但她有溫柔的六五和上六作為朋友，通力合作，預防禍亂；她們彼此間沉默地信賴，鞏固了泰卦臨危的境遇。

俞琰（一二五三—一三一四，字玉吾，道號全陽子，宋末元初易學家）說：「泰卦時運好，三陰和三陽分別互相呼應，上下相通，意志相投，不讓九二和六五專美於前。下卦乾的初爻便呈現了連類（九二、九三）的拔茅、和一心上交的勇氣，上卦坤的初爻（六四），也優雅地與六五、上六結伴同行，下有初九相應。一如九三的剛正，以誠信保證人們的幸福，六四也不遑多讓，用心向下溝通，造成了『上下一心，陰陽調和』的場面，這便是『大道為公』的盛況，維護了泰卦亨通安民的精神。」

季彭己（一一二九—一二〇八，字平甫，明代學者）也說：「『失實』指三陰雖然沒有陽的剛健，卻能奉陽為主，儘管自己處於柔弱不富有的地位；『中心願』則表明她們這樣做，是完全出於真心。」

六五，帝乙歸妹，以祉元吉。

《象》曰：以祉元吉，中以行願也。

柔中居尊，下應九二，虛心用賢，而不以君道自專。如帝乙歸妹，盡其婦道而順乎夫子。夫若是，則賢人樂爲之用，而泰可永保矣。

【譯註】

六五陰柔守中，居於全卦最尊貴的位置，與在下的九二通力合作，謙恭納賢，不擺架子。這就像帝乙（紂王之父）的妹妹嫁到周朝後，生了周文王幾兄弟，而這位偉大的母親（也就是紂王的姑姑），在周朝恭守婦道，造就了丈夫和兒子的福祉，取得了極大的成就。惟有這樣明達的領袖，天下賢人才會樂意為他們效勞，國家的安泰才能確保無虞。

上六，城復（復同覆）于隍，勿用師。自邑告命，貞吉。

《象》曰：城復于隍，其命亂也。

泰極必否，時勢固然。陰柔又无撥亂之才，故誡以勿復用師。上既失權，下必擅命，故有自邑告命者。邑非出命之所，而今妄自出命，亦可羞矣！然上六衹是无才，而以陰居陰，仍得其正，非是全无德也。但遇此時勢，故命亂而出自邑人耳。

約佛法釋六爻者，夫欲安忍強軟二魔，須藉定慧之力。初九剛正，故內魔既降，外魔亦伏，似拔茅而連彙；九二剛中，故外魔既化，內魔不起，尚中行而光大；九三過剛，故須艱貞，方得无咎，以其本是正慧，必能取定，故為天地相濟；六四正定孚于正慧，故雖不富而能以鄰，知魔无實，則魔反為吾侍而如鄰；六五定有其慧，故能即魔界為佛界，具足福慧二種莊嚴，如帝乙歸妹，而有祉元吉；上六守其劣定，故魔發而成亂。

【譯註】

好日子遲早會結束，這是時勢的當然。泰卦到了上六，已經走到盡頭，然而上六陰柔，不能撥亂反正，故經文告誡她不要動武，面對事實。君王既已失勢，鄉邑之間自然會有擅自發號司令的人出現。鄉邑不是發號司令的地方；但事已至此，也是當政者的羞辱！不過上六並非無才，她以陰居陰位，方正自守，至少是有德之人。只是大勢已去，只好徒歎奈何！

從佛法看泰卦的六爻，要想制伏強軟二魔，必須借重禪定和智慧：

初九勇敢坦率，降伏內外兩種心魔，順利一如拔根莖相連的茅草；九二剛強守中，抗拒了外魔，內魔也就消歇了，他虔守中道，發揚了乾卦自強不息的精神；九三處在三陽的巔峰，有足夠的剛強面對上方三陰的變數，他必須穩健而行，以求無過，不過他深明「無平不陂、無往不復」的道理，藉重禪定的力量，也能承擔天旋地轉的危難。

至於三陰的部分，六四陰居陰位，自有她的定力，而且信心滿滿，調和陰陽，不遺餘力，所以雖不富有，也盡到了敦親睦鄰的責任。魔性既然是一個沒有實體的存在，何不把它轉化為對我有益的鄰居呢？六五定慧俱全，能把魔界變為佛界，既有福相，又有慧命，就像帝乙的妹妹一樣，嫁到周朝後，造就了眾多的福祉和吉祥；上六的失敗，在她死守微薄的定力，雖小有才德，不能自救，且讓群魔亂舞，破壞了泰卦的太平，只好枯守否卦封閉的天地了。

䷋ 坤下乾上（天地否：12）

否之匪（匪同非）人，不利君子貞，大往小來。

約世道，則承平日久，君民逸德，而氣韻衰頽；

約佛法，則化道流行，出家者多，而有漏法起；

約觀心，則安忍二魔之後，得相似證，每每起于似道法愛而不前進。若起法愛，則非出世正忍正智法門，故爲匪人，而不利君子貞，以其背大乘道，退墮權小境界故也。

【譯註】

從世道上看，長久的太平，使得君民放逸，道德敗壞，社會的風氣也衰退糜爛，災難就要臨頭了；

從佛法上看，教化之道濫竽充數，出家人的要求降低了，充滿煩惱的世間法（有漏法）也就產生了；

從觀心處看，縱容強軟二魔之後，二魔的地位顚倒，看來並無差異，也混淆了教化和佛法的界線；人人各持一端，相信似是而非的教化，不再精進。如果人人相信自己的法愛，不再有超世間的正法和正智；違反了人的實際需求，也就淪為非人了。這種背棄大道、墮入權宜的編狹言論，對君子的上進極為不利。

《彖》曰：否之匪人，不利君子貞。大往小來，則是天地不交，而萬物不通也；上下不交，而天下无邦也。內陰而外陽，內柔而外剛，內小人而外君子；小人道長，君子道消也。

佛法釋者，若起似道法愛，則修德不合性德之天，而萬行俱不通也。向上不與向下合一，而不能從寂光垂三土之邦國也；內證陰柔順忍，而置陽剛佛性于外；內同二乘之小人，而置佛果君子于分外；自不成佛，不能化他成佛，故小人道長，君子道消也。強軟二魔，人每畏懼，故泰傳極慶快之辭以安慰之，令无退怯。順道法愛，人每貪戀，故否傳極嗟歎之辭以警策之，令无取著。

【譯註】

用佛法解釋，如果人人執著於似是而非的佛法，那麼修行遠離了德性，一切的修持也走進死巷；如果高超的智慧不能與實際的禪修配合，人便不能從理智的光照中進入佛國。否卦以陰柔順忍（☷）為內，以陽剛成佛（☰）為外；把二乘（不回心、不向大）

的小人放置於內，把成就佛果的君子放置在外；自己成不了佛，也不讓人成佛，無異助長了小人的勢力，把君子之道給摧殘了。其實強軟二種心魔，人人害怕，因此泰卦提出「小往大來（大的在前，小的在後），吉亨」的話，給人鼓勵。似是而非的佛法容易蠱惑人心，因此否卦也提出「不利君子貞」（對君子守正不利）的話，希望有所警惕，不要中了旁人的圈套。

《象》曰：天地不交，否；君子以儉德辟（辟通避）難，不可榮以祿。

佛法釋者，觀此順道法愛，猶如險坑之難，而不取其味，是謂「不可榮以祿」也。

【譯註】

執著於似是而非的佛法，就像行走在危險的陷阱上，千萬考慮自己實際的需求，避免把人的甜言蜜語視為無價的財寶！

初六，拔茅茹，以其彙，貞吉，亨。

《象》曰：拔茅貞吉，志在君也。

六爻皆有救否之任，皆論救否之方，不可以三爻爲匪人也。初六柔順而居陽位，且有同志可以相濟，故拔茅連彙而吉亨。但時當否初，尤宜思患豫防，故誡以貞也。

【譯註】

否卦的六爻都承擔著救否的責任，都思考著救否的方法，因此這三個陰爻（一、二、三）不是人性的柔弱。初六陰柔，雖居陽位，卻與六二、六三同舟共濟，好像根莖相連的茅草，行動一致，心在君王，故能吉利。不過，這是否卦的開始，來路方長，因此《象辭》提出謹慎小心，俾使無咎的警告。

六二，包承，小人吉，大人否，亨。

《象》曰：大人否亨，不亂群也。

柔順中正，上應九五陽剛中正之君，惟以仁慈培植人心，挽回天運，故小人得其包承而吉。然在六二大人分中，見天下之未平，心猶否塞不安，不安乃可以致亨，而非小人所能亂矣。

【譯註】

六二溫柔守正，與乾卦陽剛的九五遙相呼應。他們在心中培植善良，希望挽回大運，所以在這對大人不利的否卦中，小人卻因而得到包容而吉祥。不過六二在九五的眼中，由於國家不太平，心中感到不安。人有不安的情緒，才有改善的可能；這一點不是小人能夠看見，也不是小人能夠過問的。

六三，包羞。

《象》曰：包羞，位不當也。

以陰居陽，在下之上，内剛外柔，茍可以救否者，无不爲之，豈顧小名小節？諺云：「包羞忍辱是男兒。」時位使然，何損于順坤之德哉？《易》因曰，此正處否之法，所謂唾面自乾，褫裘縱博者也。

【譯註】

六三陰居陽位，雖然位置不當，卻懂得羞恥，高高站在下卦坤卦的上端，用剛強的内心和柔弱的外貌，為挽救否卦的傾倒而努力，不顧慮小名小節。俗話說得好：「包羞忍辱是男兒。」順應時事的需要，委屈自己，怎不就是坤卦柔順的美德呢？《繫辭下》相信「居安思危」是身處否境時應有的態度，而「唾面自乾」，或者「褫裘縱博」是最好的選擇（在君主面前不惜脫下貂裘，在朝廷中可以縱容博弈的惡習（「褫裘縱博」：李贄評狄仁傑語；狄仁傑是武則天信任的大臣，但他存心恢復唐祚，推翻武后，故對上自貶，對下寬容，結果復興了大唐，也保全了自己，李贄大為讚賞）。

九四，有命无咎，疇（疇同儔）離祉。

《象》曰：有命无咎，志行也。

剛而不正，以居上位，宜有咎也。但當否極泰來之時，又得疇類共離于祉，故救否之志得行。離者，附麗也。

【譯註】

九四是進入上卦的第一陽爻，雖然剛強，卻位置不當，當然會有麻煩。不過這既然是改變環境、結束閉塞的第一步，前方有九五、上九的協調，他得到了朋友（儔類），攜手共進，一定會完成他們破解閉塞的願望。「離」是附麗，是朋友依附、眾人投靠的意思。

九五，休否，大人吉；其亡其亡，繫于苞桑。

《象》曰：大人之吉，位正當也。

陽剛中正，居于君位，下應柔順中正之臣，故可以休否而吉，然患每伏于未然，亂每生于所忽，故必念念安不忘危，存不忘亡，治不忘亂，如繫物于苞桑之上，使其堅不可拔，此非大人，其孰能之？

【譯註】

九五陽剛中正，高居君位，下有眾多柔順中正的輔佐，不愁不打破閉塞的局面，找到幸福。不過憂患總在暗中隱藏，亂象總因疏忽而起，因此居安思危，想想生死相扣、太平和災難互換的道理，不氣餒，昂然直立，像屹立不搖的大苞桑樹一樣。但這種胸襟，除了有高度修養的人，誰能做到呢？

上九，傾否，先否後喜。

《象》曰：否終則傾，何可長也？

剛不中正，居卦之外，先有否也，但否終則傾，決无長否之理，故得後有喜耳。

佛法釋者，順道法愛，非陽剛智德不能拔之。初六法愛未深，而居陽位，若能從此一拔，則一切俱拔，故勉以貞則吉亨，勸其志在于君，君即指法身實證也。

六二法愛漸深，故小人則吉，大人正宜于此作否塞想，乃得進道而亨。六三法愛最深，又具小慧，妄認似道爲眞，故名包羞。九四剛而不正，雖暫起法愛，終能自拔而志行。九五剛健中正，故直入正位而吉，然尚有四十一品无明未斷，所以位位皆不肯住，名「其亡其亡」，從此心心流入薩婆若海，證念不退，名繫于苞桑。上九陽居陰位，始亦未免法愛，後則智慧力強，故能傾之。

【譯註】

上九是否卦最後的一爻，陽居陰位，不是好現象。但壞日子既然走到了盡頭，否卦的傾塌，是瞬息間事，霉運也就要結束了。不言而喻，霉運的結束，就是好運的開始。

用佛法解釋，人一旦相信似是而非的法愛，非陽剛猛勇的大智大慧不能救他脫離苦海。

初六淺嘗了似是而非的法愛，但積習不深，幸而身居陽位，如能拿出勇氣，連同她六二、六三的夥伴，一躍而起，便可以保住真如。所以經文勉勵她守正趨吉，以君心為念。君心指佛的真身（法身）和菩薩於諸法實相之理（實證諸法）。

六二漸漸深入法愛，若是小人，也就算了，然而她以大人自居，便應肩負起挽救否卦免於傾塌的責任，才有亨通的前途。

六三完全迷失在法愛中，有點小聰明，反誤把似是而非的法愛視為真理，所以經文說她「包藏了羞恥的禍害」。

九四進入陽剛的領域，可惜處位不正，雖受法愛的感染，還能自拔，與同志攜手，可以致力於幸福的追求。

九五剛正，堅守崗位，所以吉祥。可惜他疑慮重重，不明白四十一種菩薩的名位（即十住、十行、十迴向、十地，和等覺），因此無法安住在任何一個名位上。他雖口口聲聲警告人們說：「要滅亡了！要滅亡了！」卻讓善心流入一切智海（薩婆若海），擁有信心，有如大苞桑樹一樣堅強。

上陽爻，卻處在陰位上，雖也受到法愛的干擾，畢竟他有強烈的智慧，終於在他的手下，把否卦推倒了。

䷌ 離下乾上（天火同人：13）

同人于野，亨，利涉大川，利君子貞。

約世道，則傾否必與人同心協力。

約佛法，則因犯結制之後，同法者同受持。

約觀心，則既離順道法愛，初入同生性。上合諸佛慈力，下同眾生悲仰，故曰同人。

蘇眉山曰：「野者，无求之地。立于无求之地，則凡從我者，皆誠同也。彼非誠同，而能從我于野哉？同人而不得其誠同，可謂同人乎？故天與火同人，物之能同于天者蓋寡矣！天非同于物，非求不同于物也。立乎上，而能同者自至焉，其不能同者不至也。至者非我援之，不至者非我拒之，不拒不援，是以得其誠同而可以涉川也。茍不得其誠同，與之居安則合，與之涉川則潰矣！」

觀心釋者，野是三界之外，又寂光无障礙境也。既出生死，宜還涉生死大川以度眾生，惟以佛知佛見示悟眾生，名爲「利君子貞」。

【譯註】

從世道上看，否卦既然帶來了「天地不交，萬物不通」的傾塌現象，社會的安寧，端賴人與人同心協力的重建了。

從佛法上看，犯了結制（短時間內養尊處優）過失的朋友，還得用同道者的心力，維護修持上的宿願。

從觀心法上看，一旦離開了信仰，第一次進入同生共處的眾生世界，必須上禱佛力的慈悲，下同眾生的悲情，這才是「同人」的意義。

蘇東坡說：「野外是一個無所求的荒地。共同處於荒地的人，一定是心意誠同。不誠同，怎會來此荒地相聚呢？同人卦由天（☰）和火（☲）構成，人能與天相同的地方太少了！天與人不同。天高高在上，不是故意與人不同；你同意來，天才接納你。你來，不是天求你；你不來，不是天拒絕你。不求不拒，此心誠同，才能同涉大川。不誠同，共居可以無事，一旦登山涉水，便潰不成軍了！」

用觀心法解釋，所謂野外，指欲界、色界、無色界的三界之外，是寂光（真理寂靜、真智光照）沒有阻礙的地方。一個在寂光中出離了生死苦海的人，仍宜從生死苦海中回頭，救度眾生，用佛智佛見，開悟眾生。這才是「利君子貞」的真義。

《彖》曰：同人，柔得位得中而應乎乾，曰同人。（蘇眉山曰：「此專言二。」）同人曰：同人于野，亨。（蘇眉山曰：「此言五也，故別之。」）利涉大川。乾，行也。文明以健，中正而應，君子正也。惟君子為能通天下之志。

觀心釋者，本在凡夫，未證法身，名之爲柔。今得入正位，得證中道，遂與諸佛法身乾健之體相應，故曰：「同人」，此直以同證佛性爲同人也。既證佛體，必行佛德以度眾生，名爲乾行。文明以健，中正而應，如日月麗天，清水則影自印現，乃君子之正也。惟君子已斷无明，得法身中道，應本具二十五王三昧，故能通天下之志，而下合一切眾生，與諸眾生同悲仰耳。

【譯註】

用觀心法解釋，一個未證法身的凡夫，稱之為柔；一旦入於正位，證得中道，便與諸佛乾健的法身融和貫通為一，這就是「同人」，亦即同證佛性的意思。既然證得佛性、取得佛體，便得以佛德度化眾生，做乾道精神的貫徹。六二文采剛健，又居中而應九五，有如日月中天，水清見影，是君子行為的榜樣。一個君子既已斷絕無明，取得中道的法身，應當具備天台所謂二十五法門的禪慧方便，了解天下之事，溝通萬眾，分擔眾生種種不同的煩惱和願望。

《象》曰：天與火，同人；君子以類族辨物。

不有其異，安顯其同？使異者不失其為異，則同乃得安于大同矣！

佛法釋者，如天之與火，同而不同，不同而同。十法界各有其族，各為一物，而惟是一心。一心具足十界，十界互具，便有百界千如之異，而百界千如究竟元只一心，此同而不同、不同而同志極致也。

【譯註】

沒有「異」，怎會有「同」？惟有「異」維持它的相異，「同」才能安於它的相同！

用佛法解釋，天與火，相同又不相同，不相同卻又相同。十界眾生各是不同的族類，各有不同的狀況，然而一心相同。心含十方世界，而每一世界又含更多的世界，遂造成百千萬種不同的世界。縱然是百千萬種不同的世界，它們都來自一心。這便是同而不同、不同而同的現象。

初九，同人于門，无咎。

《象》曰：出門同人，又誰咎也？

同人之道，宜公而不宜私。初九剛正，上无繫應，出門則可以至于野矣，故无咎。

【譯註】同人卦關心的是大眾，不是個人。初九陽居陽位，剛正孤單，跟九四的陽爻也不相應，一旦離家出外，勢必走向無所求的郊野，會與同心的大眾相遇，因此不會有問題。

六二，同人于宗，吝。

《象》曰：同人于宗，吝道也。

六二得位得中以應乎乾，卦之所以爲同人者也。然以陰柔，不能遠達，恐其近匿于初九、九三之宗，則吝矣。

【譯註】六二陰居陰位，身得其所，又在下卦之中，與乾卦的九五相呼應，是同人卦的主爻。然而，她軟弱的力量，不能高飛遠走，恐怕會因此藏匿在近鄰親戚的身邊，例如初九和九三，不求發展，那就不好了。

九三，伏戎于莽，升其高陵，三歲不興。

《象》曰：伏戎于莽，敵剛也，三歲不興，安行也。

夫二應于五，非九三所得強同也。三乃妄冀其同，故伏戎以邀之，升高陵以伺之。然九五陽剛中正，名義俱順，豈九三非理之剛所能敵哉？其，即指三。高陵指五，五遠于三，如高陵也。

【譯註】

六二與九五相應，是自然的安排。九三也想攀附，卻是妄想；既然不懷好意，當然便會暗藏武力，登上高山，窺探他的勁敵九五。然而，九五陽剛中正，名位鞏固，九三怎會取勝？經文說「升其高陵」，「其」指九三，「陵」指九五。五和三中間的三個陽爻，有如三年之遙遠，也如三個高陵之相隔。

九四，乘其墉，弗克攻，吉。

《象》曰：乘其墉，義弗克也；其吉，則困而反則也。

離象為墉。四亦妄冀同于六二，故欲乘九三之墉以下攻之。但以義睽，知必取困，故能反則而弗攻耳。

【譯註】同人卦的下卦是離（☲），像一道高牆。九四也有妄念，想站在這道高牆上，跟下面的六二結盟，往上攻擊九五。然而，九四究竟還夠聰明，知道這樣於理不合，會有困難，遂回歸原點，取消了進攻的念頭。

九五，同人，先號咷而後笑，大師克相遇。《象》曰：同人之先，以中直也；大師相遇，言相克也。

六二陰柔中正，爲離之主，應于九五，此所謂不同而同，乃其誠同者也。誠同而爲三、四所隔，能弗號咷而用大師相克哉？中，故與二相契，而不疑其跡。直，故號咷用師而不以爲諱。

鄭孩如曰：「大師之克，非克三四也，克吾心中之三四也。私意一起于中，君子隔九閽矣。甚矣！克己之難也。非用大師，其將能乎？」

楊誠齋曰：「師莫大于君心，而兵革爲小。」

【譯註】六二陰柔中正，是離卦的主人，與九五自然相應，雖不同卻求為相同，這就是誠同的善意。然而，誠同的六二和九五被居心不良的九三和九四相隔，怎能不號啕大哭，怎

不想用武力，克服障礙呢？九五居中，故能與居中的六二相接，不懷疑她的居心。九五太純正了，才會放聲大哭，勉力召集軍隊，準備作戰。

鄭惟嶽（耒陽人，字孩如）說：「軍隊需要征服的，不是九三、九四這些頑敵，而是自己的邪念。邪念一起，正念便消失了。克己的工夫真難呀！」

楊簡也說：「最強勁的軍力是君心，跟君心相比，兵馬都是兒戲。」

上九，同人于郊，无悔。

《象》曰：同人于郊，志未得也。

蘇眉山曰：「无所茍同，故无悔。莫與共立，故志未得。」

觀心釋者，六爻皆重明欲證同人之工夫也。夫欲證入同人法性，須藉定慧之力，又復不可以有心求，不可以无心得，所謂「時節若到，其理自彰」，此修心者勿忘勿助之要訣也。

初九正慧現前，不勞功力，便能出生死門。六二雖有正定，慧力太弱，未免被禪所牽，不出三界舊宗。九三偏用其慧，雖云得正，而居離之上，毫无定水所資，故如升于高陵，而爲頂墮菩薩，三歲不興。九四定慧均調，始雖有期必之心，後乃知期必不能合道，卒以无心契入而吉。九五剛健中正，而定力不足，雖見佛性，而不了了。所以，先須具修眾行，積集菩提資糧，藉萬善之力，而後開發正道。蓋是直緣中道佛性，以爲迴出二諦之外，所以先號咷而後笑也。上九定慧雖復平等，而居乾體之上，僅取涅槃空證，不能入廛垂手，故志未得。

【譯註】

蘇東坡說：「上九在同人卦的頂端，跟誰也沒有關係，因此他也無怨無悔。不過儘管如此，同人卦的本意是要與人結合的，共創前程。既是孑然一身，又無友無朋，可知他的一番抱負，並沒有得到施展。」

用觀心法解釋，同人卦的六爻，都想結合眾人。然而，結合眾人的祕訣在「定、慧」二力的運用，不可強求，不可存僥幸心理。俗話說：「時節若到，其理自彰。」是修心者不可忽視的口訣。

初九剛正孤獨，卓具慧心，不費多少氣力，便跨出了生死的門限，可能進入「寂光無障礙」的境界。

六二正定，卻少智慧，自負有禪定的工夫，沒有脫離塵網的力量。

九三過度用慧，居位雖正，不幸在離（火）的上端，缺少水的滋潤，高居三界之頂，不事長進，肯定會一頭栽地，三年爬不起來（三年暗示當前的三個堅強的陽爻，阻擋了去路）。

九四有定也有慧，起初雖想妄動，幸而知道不合情理，急流勇退，自求多福。

九五剛健中正，可惜定力不夠，雖見佛性，卻不明白其中的道理，所以一事無成。

這樣看來，要有成就，必先修持，匯集菩提資糧，借重萬善的功力，才能走上正道。佛性須做正直的理解，才有駕馭真假二諦的能力。沒有眼淚，怎來歡笑？

上九既定且慧，高居乾卦之上，似乎取得了涅槃的保證；然而保證是空洞的：他無法進入市廛，普度眾生，跟人們生活啼笑在一起，共同創造理想的大同世界！

䷍ 乾下離上（火天大有：14）

大有，元亨。

約世道，則同心傾否之後，富有四海；

約佛法，則結戒、說戒之後，化道大行；

約觀心，則證入同體法性之後，功德智慧以自莊嚴，皆元亨之道也。

【譯註】

從世道上看，否卦的傾覆是人們同心協力造成的結果，所以我們終於擁有四海；

從佛法上看，戒律得到建立和闡明後，教化開始廣為傳播；

從觀心上看，當人們與法性自然融為一體後，功德和智慧也就燦然大備。這些都是造成「大有」亨通的緣故。

《彖》曰：大有，柔得尊位，大中，而上下應之，曰大有。其德剛健而文明，應乎天而時行，是以元亨。

佛法釋者，從凡夫地直入佛果尊位，證于統一切法之中道，而十界皆應順之，名爲大有。剛健文明，聖行、梵行皆已成也；應乎天而時行，證一心中五行，以天行爲體，而起嬰兒行、病行之用也。

【譯註】

用佛法解釋，所謂大有，是從凡夫證入佛果的尊位，找到了法門的要點，而十界眾生都與他隨順呼應。經文說「剛健文明」，是指聖行者和梵行者的成就；「應乎天而時行」，是說一心貫串了《涅槃經》所說的「五行」（聖行、梵行、天行、嬰兒行、病行），而以天行（第一義天，即自然之理）為準，開啓了對嬰兒行（小乘）和病行（有煩惱者）的慈悲心。

《象》曰：火在天上，大有；君子以遏惡揚善，順天休命。

佛法釋者，修惡須斷盡，修善須滿足，方是隨順法性第一義天之休命也。休命者，十界皆是性具性造，但九界爲咎，佛界爲休；九界爲逆，佛界爲順。

【譯註】用佛法處理惡，須把惡連根鏟除；處理善，須讓善得到圓滿。惟有這樣，才隨順了法性中最究竟的第一義天（自然之理）的使命。第一義天的使命存在於一切眾生的天性中；不過一切眾生，除了徹底覺悟的佛界，都有疵瑕，所以必須懂得「順天休命」（隨順上天的好命）的教訓。

初九，无交害，匪咎，艱則无咎。

《象》曰：大有初九，无交害也。

夫大有者，患其多交而致害也，艱則終亦如初矣。

【譯註】大有的富有，如果太多人來爭奪，會有禍害。一旦起了爭奪，有也如同沒有了。

九二，大車以載，有攸往，无咎。

《象》曰：大車以載，積中不敗也。

大車，謂六五虛而能容也，雖有能容之聖君，然非九二積中之賢臣以應之，何能无敗？

【譯註】九二居於乾卦的中心，積蓄了許多力量；乾卦有如一輛大車，可以負重載物，他們有可觀的前景。在上為君的六五，雖有謙虛容物的美德，如果沒有九二守中的呼應，她怎能有所成就呢？

九三，用亨（亨通享）于天子，小人弗克。

《象》曰：公用亨于天子，小人害也。

剛正而居大臣之位，可通于聖君矣！豈小人所能哉？

【譯註】九三居乾卦之上，地位有如公卿，是朝中的大臣，可以跟聖君共享並規劃大有的富足，這哪裡是人人都能做到的事呢？

九四，匪其彭，无咎。

《象》曰：匪其彭，无咎，明辯晰也。

彭，盛也，壯也。九四剛而不過，又居離體，明辯晰而匪彭，可以事聖君矣。

【譯註】彭是盛大、強壯的意思。九四陽剛，處於陰柔之位，雖然不依恃他盛強的力量（初九、九二、九三，連同他自己九四，全是陽爻），卻有離卦（☲）如火如日一般的智慧，自然是聖君最好的的左右手了。

六五，厥孚交加，威如，吉。

《象》曰：厥孚交加，信以發志也；威如之吉，易而无備也。

柔中居尊，專信九二，而天下信之。不怒而民畏于鈇鉞，不俟安排造作以爲威也。

蘇眉山曰：「以其无備，知其有餘也。夫備生于不足，不足之形現于外，則威削。」

【譯註】

六五是大有卦中惟一的陰爻，溫柔中正，居於尊位，她對九二推誠的信任，獲得了天下人對她的信任。她無須發怒，而民眾臣服於她，就像臣服於刀斧一樣；她不需要蓄意造勢，而威嚴自然流露。

蘇東坡說：「真正的富裕不必張揚，別人一眼就會看見。窮人才要張揚，有膽量暴露自己的貧窮，則是另一種的威嚴。」

上九，自天佑之，吉无不利。

《象》曰：大有上吉，自天佑也。

蘇眉山曰：「曰佑，曰吉，曰无不利，其爲福也多矣！而終不言其所以致福之由，豈眞无說也哉？蓋其所以致福者遠矣！」

孔子曰：「天之所助者順也，人之所助者信也，履信思乎順，又以尚賢也。是以自天佑之吉无不利。」

信也，順也，尚賢也，此三者，皆六五之德也；易而无備，六五之順也；厥孚交加，六五之信也；群陽歸之，六五之尚賢也。上九特履之爾，我之能履者，能順且信，又以尚賢，則天人之助將安歸哉？故曰：「聖人无功，神人无名。」

約佛法釋六爻，又有二義：一約果後垂化，二約秉教進修。

一約果後垂化者：初九垂形四惡趣中，而不染四趣煩惱，但是大悲，與民同患，故无交害而恆艱；九二垂形人道，能以大乘廣度一切，故有攸往而不敗；九三現行天道，不染諸天欲樂，及與禪定，故非小人所能。設小人而入天趣，未有不被欲樂禪定所害者也；九四現二乘相，故匪其彭，不與二乘同取涅槃偏證，故明辯晰，言有大乘智慧辯才也；六五現菩薩相，應攝受者而攝受之，故厥孚交加；應折服者而折服之，故威如吉。信以發志，是接引善根眾生，易而无備，是折服惡機眾生也；上九現如來形，故自天佑之，吉无不利，所謂依第一義天，亦現爲天人師也。

二約秉教進修者：初九秉增上戒學，故不與煩惱相交；九二秉增上心學，故于禪中具一切法而不敗；九三秉增上慧學，故能亨于天子。然此慧學，坐斷凡聖情解，掃空蕩有，每爲惡取空者之所藉口，所以毫釐有差，天地懸隔。小人弗克用之，用則反爲大害；九四秉通教法，但是大乘初門，故匪其彭，雖與二乘同觀无生，而不與二乘同證，故明辯晰；六五秉別教法，仰信中道，故厥孚交加。別修緣了，故威如而吉；上九秉圓教法，全性起修，全修在性，故自天佑之，吉无不利。

【譯註】 蘇東坡說：「大有卦得到『佑』、『吉』和『無不利』的讚辭，它的福祉肯定很多！但卦中從不說福祉怎樣得來，難道真的沒有道理可說嗎？我相信這裡的道理深遠，不是三言兩語可以道盡的！」

孔子在《繫辭》中說：「天能幫助你的是順，人能幫助你的是信；守住信用，掌握順利，又能尊重賢人，這三件事便是上天庇佑、吉無不利的擔保。」

六五具有這三種美德，而來去自如，不刻意張揚，是她對順利的掌握，與部下溝通，是她誠信的表現，眾人歸附於她，是她對賢人尊重的結果。上九明白她的意思，也身體力行，把這三事發揮到了極致，上天和人為的幫助若不給她，能給誰呢？所以（莊子在〈逍遙遊〉裡）說：「聖人不求功，神人不求名。」

用佛法解釋六爻，有兩種方式：一、證佛果後化為眾生相，留在世間助人修行（果後垂化）；二、秉持佛門教法而進修（秉教進修）。

從「果後垂化」著眼：初九化身進入四惡趣（地獄、餓鬼、畜生、修羅）中，不染惡趣的煩惱，心存悲憫，與民同患難，雖不與他們同流合汙，他的艱難卻不是短期內可以征服的。

九二進入人道，以大乘思想普度一切眾生，他的前途無量，很難失敗。

九三進入天道，不被諸天欲樂和禪定的感染，他的行徑是小人辦不到的。假設小人進入這個天地，很少不會被外力動搖，受到災害。

九四出現二乘（聲聞、緣覺）相，所以沒有依恃他強盛的力量，也不與二乘同取不圓滿的涅槃，所以能夠眼睛明亮，具有大乘智慧的辯才。

六五出現菩薩相，而菩薩有兩種方法利益眾生，「攝受」（以慈心攝取善人）和「折伏」（持刀杖折服惡人），既有溝通，也有威嚴。信任使人發心，是接引善人的方法；來去自如，不刻意張揚，是折伏惡人的方法。

上九出現如來相，所以上天保佑他，吉無不利，這也是自然的天人之師。

從「秉教進修」著眼：初九接受的是「增上戒學」，即出世正道、增上勝法的三學之一，不跟煩惱打交道。

九二接受的是「增上心學」，即三學中增進定心之學，在禪定諸法中不會有誤導。

九三接受的是「增上慧學」，即三學中發增勝智慧之學，能與天子共商國是。不過這裡的慧學，剪斷了緇素二階層人的情結，排斥了空，也放棄了有，成為反對空觀者最方便的藉口，差以毫釐，失之千里。但這不是人人能採用的方法，用了容易有害。

九四接受的是「通教法」（即天台所立化法四教之二，說萬法當體即空，無生無滅之理），但這只是大乘入門的方法，沒有浩大的聲勢，雖然與大小二乘同參無生無滅的涅槃真理，卻不與他們同證佛果，需要特別清楚的頭腦，毫釐必辨。

六五接受的是「別教法」（天台四教之三，以不同於三乘的的一乘法為別教），信仰中道，所以信心滿滿，上下可以圓滿溝通。

上九接受的是「圓教法」（天台四教之四，即圓融、圓滿，亦即空諦、俗諦之教），以真如的本性起修，而修成的本性即是真如，當然得到上天的庇佑，吉無不利。

䷎ 艮下坤上（地山謙：15）

謙，亨，君子有終。

約世道，則地平天成，不自滿假；約佛化，則法道大行之後，仍等視眾生，先意問訊，不輕一切；約觀心，則圓滿菩提，歸无所得。凡此皆亨道也，君子以此而終如其始，可謂果徹因源矣。

【譯註】

從世道上看，雖有大有的富足，即使大地平和，有如上天的賜福，自己也不應該自滿；

從佛法上看，即使法乳已廣被世間，仍須以平等看待眾生，謙恭與他們相處，關心他們的一切；

從觀心上看，即使在圓滿的菩提境界中，仍要相信自己一無所有。

這些都是成功的要道，讓謙謙君子從這裡發現終點只是起跑點，透徹了解什麼是事物的因果和源頭。

《彖》曰：謙亨。天道下濟而光明，地道卑而上行。天道虧盈而益謙，地道變盈而流謙，鬼神害盈而福謙，人道惡盈而好謙；謙尊而光，卑而不可逾，君子之終也。

儒則文王視民如傷，堯舜其猶病諸。佛則十種不可盡，我願不可盡，眾生度盡，方證菩提，地獄未空，不取滅度。所以，世出世法，從來无有盈滿之日。苟有盈滿之心，則天虧之，地變之，鬼神害之，人惡之矣。以此謙德現形十界，則示居佛位之尊固有光，縱示居地獄之卑，亦无人能逾勝之也。吳幼清曰：「謙者，尊崇他人以居己上，而己亦光顯；卑抑自己以居人下，而人亦不可逾越之，此君子所以有終也。」

【譯註】

謙恭沒有止境。在儒家，文王照顧百姓有如照顧受傷的病患，孔子談到「仁」的最高標準時，認為堯舜也難做到。在佛家，則有十種永無完成之日的工作，例如地藏菩薩的誓願，眾生不度盡，不證菩提；地獄不空，不入涅槃。所以不論世間還是出世間法，都不會有盈滿的一天。若存盈滿之心，天會虧損他，地會扭曲他，鬼神會害他，人會討厭他。事實上，謙德無所不在，擁有尊貴的佛位固然光榮，讓人知道你居於地獄的卑下，也是高手。吳澄說：「謙德，是當你把人推崇到自己之上，你更光彩；把自己謙卑地壓在他人之下，你更堅強。這是君子最理想的歸宿。」

《象》曰：地中有山，謙；君子以裒（ㄆㄡˋ）多益寡，稱物平施。

山過乎高，故多者裒之；地過乎卑，故寡者益之。趣得其平，皆所以爲謙也。佛法釋者，裒佛果无邊功德之山，以益衆生之地，了知大地衆生皆具佛果功德山王。稱物機宜，而平等施以佛樂，不令一人獨得滅度。

【譯註】

如果山太高，可以削減給人；如果地太窪，可以挑土填補。這種「裒多益寡」（截長補短）、平等分攤的作為，便是謙卦的精神。

用佛法解釋，有人修得無邊的佛果，堆積成為功德的高山，他不妨拿出一點他的富饒，填補眾生貧瘠的土地。事實上，世上眾生，人人可能建立一座功德山，只因不同的環境和機遇，便有不同的狀況。若從平等的觀念看，佛果的喜樂當與眾人分享，不能只顧自己一人的成就，拋開了他人。

初六，謙謙君子，用涉大川，吉。

《象》曰：謙謙君子，卑以自牧也。

蘇眉山曰：「此最處下，是謙之過也，是道也。无所用之，用于涉川而已。有大難，不深自屈折，則不足以致其用。牧者，養之以待用云爾。」

【譯註】

蘇東坡說：「初六位於謙卦最下端，是極端的謙虛，但這就是謙道。它的用處在哪裡呢？在必要時能夠跨越大河（涉川）。當人遭遇大難時，若不徹底謙恭，他發揮不了他應有的功能。經文裡的『牧』字，是蓄養能力，備而待用的意思。」

六二，鳴謙，貞吉。

《象》曰：鳴謙貞吉，中心得也。

蘇眉山曰：「謙之所以爲謙者，三也。其謙也以勞，故聞其風、被其澤者，莫不相從于謙。六二其鄰也，上六其配也，故皆和之而鳴于謙。而六二又以陰處內卦之中，雖微九三，其有不謙乎？故曰『鳴謙貞吉』，鳴以言其和于三，貞以見其出于性也。」

【譯註】

蘇東坡說：「謙卦之所以能謙恭，全靠九三這位『勞謙』君子（九三是謙卦中惟一的陽爻，謙的下互卦是坎，☵，《說卦》云：「坎者，水也，勞卦也，故曰『勞乎坎』」）。九三的謙恭，從辛勞中得來，受到他恩澤的人，沒有不被感動，也願意效仿他謙恭的美德。六二是他的鄰居，大力宣揚謙德（鳴謙），上六與九三相應，也能與他和諧共鳴。至於六二陰居中位，雖然地位不及九三，但她怎能不宣揚謙恭呢？《象辭》說她能「宣揚謙恭，就是吉祥」。宣揚謙恭是與九三呼應，而守住吉祥，是她的本性。

九三，勞謙，君子有終，吉。

《象》曰：勞謙君子，萬民服也。

蘇眉山曰：「勞，功也。艮之制在三，而三親以艮下坤，其謙至矣！勞而不伐，有功而不德，是得謙之全者也。故《象》曰：『君子有終』，而三亦云。」

【譯註】

蘇東坡說：「勞是功勞。九三位於外互卦艮（☶）的開始，其沉重可想，何況還被鎮壓在坤（☷）的下方，他寂然不動的謙恭之意，可謂登峰造極了！他勞而不怨，有功而不居，是謙恭最完美的表現，所以《彖辭》稱他為君子，說他有好結果；而九三的爻辭也做了同樣的讚美。」

六四，无不利，撝（ㄏㄨㄟ）（撝同揮）謙。

《象》曰：无不利，撝謙，不違則也。

雖居勞謙九三之上，而柔順得正，故无不利而得撝謙。夫以謙爲撝，此眞不違其則者也。

【譯註】六四雖然駕凌在九三之上，看來有乘剛之嫌，但她稟性柔順，又陰居陰位，能發揮謙讓的精神而一切順利。如果她能以謙為己任，便不會違背謙道的原則了。

六五，不富以其鄰，利用侵伐，无不利。

《象》曰：利用侵伐，征不服也。

蘇眉山曰：「直者，曲之矯也；謙者，驕之反也，皆非德之至也。故兩直不相容，兩謙不相使。九三以勞謙，而上下皆謙以應之。內則鳴謙，外則撝謙，其甚者則謙謙，相追于无窮。相益不已，則所謂『裒多益寡，稱物平施』者，將使誰爲之？若夫六五則不然，以爲謙乎？則所據者剛也；以爲驕乎？則所處者中也。惟不可得而謂之謙，不可得而謂之驕，故五謙莫不爲之使也。求其所以能使此五謙者而无所有，故曰『不富以其鄰』；至于侵伐而不害撝謙，故曰『利用侵伐』；莫不爲之用者，故曰『无不利』。」

蕅益曰：「征不服，正是裒多名謙。」

【譯註】

蘇東坡說：「強把彎曲改為正直，強把傲慢改為謙虛，並非最好的德行。兩種不同的正直不能相容，兩種不同的謙虛不能相通。九三用辛勞換來的謙虛是純粹的謙虛，所以上下都用謙虛的心來回應他：像六二的鳴謙，六四的撝謙（發揚謙恭的精神），還有初六的謙謙，他們彼此相激相蕩，永不終止。然而，大家如果都彬彬有禮，誰來做這『裒多益寡、平等分攤』的工作呀？六五因此便是謙卦一個特殊的現象：你說她謙虛嗎？她高居在上；你說她傲慢嗎？她有的是溫柔。只有在不得已時，她才謙虛，不得已時，她才傲慢，而她的臣屬都聽從她。仔細想來，她使人臣信服的理由，在她『雖不富有，卻有好鄰居』，當境外有戰爭時，她興兵動武，並不傷害她發揮謙德的操守，所以經文說她可以『利用侵伐』；一旦戰爭發生，全國上下擁護她，這就是『無不利』了。」

蕅益大師說：「攻伐不守法的敵人，也是『裒多益寡』的一種謙道呀！」

上六，鳴謙，利用行師，征邑國。

《象》曰：鳴謙，志未得也；可用行師，征邑國也。

蘇眉山曰：「鳴謙一也。六二自得于心，而上六志未得者，以其所居非安于謙者也，特以其配之勞謙而強應焉。貌謙而實不至，則所服者寡矣。故雖有邑國，而猶叛之。夫實雖不足，而名在于謙，則叛者不利。叛者不利，則征者利矣。」

佛法釋此六爻，亦約有二義：一約佛果八相，二約內外四眾。

一約佛果八相者，初六即示現降神入胎，及初生相。久證无生，復示更生，故爲卑以自牧；六二即示現出家。久度生死，自言爲生死故出家，是爲鳴謙；九三即示現降魔成道，久超魔界，證大菩提，而爲眾生現此勞事，使觀者心服；六四即示現三七思維，久已鑑機，而不違設化儀則；六五即示現轉大法論，本无實法，皆爲善巧權現，故爲『不富』。能令十方諸佛同爲證明，故爲『以鄰』。破眾生三惑，令歸順于性具三德，故爲『利用侵伐』；上六即示現滅度。以眾生機盡，應火云亡，爲志未得，即以滅度而作佛事，令諸眾生未種善根者得種，已種者熟，已熟者脫，爲征邑國也。

二約內外四眾者，初六是沙彌小眾，故爲卑以自牧；六二是守法比丘眾，故爲鳴謙貞吉；九三是弘法比丘，宰任玄綱，故爲勞謙君子；六四是外護人中優婆塞等，故恆謙讓一切出家大小乘眾而爲撝謙，乃不違則；六五是護法欲界諸天，故能摧邪以顯正，而征不服；上六是色无色天，雖亦護正摧邪，而禪定中无嗔恚相，不能作大折伏法門，故志未得。

【譯註】

蘇東坡說：「六二和上六響應謙德，但六二的謙，是願望的成功，上六的謙，是願望的撲空，因為上六處於國境遼遠的邊緣，只能勉強回應九三辛勞的呼籲；她看來謙恭，卻沒有實質和朋友。雖有小國（邑國）毗鄰，小國卻叛亂了。叛亂者違背謙道，對叛者不利，不得已而出兵治亂，對征伐者卻是有利的。」

用佛法看謙卦的六爻，也有兩個方法：一從佛果八相成道的次第看，一從內外四眾的差異看。

一、佛果八相

初六就像剛從兜率天降下來的生命「一」，投入凡胎「二」，得初生相「三」，這是從長久以來的「無生」進入「更生」的大轉變，所以必須以謙卑的心態調養自己。

六二得到上下謙恭的鼓勵，心中有悟。又由於久在輪迴中，生起了出家「四」的意願，以便破除生死。這是她為宣揚謙道而發出的呼籲，故曰「鳴謙」。

九三展現了降魔「五」的力量，有心成道「六」，超脫魔界，證大菩提，同時也為無邊眾生出力效勞，讓人廣受福澤。

六四也有成道的誓願，想從三十七種（四念處、四正勤、四如意足，五根、五力、七覺支、八正道）道品中尋找門徑。由於佛法的傳揚早有規模，她也只能追隨在後，不違反教化的原則。

六五展現了轉大法輪「七」的魄力。然而，一切法並無實法，都是以善巧方便為門，所以她雖然「並不富有」，卻有好「鄰居」，可以讓眾生及十方諸佛同證佛果。她能破除眾生的三惑（見思惑、塵沙惑、無明惑），而帶領眾生回歸本性具有的三德（法身德、般若德、解脫德），這就是「利用征伐」的意義，也是一種以善為目標的戰爭。

上六迫於時勢，進入了滅度「八」的階段，即八相最終的一相。此時眾生的機緣已盡，回應謙德的力量也消散，上六的願望既已撲空，惟有用滅度的行為，做一場佛事，催促還沒有種善根的人快種善根，已種善根的人早日成熟，已經成熟的人，早日解脫、收成，共舉義旗，征服叛亂的鄰國。

二、內外四眾

初六是息惡行慈的小沙彌，必須心存謙卑，恭敬自養。

六二是受具足戒的比丘，只要一心護法，支持謙德，便是吉祥。

九三是弘法的比丘，可以身擔重任，維護綱常，是辛勞而謙恭的君子。

六四是在家修行的善男信女（優婆塞、優婆夷），對一切出家眾，不論大小二乘，都謙恭禮敬，無有差錯。

六五是衛護欲界諸天正法的首領，有實際的力量摧毀邪惡，彰顯正道，也可以用武力攻伐叛亂的國家。

上六處於色界和無色界之間，雖然也可以衛護正法，摧毀邪惡，但在此界中，禪定不含憤怒和怨恨，他拿不出驚人的威力，做大幅度的掃蕩，因此願望也就落了空。

䷏ 坤下震上（雷地豫：16）

豫，利建侯行師。

約世道，則聖德之君，以謙臨民，而上下胥悅；約佛法，則道法流行，而人天胥慶；約觀心，則證无相法，受无相之法樂也。世道既豫，不可忘于文事武備，故宜建侯以宣德化，行師以備不虞；道法既行，不可失于訓導警策，故宜建侯以主道化，行師以防弊端。自證法喜，不可不行化導，故宜建侯以攝受眾生，行師以折伏眾生也。又慧行如建侯，行行如行師；又生善如建侯，滅惡如行師。初得法喜樂者，皆應爲之。

【譯註】

從世道看，如果有德的聖君能以謙卦的心態照顧民眾，全國上下定是一片歡樂；從佛法看，一旦佛法普及十界，人天全都會浸潤在歡樂的氛圍中；從觀心處看，如果世間果然證得了真理絕眾之相（無相），一切眾生都會享受到平等無相的法喜。

不過，世間一旦得到歡樂，當政者不要忘記做修文備武的工作，建立侯王，宣揚道德，設立軍隊，防範災禍，也不要忽略了耳提面命的溫馨警示，讓人安不忘危。在法喜的社會中，不能沒有教化，所以需要用文事的力量來接受善眾，武備的力量來對付非法之人。事實上，智慧的行為就像是設定侯王，修行的行為就像是施用武力。而且，製造善業就是設定侯王的用意；消滅惡業就是使用武備的結果。在法喜中得到歡樂的人，都應該這樣做。

《彖》曰：豫，剛應而志行。順以動，豫。豫順以動，故天地如之，而況建侯行師乎？天地以順動，故日月不過而四時不忒；聖人以順動，則刑法清而民服。豫之時義大矣哉！

順以動，雖豫之德，實所以明保豫之道也。夫六十四卦皆時耳，時必有義，義則必大，何獨豫為然哉？豫則易于怠忽，故特言之。

佛法釋者，惟順以動，故動而恆順，所謂稱性所起之修，全修還在性也。時義豈不大矣哉！

【譯註】

豫卦的特色是順自然而動，但這特色也是保障豫卦歡樂的時機、絕不動搖的祕密。事實上，《周易》六十四卦談的全是見時而動的問題，既是時機，必有時義，說到時義，當然是大，不是小，這樣的情況，哪裡只有豫卦為然呢？豫是歡樂，而歡樂容易流於懈怠荒忽，所以需要警惕。

用佛法解釋，既然順應自然，那麼所動永遠是順，也就永遠是自然，這便是圓教所說的「全性起修，全修在性」，亦即用真如本性起修，而修成的本性就是真如。順時而動的意義真大呀！

《象》曰：雷出地奮，豫；先王以作樂崇德，殷薦之上帝，以配祖考。

佛法釋者，作樂，如經所謂梵唄詠歌自然敷奏也；崇德，以修嚴性也，殷薦上帝，即名本源自性爲上帝；祖考，謂過去諸佛也。

【譯註】

用佛法解釋，所謂作樂，就是梵唄的歌唱，自然的演奏；所謂崇德，是指嚴格的修行，把自己誠懇地推薦給上帝，因為我們本來的自性來自上帝；所謂祖考，是指過去生生生世世的諸佛菩薩，我們有義務讓他們也得到歡樂。

初六，鳴豫，凶。

《象》曰：初六鳴豫，志窮凶也。

夫盛極必衰，樂極必苦，豫不可以不愼也。故六爻多設警策之辭，亦即《象》中「建侯行師」之旨耳。初六上和九四而爲豫，自无實德，志在恃人而已，能弗窮乎？

【譯註】盛極而衰，樂極而悲，是人間的公理，追求歡樂的人不能不加倍留意；豫卦的六爻每爻都發出警告，《彖辭》「建設侯王制度，準備軍事力量」的話，也都是這個道理。初六初出茅廬，便與上方相應的九四眉來眼去，自己沒有真本領，卻想依賴他人，怎能不走上絕境？

六二，介于石，不終日，貞吉。

《象》曰：不終日貞吉，以中正也。

蘇眉山曰：「以陰居陰，而處二陰之間，晦之極，靜之至也。以晦觀明，以靜觀動，則凡吉凶禍福之至，如長短黑白陳于目前，是以動靜如此之果也。介于石，果于靜也；不終日，果于動也。是故孔子以爲知機也。」

【譯註】

蘇東坡說：「六二陰居陰位，又在初六和六三兩個陰爻之間，雖是幽暗的極致，也是安靜的極致。從暗處觀看光亮，從靜態觀看動態，吉凶禍福、長短黑白，會一目了然，這就是動靜造成的結果。耿介如磐石，是靜的結果；終日奔忙，是動的結果。孔子認為這就是人能從一動一靜中得到預感的理由（沒有必要花費整天的時間）。」

六三，盱（ㄒㄩ）豫，悔；遲，有悔。

《象》曰：盱豫有悔，位不當也。

六三亦无實德，上視四以爲豫，急改悔之可也。若遲，則有悔矣！夫視人者，豈能久哉？

【譯註】

六三也沒有實際的本領，只眼睜睜地盯住（盱）她的鄰居九四，幻想得到歡樂。她如能及時改悔還有救，晚了便有悔恨了！把希望寄託在旁人身上，怎是長久之計？

九四，由豫，大有得；勿疑，朋盍（盍同闔）簪。

《象》曰：由豫，大有得，志大行也。

爲豫之主，故名由豫。夫初與三與六，皆由我而爲豫矣。二五各守其貞，愼勿疑之。不疑，則吾朋益固結也。

【譯註】

九四是豫卦的主爻，是歡樂由來的原因，因此叫做「由豫」。卦中的初六、六三和上六，全都是因為九四的緣故而歡樂相聚，就像女子用來綰頭髮的髮簪一樣，把大家集合在一起。至於耿介如磐石的六二，終日不言不動，還有弱而乘剛的六五，求好心切，以至於生起病來。只要你不懷疑她們的堅貞，你的朋友會越來越多。

六五，貞疾，恆不死。

《象》曰：六五貞疾，乘剛也；恆不死，中未亡也。

二五皆得中，故皆不溺于豫而爲貞也。但二遠于四，又得其正，故動靜不失其宜。五乘九四之剛，又不得正，安得不成疾乎？然猶愈于中喪其守而外求豫者也。

【譯註】

六二居下卦之中，六五居上卦之中，各以中正居其心，所以都不貪溺於歡樂，而能保持堅貞。但六二離開九四較遠，動靜卻不失分寸；而六五駕凌於九四之上，有乘剛之嫌，陰在陽位，地位也不正，怎能不生病呢？不過，比起那些內在失去自己而外在追求歡樂的人，她卻好多了！

上六，冥豫，成有渝，无咎。

《象》曰：冥豫在上，何可長也？

豫至于冥，時當息矣。勢至于成，必應變矣。因其變而通之，因其冥而息之，庶可以免咎耳。

佛法釋者，九四為代佛揚化之人，餘皆法門弟子也。

初六不中不正，恃大人福庇，而忘修證之功，故凶；

六二柔順中正，能于介爾心中，徹悟事造理具兩重三千，其理決定不可變易。頓悟、頓觀，不俟終日之久，此善于修心得其眞正法門者也，故吉；

六三亦不中正，但以近于嚴師，故雖盱豫，而稍知改悔，但无決斷猛勇之心，故誡以悔遲則必有悔；

九四爲卦之主，定慧和平，自利利他，法皆成就，故朋堅信而志大行；

六五柔質不正，反居明師良友之上，可謂病入膏肓，故名貞疾，但以居中，則一點信心猶在，善根不斷，故恆不死；

上六柔而得正，處豫之終，未免沉空取證，但本有願力，亦不畢竟入于涅槃，終能回小向大，而有渝无咎，死水不藏龍，故曰「何可長」也。

若約位象人者，初六是破戒僧，六二是菩薩聖僧，六三是凡夫僧，九四是紹祖位人，六五是生年上座，上六是法性上座也。

【譯註】

豫卦走到了上六，就像白天走到了晚上，是休息的時候了；也像勢力達到了完成階段，是改變跑道的時候了。因為變而找到新路，因為天黑而得到休息，順其自然，才會免於災難。

用佛法解釋，九四是代替佛陀在世間弘法的人，其餘的都是他的弟子。

初六地位不中也不正，想依恃大人物的幫助，忘記了自己應做的努力，所以不吉祥；

六二柔順中正，能在極細微的心念中，憬悟天下事物莫不以鐵鎚（觀）和砧石（止）的雙重性作為一念三千的妙喻。她堅信這種理論不可變易，不需要花費整天的時間，便能頓悟，這是懂得修心的人所能找到最好的法門，所以吉祥；

六三也不中正，眼巴巴盯住他人；幸而接近善知識九四，受到他的影響，懂得改悔。然而缺少猛勇精進的意志，她急需回頭是岸，刻不容緩；

九四是一卦之主，定慧具足，心平氣和，又能自利利他，一心弘揚大法，所以得到弟子的信賴，貫徹了他的主張；

六五陰柔，行為卻不端正；想上進，卻高踞良師益友之上，無可救藥，是求好成疾的例子。好在她居於上卦之中，有信心和善根，死不了的；

上六溫柔位正，可惜面臨豫卦的末劫，沒有前途可言，只能從虛空中取證，當然是事倍而功半了。好在她有濟世的夙願，無心入於涅槃，願意把自己小小的成就回向大眾，這樣的改變，便是她的吉兆。然而「死水不藏龍」，她的離去，仍是遲速之間的事。

從相位上看，初六是破戒僧，六二是菩薩聖僧，六三是凡夫僧，九四是紹祖位人，六五是生年上座，上六是法性上座。

☱☳ 震下兌上（澤雷隨：17）

隨，元亨，利貞，无咎。

約世道，則上下相悅，必相隨順；約佛化，則人天胥悅，受化者多；約觀心，則既得法喜，便能隨順諸法實相，皆元亨之道也。然必利于貞，乃得无咎，不然，將爲蠱矣。

【譯註】

從世道看，上下如果彼此喜歡，一定會彼此相隨；從佛法上看，十界如果彼此喜歡，接受教化的人一定會更多；從觀心處看，既然法喜充滿，便能隨順進入諸法真實非妄的法性，這些都是順暢必經的道路；然而必須看結果是否成功，才算功德圓滿，否則便會有害了。

《彖》曰：隨，剛來而下柔，動而說（說通悅），隨。大亨貞无咎，而天下隨時。隨時之義大矣哉！

震爲剛，兌爲柔，今震反居兌下，故名剛來下柔也。內動外悅，與時偕行，故爲天下隨時，猶儒者所謂「時習」、「時中」，亦佛法中所謂「時節若到，其理自彰」。機感相合，名爲「一時」，故隨時之義稱大。

【譯註】

震（☳，雷）代表剛強，兌（☱，澤）代表喜悅，而隨卦以剛強的雷居於下，而充滿喜悅的澤居於上，是剛對柔的敬禮。雷在下（內）動，澤在上（外）得到喜悅，是隨卦與時追隨的意思，而天下的事，也都含有「與時相追隨」的警惕，很像《論語》「學而時習之」和《中庸》「君子而時中（時時居於中道）」，或者佛法中「時節若到，其理自彰」所說的話。凡是時間與感應的結合，便叫「時機」，因此與時追隨的意義極為重大。

《象》曰：澤中有雷，隨；君子以嚮晦入宴（宴通安）息。

觀心釋者，既合本源自性，上同往古諸佛，則必冥乎三德祕藏，而入大涅槃也。

【譯註】

從觀心處看，大澤中藏有雷，正合我們的本源自性，與上古諸佛相似，因此暗中也具備了三德（法身德、般若德、解脫德）的珍藏，有足夠的資源進入大涅槃的安詳境界。

初九，官有渝，貞吉；出門交，有功。

《象》曰：官有渝，從正吉也；出門交有功，不失也。

官者，物之正主，九五爲六二正主，則六二乃官物也，而陰柔不能遠達，乃變其節以隨初，初宜守正，不受其隨則吉。蓋交六二于門內，則得二而失五，不如交九五于門外，雖失二而有功，君子以爲不失也。

【譯註】

所謂官，是指做領導的人，九五是六二的領導，而六二按照常理應當追隨九五。然而，六二柔弱，離開九五又太遠，因此她改變了主意，掉過頭來追隨近在眼前的初九。這時的初九應當特別謹慎小心，不要受到被人追隨的影響。如果他結交六二，雖然得到了門內的六二，卻會失去門外的九五。所以他寧願丟失六二，保住九五而有功。但懂得領導原則的人不會認為這是一種過失。

六二，係（係通繫）小子，失丈夫。

《象》曰：係小子，弗兼與也。

係初必失五，安有兩全者哉？所以爲二誡也。

【譯註】

抓住兒子，會失去丈夫，怎能兩全呢？這話是說給六二聽的。

六三，係丈夫，失小子。隨有求得，利居貞。

《象》曰：係丈夫，志舍下也。

四爲丈夫，初爲小子，三近于四，而遠于初，然皆非正應也。但從上則順，係近則固，故周公誡以居貞，而孔子贊其志。

【譯註】

隨卦的三個陽爻，初九是兒子，九四是丈夫，九五是君或領導。這裡的六三因為接近九四，所以以他為丈夫，而遠離了兒子，只不過這兩種關係都不正常，正常應是向上看。幸而六三的位置剛好進入了上互卦的巽（☴），而巽在《說卦》中是「近利市三倍」的好兆，得到了「隨有求得」和「從上則順」的好處，因此周公的卦辭告誡她要「居貞」（堅守正直）才會有利，而孔子的象辭讚美她的志向，能捨棄偏遠（「志舍下也」），反而得到更好的東西。

九四，隨有獲，貞凶。有孚在道以明，何咎？

《象》曰：隨有獲，其義凶也。有孚在道，明功也。

六二欲隨九五，必歷四而後至。四固可以獲之，獲則得罪于五而凶矣！惟深信隨之正道，則心跡可明而无咎，且亦同初九之有功也。

【譯註】

六二可以追隨九五，但必須跨過九四，雖然九四可以順手得到六二，只是這樣會得罪九五，所以不吉！九四放棄六二，是依循追隨向上的正道，這樣的用心值得讚美，如果他能像初九放棄六二一樣，不惟無咎，而且有功。

九五，孚于嘉，吉。

《象》曰：孚于嘉，吉，位正中也。

六二陰柔中正，五之嘉偶也。近于初而歷于四，跡甚可疑。九五陽剛中正，深信而不疑之，得二之心，亦得初與四之心而吉矣。

【譯註】

按照《周易》的原則，二、五是合法的配偶，六二陰柔中正，確是佳配。然而，她過去曾一度有心於初九，後來又有追隨九四的意圖，行跡頗有可疑。不過九五陽剛中正，從不懷疑她，贏得了六二的心，也說服了初九和上六，得到吉祥。

上六，拘係之，乃從維之。王用享于西山。

《象》曰：拘係之，上窮也。

陰柔得正，居隨之極，專信九五，而固結不解者也。故可享于神明，然窮極而不足以有爲矣。

佛法釋者，三陽皆爲物所隨，故明隨機之義；三陰皆隨順乎陽，故明隨師之道。

初九剛正居下，始似不欲利生者，故必有渝而吉，出門乃爲有功；

九四剛而不正，又居上位，雖膺弘法之任，有似夾帶名利之心，故有獲而貞凶。惟須篤信出世正道，則心事終可明白；

九五剛健中正，自利利他，故孚于嘉而吉。

六二柔順中正，而无慧力，未免棄大取小；

六三不中不正而有慧力，則能棄小從大。雖云棄小從大，豈能藐視小簡而不居貞哉？

上六陰柔得正，亦无慧力，專修禪悅以自娛，乃必窮之道也。惟以此篤信之力，回向西方，則萬修萬人去耳。

【譯註】

上六溫柔，陰處陰位，接近隨卦的尾聲，雖也追隨九五，但慧少力薄，只好緊緊抓住九五不放。她的誠信可以被文王用來祭祀西山（即岐山，周朝發源地）的神靈。然而日暮途窮她能做什麼呢？

用佛法解釋，隨卦有三陽、三陰。三陽須有追隨者，說明了時機的道理，三陰必須依附於人，說明了隨順的道理。

初九雖剛正居下，起初並沒有弘法利生的打算，必須改變初衷，求取吉利。他跨出大門，都是為了功利。

九四雖剛不正，地位也較高，身負弘法的重任，卻心存名利，雖有收穫，卻暗藏災難。他必須堅信正道，把心態表明；

九五剛健中正，自利利他，對他的追隨者有信心，所以吉祥。

六二柔順中正，沒有慧力，難免有棄大取小的錯誤行為；

六三雖不中不正，卻還聰明，懂得棄小取大的道理。不過，她怎能真的看輕小的和簡易的東西，而不力求生活的忠貞呢？

上六陰柔又中正，但慧力不足，只能閉門修禪，愉悅自己，無可避免地走上了窮途末路。她惟一的拯救，是用虔誠的信心，回向西方極樂世界，讓更多人得到法乳的恩惠。

䷑ 巽下艮上（山風蠱：18）

蠱，元亨，利涉大川；先甲三日，後甲三日。

蠱者，器久不用而蟲生，人久宴溺而疾生，天下久安无爲而弊生之謂也。約世道，則君臣悅隨，而无違弼吁咈之風，故成弊；約佛法，則天人胥悅，舉世隨化，必有邪因出家者，貪圖利養，混入緇林，故成弊；約觀心究竟隨者，則示現病行而爲蠱；約觀心初得小隨順者，既未斷惑，或起順道法愛，或于禪中發起夙習而爲蠱。然治既爲亂階，亂亦可以致治，故有元亨之理，但非發大勇猛如涉大川，決不足以救弊而起衰也。故須先甲三日以自新，後甲三日以丁寧，方可挽回積弊，而終保其善圖也。

【譯註】蠱是指久不使用的器皿裡生了蟲，長久沉溺在歡樂中的人們生了病，長治久安下的人間產生了弊害。

從世道看，如果君臣天天開心相隨久了，不再有違旨彈劾的風氣，國家便要有災害了；

從佛法看，如果天人過於相悅，世上的事任水漂流，會有因邪念而出家的人，貪圖利益和供養，混進僧伽界中，造成禍害；

從徹底觀心者的眼中看，疾病就是禍害；

從觀心而歡喜隨人者的眼中看，一個沒有斷惑、接受似是而非的法愛，或者禪修中摻雜了過去陋習的人，都是禍害的根源。

事實上，既然太平會帶來混亂，混亂也會帶來太平，所以蠱卦仍有「可能順暢」的希望。不過沒有大勇大猛、敢涉大川的健將，很難做到除舊布新的事業。因此須在開始前三天（先甲三日）催促自己自新，在開始後三天（後甲三日）檢討自己的得失，才有挽回狂瀾的希望，終究能確保他善意的規劃。

《彖》曰：蠱，剛上而柔下，巽而止，蠱。蠱，元亨而天下治也。利涉大川，往有事也。先甲三日，後甲三日，終則有始，天行也。

艮剛在上，止于上而无下濟之光；巽柔在下，安于下而无上行之德。上下互相偷安，惟以目前无事爲快，曾不知遠憂之漸釀也。惟知此積弊之漸，則能設拯救之方，而天下可治。然豈當袖手无爲而聽其治哉？必須往有事如涉大川，又必體天行之有終有始，然後可耳。世法佛法，垂化觀心，无不皆然。

【譯註】

在蠱卦上卦的艮（☶，山）是剛，也是阻擋，無意讓巽借用他的光芒；而在下卦的巽（☴，風）是柔，則安居於她的柔，也無意上揚。他們各自苟且偷安，滿足於眼前的安寧，卻不知未來的憂患正在逐漸醞釀中。懂得這中間暗藏危機的人，才能提出救國救民的方略，天下才有治理的希望，怎可袖手旁觀，任其自生自滅呢？他們且須採取實際的行動，例如勇涉大川，或者仿效天體的運行，有始有終，才有可為。其實世間法和佛法，在教化和觀察上意義都是相通的。

《象》曰：山下有風，蠱；君子以振民育德。

振民如風，育德如山，非育德不足以振民，非振民不足以育德，上求下化，悲智雙運之謂也。

【譯註】

振奮民眾像風，培養德育像山，不育德不能振奮民眾，不振奮民眾不能育德。在上者有所要求，在下者能夠接受，都是慈悲和智慧雙重運用的效果。

初六，幹（幹通澣，即浣）父之蠱，有子，考无咎，厲終吉。

《象》曰：幹父之蠱，意承考也。

蠱非一日之故，必歷世而後見，故諸爻皆以父子言之。初六居蠱之始，壞猶未深，如有賢子，則考可免咎也。然必惕厲乃得終吉。而幹蠱之道，但可以意承考，不可承考之事。

【譯註】

蠱害不是一天造成的，須有長時間的醞釀才會顯現，所以蠱卦談害，都假借父子的關係來說明。初六是蠱卦的初爻，傷害不深，假設他後來變成一個好兒子，先父即使有錯，過錯就淡化了。但兒子必須有朝夕惕勵的意思，才會光揚父德。而且檢討父親的過去，意在繼承父親的遺志，不在批評父親的行為。

九二，幹母之蠱，不可貞。

《象》曰：幹母之蠱，得中道也。

蘇眉山曰：「陰性安无事而惡有爲，故母之蠱幹之尤難，正之則傷愛，不正則傷義，非九二不能任也。二以陽居陰，有剛之實，而无剛之跡，可以免矣。」

【譯註】

蘇東坡說：「女性容易安於太平無事，不適應有事的狀況，所以清除母親過去的過失較為困難：糾正她傷害了愛，不糾正她傷害了義，此時則非九二不能辦到。九二陽爻，有剛強的本質，但處在陰位，沒有過剛的作為，可以免於兩難。」

九三，幹父之蠱，小有悔，无大咎。

《象》曰：幹父之蠱，終无咎也。

蘇眉山曰：「九三之德，與二无異，特不知所以用之。二用之以陰，而三用之以陽，故小有悔而无大咎。」

【譯註】

蘇東坡說：「九三的能力和九二一樣，只是運用不得當。九二用陰，九三用陽，所以小有困難，但無大咎。」

六四，裕父之蠱，往見吝。

《象》曰：裕父之蠱，往未得也。

陰柔无德，故能益父之蠱。裕，益也。

【譯註】如果自己陰柔無力，只能包容父親過去的錯誤。裕是放寬尺度，多加包容的意思，這當然也會帶來麻煩。

六五，幹父之蠱，用譽。

《象》曰：幹父用譽，承以德也。

柔中得位，善于幹蠱。此以中興之德而承先緒者也。

【譯註】所謂父輩的過錯，暗指帝王公侯。六五溫柔居中而在高位，懂得處理長輩遺留下來的過失。她用振興道德的概念來看待過往的過失，也就發揚了祖德的榮耀。

上九，不事王侯，高尚其事。

《象》曰：不事王侯，志可則也。

下五爻皆在事內，如同室有鬥，故以父子明之；上爻獨在事外，如鄉鄰有鬥，故以王侯言之。「尚志」即是士人之實事，「可則」即是廉頑起懦，「高節」即所以挽回斯世之蠱者也。

統論六爻：約世道，則初如賢士，二如文臣，三如賢將，四如便嬖近臣，五如賢王，六如夷齊之類。

約佛化，則下三爻如外護，上三爻如內護。初六柔居下位，竭檀施之力以承順三寶者也；九二剛中，以慈心法門屏翰正法者也；九三過剛，兼威折之用，護持佛教者也；六四柔正，但能自守，不能訓導于人；六五柔中，善能化導一切；上九行頭陀遠離行，似无意于化人，然佛法全賴此人以作榜樣，故志可則也。

約觀心，則初六本是定勝，爲父之蠱，但居陽位，則仍有慧子，而无咎。然必精厲一番，方使慧與定等而終吉；九二本是慧勝，爲母之蠱，但居陰位，則仍有定。然所以取定者，爲欲助慧而已，豈可終守此定哉？九三過剛不中，慧反成蠱，故小有悔。然出世救弊之要，終藉慧力，故无大咎；六四過于柔弱，不能發慧，以此而往，未免隨味禪生上慢，所以可羞；六五柔而得中。定有其慧，必能見道；上九慧有其定，頓入无功用道，故爲不事王侯而高尚其事之象。所謂「佛祖位中留不住」者，故「志可則」。

【譯註】

當前輩的弊端清除後，便是自己上進的時候了。人當從過往的弊端中學習，致力求取高尚的品德，做高尚的事業。

上九以下的五個爻，說的全是家中事，有如家中的爭鬥，所以用父子的名分來解說；惟有上九是家外事，有如城鄉鄰里間的爭鬥，所以用王侯的名分來解說。「尚志」是指士大夫的修養，「可則」是指頑廉懦立的榜樣，「高節」是對挽救當世弊病者的讚美。

總論六爻：從世道看，初爻是賢人，九二是文臣，九三是賢能的將領，六四是受寵的嬖妾近臣，六五是賢王，上九是伯夷、叔齊一類高潔的忠臣。

從佛法的教化上看，（下）三爻像戶內的守護者，（上）三爻像戶外的守護者。初六柔而居下，一心運用護法的力量，弘揚三寶；九二剛而居中，用慈悲的行動捍衛（屏翰）正法；九三過於剛強，卻兼有教化他人的力量，是佛教最好的護持者；六四溫柔正直，能自律，卻無教化的本領；六五柔而居中，極有感化力；上九像是遠走他方的頭陀，看來無意救度眾生，但佛法的推行，全靠像他這樣的人作為榜樣。

從觀心處看，初六有定的工夫，為了父親留下的過失，願意守住崗位，有可能成為具有慧心的兒子而吉祥。不過他需要歷練，才能定慧俱全；九二有過人的慧，為了處理母親的過失，寧願居於陰位，顯現了定的優點。不過他的取定，目的在幫助他的慧，他怎能終身停留在這個場面上呢？九三剛強太甚，他的慧反而成為他的詬病，會有小悔。

然而，出世救弊，必須靠慧，所以他終究不會有問題的；六四過於柔弱，發揮不了慧的功能，常此下去，會走上「隨意禪」的歧路，而生恃己凌人的傲慢，令人羞恥；六五柔中，定中有慧，定能見道；上九慧中有定，不求有功，所以能不侍奉王侯，高標獨舉。他屬於「佛祖位中留不住」的人物，但他的志向值得效仿。

䷒ 兌下坤上（地澤臨：19）

臨，元亨利貞，至于八月有凶。

約世道，則幹蠱之後，可以臨民；

約佛法，則弊端既革，化道復行；

約觀心，則去其禪病，進斷諸惑，故元亨也。

世法、佛法、觀心之法，始終須利于貞，若乘勢而不知返，直至八月，則盛極必衰，決有凶矣。八月爲遯，與臨相反，謂不宜任其至于相反，而不早爲防閑也。

【譯註】

從世道看，弊害經過治理後，便是治理民眾的開始了；

從佛法看，弊端既已革除，教化之道又回到了人間；

從觀心上看，不健康的禪法不見了，疑惑沒有了，所以有順利的開始。

不論世間法、佛法，還是觀心法，必須開始順利而結果圓滿。如果因為時勢所趨，一味向前鑽營，不知回頭，就會像十二月的臨卦（䷒），到了八月盛極必衰、或像與臨卦完全相反的觀卦（䷓）時，便會有災害了。放任會走向極端，因此凡事必先做預防。

《彖》曰：臨，剛浸而長，說而順，剛中而應，大亨以正，天之道也。至于八月有凶，消不久也。

剛浸而長，故名爲臨。說而順，剛中而應，故爲大亨。以正與乾之元亨利貞同道，此乃性德之本然也。若一任其至于八月，而不早爲防閑，則必有凶。以有長有消，乃自然之勢，惟以修合性者，乃能御天，而不被天道所消長耳。

【譯註】

剛強的力量逐漸生長，來到了臨卦。臨的下卦是澤（☱）而上卦是坤（☷），而卦中的九二居中，六五又與他相應，所以大吉大利。下卦澤的陽爻若再進一步，就會變成乾（☰），所以跟乾卦的元亨利貞同道，都是本性使然的產物（當澤變而為乾時，臨就變成泰了䷊，而《周易》中三陽開泰的泰是美好的正月），如果不加防範，到了八月的觀（䷓），就會有災害（不是水災，便是旱災）。時序的變化，能長能消，這是自然之道，惟有性修合一的人，才有本領統御自然，而不被自然淹沒。

《象》曰：澤上有地，臨；君子以教思无窮，容保民无疆。

澤，謂四大海也。地以載物，海以載地，此无窮之容保也。佛法釋者，教思无窮猶如澤，故爲三界大師；容保无疆猶如地，故爲四生慈父。

【譯註】

「澤上有地」的澤，指的是大海：地載萬物，而海載大地，這才是無窮的容納，無窮的護衛。

用佛法解釋，佛教教理無窮，一如大海，是三界（欲界、色界、無色界）的導師；而無限的容納和護衛，一如大地，是四生（胎生、卵生、濕生、化生）的慈父。

初九，咸臨，貞吉。

《象》曰：咸臨貞吉，志行正也。

約世道，則幹蠱貴剛勇，臨民貴仁柔；

約佛法，則除弊宜威折，化導宜慈攝；

約觀心，則去惡宜用慧力，入理宜用定力。

初九剛浸而長，故爲咸臨，恐其剛過進，故誡以貞則吉。

【譯註】從世道看，處理過失需要猛勇，照顧百姓需要仁慈；

從佛法看，剷除弊害宜用威力和折服，教化則宜慈悲；

從觀心處看，驅除罪惡得用慧力，切入義理，則須定力。

臨卦惟一的二陽爻（初九和九二）聯袂而來，都有威勢和信心，而初九在雙重的剛健中滋長，便是雙重的臨卦的力量。惟一擔心他太過剛強，因此經文提醒他守正，以保吉祥。

九二，咸臨，吉，无不利。

《象》曰：咸臨，吉无不利，未順命也。

二亦居陽剛浸長之勢，然此時尚宜靜守，不宜乘勢取進，故必吉乃无不利。若非吉，便有不利矣！蓋乘勢取進，則未順于大亨以正之天命故也。

【譯註】九二陽剛，和初九聯袂而來，勢不可擋，但這不是乘勢進取的時候，必須靜待時機成熟，才能應驗吉無不利的話。如果不吉，當然便不利了！利用一時的機會往前衝刺，違反了開始順利的大亨原則，也就忤逆了天道。

六三，甘臨，无攸利。既憂之，无咎。

《象》曰：甘臨，位不當也；既憂之，咎不長也。

柔而志剛，味著進取，以臨爲甘，而不知其无所利也。然既有柔德，又有慧性，必能反觀憂改，則无咎矣。

【譯註】

六三溫柔，處於陽位，十分懂得臨卦進取的意味，所以也用甜言蜜語來做進取的行動，殊不知這樣做對她一無好處。好在她既柔且慧，又得力於下互卦離（☲）的光明，能夠反躬自省，產生憂患的意識，終究會沒有過失。

六四，至臨，无咎。

《象》曰：至臨无咎，當位也。

佛法釋者，以正定而應初九之正慧，故爲至臨。

【譯註】

用佛法解釋，六四的正定，和初九的正慧相呼應，把臨卦的力量深入了最低層，所以叫做「至臨」。

六五，知臨，大君之宜，吉。

《象》曰：大君之宜，行中之謂也。

佛法釋者，有慧之定，而應九二有定之慧，此所謂王三昧也。中道統一切法，名爲大君之宜。

【譯註】用佛法解釋，六五以陰居最上的陽位，是有慧之定，下與有定之慧的九二相應，便是所謂最上乘的禪定（三昧）了。這種含有實相的中道，統攝了一切法，所以叫做「大君的權宜之法」。

上六，敦臨，吉，无咎。

《象》曰：敦臨之吉，志在內也。

柔順得正，居臨之終，如聖靈在天，默佑子孫臣民者矣！

佛法釋者，妙定既深，自發眞慧，了知心外无法，不于心外別求一法，故爲志在內而志无咎。

【譯註】作為臨卦最終的一爻，上六柔順正直，好像高高在天上的神靈，默默地護佑著後代的子孫和全國上下的臣民。

用佛法解釋，只有從最深沉的妙定中，才能產生最真實的妙慧；既然明白心外無法的道理，當然便不必在心外另求別法了。心中敦厚的意志一定會得到無咎的結果。

䷓ 坤下巽上（風地觀：20）

觀，盥而不薦，有孚顒（ㄩˊ）若。

約世道，則以德臨民，爲民之所瞻仰；
約佛法，則正化利物，舉世之所歸憑；
約觀心，則進修斷惑，必假妙觀也。但使吾之精神意志，常如盥而不薦之時，則世法、佛法，自利利他，皆有孚而顒然可尊仰矣。

【譯註】

從世道看，用美德治理百姓，百姓都敬仰你；
從佛法看，用正道和慈悲教化，舉世都歸依於你；
從觀心處看，要想修德去惑，你得有最高妙的智慧。我們應當隨時淨化自己的心靈意志，有如祭祀前的盥沐，不論做什麼事，只要以自利利他為心，都能莊嚴地（顒若）被人尊敬而仰慕了。

《彖》曰：大觀在上，順而巽，中正以觀天下，觀。盥而不薦，有孚顒若，下觀而化也。觀天之神道，而四時不忒；聖人以神道設教，而天下服矣。

陽剛在上，示天下以中正之德。順而不逆，巽而不忤，故如祭之盥手未薦物時。孚誠積于中，而形于外，不言而人自喻之也。聖而不可知之謂神，天何言哉？四時行焉。不可測知，故名神道。聖人設爲綱常禮樂之教，而莫知其所以然，獨非神道乎哉？神者，誠也；誠者，孚也；孚者，人之心也。人心本順、本巽、本中、本正，以心印心，所以不假薦物而自服矣。

佛法釋，大觀者，絕待妙觀也；在上者，高超九界也；順者，不與性相違也；巽者，徧于九界一切諸法也；中者，不墮生死涅槃二邊也；正者，雙照二諦，无減缺也；以觀天下者，十界所朝宗也。世法則臣民爲下，佛法則九界爲下，觀心則一切助道法門等爲下。天之神道即是性德，性德具有常樂我淨四德而不忒。以神道設教，則爲稱性圓教，故十界同歸服也。

【譯註】

《卦序傳》說「物大而後可觀，故受之以觀」。大觀的名稱便是這樣得來的。但大觀的出現，卻有待絕無相對性的觀察才有可能。觀卦拿出陽剛的氣勢，告示世人居中、守正的精神。他的下卦是坤（☷），順暢而不逆，上卦是巽（☴），風動而不忤，有如祭祀前沐浴熏香時的虔敬。心中的虔敬，會從行為上表現出來，不必說話，人便分曉，這就是《繫辭》所說「聖而不可知之謂神」的意思。天怎需要說話呢，春夏秋冬四季從來不出錯；凡是不可知的便是神。聖人設定了社會的規範和禮樂的教化，人雖遵守奉行，卻不一定理解其中的道理，這不就是神道嗎？所以說，神就是誠，誠就是信，而信就是人心。人的心天生便有地（坤）一樣順良，有風（巽）一樣通暢，也懂得居中守正，將心比心，他們不須等到祭拜神靈，便都服從你了。

用佛法解釋，大觀是絕無相對性的妙觀；上者，指高超九界之外的世界；順者，指坤卦的安順，不違背本性；巽者，指風行四海，接受世間一切諸法；中者，指超脫生死涅槃的兩極；正者，指融合真俗二諦，無所欠缺的傾向；用這種態度觀察天下，天下都向你歸順。

在世法中，臣民為下，在佛法中，九界未解脫者為下，在觀心法中，一切輔助正道的諸法為下。天道就是性德，性德就是具有永遠不變的「常、樂、我、淨」四德。用神道設教，便是天台所說的圓教，能遍及十界，無人不服。

《象》曰：風行地上，觀；先王以省方，觀民設教。

佛法釋者，古佛省四土之方，觀十界之民，設八教之網以羅之，如風行地上，无不周徧也。

【譯註】

用佛法解釋，過去的佛，有如智顗大師，省視四方的土地，觀察十界的眾生，設立了天台八教（化法、化儀各四教）招來信士，有如風在地面上的吹拂，德音遍及天下。

初六，童觀，小人无咎，君子吝。

《象》曰：初六童觀，小人道也。

陰柔居下，不能遠觀，故如童幼之无知也。小人如童幼，則不爲惡，君子如童幼，則无以治國平天下矣。

【譯註】

觀卦的初六陰柔，地位低下，不能看見遠方，像個無知的小孩。小孩無知還好，因為他不會作惡，一旦君子像小孩，治國平天下的宏圖便無望了。

六二，闚觀，利女貞。

《象》曰：闚觀女貞，亦可醜也。

柔順中正以應九五，女之正位乎內，從內而觀者也。士則醜矣。

【譯註】六二溫柔，在坤卦的中樞，上應九五，有女性在家中從門縫中窺探的形象。擔當重任的男性這樣做便不恰當了。

六三，觀我生，進退。

《象》曰：觀我生進退，未失道也。

進以行道，退以修道，能觀我生，則進退咸不失道。

【譯註】六三處在下卦坤的出口，上卦巽的入口，她可以選擇進，去行道，也可以選擇退，去修道。一個人懂得觀察自己生活環境之所需，能做適當的選擇，不論進退，都不會失道而撲空了。

六四，觀國之光，利用賓于王。

《象》曰：觀國之光，尚賓也。

柔而得正，密邇聖君，无忝賓師之任矣。

【譯註】

六四溫柔得位，有貴賓端莊的風度，輕聲細語地向她上方的聖君進言，盡到了上國貴賓的責任。

九五，觀我生，君子无咎。

《象》曰：觀我生，觀民也。

修己以敬，萬方有罪，罪在朕躬，此君子之道也。

【譯註】

君王自我的觀察，在莊敬自強的惕勵，以天下為己任，天下的過錯，都自己承當，這才是君子之道。

上九，觀其生，君子无咎。《象》曰：觀其生，志未平也。

處師保之位，天下誰不觀之？非君子誰无咎乎？既爲天下人所觀，則其爲觀于天下之心，亦自不能稍懈，故志未平也。

約佛法釋六爻者：初是外道，爲童觀，有邪慧故；二是凡夫，爲闚觀，耽味禪故；三是藏教之機，進爲事度，退爲二乘；四是通教大乘初門，可以接入別圓，故利用賓于王；五是圓教之機，故觀我即是觀民，所謂心佛眾生，三无差別；上是別教之機，以中道出二諦外，眞如高居果頭，不達平等法性，故志未平。

又，約觀心釋六爻者：初是理即，如童无所知；二是名字即，如女无實慧；三是觀行即，但觀自心；四是相似即，鄰于眞位；五是分證即，自利利他；六是究竟即，不取涅槃，徧觀法界眾生，示現病行，及嬰兒行。

【譯註】

觀卦的上九處在君王之上，有如太上皇或者師保的地位，能冷眼觀察天下之所需，因此天下怎能不也認真觀察他呢？但縱然是君子，誰會無過呢？既然天下人都看他，他的用心不能有半點放鬆，所以他的志願也不能有徹底圓滿的一天。

用佛法解釋六爻：初六是外道，有兒童一般幼稚的眼光；六二是凡夫，在暗中悄悄觀看，難免沉溺於禪悅之中；六三有天台藏教（界內事鈍）的機契，進一步可以自度，退一步可以成為聲聞、緣覺；六四踏上了通教（界內理利）大乘的第一步，可以登入別教、圓教的層次，利用貴賓的身份成為君王得力的助手；九五具有圓教（界外理利）的機契，觀察自己，如同觀察眾生，證實了「心佛眾生，三無差別」的概念；上九具有別教（界內事鈍）的機契，以中道（不真不空，亦真亦空）的觀念超越了真俗二諦，雖然讓真如高居佛果之端，卻未能使法性趨於平等，所以他的志願不容易得到圓滿。

又，用觀心法解釋六爻：在大乘菩薩行位的六即中，初六是理即，像兒童的無所知；六二是名字即，像沒有實慧的女子，二者都未斷惑相；六三是觀行即，只看自己，不看別人；六四是相似即，利用環境的方便，接近了真如的天地；九五是分證即，也稱分真即，既能自利，也能利他，以相似的觀力取得真智，斷去無明，得見佛性；上六是究竟即，即是妙覺，但不取涅槃，寧願周流法界，現身於《涅槃經》五行所說的「病行」和「嬰兒行」中。

《周易禪解》卷第四（上經之四）

䷔ 震下離上（火雷噬嗑：21）

噬（ㄕˋ）嗑（ㄏㄜˊ），亨，利用獄。

約世道，則大觀在上，萬國朝宗，有不順者，噬而嗑之，舜伐有苗、禹戮防風之類也；

約佛法，則僧輪光顯之時，有犯戒者治之；

約觀心，則妙觀現前，隨其所發煩惱、業、病、魔、禪慢、見等境，即以妙觀治之，皆所謂亨，而利用獄也。

【譯註】

噬嗑象口中有物，頤是臉頰，與口相連，食物放在口裡，牽動臉頰，因此噬嗑象徵吃東西，但也有剛柔分明、獎懲不苟的意思。

從世道看，噬嗑緊隨在觀卦之後，而所謂的大觀，即以圓融的空假中三觀為妙觀。此時天下承平，既順且善，萬國都來歸順，若有不順者，理當征服。大舜攻伐苗民、大禹殺防風氏，都是這個道理；

從佛法看，僧伽規範燦然大備，犯戒的人必須接受處罰；

從觀心上看，妙觀當前，一切煩惱、業障、病行、魔行、禪慢、我見等弊病，都當用妙觀的方法治理，以求通暢。監獄也有這種妙用。

《彖》曰：頤中有物，曰噬嗑，噬嗑而亨。剛柔分，動而明，雷電合而章。柔得中而上行，雖不當位，利用獄也。

王道以正法養天下，佛法以正教養僧伽，觀心以妙慧養法身，皆頤之象也。頑民梗化而須治，比丘破戒而須治，止觀境發而須觀，皆有物之象也。剛柔分，則定慧平等；動而明，則振作而智照不昏；雷電合而章，則說默互資，雷如說法，電如入定放光也。二五皆柔，故柔得中，即中道妙定也。上行者，震有奮發之象，離有麗天之象。雖不當位者，六五以陰居陽，如未入菩薩正位之象，然觀行中定慧所得，故于所發之境，善用不思議觀以治之也。

【譯註】

王道以正法頤養天下，佛法以正教頤養僧伽，觀心以三觀的妙慧頤養法身，不外乎吃東西、頤養身心的意思。如果民眾頑強，比丘犯戒，定慧的修行出了狀況，或許是口中的食物出了問題，需要觀察和糾正，因此噬嗑也有懲罰的意思。噬嗑把陽剛（一、四、六）和陰柔（二、三、五）平均分開，使定慧得到平等的發展；雷（☳）震動在下，電（☲）照耀在上，使人精神煥發，心智明亮；雷電的結合，也彰顯了沉默和說話相輔相成的效果。雷鳴像說法，閃電像禪定時大放光明。噬嗑中的二和五，各居上下卦之中，象徵中道和妙定，他們一致向上的衝動力，可以從雷的振奮和閃電的光芒中體會到。六五雖陰居陽位，不合菩薩真位的條件，但她從觀行中得到妙慧，也可治癒日常行為中可能出現的毛病。

《象》曰：雷電噬嗑，先王以明罰敕法。

明罰即所以敕法，如破境即所以顯德也。

【譯註】

刑法嚴明，就是整頓法令，一如揭穿人的過錯，也能彰顯人的美德。

初九，屨校滅趾，无咎。

《象》曰：屨校滅趾，不行也。

夫噬嗑者，不論世法佛法，自噬噬他，皆須制之于早，不可釀至于深。又須得剛克、柔克之宜，不可重輕失準。今初九在卦之下，其過未深，以陽居陽，又得其正，故但如屨校滅趾，即能懲惡不行而无咎也。滅趾，謂校掩其趾。

【譯註】

說到噬嗑，不論世法還是佛法，在懲罰他人，也在懲罰自己，但懲罰須早，晚了會有災。懲罰的方法也有剛柔之分，輕重必須得當。這裡的初九在卦的下方，過錯不大，且陽居陽位，地位端莊，所以小小的懲罰，讓他不便於行動就可以了。屨校滅趾，是說在腳上（屨）加以約束（校），使腳不能行動就夠了。

六二，噬膚滅鼻，无咎。

《象》曰：噬膚滅鼻，乘剛也。

陰柔中正，其過易改，故如噬膚。下乘初九之剛，故如滅鼻。滅鼻，謂膚掩其鼻。

【譯註】

六二陰柔居正，藉初九的剛強，大口吃肥肉（膚是連皮帶肉的肥肉），把鼻子都埋進去了。但改過對她不是難事，所以無咎。

六三，噬臘肉，遇毒；小吝，无咎。

《象》曰：遇毒，位不當也。

在下之上，過漸深矣！以陰居陽，又有邪慧，如毒，吝可知也。然當噬嗑之時，決不至于怙終，故得无咎。

【譯註】

六三在下卦震☳的上方，震是暴躁，所以過錯較深。她吃臘肉，而臘肉是硬肉（六三是下互卦艮☶的中爻，艮是堅硬，有如臘肉），且有毒（六三也在上互卦坎☵的下方，坎是危險，像是毒），她的麻煩就不小了。好在吃肉並無惡意，所以無害。

九四，噬乾胏（ㄗˇ），得金矢，利艱貞，吉。

《象》曰：利艱貞吉，未光也。

田獵射獸，矢鋒入骨而未拔出，今噬乾胏時，方乃得之，亦可畏矣！此喻積過已久也，然剛而不過，必能自克，故利艱貞則吉。

【譯註】古人的肉獸多是打獵得來的，有些金屬的箭頭還留在骨裡，要在吃肉乾（乾胏）啃到骨頭時，才看見這支箭頭，可怕呀！這暗示我們，有些過錯要許久之後才會發現。九四的剛強不過分，能夠自我約束，所以只要守住正道，便能吉祥。

六五，噬乾肉，得黃金，貞厲，无咎。

《象》曰：貞厲无咎，得當也。

柔雖如肉，而過成已久，如肉已乾矣。賴有中德可貴，如得黃金，守此中德之貞，兢兢惕勵，庶可復于无過耳。

【譯註】肉脯雖比骨頭上的乾肉容易啃些，但還是陳年老肉，暗示過去的錯誤，積習已深。幸虧六五柔順居中，守住君王的正德，得到九四剛健的衛護，有如黃金，黃是中道，金是堅強，如果六五戒慎恐懼，自我惕勵，可以避免過錯。

上九，何（何通荷）校滅耳，凶。

《象》曰：何校滅耳，聰不明也。

過惡即盈，不可復救，如荷厚枷，淹滅其耳，蓋由聰聽不明，不知悔過遷善以至此也。

觀心釋者，初九境界一發，即以正慧治之，如滅趾而令其不行；六二境發未深，即以正定治之，所噬雖不堅硬，未免打失巴鼻；六三境發漸甚，定慧又不純正，未免爲境擾亂，但不至于墮落；九四境發，夾雜善惡，定慧亦不純正，縱得小小法利，未證深法；六五純發善境，所得法利亦大，然猶未入正位，仍須貞厲，乃得无咎；上九境發極深，似有定慧，實則不中不正，反取邪事而作聖解，永墮无聞之禍也。

【譯註】

上九罪惡盈貫，到了無可救藥的地步，所以頭上給戴上了厚重的枷鎖，把耳朵都淹滅了。耳朵淹滅，象徵他聽不到任何聲音，不知悔改，才會有今天的下場。

從觀心處看，初九的行為一旦出狀況，及時用正慧治理，最多受到禁足的懲罰，不能行動而已；六二狀況還好，能用正定的方法調理，她咬的雖不是堅硬的骨頭，卻被肥肉掩蓋了鼻子和下巴；六三過失較深，缺少定慧，被自己的行為擾亂，幸好還不至於墮落；九四的行為有善有惡，處境不當，定慧也不純正，雖有小小的意外收穫，並無實在利益；六五所行皆善，收穫也大，但陰居陽位，必須自我惕勵，才得無咎；上九病入膏肓，位高權重，看似有些定慧工夫，卻不中不正，以邪為正，以凡作聖，註定了墮入無間地獄的災禍。

䷕ 離下艮上（山火賁：22）

賁（ㄅㄧˋ），亨，小利有攸往。

約世道，則所噬嗑既嗑之後，偃武修文；約佛法，則治罰惡僧之後，增設規約；約觀心，則境發之後，定慧莊嚴。凡此皆亨道也，然世法、佛法，當此之時，皆不必大有作爲，但須小加整飭而已。

【譯註】

山下有火，是勤勞一天之後，在星月光下享受安閒的時刻。從世道看，經過噬嗑的約束後，是放下武器、修治文事的時候了。從佛法看，不法的僧人已被懲治，也該替規範做些調整了。從觀心法上看，個人的過失既已糾正，定慧恢復了它們的莊嚴。凡此種種，都是亨通之道，不過不論世道還是佛法，太平時代不須有大規模的行動，最好用心做文化工作，替生活增加美感，才是賁卦真正的用意。

《彖》曰：賁亨，柔來而文剛，故亨；分剛上而文柔，故小利有攸往。剛柔交錯，天文也；文明以止，人文也。觀乎天文，以察時變；觀乎人文，以化成天下。

賁則必亨，以其下卦本乾，而六二以柔來文之，則是質有其文，亦是慧有其定，故亨也。

上卦本坤，而上九分剛以文之，則是文有其質，亦是定有其慧，故小利有攸往也。

文質互資，定慧相濟，性德固然，非屬強設，名爲天文。體其有定之慧，寂而常照，爲文明。體其有慧之定，照而常寂，爲止，是謂以修合性，名爲人文。性德則具造十界，故觀之可察時變。修德則十界全歸一心，故觀之可化成天下。

【譯註】

修飾就會亨通，因為賁的下卦本來是乾（☰，天），當乾的中爻卦變為陰後，就變成了離（☲，火），這便是六二「柔來而文剛」的意思，把天變成火，替實質加上文采，給慧加上了定，所以亨通。

賁的上卦本來是坤（☷，地），當坤的上爻卦變為陽後，就變成了艮（☶，山），這便是上九「剛上而文柔」的意思，把地變成山，使文采更有實質，也給定加上了慧。

所謂的「小利」，是增加了施展的機會。

文質互惠，定慧相濟，是自然固有的天性，沒有刻意的安排，所以稱之為「天文」，即自然的光彩。從定中見慧，而真如的妙用光照十方，稱之為「文明」，即文化的光彩。慧中有定，雖然光照十方，本體卻寂然不動，這便是以修德的工夫來求取真如的本性，稱之為「人文」，即人的光彩。

十方世界是由本具的性德造成，所以觀察世界，可以看見天下的變化；修德是十方世界共同的歸宿，所以觀察心象，可以了解並改善天下。

《象》曰：山下有火，賁；君子以明庶政，无敢折獄。

賁非折獄之時，庶政苟明，則可以使民无訟矣。

佛法釋者，山下有火，外止內明。故于三千性相之庶政，一一明之，了知一切正法、一切邪法，終不妄于其中判斷一是一非，而生取舍情見，如无敢折獄也。

【譯註】

此刻不是談論懲罰的時候，一旦政令清明，百姓自然沒有訴訟了。

用佛法解釋，山下有火，意味著身外安定，心內光明。如果三千大千世界種種的政令一目了然，人人知道什麼是正，什麼是邪，不隨便妄下判斷，惹是生非，便少有人作奸犯科了。

初九，賁其趾，舍車而徒。

《象》曰：舍車而徒，義弗乘也。

賁雖以剛柔相文，得名爲賁，而實非有事于矯飾也。故六爻皆取本色自賁，而終極于曰賁，正詩所謂「素以爲絢」，蓋天下之眞色，固莫有勝于白者。今初九抱德隱居，晚食以當肉，安步以當車，乃以義自賁者也。

【譯註】

賁的得名來自剛柔相交，不是別出心裁、拼湊文飾的意思。它的六爻都用最基本的顏色作為裝飾，而上九則一語道破，說最好的顏色是白色。這正與《詩經》「素淨才最美」的話相吻合，因為天下的絕色，沒有能勝過白色的。賁卦的初爻，像人把腳打扮得乾淨俐落，不再坐車而徒步行走，讓人看見他的素淨，揭露他美的標準。

六二，賁其須。

《象》曰：賁其須，與上興也。

柔順中正，虛心以取益乎上下之賢，乃以師友自賁者也。

【譯註】六二柔順居中，以實際的需求作為裝飾，虛心從九三和初九的朋友中尋找助力和賢人，以多方面交遊的關係增添自己的美麗。

九三，賁如，濡如，永貞吉。

《象》曰：永貞之吉，終莫之陵也。

剛正而居明體之上，足以潤及六二、六四，而使之同爲聖賢，乃以師道自賁者也。

【譯註】九三剛健中正，位在下卦離卦（☲）的巔峰，有足夠的智慧帶領六二和六四走上聖賢的大道。他是以師道作為修飾的智者。

六四，賁如皤如，白馬翰如；匪寇婚媾。

《象》曰：六四當位，疑也；匪寇婚媾，終无尤也。

柔而得正，知白賁之可貴，故求賢无厭倦心，近則親乎九三，俯則應乎初九，仰則宗乎上九，无一非我明師良友；即六二、六五，亦皆我同德相輔之朋。見賢思齊，見不賢而自省，安有寇哉？蓋由居上卦之下，則是上而能下，不敢自信自專，乃以虛心自責者也。

【譯註】

六四柔居陰位，懂得素淨白色的可貴，所以一心求賢，從不厭倦。向下她可親近九三，也可接納初九，向上她可求教上九，她有足夠的明師益友，供她選擇。即使是六二和六五，也都是同德同心的朋友，見賢思齊，能自我反省。他們都是虛心求偶之人，不是匪寇呀！

一般來說，《易經》中上卦的最下一爻有可上可下的選擇，掌握了較多的自由，不會流於執著和專橫。賁卦的六四便是這樣一個虛心自愛的好榜樣。

六五，賁于丘園，束帛戔戔。吝，終吉。

《象》曰：六五之吉，有喜也。

柔中而有陽剛之志，能知道德之樂，而不以勢位自驕，視天位之尊與丘園等，如大禹之菲飲食、惡衣服、卑宮室，為束帛戔戔吝惜之象。實則吾无間然而終吉，蓋以盛德自責者也。

【譯註】

六五既有自己陰柔之性，又有九五陽剛之德，悠遊於二者之間，享受生命中全面的樂趣。她不以位高而傲視於人，把君主的地位和丘園同等看待，就像大禹為天子時只用菲薄的飲食，絕不鋪張。人們通常認為質樸的衣裳、簡陋的房屋、草率的丘園妝扮（束帛戔戔），是近乎吝嗇的行為。殊不知孔子對大禹的推崇（《論語．泰伯》「於禹吾無間然矣！」）的話，正說明了盛德的本身，就是最高貴的裝飾。

上九，白賁，无咎。

《象》曰：白賁无咎，上得志也。

以剛居艮止之極，又在卦終，而居陰位，則非過剛。年彌高，德彌邵，純淨无疵，如武公之盛德至善以自賁者也。

佛法釋者，初九以施自賁；六二以戒自賁；九三以忍自賁；六四以進自賁；六五以定自賁；上九以慧自賁。又初九爲理賁，不以性德濫修德故；六二爲名字賁，從此發心向上故；九三爲觀行賁，不可暫忘故；六四爲相似賁，不住法愛故；六五爲分證賁，于三諦不漏失故；上九爲究竟賁，復于本性，无纖瑕故。

【譯註】

上九在艮卦（艱毅卓絕）的頂端，又是賁卦（修飾文德）最後的一爻，自處陰位，避免了過剛的指責。這就是年齡越長，德望越高，純淨無瑕的榜樣，而武公（指「苟日新，日日新，又日新」的湯武）就是這樣一個以道德的高尚和生命的完美作為自我修飾的聖人。

用佛法解釋，賁卦的六爻，從初九到上九，正符合六度（六波羅密）的次序：布施、持戒、忍辱、精進、禪定，和智慧。從另一方面說，這六爻的修飾，也配合了大乘菩薩六即的行位：初九是理即，依憑理性，不濫用修德；六二是名字即，一心向上，嚮往菩提大道的前程；九三是觀行即，行如所言，言如所行；六四是相似即，六根清淨，沒有法愛的偏執；六五是分證即，斷卻無明，取得真智；上九是究竟即，恢復了妙覺的本性，是個沒有瑕疵的覺者。

䷖ 坤下艮上（山地剝：23）

剝，不利有攸往。

《彖》曰：剝，剝也，柔變剛也。不利有攸往，小人長也。順而止之，觀象也。君子尚消息盈虛，天行也。

約世道，則偃武修文之後，人情侈樂，國家元氣必從此剝；

約佛法，則規約繁興之後，眞修必從此剝；

約觀心有二義：一約得邊，則定慧莊嚴之後，皮膚脱盡，眞實獨存，名之爲剝；一約失邊，則世間相似定慧，能發世間辯才文采，而于眞修之要反受剝矣！約得，別是一途，今且約失而論，則世出世法皆不利有攸往，所謂「不利有攸往」者，非謂坐聽其剝，正示挽回之妙用也。往必受剝，不往，則順而止之，所以挽回其消息盈虛之數，而合于天行也。

【譯註】

從世道看，經過賁卦大力的整飭後，息武修文，社會太平了，然而安樂則流於放逸，國家的元氣會遭到損傷；

從佛法看，過多的規範和契約，真修也受到剝削；

從觀心處看，剝有兩種情況。一、正面的：定慧經過整飭後，虛假的外表剝落了，真實的修行得以顯現；二、負面的：世間看來相似的定慧出現了，引來一批伶牙俐齒的名嘴，修行遭到破壞。

正面的剝當然是一條可行的道路，但負面的剝也有他的妙用：經文「剝，不利有攸往」的話，是說此時不宜妄動。但不妄動並不是叫你坐著不動，等人來剝削你，而是要你設法挽回走向下坡的命運，這便是不動的妙用。剝卦從一到五都是陰爻，《周易》中的陰爻代表小人，陽爻代表君子。這裡君子只有一個，情勢夠壞；如果再往下走，最後一個君子也不見了，天下定要大亂。守住原位，至少在無為中防止了頹敗的趨勢，延遲了從秋到冬的過程（從消息卦看，剝是九月，是寒露，坤是十月，是立冬），這樣也符合天道運行的法則。

《象》曰：山附于地，剝；上以厚下安宅。

山附于地，所謂「得乎丘民而爲天子」也，百姓足，君孰與不足？故厚下乃可安宅，此救剝之妙策也。

觀心釋者，向上事，須從腳跟下會取，正是此意；

六爻約世道，則朝野无非陰柔小人，惟一君子高居塵外；約佛化，則在家、出家，皆以名利相縻，惟一聖賢遠在蘭若；約觀心，則修善斷盡，惟一性善從來不斷。

【譯註】

山（☶）覆蓋在大地（☷）上，意思是說「得到老百姓的支持才做得了天子」。百姓富足，天子怎能不富足？所以善待下民，能得到自己的平安，這也是挽回頹勢最好的策略。

用觀心法解釋，往上攀，須先穩住腳跟；

從六爻看世道，剝卦就像朝廷裡全是小人，惟一的君子遠在天邊；

從佛法的教化上看，不論在家還是出家，人人都被名利之心干擾，而惟一的聖賢卻遠在空寂的僧房（阿蘭若）；

從觀心處看，縱然善行被破壞，但善性並無損傷。

初六，剝床以足，蔑（蔑同滅）貞，凶。

《象》曰：剝床以足，以滅下也。

床者所以棲身，剝床則无所棲矣！初在最下，故如剝足。于世法爲惡民，于佛法爲惡伽藍民，于觀心爲剝損戒足也。

別約得者，是剝去四惡趣因，然設无四惡趣，則大悲无所緣境，故誡以蔑貞凶。

【譯註】床是給人睡覺的地方，床腳折斷，便不能休息了。初六是剝卦的第一爻，像一張跛腳的床，不能讓人安眠。這指現世中惡劣的民眾，佛教圈內惡劣的僧眾（伽藍，僧伽蘭摩的簡稱），從觀心處看，這指戒律遭到破壞。

從另一方面看，剝也意味著剝去了四惡趣（地獄、餓鬼、畜生、修羅）的煩惱。不過，如果真的沒有四惡趣的煩惱，大悲心也無由升起。所以經文告誡我們，剝須用心守正，否則會有災難。

六二，剝床以辨，蔑貞凶。

《象》曰：剝床以辨，未有與也。

于世法爲惡臣，于佛法爲惡檀越，于觀心爲剝損禪定。无定，則散亂不能辨理，故未有與；

別約得者，是剝去人天散善，然設无人天散善，則无以攝化眾生，故亦誡以蔑貞凶。

【譯註】 床腳的上面是床的支架，到了六二，床的支架也被破壞了。在現世中這指惡劣的大臣，在佛教圈内指壞心腸的施主（檀越），從觀心處看，是被損壞了的禪定。沒有休息，一切自然散亂無章，也沒有朋友可以幫忙，因為二和五都屬陰，不能互相溝通。從另一方面看，剝也會剝去了人天世界中散亂勤修得來的善根（散善，即廢惡修善，相對於息慮凝心定善而言，見《觀無量壽經》）。如果人天之間沒有散善的存在，攝化眾生的工作也會發生困難。所以剝必守正，以求吉祥，免於災禍。

六三，剝之无咎。

《象》曰：剝之无咎，失上下也。

于世法，爲混跡小人之君子；
于佛法，爲有正見之外護；
于觀心，爲剝損智慧，剝慧則不著于慧，故能因敗致功，坐斷兩頭而失上下。
又別約得者，是剝去色、无色界味禪暗定，故得无咎。

【譯註】

六三陰爻，既不能與陰性的初六和六二聯盟，也不能與六四結交，但她和上九正應，是剝卦中惟一有呼應的人，因此無咎。

在世法中，她像君子，卻混雜在小人圈中；

在佛法中，她是保護我們衣食住行的外護（相對於保護身口意之非的內護而言）；

在觀心法中，六三雖然剝損了智慧，卻不以智慧自居，而用她的過錯代替功勞。

從正面看，剝去了色界、無色界中的「味禪」，消除了虛假而幽暗的禪病，也是件好事而無咎！

六四，剝床以膚，凶。

《象》曰：剝床以膚，切近災也。

下卦如床，上卦如身，今剝及身膚，不可救矣！于世法爲惡宰相，于佛法爲惡比丘，于觀心爲剝无一切因果。別約得者，是剝去二乘入眞法門，然設无眞諦，則无以出生死而不染世間過患，故誡以切近于災，所謂毫釐有差，天地懸隔也。

【譯註】

剝卦的下卦坤，是地是床，上卦艮，是皮膚，是身體。災害來到了身體，是無可救藥的了！在世間這指壞宰相，在佛教圈內這指壞比丘。在觀心法中，這像是剝去了一切因果的觀念。從另一方面看，這無異剝去了真俗二諦的修行法門。修行中若只有俗諦，人們便不能懂得出生死、真實無妄的真諦了。經文要我們小心，別接近災難，因為毫釐之差，謬以千里呀！

六五，貫魚，以宮人寵，无不利。

《象》曰：以宮人寵，終无尤也。

于世法，爲柔君以在君位，又居陽而得中，能師事上九高賢，挽回天地之亂，如文王之師呂尚；

于佛法，爲福德比丘作叢林主，率眾生以師事聖賢；

于觀心，爲即修惡以達性惡，性惡融通，任運攝得佛地性善功德，故无不利。又別約得者，從空入假，剝二邊以歸中道，故須達中道統一切法，如貫魚以宮人寵，使法法皆成摩訶衍道，則无不利。

【譯註】

剝卦從一到五，全是陰爻，像一條魚；如果在宮廷中，這像一群宮女，奉侍君王。在現實中，六五是在位的柔君，雖陰居陽位，但確守中道，能敬禮上九的高人，挽救頹敗的大局，一如文王以姜太公之為師；

在佛法中，則像福德俱隆的比丘，身為禪修道院的住持，率領僧眾敬禮賢聖之人；在觀心方面，身處惡中，更能了解什麼是惡，可以運用時機，求得佛地善性的功德，因此並無不利。

從正面看，三觀中既然已剝去了空和假，剩下的是一個中道，便宜採用中道一貫的法門，統理一切，像魚貫而入的宮人，讓他們一一得到大乘佛法（摩訶衍道）的成就，這也是極大的功德。

上九，碩果不食，君子得輿，小人剝廬。

《象》曰：君子得輿，民所載也；小人剝廬，終不可用也。

于世法，爲事外高賢，如呂尚、箕子之類；于佛法，爲出世高流，人間福田；于觀心，爲性善終不可剝，故如碩果不食，君子悟之以成道，小人恃之而生濫聖之慢者也。

別約得者，亦指性德從來不變不壞。能悟性德，則當下滿足一切佛法，故君子得輿；執性廢修，則墮落惡趣，故小人剝廬。

【譯註】

在現實中，上九是惟一的賢人，但高居事外，像姜太公和箕子（箕子是紂王的太師，紂王無道，箕子諫而不聽，乃披髮佯狂為奴）；

在佛法中，上九像出世不群的高人，也像人間的佛、法、僧三寶；

從觀心處看，即使在最險惡的環境中，善不會遭到剝蝕，上九便是如此一個豐盛的果實，成為人間的榜樣。如果是君子，他能參悟成道；如果是小人，他依恃地位，自以為是聖人，則會淪為貢高我慢之流。

從正面看，上九指永遠不變不壞的性德。性德一旦覺悟，如果你是君子，便能實踐一切佛法，像君王乘坐在大車上一樣地順利（剝的下卦是坤，坤是輿，就是大車）；如果你是小人，堅持自己的傲慢，荒廢了修行的工夫，不但墮落惡趣，自家住屋的屋頂也要給剝穿了（剝卦像一所房屋，上九是它的屋頂）。

䷗ 震下坤上（地雷復：24）

復，亨，出入无疾，朋來无咎。反復其道，七日來復，利有攸往。

約世道，則剝衰之後，必有明主中興而爲復；約佛化，則淪替之後，必有聖賢應現，重振作之而爲復；約觀心又有二義：一者，承上卦約失言之，剝而必復，如平旦之氣，好惡與人相近，又如調達得无根信也，二者承上卦約得言之，剝是蕩一切情執，復是立一切法體也。若依第三觀，則從假入空名剝，從空入假名復。若一心三觀，則以修脗性名剝，稱性垂化名復。復則必亨，陽剛之德爲主，故出入可以无疾。以善化惡，故朋來可以无咎。一復便當使之永復，故反復其道，至于七日之久，則有始有終，可以自利利他而有攸往也。

【譯註】從世道看，社會的衰象剝除之後，一定有明主會把中興氣象帶回人間，這便是復卦的主旨；

從佛教的教化看，昏暗過後一定有聖賢之人重振旗鼓，氣象一新；從觀心處看，復有兩層意義，一為失，一為得：失者，前面剝去的惡性會隨復卦再度回來，就像一天過去，善惡又捲土重來；或者說，經過一番大變化後，人失去了根本的信心；得者，剝卦掃蕩了一切愛欲我執，復卦會重新建設全新的世界。如從中道看，從假入空是剝，從空入假便是復；從一心三觀看，用修行去配合空無所有的性叫做「剝」，借重真如的本性作為教化的基礎叫做「復」。能復就能亨通，因為一陽復始，陽剛的德性（初九）再度被人看重，出入可以無礙。用陽剛的善去感召陰森的惡，一定會吸引更多陽剛朋友的注意，因此朋友到來時，定會喜氣洋溢。復的努力不只是一次，而是無數次，這便是「反復其道」的意思。從剝（䷖，九月，霜降）的上九，演進到復（䷗，十一月，冬至）的上六，共須七個步驟，就像七個天數，所以叫做「七日來復」。這也是有始有終的精神，由冬到春，可以自利利他，一往直前。

《彖》曰：復，亨，剛反動而以順行，是以出入无疾，朋來无咎。反復其道，七日來復，天行也。利有攸往，剛長也。復，其見天地之心乎？

觀心釋者，佛性名爲天地之心，雖闡提終不能斷，但被惡所覆而不能自見耳。苦海无邊，回頭是岸，一念菩提心，能動无邊生死大海，復之所以得亨者，以剛德稱性而發，遂有逆反生死之勢故也。此菩提心一動，則是順修，依此行去，則出入皆无疾，朋來皆无咎矣。然必反其道，七日來復者，體天行之健，而爲自強不息之功當如是也。充此一念菩提之心，則便利有攸往，以剛雖至微，而增長之勢已自不可禦也，故從此可以見吾本具之佛性矣！

又，出謂「從空入假」，入謂「從假入空」，既順中道法性，則不住生死，不住涅槃，而能遊戲于生死涅槃，故无疾也。朋謂九界性相，開九界之性相，咸成佛界性相，故无咎也。

【譯註】

用觀心法解釋，佛性就是天地之心，即使無善念而有邪念的一闡提（不能成佛的人）也有此性，只是被惡掩蓋，不能看見罷了。苦海茫茫，回頭是岸，而一念菩提，便能脫離困境。復卦之所以能使人亨通，道理在他一陽抵禦五陰的剛強，作為他真如的本性而稱念菩提，因此有逆轉生死輪迴的力量。菩提心一旦啓動，修行便如順水行舟，長此以往，出入沒有疾病，朋來沒有災害。然而，所謂「必反其道」（必須返回菩提大道）和「七日來復」（七天便能恢復）的話，得效法剛健的天道，像初九那樣自強不息的乾卦精神，才有不可思議的功效。單憑一點菩提心，他能走出自己；雖然初九的陽剛孤單而微弱，但七日之間生長的力量是驚人的，這便是佛性本具的面目了！

至於上面所說的出入，出指「從空入假」，入指「從假入空」，既符合中道的原則，不住生死，不住涅槃，又能隨心所欲，遊戲於生死涅槃之間，所以沒有疾病。所謂朋友，指九界眾生不可改易的性相（法性和法相），初九都能把他們轉化成佛界的性相，因此也沒有災害。

《象》曰：雷在地中，復；先王以至日閉關，商旅不行，后不省方。

楊慈湖曰：「舜禹十有一月朔巡狩，但于冬至日則不行耳。」觀心釋者，復雖有剛長之勢，而利有攸往，然必靜以養其機。故觀行即佛之先王，既大悟藏性之至日，必關閉六根，脫粘內伏，暫止六度萬行商旅之事，但觀現前一念之心，而未可遍歷陰界入等諸境以省觀也。

【譯註】

楊簡說：「舜和禹每年十一月一日巡狩，但冬至那天則不行動。」用觀心法解釋，復卦雖然是生長和勇往直前的象徵，有如雷在地中，隨時可以爆發，然而卻必須有一段絕對安靜的時間，培養未來行動的契機。所以，遠古的帝王，雖然只有「觀行即」（大乘菩薩六即的第三位）的地位，卻悟到冬至深藏的意義，該日取消一切活動，閉守六根（眼耳鼻舌身意），避開侍從，以求身心清淨，也勒令所有商旅，停止上路，靜觀自己的心念，帝王自己當然也不宜遠遊了。

初九，不遠復，无祇悔，元吉。

《象》曰：不遠之復，以修身也。

此如顏子；

約佛法者，正慧了了，頓見佛性，頓具諸行，所以元吉，如圓教初住；

又約六度，即是般若正道。

【譯註】

復卦的初九有潛力，不亂跑，像顏回（顏回好學，守住正位，住陋巷，人不堪其憂，回也不改其樂）；

從佛法看，初九剛健，是復卦的主爻，對正慧毫不含糊，早已見到佛性，早已修足各種法行，所以一切對他都順暢吉利，在圓教中是菩薩五十二位修行中十信的第一位（十信：信心、念心、精進心、慧心、定心、不退心、護法心、迴向心、戒心、願心）。在這裡，最受彰顯的，便是信心；

又從六度看，初九五根既調，知真法界，可謂走在智慧的正道上了。

六二，休復，吉。

《象》曰：休復之吉，以下仁也。

此如曾子；

約佛法者，正定得中，鄰眞近聖，如圓教十信；

又約六度，即是正定與慧相連。

【譯註】

六二舉止安詳，不慌不忙，像曾參（孔子弟子，事親至孝，悟聖人一以貫之的大道理）；

從佛法看，六二柔順居中，與智慧絕頂、五根清淨的哲人（初九）為鄰，擁有圓教（一行一切行）中十信全體的美德；

又，從六度看，六二是定與慧密切的結合。

六三，頻復，厲无咎。

《象》曰：頻復之厲，義无咎也。

此如子路；

約佛法者，有定有慧，而不中正，故須先空次假後中，名爲「頻」，復勤勞修證而得无咎；

又約六度，即是精進勤策相續。

【譯註】六三在震的巔峰，動作頻頻，像子路（子路，孔子弟子，性鄙好勇，有暴虎馮河的衝動）；

從佛法看，雖有定慧，卻不中不正，救弊之道，在先授以空觀，其次假觀，最後中觀，這一連串的教育，叫做「頻」，希望他能回復到勤勞修正的工夫，避免災難；

從六度看，這是一個精進和策勵相互鞭策的階段。

六四，中行，獨復。

《象》曰：中行獨復，以從道也。

此如蘧伯玉；

約佛法者，正定而與初應，如通教利根接入于圓；

又約六度，即是忍辱，由與初應，則生法二忍，便成第一義忍。

【譯註】六四踽踽獨行於動亂（震）和太平（坤）之間，謹慎自斂，像蘧伯玉（蘧伯玉是衛國大夫，孔子的畏友，篤行不倦，謹德慎行，善於改過，君王無道，則隱退山林）；

從佛法看，孤獨的高士與正慧清明的智者溝通，正如六四與初九彼此呼應，是天台結合三乘通教的利根達到了圓融的境界；

從六度看，這是忍辱與初九智慧的聯接，產生了「眾生忍」（不起瞋恚之心）和「無生法忍」（安忍而不動心）的二種忍辱的結果，屬於忍辱的第一義，也就是究竟的境界。

六五，敦復，无悔。

《象》曰：敦復无悔，中以自考也。

此如周宣、漢文、宋仁；約佛法者，定慧調勻，亦且得中，但與陽太遠，故必斷惑證眞之後，俟開顯而會入圓位，如藏通二乘；

又約六度，即是持戒，雖遠于初，但自考三業无失，自然合理而得无悔。

【譯註】

六五志在復興，但講究敦厚的美德，像周宣王、漢文帝、宋仁宗（周宣王，厲王之子，厲王衰廢後，修復舊業，討伐四夷，周室中興；漢文帝仁慈恭簡，呂后亂後，以德化民，海內殷豐，天下大治；宋仁宗平西夏與遼，勤修內政，慎行愛民，時稱仁主）；

從佛法看，六五定慧俱備，又能中道而行，然而距離初九太遠，用不上陽爻的力量，必須靠自己斷惑證真的勇氣，等待開悟的時機，才能得到圓滿的境地，有如天台四教中的藏教和通教；

從六度看，這是持戒的工夫，雖距離初九太遠，但自知身、口、意三業沒有過失，一切合乎情理，因此不會有悔恨。

上六，迷復，凶，有災眚（ㄕㄥˇ）。用行師，終有大敗，以其國君凶，至于十年不克征。

《象》曰：迷復之凶，反君道也。

此如王安石、方孝孺等，生今反古，名爲迷復，非昏迷不復之謂；約佛法者，不中不正，恃世間小定小慧以爲極則，因復成迷，故不惟凶，且有災眚。若以此設化教人，必大敗法門，損如來之正法。至于十年而弗克征，以其似佛法而實非佛法，反于圓頓大乘之君道，如今世高談圓頓向上者也；又約六度，即是布施，而遠于智慧，著相，著果報，起慢、起愛亦能起見。故雖是善因，反招惡果，良由不達佛法之君道故耳。

【譯註】

上六是迷途中的復興，用意雖好，不切實際，像王安石、方孝孺等人（王安石自視甚高，熙寧新法又被小人包圍，反對他的多是君子，包括當代的韓琦、邵雍、歐陽修，明朝的蕅益大師也不例外；方孝孺奉事明惠帝，銳意復古，燕王朱棣舉兵陷京師，逐惠帝，是為成帝，孝孺拒草詔書，曰：「死即死矣，詔不可草。」遭腰斬，滅十族）。他們雖活在當代，卻心在遠古，在迷亂中求復興，不到昏迷，不能醒悟；

從佛法看，沒有中正宏觀的立場，抓住世間的小定小慧以為至善，而在迷途中追求復興，不惟於事無補，且引來天災人禍。假如讓這些人教化世人，法門會被他們敗壞，如來的正法也受到損傷。

復卦的上六，一如坤卦的上六，其結局是「龍戰于野，其血玄黃」，敗仗是當然的事了，其間的耗損，十年也無法彌補。真正的佛法變成了虛假的佛法，違背了圓教和頓教二乘的大道。今天我們聽到的高談闊論，正是這些虛假的東西。

從六度看，即使是布施，卻沒有智慧，過分執著於外相、因果報應，充滿了我慢、愛執和成見。這種因緣雖善，反會招來惡果，這是不懂運用佛法造成的災害。

䷘ 震下乾上（天雷无妄：25）

无妄，元亨利貞；其匪正有眚，不利有攸往。

約世道，則中興之治，合于天道而无妄；約佛法，則中興之化，同于正法而无妄；約觀心，則復其本性，眞窮惑盡而无妄。

皆元亨而利于正者也。然世出世法，自利利他，皆須深自省察，不可夾一念之邪，不可有一言一行之眚，儻內匪正而外有眚，則決不可行矣！聖人持滿之戒如此。

【譯註】

無妄，就是沒有虛妄，不胡作妄為，順應天時。

從世道看，經過復卦中興的治理後，天下合於天道，就是無妄；從佛法看，中興的教化成就之後，諸法與正法相合，就是無妄；從觀心處看，本性恢復了，真理發現了，疑惑斷絕了，就是無妄。

這些都是開始亨通而有利於守正的道路。不過，不論世間法還是出世間法，要想自利利他，須深思熟慮，不可有一分一毫的邪念，或者一言一行的弊病，如果心中不正，外觀又有疵瑕，這些道路便走不通了！聖人對完美的要求是如此地嚴格。

《彖》曰：无妄，剛自外來而為主于內，動而健，剛中而應。大亨而正，天之命也；其匪正有眚，不利有攸往，无妄之往，何之矣？天命不佑，行矣哉？

震之初爻，全攬乾德爲體，故曰「自外來爲主于內」也。性德雖人人本具，然在迷情，反爲分外。今從性起修，了知性德是我固有，故名「爲主于內」。夫既稱性起修，必須事事隨順法性。儻三業未純，縱有妙悟，不可自利利他，既不合于性德，則十方諸佛不護念之，安能有所行哉？

【譯註】

無妄的下卦是震，而震（☳）的初爻吸收了整個乾（☰）的陽剛精神，這便是「剛從外來而主於內」的意思。德性雖然存在於每個人的身上，對迷失本性的人來說，卻變成了身外之物。不過，在正常情況下，修德是從本性開始的，既然本性在自身，所以《彖辭》才有「在內做主」的話。既然我們用本性起修，一切修行的行為應當都合於法性。假如自己身、口、意三業未淨，我們這個在內的主人縱然得到妙悟，不能自利利他；假如自己的行為沒有希望，沒有十方諸佛的護佑，能走到哪裡去呢？

《象》曰：天下雷行，物與无妄；先王以茂對時，育萬物。

佛法釋者，師子奮迅，三世益物，名「茂對時」，番番種熟脫，使三草二木任運增長而歸一實，名「育萬物」。

【譯註】無妄上卦是天，下卦是雷，有如雷聲震動於天下。用佛法解釋，雷以獅子般振奮而迅速的猛勇，隨時隨刻（現在、過去、未來的三世）無不利益萬物，這就叫做「認真對待天時」，讓每一番的種植都能成熟、都有收穫，也使各式各樣的眾生能順天時而生長，得到果證，這就叫做「培養萬物」。

初九，无妄，往吉。

《象》曰：无妄之往，得志也。

《象》云：「无妄之往，何之矣？」乃謂匪正有眚，出于无妄而往于妄也。此云「无妄，往吉」，乃依此眞誠无妄而往應一切事也，所以得志而吉。

【譯註】

《彖辭》說：「沒有希望的行動，能走到哪裡去呢？」這是針對無妄的全卦而言：不端正會出毛病，離開正道繼續行動，便不對了。初九在全卦的開端，乾健的精神飽滿，理端行正，所以爻辭說「無妄，往吉」：如果一切端莊，順乎自然，當然吉利。

六二，不耕獲，不菑（ㄗ）畬（ㄩˊ），則利有攸往。

《象》曰：不耕獲，未富也。

田一歲曰菑，三歲曰畬，世未有不耕而獲、不菑而畬者。夫不耕不菑，此絕无望于獲畬者也。然能獲能畬，此何以致之乎？孔子云：「隱居以求其志，行義以達其道。」又云：「耕也，餒在其中矣！學也，祿在其中矣！」六二以陰柔中正，上應九五陽剛中正之君，惟以求志達道爲心，而毫不以富貴利祿爲念，乃利有攸往而不變其塞耳。

【譯註】

開墾一年的田叫菑，開墾三年的田叫畬；世間沒有不耕種而有收穫的事，沒有不掘土而是種田的人。不耕地、不種植，絕無收成的希望。然而，耕種和收穫是怎樣得來的呢？孔子說：「用隱居培養自己的志向，用行義貫徹正確的道路（《論語·季氏》）。」又說：「種田不一定免於飢餓，求學一定會有收穫（《論語·衛靈公》）。」六二陰柔而居中，與上面剛強的九五相應，一心求志貫道，沒有富貴俸祿的妄念，所以前途光明，充滿希望，沒有阻塞。

六三，无妄之災，或繫之牛，行人得之，邑人之災。《象》曰：行人得牛，邑人災也。

不中不正，居震之上，此執无妄之理而成災者也。夫行人得牛，何乃執理而求償于邑人？豈非禍及无辜者乎？

吳幼清曰：「无妄之善有三：剛也、當位也、无應也。剛者，實也；當位者，正也；无應者，无私累也。諸爻或有其三，或有其二，或有其一。初九三皆全，其最善也；九五、九四有其二，九五剛而中正，六四剛而无應，是其次也；六二、上九有其一，六二中正，上九剛實，是又其次也。惟六三于三者全无焉，而亦得為无妄，何也？下比中正之六二，上比剛實无私之九四，譬如有人，在己雖无一善，而上有嚴師，下有良友，親近切磨，夾持熏染，亦不至于為惡，此六三之所以亦得為无妄也。」

陳旻昭曰：「世固有忠臣孝子，遇不得已之時勢，竟冒不忠不孝之名，而萬古不能自白者，因災而息其欲自陳白之妄心，是爲无妄之災。如繫牛于邑，而行人得之。彼行人決不可查考，而邑人決无以自白，惟有呑聲忍氣，賠償其牛而已。忠臣孝子之蒙怨者亦復如是。」

【譯註】

六三處在震卦的頂端，陰居陽位，不中不正，堅信自己沒有過錯（無妄），反而惹出災禍。就像村裡有人在街上拴了一頭牛，牛被路人牽走了，這是村人的不幸。震從坤變來，坤是牛，自從初九的陽剛「自外來」後，震雖得到力量，坤卻消失了，因為牛不見了。牛主雖然無辜蒙冤，卻無法找到順手牽牛的路人來算賬。如果真要算賬，無辜的牛主恐怕會遭遇更多的麻煩。

吳澄（字幼清）說：「無妄有三種好處：剛健、當位，和沒有負擔。剛健是實在，當位是正道，沒有負擔是沒有私人的責任。無妄的六爻，有些有這三好，有些只有二好，有些只有一好。初九三好齊全，占最優勢；九五、九四有其二，前者剛而中，後者剛而不正，所以第二；六二、上九有其一，前者中正，後者剛實，所以居下。至於完全沒有這三種好處的六三為何也能沒有過錯呢？六三下有中正的六二，上有剛強無私的九四，一是良友，一是嚴師，即使自己一無所長，與他們朝夕相處，琢磨熏染，至少不會接近罪惡。這便是六三得以無過的道理。」

陳旻昭（號日北居士）說：「世上有不少忠臣孝子，遇到不能預料的麻煩，蒙受不忠不孝的惡名，卻萬古不能自白，或者因為特殊的災難，沒有得到辯白的機會，這就是所謂的『無妄之災』了。譬如拴在街上的牛被路人牽走，路人無從尋訪，而牛主無處喊冤，只能忍氣吞聲，嚥下失牛的痛苦，如是而已。忠臣孝子的蒙冤，大約也是如此吧？」

九四，可貞，无咎。

《象》曰：可貞无咎，固有之也。

以陽居陰，不好剛以自任，蓋其德性然也。

【譯註】

九四陽爻，居於陰位，無意玩弄剛強，是他優良德性的表態。

九五，无妄之疾，勿藥有喜。

《象》曰：无妄之藥，不可試也。

剛健中正，此无妄之至者也。夫立身无過之地者，未免責人太過，所謂執藥反成病矣，故勿藥而有喜，蓋以己律人，則天下孰能從之？

【譯註】

九五剛健中正，是無妄的典範。不過，立身過於嚴謹的人，容易責人太過而不自知。沒頭沒腦的病，不必吃藥，吃藥反會惹來真的疾病。要記得：好事還在前頭呢！若一味自我標榜，誰會聽你呀？

上九，无妄行，有眚，无攸利。

《象》曰：无妄之行，窮之災也。

以陽居陰，雖非過剛，而居无妄之極，則是守常而不知變通者也。既无善權方便，其何以行之哉？

佛法釋者，六爻皆悟无妄之理而爲修正者也。

初九正慧直進，故現生克果而得志；

六二正定治習，故須于禪法不取不證，則可以借路還家；

六三不中不正，雖有小小定慧，能開示人，令其得道得果，如行人得牛，而自己反成減損，久滯凡地，如邑人之災；

九四慧而有定，自利有餘，乃是達其性具定慧，非是修而後有；

九五剛健中正，自利已圓，爲眾生故，示現病行，豈更須對治之藥？即初心修觀亦復如是，一切境界无非性德，體障即德，无可對治也；

上九不中不正，恃性德而不事修德，躬行多眚，何利之有？蓋由一味高談向上，以至于窮，故成災也。

【譯註】

上九陽居陰位，稍顯了一點窮途末路的含蓄，但身在無妄的巔峰，眾目睽睽，宜堅守變通的原則。不給別人方便，怎有自己的出路？

用佛法解釋，無妄的六爻都悟到了正道的道理，都願為之修證。

初九正慧精進，能當生證果，壯志得酬；

六二正定，虛心學習，順其自然，無須取證於禪法。然而，如能藉禪路回家，未嘗不是收穫；

六三不中不正，雖有小定小慧，也能給人啓發，讓人有所收穫，就像讓人得牛，自己蒙受損失，不必生恨。在凡俗地方待久了，就會有這種沒頭沒腦的災害；

九四慧定俱全，有自助的能力，但這是他本性的力量，不是修行得來結果；

九五剛健中正，自利的工夫已經圓滿，卻為了眾生的緣故留在俗世；眾生有病我有病，但他不須用藥。凡是初次修三觀的人都知道：自己的性德是一切，煩惱是菩提，哪裡需要藥物？

上九缺少中正的條件，又自恃性德的力量而不再修德，自身充滿過失，怎能對人有利？毛病在好高騖遠，自走絕路，所以成災。

䷙ 乾下艮上（山天大畜：26）

大畜，利貞。不家食，吉，利涉大川。

畜，蓄積也，蓄積其无妄之道以養育天下也。

約世道，則中興之主，復于无妄之道，而厚蓄國家元氣；約佛化，則四依大士，復其正法之統，而深養法門龍象；約觀心，則從迷得悟，復于无妄之性，而廣積菩提資糧，皆所謂大畜也。世出世法，弘化進修，皆必以正爲利，以物我同養爲公，以歷境練心爲要，故不家食吉而利涉大川也。

【譯註】

畜，是儲蓄、堆積的意思，善用無妄的正道來做儲蓄的準備，以便擔當養育天下的責任。從世道看，有中興能力的領袖回到了無妄的正道，開始為國家做培養元氣的工作。

從佛教的教化看，我們應當依照佛說法時的四種意趣（平等意趣、別時意趣、別義意趣、意樂意趣）而說法，恢復大法的正統，培養法門中猛勇的修行者，這就是佛家所稱的「龍象」。

從觀心處看，既然從迷失到覺悟，重新回到了無妄的本性，便宜廣為儲蓄龍樹菩薩所說的「菩提資糧」（龍樹著《菩提資糧論》，隋朝達摩笈多譯），這便叫做「大畜」。

不論世間法還是出世間法，弘法進修，都應以正道為前提，以人我同養為公平，以遍歷諸種境界、磨練三千心意為首要，不要老在家中吃飯，宜涉千山萬水，才是有利。

《彖》曰：大畜，剛健篤實，輝光日新其德。剛上而尚賢，能止健，大正也。不家食吉，養賢也；利涉大川，應乎天也。

乾之剛健，艮之篤實，皆有輝光之義焉。以此日新其德，則蓄積深厚廣大，故名大畜。

然所謂「利貞。不家食，吉，利涉大川」者，非是性外別立修德，乃稱性所起之修，全修在性者也。試觀乾德之剛，上行居卦之中，而六五尚能尊尚之，且卦體外止內健，豈非「本性大正」之道乎？六五以柔之中德，上則養賢師以風天下，下則養賢士以儲國用，豈非家食吉之正道乎？且以柔中之德，應九二天德之剛，剛柔相濟，何遠不通？豈非利涉大川之道乎？

【譯註】

乾（☰）剛健，艮（☶）篤實，都有光輝燦爛的意思。用這種光輝來日新又新，增進德業，儲蓄必然深厚，因此叫做「大畜」。

然而大畜卦說家居不利、宜涉大川，不是要你在性外別求發展，而是要你抓住本性，作為自己修行的起點，因為修德的工夫全在求取真如的本性。我們且看九二陽剛的乾德，他居乾卦之中，又與遠在天邊的六五遙相呼應，還給他相當的尊敬。再說，大畜卦，外止如山（艮），內健如天（乾），難道不是「本性大正」的徵候嗎？六五以溫柔的中道，在上招攬賢師，在下頤養賢士，為國儲才，難道不是「不家食吉」的偉大精神嗎？而且六五以她柔中之德，回應九二剛強的天德，剛柔相濟，四海暢通，難道不就是「利涉大川」的坦途嗎？

《象》曰：天在山中，大畜；君子以多識前言往行，以畜其德。

一山之中具有天之全體，一念心中具攝十世古今。攬五時八教之前言，該六度萬德之往行，以成我自心之德，以此自奮，即以此畜天下矣！

吳幼清曰：「識，謂記之于心。德大于前言往行，猶天之大于山也。以外之所聞所見，而涵養其中至大之德，猶山在外，而藏畜至大之天于中也。前言往行，象山中寶藏之多，德，象天之大。」

【譯註】大畜的山（艮）擁抱著整片天空（乾），就像心中的一念，統攝了十方世界和上下古今。這正如智顗大師所創的五時八教，包含了六度和一切諸佛的嘉言懿行，成就了人人心中的德業，也以此激勵眾生，當以儲蓄天下為念！

吳幼清說：「《象辭》裡的『識』字，是記在心中的意思。德性大於過往的言行，是天大於山的意思。用自己外在的知識，涵養自己心中無限的德性，就像在身外的山中，儲藏了無限的天空一樣。過去的嘉言懿行，象徵山中的寶藏，德業則象徵高天的遼闊。」

初九，有厲，利己。

《象》曰：有厲利己，不犯災也。

六爻皆具剛健篤實輝光之義，而自新新民者也。初九陽剛在下，正宜隱居求志，故有惕厲之功，而先利自己。己利既成，任運可以利人。若己躬下事未辦，而先欲度人，則犯災矣。

【譯註】

大畜的六爻，個個剛健篤實有光彩，自己日新又新，也有意令民眾自新。初九陽剛居下，韜光養晦，頗有朝夕惕勵的意思，深具自我培養的好處。自己培養成功了，才能培養他人。如果自己的事還沒搞好，就想度人，肯定會有災禍。

九二，輿說（說通脫）輹。

《象》曰：輿說輹，中无尤也。

剛而得中，專修定慧，似无意于得時行道者，然自利正是利他之本，故中无尤。

【譯註】

九二處於上互卦震（☳）的邊緣，震是車，是動蕩，再往前走則是上卦的艮（☶），艮是山，是止。九二雖剛健居中，但他車輪的車軸脫落了，被迫停下。他雖有定慧，卻暫時無心做人的導師，此時利用機會修養身心，做利他的準備。對環境造成的不便，他並無怨尤。

九三，良馬逐，利艱貞。日閑輿衛，利有攸往。

《象》曰：利有攸往，上合志也。

剛而得正，居乾之上，不患不能度生也，患其欲速喜進，失于防閑耳。故必利于艱貞，閑其輿衛，乃利攸往。亦以上有六四之良友、六五之賢君、上九之明師與之合志，必能互相警勵，故可往也。

【譯註】

九三剛健居正，在乾的頂端，乾是馬，有快馬加鞭的意思。他有能力又有雄心，不怕不能度眾生，但怕他過於求快、求發展，不去精練保養自己的技巧。他必須在艱難中求貞定，學習駕車（輿）和防禦（衛），對他才有利。不過，他上有六四的良友、六五的賢君、上九的明師，他們結合在一起，一定會彼此勉勵，所以前途大有可觀。

六四，童牛之牿（ㄍㄨˋ），元吉。

《象》曰：六四元吉，有喜也。

柔而得正，下則應初九剛正之良友，親九三剛正之畏友，上則近六五柔中之聖君。過端未形，而潛消默化，如童牛未角，先施以牿，更无抵觸之患，以此自養，以此爲天下式，大善而吉，悅而且樂者矣。

【譯註】

六四柔正，與初九剛正的艮友相應，與九三剛正的艮友貼近，又有六五柔中的聖君在上照拂，處境十分圓滿。不過，六四進入了艮的天地，而艮是從坤變來的：坤（☷）的頂端的陰爻變為陽爻，就成艮（☶），而坤是牛，艮像頭角上綁了一條橫木（牿）的小牛，防止牠亂跑亂跳而傷人。要預防還未產生的過錯，須有潛移默化的工夫，就像牛還小時，以橫木綁在頭上，撞到人時，先痛自己，慢慢便沒有撞人的習慣了。其實，這也是自我修養的方法，值得用心揣摩，實用吉利又有趣，是件好事呢！

六五，豶（ㄈㄣˊ）豕（ㄕˇ）之牙，吉。

《象》曰：六五之吉，有慶也。

豶，犗（ㄐㄧㄝˋ）也。犗則不暴，而牙仍堅利也。柔得中位，尊上賢而應下乾，性德既无偏頗，所養又復周足，自利成就，可以君臨天下，舉天下之善惡眾庶，无不入吾陶冶，故如豶豕之牙。

【譯註】　豶是去勢的野豬（犗），去勢的野豬不會粗暴，但牠的豶牙仍然尖銳。六五柔而得中，既能篤實，又禮賢下士，與乾卦的精神相呼應。她的性德一無偏頗，處境也極優越，夠多自利的條件，足以君臨天下而無愧。她讓我們懂得天下的善惡，九界的眾生，無不可以接受熏習和陶冶，成為有用之材，一如閹豬的利牙。六四的吉是大喜，六五的吉則是大慶了！

上九，何（何通荷）天之衢，亨。

《象》曰：何天之衢，道大行也。

以剛柔相濟之德，當聖君師保之任，隱居所求之志，至此大行无壅，蓋不啻行于天衢也。

【譯註】　上九是大畜的最上爻，反觀下面的乾（天），真像一條貫穿在雲中的道路。上九有剛柔相濟的美德，承擔了相當於太上皇的責任，從初九最早「隱居求志」的謙虛，到今天一無阻塞的通達，一帆風順，就像飛行在天上一般自在！

䷚ 震下艮上（山雷頤：27）

頤，貞吉。觀頤，自求口實。

約世道，則畜德以養天下；
約佛化，則畜德以利群生；
約觀心，則菩提資糧既積，而長養聖胎也。
自利利他，皆正則吉。皆須視從來聖賢之所頤者何如，皆須自視其所以爲口實者何如。

【譯註】

從世道看，頤養天下，需要儲蓄美德；
從佛法看，頤養眾生，也需要儲蓄美德；
從觀心處看，囤積了豐富的菩提資糧，便是為了要頤養群倫，希望他們能夠成聖成賢。

這些自利利他的行為，正確而吉利。不過需要注意的是，看聖賢頤養了一些怎麼樣的人物，而他們又用怎樣的實物和方法來頤養自己，來做我們學習的參考。

《彖》曰：頤，貞吉，養正則吉也；觀頤，觀其所養也；自求口實，觀其自養也。天地養萬物，聖人養賢以及萬民。頤之時大矣哉！

養正則吉，明養而非正，正而不養，皆非吉道也。不觀聖賢之所養，則无以取法思齊；不觀自養之口實，則无以匹休媲美。且如天地全體太極之德以自養，則能普養萬物；聖人養賢輔成己德，即可以及萬民。誰謂養正之外別有利人之方？故正自養時，即全具位育功能而稱大也。

【譯註】

「養正則吉」，是說被養的人有時不正，或者正的人不一定被人養，這便不吉了。如果不觀察聖賢養了什麼人，我們無法見賢思齊，失去了學習的機會；如果不觀察他們用什麼方法自養，我們無法和他們相互比較，失去了效法的機會。天地用最高尚的美德養育自己，所以天地能普養萬物；聖人如果致力於養賢來助長自己的美德，他的恩澤也就被及萬民了。誰說養正之外還別的利人的方法呢？因此頤養群倫，就是把頤養自己的方法，相對性地放大，用在別人的身上。

《象》曰：山下有雷，頤；君子以愼言語，節飲食。

言語飲食，皆動之象也。愼之節之，不失其止也。故知養正莫善于知止。

【譯註】

山（☶）下有雷（☳），頤卦的動作像雷，既多且快，而言語和飲食也是如此，必須謹慎節制，適可而止。山（艮）有止的意思，養生的不二法門，就在一個「止」字。

初九，舍爾靈龜，觀我朵頤，凶。

《象》曰：觀我朵頤，亦不足貴也。

陽剛爲自養養他之具，知止爲自養養他之貞。初九陽剛足以自養，如靈龜服氣，可不求食，而居動體，上應六四，覰彼口實，反爲朵頤，失其貴而凶矣！此如躁進之君子。于佛法中，則如乾慧外凡，不宜利物。

【譯註】

陽剛是養生的工具，知止是養生的正途。初九的陽剛足以自養，有如可貴的靈龜，只須吸取精、氣、神的三寶，便不再有食物的需求，然而，他身處躍躍欲動的震卦，且上與六四相通，觀察六四的頤養，當作自己的頤養，失去了自己的尊貴，還有凶災。初九是一個暴躁急性子的人。在佛教界中，這種乾枯而平凡的智慧，是於人於事都沒有好處的。

六二，顚頤，拂經于丘。頤，征凶。

《象》曰：六二征凶，行失類也。

以上養下，乃理之常。六二陰柔，反藉初九之養，拂其經矣！又居動體，恐或不肯自安，將求頤于六五之丘。五雖與二爲應，然亦陰柔，不能自養，何能養人？征則徒得凶耳。兩陰无相濟之功，故爲失類，此爲无用之庸臣。于佛法中，則如時證盲禪，進退失措。

【譯註】

在上的人養在下的人，是理之常情，但六二反而依賴在下的初九，離譜太甚了！六二也在震卦的動體中，不能安分，有向上求養於六五的意圖。六五雖然可以跟六二相應，但她也是陰柔，不能自養，怎能養人？如果六二莽撞，太往前衝，只會帶來災難。二和五一樣，都屬陰類，不能為侶，就像社會中兩個無用的人。

在佛教圈內，他們就像一些時髦的名嘴、瞎眼的禪師，怎樣做都不對。

六三，拂頤，貞凶。十年勿用，无攸利。

《象》曰：十年勿用，道大悖也。

陰柔不能自養，又不中正，以居動極，拂于頤矣！雖有上九正應，何能救之？終于无用而已，此爲邪僻之宰官。

于佛法中，則如六群亂眾，大失軌範。

【譯註】

六三陰柔，沒有自養的能力，而且陰居陽位，不中不正，處在震卦的巔峰，把災難帶到頭上來了！上九雖與她相應，但距離太遠，幫不上忙，顯得無用，像政府裡醜惡的官員。

在佛教圈內，有如佛在世時的六個「惡比丘」，以及後來一些結黨作亂的人，擾亂了佛家的清淨。

六四，顛頤，吉。虎視眈眈，其欲逐逐，无咎。

《象》曰：顛頤之吉，上施光也。

陰柔得正，而居止體，雖无養具，得養之貞者也。下應初九，賴其養以自養養人，此如休休有容之大臣，吉之道也。初方觀我而朵頤，我隨其視之眈眈，欲之逐逐，以禮而優待之。在初則不足貴，在我則養賢以及萬民，可謂上施光矣！
于佛法中，則如賢良營事，善爲外護。

【譯註】
六四離開了震耳欲聾的雷，進入了安穩的山，陰柔又得正，雖然沒有自養的資源，卻懂得頤養的正道：她向下求初九以自養養人，好像顛倒了頤養的順序，但六四接近君王的地位，必須有所作為，也具有大臣雍容華貴的氣度（休休之容），她的行為是吉祥的。當初初九想高攀我，以我的頤養為他的頤養，我從他虎視眈眈的神色和一連串的欲望中，發現我應當以禮貌寬待他才好。雖然初九不智，拋棄了自己寶貴的靈龜，但我接納了他，作為養賢養民的開始，這就是在上位者應該做到的布施了！
在佛法中，這像賢明的幹事們，懂得經營之道，把外護的工作做得很好。

六五，拂經，居貞，吉；不可涉大川。
《象》曰：居貞之吉，順以從上也。
陰柔无養人之具，空居君位，故名拂經。居止之中，順從上九，此亦養賢以及萬民，爲得其正者也。但可處常，不可處變；宜守成，不宜創業耳。此如虛己之賢君。

于佛法中，則如柔和同行，互相勉勖。

【譯註】

六五陰柔，不能養人，空有君位，所以叫做「拂經」（越出了常軌）。但她處於艮的中央，嫻熟靜止是她的妙用，又完全順從上九，也是養賢的好策略，不失為一種正道。不過，她只能應付常態，不知變通；守成有餘，不能創新。但她仍是一個謙虛的好君主。

在佛法中，這像溫柔與和睦攜手同行，至少有相互勉勵的好處。

上九，由頤，厲吉，利涉大川。

《象》曰：由頤厲吉，大有慶也。

以陽剛居止極，卦之所以爲頤者也。此如望隆之師保，可以拯濟天下者矣！

于佛法中，則如正道教授，宰任玄綱。

【譯註】

上九是頤卦卦名的由來：他居艮的極端，變成了頤卦的主爻，就像德高望重的師保，身負教導的重任，有力量救濟天下。

在佛法中，這像是證驗正道的教授，可以衛護甚深微妙的佛法。

䷛ 巽下兌上（澤風大過：28）

大過，棟撓，利有攸往，亨。

約世道，則賢君以道養天下，而治平日久；約佛化，則四依以道化群生，而佛法大行；約觀心，則工夫勝進而將破无明也。夫治平既久，則亂階必萌，所宜防微杜漸；化道既盛，則有漏易生，所宜陳規立矩；工夫既進，則无明將破，所宜善巧用心也。

【譯註】

從世道看，賢君頤養天下得法，天下終於等到太平；從佛法看，佛教用四依（平等、別時、別義、意樂）的態度來弘法，教化群生，取得了成功，而佛法大行；

從觀心處看，修行的工夫快速進步，無明也很快給破除。太平既久，亂象將生，這是自然的現象，宜防微杜漸，遏制亂因的萌芽，並且修訂新規。如果工夫夠深，那麼無明便會破除，此時更宜觀察自己心態的變化。

《彖》曰：大過，大者過也；棟撓，本末弱也。剛過而中，巽而說行，利有攸往，乃亨。大過之時大矣哉！

大者既過，所以必當思患豫防。初上皆弱，所以剛中，不宜恃勢令撓。剛雖過而得中，又以巽順而悅行之，所以猶有挽回匡濟之術，乃得亨也。永保无虞亦在此時，盛極忽衰亦在此時，其關係豈不大哉？

【譯註】

大過的陽爻多，而且太過集中，必須設法防範陽氣過盛的意外事故。初六和上六又太柔弱，她們的力量不能防止棟樑的彎曲。剛雖集中在一起，令人望而生畏，幸而得到巽（☴）的溫順和兌（☱）的喜悅作為調和，大過還有挽救危難和匡救時弊的機會，因此亨通。總之，國運昌隆，有待此時，從盛到衰，也待此時，大過肩負的任務不輕呀！

《象》曰：澤滅木，大過；君子以獨立不懼，遯世无悶。

澤本養木，而反滅木，大過之象也。惟以獨立不懼，遯世无悶之力持之，庶學有本而養有素，可以砥柱中流耳。

【譯註】

澤（兌）在巽的上面，巽是木，原本用來養木的水，反把木給淹滅了，這便是大過的卦象。不過，從這裡君子應當領悟到，獨立而不懼，不被世用而不生氣，才是真正的毅力；既有學識，又有素養，才是中流砥柱的人才。

初六，藉用白茅，无咎。

《象》曰：藉用白茅，柔在下也。

世法、佛法，當大過時，皆以剛柔相濟爲得，過剛、過柔爲失。今初六以柔居巽體之下，而在陽位，无功名富貴以累其心，惟庸德庸言、下學上達以爲其務者也；

約佛法者，定有其慧，兼以戒德精嚴，故无咎。

【譯註】

在任何情況下，處理過失時，都以剛柔相濟為尚，以過剛、過柔為忌。這裡溫柔的初六，雖居陽位，卻停留在溫柔巽卦的下端，不被功名利祿之心牽掛，是個言行篤實、問學有序的好模範。

從佛法看，初六定慧兼備，戒德莊嚴，不會有災難。

九二，枯楊生稊（ㄊㄧˊ，稊通荑），老夫得其女妻，无不利。

《象》曰：老夫女妻，過以相與也。

剛而得中，又居陰位，陽得陰助，如枯楊生稊、老夫女妻之象，蓋過于下賢者也；

約佛法者，慧與定俱，如先見道，後修事禪，故无不利。

【譯註】

九二陽剛中正，而居於陰位，得到了陰的輔助，就像澤邊淹死的枯楊又冒出了新芽（稊），有老夫得少妻的吉象，也是禮遇賢者的收穫。

從佛法看，就像定慧俱全的人，事前已知道什麼是道了，然後胸有成竹，開始修道學禪，所以沒有災害。

九三，棟橈，凶。

《象》曰：棟橈之凶，不可以有輔也。

過剛不中，任其剛愎，以此自修，則德必敗，以此治世，則亂必生，故棟橈而凶；

約佛法者，純用邪慧，故不可有輔。

【譯註】

九三位於巽卦之巔，上下都是陽爻，有過剛的傾向，而剛愎自用，修行將會失敗，治世將會生亂，而棟樑彎曲，是個凶兆。

從佛法看，九三是邪惡的慧，過度用剛，不應再給他幫手，加快他頹敗的速度。

九四，棟隆，吉；有它吝。

《象》曰：棟隆之吉，不撓乎下也。

剛而不過，足以自立立人。但居悅體，恐其好大喜功，而不安守，故誡以有它則吝；

約佛法者，亦是慧與定俱，但恐夾雜名利之心，則自利利他未必究竟，故誡以有它則吝。

【譯註】

九四剛居陰位，剛而有節制，可以自立立人，把下墜的棟樑稍稍抬起，所以吉利；

不過，他此刻進入了兌卦的天地，兌是澤，也是口舌，易犯好大喜功的毛病，不能安分守己，所以經文告誡他不要惹禍就好。

用佛法解釋，九四定慧具備，如果被名利之心干擾，自利利他的的念頭便不能達成了，所以告誡他不要惹新的麻煩。

九五，枯楊生華，老婦得其士夫，无咎无譽。

《象》曰：枯楊生華，何可久也，老婦士夫，亦可醜也。

雖云陽剛中正，然在大過之時，則是恃其聰明才智者也。享成平之樂，不知民事艱難，且不知下用賢臣，惟與上六陰柔无用之老臣相得，何能久哉？約佛法者，慧力太過，无禪定以持之，何能發生正果？

【譯註】

九五雖然陽剛中正，在大過卦中，上下沒有應援，虛有其位，只能賣弄自己的聰明才智了。他安享了頤卦給他的太平，卻不看民間疾苦，也不會運用賢臣，只與上九無用的老婦人親近，雖然是枯楊開花，看似繁華，哪能持久？

用佛法解釋，過分賣弄聰明才智，如果沒有內在禪定的工夫作為支持，怎能取得正果？

上六，過涉滅頂，凶，无咎。

《象》曰：過涉之凶，不可咎也。

居過極之地，惟有柔正之德，而无濟難之才，故不免于凶，而實非其咎也。

約佛法者，正定无慧，終爲頂墮。

【譯註】

上六處在兌卦（澤）的上爻，雖有柔正之德，卻無挽狂瀾於既倒的本領，難免有不幸的結局。果然，澤水上漲，終於把全卦淹滅，但這是大勢所趨，並非上六的過錯。從佛法看，定而無慧，滅頂是當然的結果。

䷜ 坎下坎上（坎為水：29）

習坎，有孚，維心亨，行有尚。

約世道，則太平久而放逸生，放逸生而患難洊至；約佛法，則從化多而有漏起，有漏起而魔事必作；約觀心，則慧力勝而夙習動，夙習動而境發必強，皆習坎之象也。然世出世法，不患有重沓之險難，但患无出險之良圖。誠能如此卦之中實有孚，深信一切境界皆惟心所現，則亨而行有尚矣！又何險之不可濟哉？

【譯註】

從世道看，太平久了會生安樂之心，安樂之心生，患難便要接二連三出現（洊至）了。

從佛法看，追隨教化的人多了，煩惱就多，煩惱多了，魔事也就來了。

從觀心處看，當智慧的力量得勝時，舊有的惡習便蠢蠢欲動，惡習蠢動，心境的變化也就強烈了。這些都是習坎要表達的事實。

不過，無論在哪裡，人們並不怕紛至沓來的險難，只怕找不到脫險的辦法。習坎的中心思想在它二陽（九二和九五）所傳遞的誠信，相信境遇是心造，掌握自己的心態，一切便會亨通，也有路可走！這樣的話，又有什麼險難不能渡過呢？

《彖》曰：習坎，重險也。水流而不盈，行險而不失其信。維心亨，乃以剛中也。行有尚，往有功也。天險不可升也，地險山川丘陵也，王公設險以守其國，險之時用大矣哉！

善觀心者，每即塞以成通。夫習坎雖云重險，然流而不盈，潮不失限，何非吾人修道之要術？所貴深信維心之亨，猶如坎卦之剛中一般，則以此而往，必有功矣！

且險之名雖似不美，而險之義未嘗不美。天不可升，天非險乎？山川丘陵，地不險乎？城池之險以守其國，王公何嘗不用險乎？惟在吾人善用險，而不爲險所用，則以此治世，以此出世，以此觀心，无不可矣！

【譯註】

善於用觀心法看事的人，常會在阻塞中找到通路。「習坎」雖是險上加險，但險如流水，不會盈滿四溢，也如潮汐，不會失去規律，正與修行的經驗相同。只要堅決相信心中的誠懇，效法九二、九五剛健中正的精神，就能亨通：抓牢這個念頭，不放鬆，不怕你不成功！

再說，「險」這個字雖然不美，它的意味卻有夠美。我們爬不上天去，難道天不險嗎？我們天天面對山川丘陵，難道地不險嗎？王公貴卿用城池的險峻捍衛國家，他們的用意難道不險嗎？重要的是，我們須知怎樣用險，而不要被險所用。善用險者，能治國，能貫道，也能觀心，真是無往而不利啊！

《象》曰：水洊（ㄐㄧㄢˋ）至，習坎；君子以常德行，習教事。

常德行，即學而不厭也；習教事，即誨人不倦也。習坎之象，乃萬古聖賢心法，奚險之可畏哉？此正合台宗善識通塞，即塞成通之法，亦是巧用性惡法門。

【譯註】

修德像流水一樣，連續不斷（洊），就是「學不厭」；經常磨練自己教育的方法，就是「教不倦」。習坎的意涵，除了危險，還有學習，這是自古以來聖賢誘人向學的妙方，哪裡有險，哪裡可怕呀？這完全符合天台宗對通塞的觀念，相信「塞」是走向「通」的道路。至於性情中本具的惡，天台也能巧為利用，成為勸善的一種工具。

初六，習坎，入于坎窞（ㄉㄢˋ），凶。

《象》曰：習坎入坎，失道凶也。

在險之時，不論自利利他，惟貴有孚而定慧相濟。今初六以陰居下，毫无孚信之德，乃汩沒于惡習而不能自出者也。

【譯註】

當危險出現時，不論為己為人，第一要事是有誠信，同時運用定力和慧力，給彼此最大的扶持。不幸初六陰居陽位，沒有誠信可言，因此淹沒在惡習中，不能自拔。

九二，坎有險，求小得。

《象》曰：求小得，未出中也。

剛中有孚，但居下卦，則夙習尚深，未能頓達聖境，僅可小得而已。

【譯註】

九二是坎卦第一個出現的陽爻，剛健有信心，然而身居下位，陽在陰位，自己積習還深，雖有小獲，短時間內不能達到聖賢的境界。

六三，來之坎坎，險且枕（枕通沉），入于坎窞，勿用。

《象》曰：來之坎坎，終无功也。

不中不正，柔而志剛，自謂出險，不知前險之正來，此如邪見增上慢人，故終无功。

【譯註】

六三和初六、九二一樣，都陰陽顛倒了，位置不正，剛柔錯亂，六三自以為剛強，逃離了陷阱，卻不知前後都是險，而她被包圍在險象之中。這就像一個偏見驕傲的人，很難有成。

六四，樽酒，簋（ㄍㄨㄟˇ）貳，用缶，納約自牖（ㄧㄡˇ），終无咎。

《象》曰：樽酒簋貳，剛柔際也。

柔而得正，與九五之中正剛德相與，所謂因定發慧，正出險之妙道也。正觀如酒，助道如簋，誠樸如缶，方便道如牖，從此可發眞而无咎矣。

【譯註】

六四、九五、上六來到坎的上卦，得到了正確的陰陽位置，跟下卦初六、九二、九三的陰陽錯亂，恰好相反。六四柔正，配合了九五的剛健，從定入慧，避開了危險，讓坎卦得到新生命，正是可以慶賀的時辰。然而，基於誠信的原則，她選擇了最簡樸的祭祀：一樽酒，兩盤菜，盛放在簡陋的瓦盤中，從明亮的窗口遞進神堂。酒代表真誠，菜代表襄助，瓦盤代表樸素，而窗戶代表方便之門。這是啓發真如本性的開端，沒有災難。

九五，坎不盈，祇（祇通坻，ㄔˊ）既平，无咎。

《象》曰：坎不盈，中未大也。

陽剛中正，已得出世眞慧現前，如坎之不盈，而風恬浪靜也。但初破无明，餘惑未盡，故中未大，此勉其速趣極聖而已。

【譯註】

九五是坎卦第二個關鍵性的陽爻，在險象環生的氛圍中，他的出現象徵了出世、智慧力量的成長。他的美德，有如坎的險象，像水流，卻不盈滿氾濫，始終與河床（坻）相平，給人以風平浪靜的感覺。

不過，無明初破，困惑尚多，他還沒有進入海闊天空的境界，「中未大也」的話，是勉勵他快馬加鞭，奔赴聖人恢宏的天地。

上六，繫用徽纆，寘于叢棘，三歲不得，凶。

《象》曰：上六，失道凶，三歲也。

陰居險極，有定无慧，如凡外癡定，極至非想，終不脱三界繫縛，而見取既深，如寘于叢棘，永不得離也。

【譯註】

上六的不幸在以陰而居險的極端，而過失則在駕凌九五之上，自以為有定，卻缺少智慧。她有如凡夫外道，學會了一些愚癡的禪定，可能得到非想非非想的地步，但終於脫離不了三界（欲界、色界、無色界）的束縛，失道太久，熏習太深，就像被繩子（徽纆）綁住，丟在荊棘叢中，三年鑽不出來。

䷝ 離下離上（離為火：30）

離，利貞亨。畜牝牛，吉。

火性无我，麗附草木而後可見，故名爲離。約世道，則重險之時，必麗正法以御世；約佛法，則魔擾之時，必麗正教以除邪；約觀心，則境發之時，必麗正觀以銷陰，故皆利貞則亨也。牝牛柔順而多力，又能生育犢子，喻正定能生妙慧。

【譯註】

火不能自我存在，必須附麗於草木的身上，因此把它叫做「離」，離是附麗的意思。

從世道看，險象連環出現時，必須依賴正法，來做處理；從佛法看，魔境騷擾時，必須依賴正教，祛除邪惡；從觀心處看，當人步入邪途時，必須依賴正觀，消除邪氣。這些都有利於正道，使人亨通。母牛是大地的象徵，她柔順有力，還會生育小牛，人能從正直堅定中產生妙慧，也是這個道理。

《彖》曰：離，麗也，日月麗乎天，百穀草木麗乎土，重明以麗乎正，乃化成天下。柔麗乎中正，故亨。是以畜牝牛吉也。

如日月必麗天，如百穀草木必麗土，吾人重明智慧，亦必麗乎性德之正，則自利既成，便可以化天下矣。夫智慧光明，必依禪定而發，禪定又依理性而成。今六五、六二，麗乎中正之位，故有亨道。如牝牛能生智慧犢子而吉也。吳幼清曰：「上卦爲重明，下卦三爻皆麗乎正。」

【譯註】

一如日月的運行依賴天，百穀草木的生長依賴地，我們雙重光明的智慧必須依賴性德的正直。一旦自利的工夫圓滿達成，化成天下的工作便可開始了。智慧和光明來自禪定，禪定又靠理性完成。離卦中的六二和六五，都在單卦離的正中央，所以履道亨通，有如母牛誕生智慧和小牛，得到吉祥。吳幼清說：「離卦上卦的離，是第二個離，是光明的加強；下卦的離，陰陽配合完美，是依附正道的意思。」

《象》曰：明兩作離，大人以繼明照于四方。

明而又明，相續不息，自既克明其德，便足以照四方矣。

【譯註】

明上加明，光明連綿不斷，不惟能彰顯自己的美德，也能照耀天下。

初九，履錯然，敬之无咎。

《象》曰：履錯之敬，以辟咎也。

用觀之始，雖有正慧，而行履未純，故常若錯然之象。惟兢兢業業，不敢自安，則德日進而習日除，可辟咎矣，豈俟咎之生而後除哉！

【譯註】

開始用三觀的方法做觀察時，雖也有智慧，卻缺少經驗，所以常常自己覺得不對勁。如果能維持恭敬努力的心態，不敢怠慢，德業會日見長進，而惡習可日見消除，自然便沒有災害了，哪裡需要等到災害出現之後才來動手排除呀！

六二，黃離，元吉。

《象》曰：黃離元吉，得中道也。

中正妙定，稱性所成。以此照一切法，使一切法皆成中道，乃絕待圓融之妙止也。

【譯註】
五行中黃色是中色，黃色的附麗，是最好的禪定，既中且正，但得配合自己的天性，才能有此吉祥。用這種禪定，觀照一切法相，能把一切法相導入中道，這才是絕對圓融、最不可思議的妙禪。

九三，日昃（ㄗㄜˋ）之離，不鼓缶（ㄈㄡˇ）而歌，則大耋（ㄉㄧㄝˊ）之嗟，凶。

《象》曰：日昃之離，何可久也？

過用其慧，而无定以濟之，有時歡喜太甚，則鼓缶而歌；有時憂慮太切，則大耋之嗟。悲歡亂其衷曲，乾慧不能自持，其退失也必矣！

【譯註】

離是太陽，九三是離卦的第三爻，是日薄西山（日昃）之象。智慧用盡了，沒有禪定來救濟，高興時，會鼓盆高歌，憂慮時，會悲歎像個老頭子。一悲一歡，都是心中的亂源。如果陽剛的智慧不能支撐你，退轉失敗，便是當然的後果了！

九四，突如其來如，焚如，死如，棄如。

《象》曰：突如其來如，无所容也。

雖似有慧有定，而實不中不正，不能調適道品，故時或精進，則失于太速，而突如其來如；時或懈怠，則置諸罔覺，而焚如，死如，棄如也。夫進銳者退必速，其來既突，則決无所容矣！又何俟于焚、死、棄而後知其非善終之道哉？

【譯註】

九四陽爻，看似定慧俱全，但身居陰位，不中不正，弄不清楚自己的地位和品質。精進時，過分高昂，像是突如其來地興奮；懶散時，恍恍惚惚，像被火燒了，是個死人，有如被遺棄一樣的無奈。一般說來，前進太猛的人，退得也快；過於莽撞的人，則是無地自容。他哪裡需要等到被焚燒、被拋棄，或者死了之後，才知道自己走錯了路呢？

六五，出涕沱若，戚嗟若，吉。

《象》曰：六五之吉，離王公也。

得中之定，能發實慧，進德固无疑矣。然堯舜其猶病諸，文王望道未見，伯玉寡過未能，孔子聖仁豈敢。從來聖賢之學，皆如是也。

【譯註】

禪定須居中位，才能發出真實的智慧，對進德則更有利了。六五是外互卦澤（☱）的上爻，澤是水，也象徵眼淚，所以有涕泗滂沱的形象。好心的政治家是會為民眾的疾苦而流淚、為自己的不足而悲歎的。像堯舜從來不敢自負，像周文王日日求道而不得，像蘧伯玉刻刻反省自己的過錯，像孔子一再推辭聖和仁的頭銜，聖賢的心態，總是這樣的。

上九，王用出征，有嘉折首，獲匪其醜，无咎。

《象》曰：王用出征，以正邦也。

剛而不過，又居明極，自利已成，化他有術，人自歸慕而折首，非有醜惡而須伐也。身正則邦正，邦正，則六合歸心，重譯奉命矣，是之謂「王用出征」，豈以奮武揚威爲出征哉！

【譯註】

上九剛強，但不與九三的剛強相互激蕩，堪稱中庸之道。他身處雙重離卦的巔峰，有足夠的光明和智慧，既然利的工夫已經做到，要教化他人也綽綽有餘，人們當然會對他傾心愛慕，他也不會因為人們小小的醜惡，給他們懲罰。自己身正，則國家正，國家正，則天下歸心，重新體驗領袖六五的好心，接受她好意的出征，才是《象辭》「王用出征」（君王可以出征，走上戰場）的意思，哪裡是到戰場上去耀武揚威呀！

《周易禪解》卷第五（下經之一）

上經始乾、坤而終坎、離，乃天地日月之象，又寂照定慧之德也，是約性德之始終。下經始咸、恆而終既濟、未濟，乃感應窮通之象，又機教相叩，三世益物之象也，是約修德之始終。又上經始于乾、坤之性德，終于坎、離之修德，爲自行因果具足。下經始于咸、恆之機教，終于既濟、未濟之无窮，爲化他能所具足。此二篇之大旨也。

【譯註】

《周易》分上下二經，上經從乾、坤開始，結束於坎、離，是天地日月之象，包含了真理之體（寂）、真智之用（照），和定（止）慧（觀）的內涵：它是從萬物本性的角度著眼。下經從咸（男女的相感）、恆（永恆的創造）開始，結束於既濟（各得其所）、未濟（從頭再來），是人情世故中感應窮通之象，也顯示了現實和理想的對立，現在、過去、未來三世事物的消長：它是從人本具有的德性著眼。再者，上經始於乾、坤的性德（善惡迷悟自覺的本性），終於坎、離的修德（般若解脫修成的智德），說明了因果關係自然成長的過程；下經始於咸、恆配合的微妙，終於既濟、未濟變化的無窮，說明了教化工作包攬無遺的圓滿。這便是上下二經的大旨。

䷞ 艮下兌上（澤山咸：31）

咸，亨，利貞，取女吉。

艮得乾之上爻而爲少男，如初心有定之慧，慧不失定者也。兌得坤之上爻而爲少女，如初心有慧之定，定不失慧者也。互爲能所，互爲感應，故名爲咸。

約世道，則上下之相交；

約佛法，則眾生諸佛之相叩；

約觀心，則境智之相發。

夫有感應，必有所通，但感之與應，皆必以正，如世之取女，必以其禮，則正而吉矣。

【譯註】

咸卦的下卦是艮（☶），艮的上爻是乾，即乾的少男，年紀雖小，卻慧中有定，可謂慧不失定。咸卦上卦是兌（☱），上爻是坤，是坤的少女，年紀雖小，卻定中有慧，可謂定不失慧。他們有推動彼此的力量，能相互感應，因此這個卦叫做「咸」，咸就是感的意思。

從世道看，這是上下的溝通；
從佛法看，這是眾生與諸佛的相遇；
從觀心處看，這是境遇和智慧的相激相蕩。
有感應，便有溝通，但感和應都得守正，就像娶媳婦一定得遵守禮儀，守住正道，才能吉利。

《彖》曰：咸，感也。柔上而剛下，二氣感應以相與。止而說，男下女，是以亨，利貞，取女吉也。天地感而萬物化生，聖人感人心而天下和平。觀其所感，而天地萬物之情可見矣。

咸何以爲感哉？下卦坤體之柔，上于六而成兑；上卦乾體之剛，下于三而成艮，乃天地之二氣感應以相與也。又艮止而兑悦（說），以男而下女，此感應之正，所以吉也。

約佛法者，艮爲生，兑爲佛，眾生感佛既專，則佛說法應之；

約觀心者，艮爲觀，兑爲境，觀智研境既專，則境地開發而得悦矣。

世出世法，皆以感而成事，故可以見天地萬物之情。

【譯註】

咸卦為什麼會有感應呢？它把下卦坤（☷）的溫柔，提升到上六，成就了兌（☱）的溫柔。又把上卦乾（☰）的剛強，下降為九三，成就了艮（☶）的剛強，這便是天地陰陽二氣交互感應的結果。再說，艮是靜止，兌是愉悅，而男在女下，有謙恭的意味，是感應中合乎人情世故的正道，所以吉祥。

從佛法看，艮是眾生，兌是佛，眾生既然對佛如此專注，佛也就用講經說法來回報他們；

從觀心處看，艮是靜觀，兌是境遇的變化，二者交融後，心地自然開朗，喜悅自然呈現。

不論出世法還是入世法，萬事萬物都從感應中成就，因此萬事萬物也充滿了天地之情。

《象》曰：山上有澤，咸；君子以虛受人。

慢如高山，法水不停。今山上有澤，豈非以其虛而能受哉？

【譯註】

在傲慢的高山上，水會如狂地注瀉。咸卦的山頭有一泓清澤，安詳秀麗，是虛懷若谷的雅量，才得到如此靜靜的承擔。

初六，咸其拇。

《象》曰：咸其拇，志在外也。

咸雖感而遂通，須不違其寂然不動之體，又須善識時位之宜，倘因感而搖其主宰，則反失能應之本矣。大概感應之道，互爲能所，然下三爻既居止體，且在下位，故皆不宜妄應于他；上三爻既居悦體，且在上位，故皆宜善應于物。今初六以陰居下，而爲九四所感，未免腳趾先動。夫用行舍藏原无定局，時止則止，時行則行，行得其當則吉，不得其當則凶，故未可判定是非。則所謂志在外者亦自不同，若志在天下，不顧身家，則吉；若志在利名，不顧心性，則可羞矣。

【譯註】

咸卦雖以感為溝通的動力，但它不能違背本體寂然不動的原則，也得考慮時序的恰當與否，倘若對每一個感都去應，作為主宰的你，會不勝其煩，失去反應的能力。一般說來，感應之道，雙方都有主動的優勢。咸卦的下三爻是艮，居下位，因此不宜隨意與外界呼應；它的上三爻是兌，居於上位，不妨與人溝通。現在初六居於人體最下位，相當於腳的位置，受到九四的影響，很想有所反應，為了遵守不妄動的原則，只讓腳趾

（拇）微動了一下，沒有跨出去。事實上，人的行止，並無定論，該行則行，該止則止，做得恰當是吉，不恰當是凶，不是是非的問題。經文所謂「志在外」，也有不同的解釋：志在天下，拋棄身家，是吉；志在名利，寡廉鮮恥，則是羞。

六二，咸其腓，凶；居吉。

《象》曰：雖凶居吉，順不害也。

陰柔中正，而爲九五所感。儻躁妄欲進則凶，惟安居自守則吉。蓋安居自守，乃順乎柔中之道而不害也。

【譯註】

六二在人體上相當於小腿肚（腓），雖屬陰爻，卻地位中正，她感受到九五的呼喚。她有兩個選擇：急忙衝出去，或者安然自守，不予反應。前者是凶，後者是吉，因為安然自守，從她的立場說，是溫和的中道，不會有害。

九三，咸其股，執其隨，往吝。

《象》曰：咸其股，亦不處也；志在隨人，所執下也。

以剛正居止極，而爲上六所感，未免亟亟以利生爲務。不知欲利他者，先須自利成就，若一被順境所牽，則頓失生平所養，亦可羞也。

【譯註】

九三是大腿（股），是止卦惟一的陽爻，位於止卦的頂端，雖然力量充沛，卻不能隨意行動。他感受到上六的呼喚，也想衝出去，一展利生的懷抱。如果他真如此做了，絕非好事，因為利他必先做利己的準備；如果只求方便，忘了充實自己，也是可羞的事。

九四，貞吉，悔亡。憧（ㄔㄨㄥ）憧往來，朋從爾思。

《象》曰：貞吉悔亡，未感害也；憧憧往來，未光大也。

剛而不過，定慧齊平，得感應之正道，故吉而悔亡。見其己心、他心，互含互攝，有憧憧往來之象，既以心爲感應之本，則凡有血氣莫不尊親，有朋從爾思之象。惟其得感應之正，雖終日感而不違其寂然不動之體，故未感害也。惟其悟一心之往來，雖知本自何思何慮，而還須精義入神以致用，利用安身以崇德，窮神知化以深造于不可知之域，故未肯遽以現前所證爲光大也。

【譯註】九四脫離了艮的約束，進入兌的境界，取得更多的自由和歡樂，且陽居陰位，剛而不過，定慧相當，是感應最好的條件，所以吉祥，沒有懊惱。當他發現人心和我心可以自由包容、照應時，十分興奮，幾乎相信人與人之間會有「往來不絕」（憧憧往來）的熱鬧；尤其是人的溝通既以心為本，而人同此心，相信人人都是鄉親，而「人與我也連成一氣」（朋從爾思）了。正因他的感應正直，他可終日感應，而本體寂然不動，不受影響。不過，感應雖靠一心，無所憂慮，仍須深入造化，才能有用；必須身體安泰，才能崇德；必須利用潛移默化的工夫，才能止於至善。所以不宜以眼前的成就為滿足。

九五，咸其脢（ㄇㄟˊ），无悔。

《象》曰：咸其脢，志末也。

陽剛中正，而居悅體，如艮其背不獲其身，行其庭不見其人之象，仍允合于寂然不動感而遂通之妙，故得毫无過失可悔，而善始善終，證于究竟，名爲志末。末，猶終也。

【譯註】九五是兌的中爻，剛健中正，尊為帝王，像人體的背（脢），背不輕易擺動，頗有

「艮其背不獲其身，行其庭不見其人」的好處，能在寂然不動的情況下，接受世間種種的反應，沒有過失，有始有終，貫徹了與民溝通的初衷。經文說「志末」，指志向有了最後的交代。

上六，咸其輔、頰、舌。

《象》曰：咸其輔、頰、舌，滕（滕通騰）口說也。

柔而得正，爲兑之主。内依止德，外宣四辯，爲咸其輔、頰、舌之象。說法无盡，誨人不倦，故曰「滕口說」也。然初之咸拇，上之咸舌，皆不言吉凶者，以初心初步，有邪有正，事非一概。說法利生，亦有邪有正，轍非一途故也。觀于《象》辭，亨及利貞之誡，則思過半矣！

【譯註】

上六陰居陰位，柔而得正，是兌的主爻，深含止德（艮止）的莊嚴，和宣揚四無礙辯（法無礙、義無礙、辭無礙、樂說無礙）的喜悅，因此有類似牙床、臉頰、舌頭一類的感應。慈悲說法，不會有終結的一日，傳道授業，也不會有疲倦的一天。經文「滕口說」三字，是滔滔不絕的意思。值得注意的是，咸卦初六動腳趾，上六動舌頭，都不言吉凶。道理是初心才動，有好心，也有壞心，得就事論事才對；弘法利生，有正法，也有邪法，各各不同，不能一視同仁。《卦辭》所說的亨通和利貞，是很重要的標準！

䷟ 巽下震上（雷風恆：32）

恆，亨，无咎，利貞；利有攸往。

夫感應之機，不可一息有差，而感應之理，則亙古不變者也。依常然之理而爲感應，故澤山得名爲咸；依逗機之妙而論常理，故雷風得名爲恆。澤山名咸，則常即无常；雷風名恆，則无常即常。又咸是澤山，則无常本常；恆是雷風，則常本无常。二鳥雙遊之喻，于此亦可悟矣！理既有常，常則必亨，亦必无咎。但常非一定死執之常，須知有體有用；體則非常非无常，用則雙照常與无常。悟非常非无常之體，名爲利貞；起能常能无常之用，名利有攸往也。

【譯註】

一般來說，感應的微妙，不容絲毫差錯，但感應的原則，卻永遠不變。依照平常的道理談感應，澤和山可以叫做「咸」（感）；依照動靜無形的道理，雷和風可以叫做「恆」（常）。如果寂然不動的澤和山是「咸」，那麼常就是無常了；如果瞬息萬變的雷和風是「恆」，那麼無常就是有常了。變化無常的「咸」既然是寂然不動的澤和山，所謂無常，就是有常了；永不改變的「恆」既然是瞬息萬變的雷和風，所謂常，也就是無常了。《涅槃經．鳥喻品》拿鴛鴦雙宿雙飛的現象，比喻常與無常永不分離，從這裡也可以得到理解！理必須有常，有常才能亨通，免除災害。然而，常道並非一成不變，它有體和用的不同：它的體既非有常，也非無常，它的用則是時而有常，時而無常。能掌握非常、非無常的體，便是「利貞」，皆大歡喜；能實踐常與無常雙管齊下的妙用，便是「利有攸往」，無往而不利。

《彖》曰：恆，久也。剛上而柔下，雷風相與，巽而動；剛柔皆應，恆。恆，亨，无咎，利貞，久于其道也。天地之道，恆久而不已也。利有攸往，終則有始也。日月得天而能久照，四時變化而能久成，聖人久于其道而天下化成。觀其所恆，而天地萬物之情可見矣。

恆何以名「久」？以其道之可久也。震體本坤，則剛上而主之；巽體本乾，則柔下而主之。此剛柔相濟之道也。雷以動之，風以鼓之，此造物生成之常道也。巽于其內，動于其外，此人事物理之常道也。剛柔相應，此安立對待之常道也。久于其道，即名爲「貞」，便可「亨」而「无咎」，天地之道，亦若是而已矣！始既必終，終亦必始，始終相代故非常，始終相續故非斷，非斷非常，故常與非常二義俱成。天地則有二義雙存，而體則非常非无常，強名爲恆者也。

【譯註】

恆卦為什麼是永恆呢？因為恆就是永恆之道。震體（☳）原本是坤（☷），加上一個剛強的陽爻，便成了震卦的動；巽體（☴）原本是乾（☰），加上一個溫柔的陰爻，便成了巽卦的靜，這是剛柔相濟的常道。雷能震動，風能鼓蕩，這是萬物生長的常道。內有清風，外有雷鳴，這是人事物理的常道。剛和柔配合得當，這是待人接物的常道。守住常道，就能通暢、沒有災難，天地之道就是如此簡單！有開始，一定有終結；有終結，一定有開始。開始和終結相互為體，看似無常；但開始和終結永遠相續，從不中斷，這就是常和無常相輔相成的關係了。天地間這兩種觀念同時存在，但在本體上卻既沒有有常，也沒有無常，《周易》無以名之，就勉強叫它做「恆」了！

《象》曰：雷風，恆；君子以立不易方。

方者至定而至變，至變而至定者也。東看則西，南觀成北，不亦變乎？南決非北，東決非西，不亦定乎？立不易方，亦立于至變至定、至定至變之道而已。

【譯註】

「方位」是最確定又最有變化的東西。雖然變化，仍然確定。你站在東方，看見西方，站在南方，看見北方，這不是變化嗎？但南不是北，東不是西，方位怎不確定呢？人自以為站在地面，屹立不搖（立不易方），其實是看似確定、實則變化無端的遊戲。

初六，浚恆，貞凶，无攸利。

《象》曰：浚恆之凶，始求深也。

夫居咸者，每患无主靜之操持；而居恆者，每患无變通之學問。今初六以陰居下，知死守而不知變通，求之愈深，愈失亨貞攸往之利，故凶。

【譯註】

在感應頻繁的咸卦中，人常苦沒有安靜思索的時間；而在恆常不變的恆卦中，又常苦沒有應付變化的常識。居於下位的初六，想貿然深入恆道（浚恆），追求真理，她的用意雖善，卻不知變通，鑽得越深，損失越大，所以有災難。

九二，悔亡。

《象》曰：九二悔亡，能久中也。

以剛居柔，且在中位，不偏不倚，无適无莫，乃久于中道，非固執不通之恆，故悔亡也。

【譯註】九二陽在陰位，且居巽卦之中，跟六五有正應，不偏頗，也不結黨營私，有堅守中道的氣度。他的毅力沒有固執和閉塞的毛病，所以不會有悔恨。

九三，不恆其德，或承之羞，貞吉。

《象》曰：不恆其德，无所容也。

過剛不正，以應上六，未免宜久而不肯久，正于初六相反，然過猶不及，且陽剛而反不恆，尤可羞矣！張慎甫曰：「三之不恆，藉口圓融變通而失之者也。」

【譯註】

九三太過剛強，在下卦巽的頂端，自作聰明，有急躁和不能堅持（不果）的傾向。他與上六相應，應當懂得恆久之道，卻沒有恆久之心，雖跟初六的堅定相反，莽撞卻是一樣。過猶不及，誤用了下互卦（二、三、四）乾卦的陽剛，失去了恆常之德，真可惜！明代易學家張慎甫說：「九三不能持恆，相信自己圓融，又有變通的長處，反而丟失了恆道。」

九四，田，无禽。

《象》曰：久非其位，安得禽也？

四爲震主，恆于動者也，動非可久之位，安能得禽？蓋靜方能有獲耳。

【譯註】

打獵卻不見獵物，是什麼道理？原來九四是震卦（☳）惟一的陽爻，太多招搖，把獵物嚇跑了。打獵必須沉得住氣，才有收穫。

六五，恆其德，貞。婦人吉，夫子凶。

《象》曰：婦人貞吉，從一而終也；夫子制義，從婦凶也。

柔中而應九二之賢，似得恆之正者，然大君无變通闔闢之用，不幾爲婦道乎？

【譯註】

遵守恆道的原則，對婦人吉祥，對男子卻不好。例如六五柔中，正應九二的陽剛，夫唱婦隨，終身和樂，很完美。然而，如果身當君位，雖是女性，著眼不同，還死守刻板的原則，那就不對了。

上六，振恆，凶。

《象》曰：振恆在上，大无功也。

陰居動極，志大而才小，位尊而德薄。且下應九三不恆之友，其何以濟天下哉？王安石、方孝孺似之。

【譯註】

上六是震卦的頂端，震動太過，雖陰居陰位，志向大，能力小，地位高，德望低，成就不了大事業。再者，她與沒有恆心的九三為伍，怎能救濟天下呢？王安石、方孝孺的一生就是這樣過的（前者不顧輿論，刻意變法，後者不知變通，不能妥協，惹來殺身之禍）。（參閱復卦上六。）

䷠ 艮下乾上（天山遯：33）

遯（ㄉㄨㄣˋ），亨，小利貞。

夫世間之道，久則必變而後通，進則必退而後久。此卦剛而能止，是不以進爲進，而正以退爲進者也，故亨。然說一「退」字，便有似于自利之小道矣！若允此小道，不幾失立人達人之弘規乎？故誡以小利貞，言雖示同小道，而終利于大人之貞也！

【譯註】

人世間的法則，久則變，變則通；有時也宜以進為退，懂得退讓，方能持久。遯卦的特色是雖有乾（☰）的剛強，卻善用艮（☶）的隱遁，不以進為進、以退為進，因此亨泰。不過說到「退」，一定有人相信是自私自利的小道。不錯，假如處處只從小處著眼，這人豈不辜負了自立立人的宏願嗎？所以卦辭提醒大家，別墮入「小利、小正」的小道；它還認為遯卦看似小道，卻是成就偉大事業的大道呢！

《彖》曰：遯，亨，遯而亨也。剛，當位而應，與時行也。小利貞，浸而長也。遯之時義大矣哉！

尺蠖尚曲而後伸，龍蛇亦蟄而後震。君子之學，欲自利利他者，豈不以遯而得亨哉？且九五剛當其位，以應六二之賢，乃與時偕行之道，所以亨也。所言「小利貞」者，慮其陰柔自守之志，漸漸浸而長也。夫善遯者，則退正所以爲進；不善遯者，則退竟終于不進矣！所關顧不大哉？

【譯註】

尺蠖小蟲走起路來一屈一伸，龍和蛇也都先隱藏（蟄伏）自己，然後發揮威力。一個有抱負的人，如想利人利己，能不藉隱遁的力量來達成任務嗎？且看遯卦位於君位的九五，能與在下穩健的六二遙相呼應，顯然懂得一前一後、一往一返的道理，所以亨泰。經文說「小利貞」，是擔心六二一旦潛伏在下，真的讓小念頭生長，忘記了胸中的大志。懂得退讓的人，是以退作為進的手段；不懂退讓的人，退讓之後，真的就不前進了。遯卦的關懷可不小呀！

《象》曰：天下有山，遯；君子以遠小人，不惡而嚴。

外健內止，未嘗有意于遠小人，而小人自不能媚也。以小人爲用，故不惡；小不能擅權，故而嚴。約聖學者，天君爲主，百骸聽命，耳目口腹之欲不能爲亂也。

【譯註】

乾下有艮，外表剛強，內心穩重，是遯卦之象；有抱負的君子在隱遁退讓、能屈能伸之餘，也遠離了小人。他不須拿出兇狠的態度，而儀表自然威嚴。其實，所謂的小人，在人事中仍有運用的價值，並非壞事；小人不當權，沒有實力，對他們嚴厲就好。大凡聖賢之學，以天為君，自己聽命於天，其他的欲望，像耳目口腹的享受，都不能干擾你。

初六，遯尾，厲，勿用有攸往。

《象》曰：遯尾之厲，不往何災也。

處遯之時，須隨其德位以爲進退，方不失亨貞之道。今初六陰柔居下，才位俱卑，惟固守爲宜，不可妄往以取災也。此如樂正裘、牧仲。

【譯註】

運用遯卦，得依自己能力的高下作為進退的判斷，才會亨通貞祥。這裡的初六，陰柔居下，才華和地位都不理想，最好退守家園，不要妄自逞能，自取災害。這就像魯國的樂正裘和牧仲，他們和顯貴的孟獻子為友，只論品德，不涉權勢，得到孟子大力的讚美（見《孟子．萬章》）。

六二，執之用黃牛之革，莫之勝說（說通脫）。

《象》曰：執用黃牛，固志也。

柔順中正，非榮名利祿之所能牽。上應九五剛健中正之君以行其志，國有道，不變塞焉。故象以執用黃牛之革。此如伊尹。

【譯註】六二陰居陰位，柔順中正，不為名利所左右；為了國家，一心配合在上的九五，不論通達還是阻塞。她堅定的信心，就像被堅韌的牛皮繩子綁住了一樣，解不開來（莫之勝脫）。這有如商初的伊尹，出生寒微，樂堯舜之道，輔佐了五朝的帝王，終使商朝成為泱泱大國。

九三，係遯，有疾厲；畜臣妾，吉。

《象》曰：係遯之厲，有疾憊也；畜臣妾吉，不可大事

也。

剛而得正，可以有爲，而居止極，則未免爲「遯」之一字所係，此絕人忘世之道，君子之疾也。然雖不能大有所爲，亦須厲勉其精神，以畜臣妾則吉，所謂「不能治國，亦且齊家」，以爲天下風可也。丈人現二子于子路，亦是此意，但无援天下之大手段耳。

【譯註】

六三地位剛正，應當大有可為，但因處於艮的高端，原則上不宜造次，所以還有隱遁避世的傾向。然而，此時雖不能施展抱負，卻宜砥礪氣節，培養子民（臣妾在古代是男僕和女僕的稱謂，今天應當解釋為身邊的助手），才是吉利，這也是儒家「不能治國，不妨齊家」的意思。子路在田間遇見「植杖而耘」的老人和家裡的兩個孩子，便是避世不忘齊家榜樣（《論語．微子》），只不過他們不拿天下國家的大事作為話題罷了。

九四，好遯，君子吉，小人否（ㄈㄡˇ）。

《象》曰：君子好遯，小人否也。

以剛居柔，上輔九五，下應初六，承天子之德，撫天下之民，休休有容，君子之吉道，非小人所能學也。此如衛武公。

【譯註】九四陽居陰位，在上輔佐九五，在下照拂初六，有忠君愛民的美德，和雍容高貴的氣質。君子吉祥之道，自然天成，小人想學也學不來。有如西周的衛武公（在位五十五年，政通人和，累立戰功，平王封他為武公，而平易近人，民感其德，有九四的精神）。

九五，嘉遯，貞吉。

《象》曰：嘉遯貞吉，以正志也。

剛健中正，下應六二陰柔中正之賢，當此遯時，雖有英明神武作略，不自露才華，遯之嘉美，貞而且吉者也。此如湯王。

【譯註】九五以帝王之資，居乾元之中，與在下信心堅定的六二往還，得到賢人的輔佐。雖然英明卓絕，神韜武略俱全，卻不露聲色，實踐了遯卦崇高的美德，所以既貞且吉，有如商湯的武王（湯王是商朝的開國帝王，得到伊尹之助，觀察多年才發動革命，在鳴條

一舉滅夏，成為天下的共主）。

上九，肥遯，无不利。

《象》曰：肥遯无不利，无所疑也。

剛而不過，尊居師保之位，望降于天下，而不自伐其德，故爲肥遯而无不利。此如太公。

【譯註】

上九在乾卦的巔峰，高居太師爺的地位，卻無驕矜之色；德望遍天下，也不居功：如此退讓，是無往而不利的。最好的榜樣是姜太公（姜太公呂尚，周文王拜為尚父，文王死後，輔助武王滅商，建立周朝，四海清明）。

䷡ 乾下震上（雷天大壯：34）

大壯，利貞。

夫退養之功愈密，則精神道德愈壯。然大者既壯，不患不能致用，特患恃才德而妄動耳，利貞之誡，深爲持盈處滿者設也。

【譯註】 大壯是遯卦的對宮卦，隱遁的工夫越深，儲蓄的精神越飽滿，以至達到了「大壯」的地步。此時不愁不能致用，只愁自誇高人一等，開始胡作妄為了！經文「利貞」（利於走正道），就是對這些驕傲自滿者的提示。

《彖》曰：大壯，大者壯也；剛以動，故壯。「大壯利貞」，大者正也。正大，而天地之情可見矣。

夫人一體之中，有大者，有小者，從其大體爲大人，從其小體爲小人，今言大壯，乃是大者壯也。剛則非情慾所能擾，動則非舊習所能囿，所以壯也。言利貞者，以大人者，本自正也，不正何以稱大？故正大而天地之情可見矣！

約佛法者，天地即表理智，亦表定慧。

【譯註】

生命有大有小，大的是大人，小的是小人。大壯下乾（剛）上震（動），說的便是大而壯的生命。剛則情慾不能干擾；動則過往的積習不能圈範，非如此，不能成其為大。而大壯之所以有利於正道，是因為正大光明，否則怎能叫做大呢？所以正大的形象也表現了天地浩瀚的精神。

用佛法解釋，天地代表理智，也代表禪定和智慧。

《象》曰：雷在天上，大壯；君子以非禮勿履。

「非禮勿履」，正佛法中所謂「悲體戒雷震」也。

【譯註】

大壯的卦象是雷在天上，警告人們「不要做不合乎規矩的事」，正像佛法所說「慈悲心可防止雷的劇烈震盪」。

初九，壯于趾，征凶，有孚。

《象》曰：壯于趾，其孚窮也。

雖云大者必正，須知正者乃大。若恃其大以爲正，正便成邪，恃其壯以爲大，大必不久；恃其正以爲壯，壯必有衰。〈洪範〉所以有「高明柔克」之訓，正爲此耳。今初九過剛不中，故往則必凶，以其自信自恃，乃必窮之道也。

【譯註】

雖然說大者一定正，我們須知惟有正才能大。假如堅持大就是正，正可以變為邪惡；假如堅持壯就是大，大不一定持久；假如堅持正就是壯，壯會有時衰敗。《尚書‧洪範》說「高明的人要用溫柔來治理他」，便是針對這種人而言。大壯初九是乾的初爻，腳粗氣大，動必有凶，如果仗著乾的力量自鳴得意，定遭窮途末路的命運。

九二，貞吉。

《象》曰：九二貞吉，以中也。

陽居陰位，剛而不過，又得其中，得中即得正矣！

【譯註】

九二陽居陰，剛而收斂，身居乾卦之中，當然既正且吉了！

九三，小人用壯，君子用罔，貞厲。羝羊觸藩，羸其角。

《象》曰：小人用壯，君子罔也。

雖本君子，但好剛任壯，未免同于衽金革、蹈白刃、暴虎馮河之小人，適足取困而已，何能決斯世之藩哉？若眞是君子，則勢雖壯盛而不自恃，慊然似罔而已。

【譯註】

小人喜歡用武力，君子則否。九三剛健，本是君子，但過於強悍，何異於穿上盔甲、提著刀子去打仗，或者空拳打虎、徒步涉河的莽夫？把自己陷入困境，像一頭栽進籬笆的公羊，被籬笆困住，哪能破除世間的障礙？如果他真是君子，有實力，不自負，學點謙虛，不談武力就好了。

九四，貞吉悔亡，藩決不羸，壯于大輿之輹。

《象》曰：藩決不羸，尚往也。

陽居陰位，以柔濟剛，得大壯之貞者。所以削平禍亂而不損其神，以此運載天下，无往而不得也。

【譯註】

九四陽居陰位，離開了乾卦（一、二、三）的剛強，進入了上互兌卦（三、四、五）的喜悅，剛柔並濟，上輔六五，是大壯卦中最為漂亮的一爻。他能殲禍滅亂，不傷精費神，像大車底盤（大輿之輹）一樣堅強，能承擔，走遍天下無敵手。

六五，喪羊于易，无悔。

《象》曰：喪羊于易，位不當也。

柔而得中，故絕无剛壯喜觸之態而无悔也。位不當，猶所謂有天下而不與。

【譯註】

大壯有四個陽爻（一、二、三、四）結伴同行，像一隊凶猛的羊群向六五撲來。而羊有東衝西撞的習慣，也來勢洶洶，六五運用她柔而得中的美德，輕易化解了羊群的攻擊。羊群不見了，而六五毫髮無傷。所謂「位不當」，是說六五雖在君位，卻不驕傲自滿，不以天下為自己所有，大壯的力量便是從這種謙虛的心態上誕生的。

上六，羝羊觸藩，不能退，不能遂，无攸利。艱則吉。

《象》曰：不能退，不能遂，不詳（詳通祥）也。艱則吉，咎不長也。

質位俱柔，但有壯名，而无壯義，故无攸利。然善用柔者，正不必慕大壯之虛名，惟艱守其柔克之道，則柔能勝剛，反得吉矣！此勸其不能遂，則須退也。

【譯註】

上六的品質和地位都不佳，雖在壯卦內，徒有壯之名，無壯之實，所以沒有好處。不過對一個善用柔弱的人，並不需要假借虛名取得力量，只要明白柔能勝剛的道理，也會獲得吉祥！回到羝羊觸藩的話題，如不能進，就退吧，困境很快會化解的。

䷢ 坤下離上（火地晉：35）

晉，康侯用錫馬蕃庶，晝日三接。

大壯而能貞，則可進于自利利他之域矣！當此平康之世，賢侯得寵于聖君。錫馬蕃庶，錫之厚也；晝日三接，接之勤也。

觀心釋者，妙觀察智爲康侯，增長稱性功德爲錫馬蕃庶，證見法身理體爲晝日三接。

【譯註】繼大壯卦後，懂得以退為進的道理，現在且以自利利他為目標而前進吧！在太平康寧的國家裡，優秀的人一定會得到君王的寵愛，送給他許多禮物，包括馬匹，也會在一天之內接見三次之多，表示重用之意。

從觀心法上看，優秀的人，指那些懂得觀察、心懷智慧的人；眾多的禮物包含馬匹等，指不斷成長、越聚越多的功德；晝日三接，指對法身和事理日新月異的印證和發現。這些都是猛勇精進不可少的條件。

《彖》曰：晉，進也。明出地上，順而麗乎大明，柔進而上行，是以康侯用錫馬蕃庶，晝日三接也。

明若未出，不名平康之晉時；不順不麗，不名晉世之賢侯；不柔不進，不得錫接之蕃數。蓋六五之柔，即坤全體，坤與合德，故進而上行以麗之也。

觀心釋者，根本實智光明，破无明住地而出，故云明出地上；定與慧俱，止觀不二，故云順而麗乎大明；无明實性即佛性，无明轉即變爲明，故柔進而上行，是以功德智慧重重增勝也。

【譯註】

晉卦的光明（☲）出於地上（☷），假如光明不出，不能說是康寧盛世；假如諸事不順，光明不附麗於人，不能得到與時俱進的賢人；假如不柔順、不努力，也不能獲得贈送和一再的接見。六五吸收了坤體全部的溫柔，當然夠溫柔，她與坤合而為一，所以一路上揚，光明也附麗在她身上。

從觀心處看，光明和智慧是打破無明後展現出來的成績，所以叫做「明出地上」；定和慧相依相附，本來便是一體，所以叫做「順而麗乎大明」；無明仍是佛性，無明一轉，便成智慧，所以叫做「柔進而上」。如此層層相因，步步生長，功德智慧越聚越多，自然像是「晝日三接」了。

《象》曰：明出地上，晉；君子以自昭明德。

本覺之性名爲「明德」，始覺之功名之爲「昭」，心外无法名之爲「自」，自昭明德，則新民止，至善在其中矣！

【譯註】

本然的覺性就是「明德」，覺性的光芒開始照耀就是「昭」，一切自我圓滿、心外無法就是「自」，一旦明德光芒四射，又有日新又新的努力，那麼止於至善的期待便不遠了！

初六，晉如，摧如，貞吉。罔孚，裕，无咎。

《象》曰：晉如摧如，獨行正也；裕无咎，未受命也。

晉之六爻，皆應自昭明德以新民者也。而時位不同，所養亦異，故吉凶悔吝分焉。初六以陰居陽，定有其慧，且具順體，故可進而「晉如」。然在卦下，又與鼫鼠爲應，非我良朋，則斷不宜欲速，故有阻而「摧如」。夫晉與摧皆外境耳，何與于我？但當守正則吉，縱令一時不足取信，惟寬裕以待之，終无咎矣。言「獨行正」者，自信自肯不求人知之意。言「未受命」者，猶孟子所謂「命也，有性焉，君子不謂命也」之意。

【譯註】

晉卦的六爻，把重點都放在本具的覺性上，來誘導人們走向自利利人的境地。但由於時間和地位不同，它們得到的效應和意義也不同。初六陰居陽位，有慧有定，還有柔順，可放心「前進」。然而由於地位低下，與她相應的九四，又是被取笑為「鼫鼠」、一無本領的東西，不配做朋友，一旦「前進」，不但無益，還會遭到排擠！不過前進和排擠是客觀的環境，不是身內之物，該注意的還是堅守正道，祈求吉祥。即使人們對你缺少信心（罔孚），放鬆心情，寬裕以待，時間會幫你忙，沒有遺憾。《象傳》所說的「獨行正」，是鼓勵你有信心，不求人知，自己擔當一切。而「未受命」的話，是像孟子所說，「命存在於人的本性中！君子不談命。」（按，《孟子．盡心下》：「性也，有命焉，君子不謂性也。」蕅益引文顛倒了。）

六二，晉如，愁如，貞吉。受茲介福，于其王母。

《象》曰：受茲介福，以中正也。

柔順中正，自昭明德，常切望道未見之愁，正而且吉者也。上與六五王母合德，錫以本分應得之福，故名介福，縱令貴極人臣，非分外也。

【譯註】

六二陰居陰位，柔順中正，用自己的覺性導向自利利他的理想，但受到下互卦艮（二、三、四）的阻擋，常會因見不到前途而發愁，她正道直行，吉祥可知。她受到高度的祝福（介福），是因為王母（六五）在上的賜予。如此的榮顯，縱使貴極人臣，也是分內應得的報償。

六三，眾允，悔亡。

《象》曰：眾允之，志上行也。

以陰居陽，定有其慧，當晉之時，而在順體之上。初六所謂「罔孚」者，裕養至此，眾皆允之，而悔亡矣。隱居以求其志，行義以達其道，故曰「志上行」也。

【譯註】

六三陰居陽位，定慧俱全，節節上升，得到坤體一路順風的保護。初六當年「沒人信賴」（罔孚）的時代，經過她的努力，早已成為過去，現在人人誇耀她，不再有悔恨。《象傳》說她「志上行」，是說她退隱求伸，行義達道，一心向上，從無二心的緣故。

九四，晉如鼫鼠，貞厲。

《象》曰：鼫鼠貞厲，位不當也。

君子之自昭明德也，外宜晦而內宜明，故闇然而日章。以九居四，則外剛而內柔，外明而內晦者也。如鼫鼠，能飛不能過屋，能緣不能窮木，能游不能度谷，能穴不能掩身，能走不能先人，不亦危乎？

蕅益子曰：「予昔初入閩中，見有鬻白兔者，人爭以百金買之。未幾，生育甚多，其價漸減至一錢許，好事者殺而烹之，臭不可食，遂无人買。博古者云：『此非白兔，乃鼫鼠耳。』噫！本以賤鼠，謬膺白兔之名，无德居高位者蓋類此矣！」

【譯註】

君子用本具的覺性教化自己，關鍵在「外晦內明」，有如風雨如晦，心地越發光明。九四正好相反，他陽居陰位，外剛而內柔，外明而內晦，有如鼫鼠。鼫鼠能飛，上不了屋頂；能爬樹，爬不到樹梢；能游泳，游不過河谷；能鑽洞，藏不了身體；能跑，跑不過人，毫無競爭的本領，夠危險的呀！

蕅益說：「以前我初到福建時，看見市上有賣白兔的人，要價百金，大家爭相搶購。不久白兔繁殖太快，數量大增，價格降到一錢多，有人宰了來吃，臭不可當，從此無人問津。有行家說：『這些不是白兔，是鼫鼠。』天哪！一錢不值的鼫鼠假冒白兔之名，耍出可笑的把戲，今天那些無德而居高位的人，大約也不過如此吧！」

六五，悔亡，失得勿恤，往吉，无不利。

《象》曰：失得勿恤，往有慶也。

以六居五，定有其慧，又爲離明之主，得中道而處天位，正所謂「自新新民，无所不用其極」者也。雖俯承鼫鼠之九四，仰承晉角之上九，而與坤順合德，故往接三陰，同成順麗大明之治，則吉无不利，舉世皆蒙其福慶矣！又何失得之可恤哉？

【譯註】

六五居上位，定而有慧，且是離（光明）的主爻，得中道而為君主，有《大學》所謂「自新新民，止於至善而後已」的勇氣。她當然有失：九四無能（坎是憂心），上九有險（離是征伐）；但也有得：下面柔順的坤卦與她合而為一，還有坤卦帶來的三個陰爻，象徵豐富的賞賜和賢人的擁護。她治國清明，可想而知，吉而無不利，天下蒙受恩惠！如此看來，得失有什麼好計較呢？

上九，晉其角，維用伐邑；厲吉，无咎，貞吝。

《象》曰：維用伐邑，道未光也。

上九亦外剛而內柔，外明而內晦者也。而居晉極，則如獸之角矣。以角觸人則凶，維用以自治，如伐邑然，則厲吉而无咎。然不能自治于早，至此時而方自治，雖得其正，不亦吝，四十、五十二无聞焉？斯亦不足畏也已。故曰「道未光」也。

【譯註】

晉的上九跟九四的狀況一樣，外剛內柔，外明內晦，惟一不同是他處在卦的最高處，像野獸頭上的角，撞到人會有凶災。不過拿來征伐不聽話的諸侯，倒也無礙。雖然征伐有危險，用「自昭明德」的觀念出師，還算正當，雖然稍嫌晚了一點。孔子說後生可畏，到了四五十歲還沒有出頭，「也就沒有什麼可畏了」！這就是「道未光」的意思。

䷣ 離下坤上（地火明夷：36）

明夷，利艱貞。

知進而不知退，則必有窮。夷者，傷也。明入地中，其光不耀，知艱貞之爲利，乃所謂「用晦而明」，合于文王、箕子之德矣。

【譯註】

晉卦求上進，然而如果只知進，不知退，會有傷害。夷，有燒殘、殺滅的意思，當然不好。明夷就是對光明的傷害。卦象火（離）入地（坤）中，光明埋藏地裡，這時全靠有志之士在黑暗中艱守正道，待時而興，所謂「藏明於內，乃得光明」的意思。文王囚於羑里，箕子囚於箕子台的故事，正是這種「用晦而明」的美德。

《彖》曰：明入地中，明夷。內文明而外柔順，以蒙大難，文王以之。利艱貞，晦其明也。內難而能正其志，箕

子以之。

文明柔順，雖通指一卦之德，意在六二；內難正志，專指六五；艱貞晦明，則文王箕子所同也。

觀心釋者，煩惱惡業，病患魔事，上慢邪見，无非圓頓止觀所行妙境。

【譯註】

明夷的下卦是離（☲），上卦是坤（☷），象徵內文明而外柔順，但這主要說的是六二，因為六二正處在離卦水深火熱的中央。利用災難來培養正道，說的則是六五，因為六五在坤卦的中央，是大地的保護者；在艱難中守住光明，是文王和箕子共同的心願。

從觀心處看，藏在心中的煩惱、罪惡、疾病、魔障、驕傲、邪見，無非都是通向圓教、頓教、禪定、智慧的妙道。

《象》曰：明入地中，明夷；君子以涖衆，用晦而明。

寧武子之愚不可及，兵法之以逸待勞，以靜制動，以闇伺明，皆明夷之用也。聖學則闇然而日章。

【譯註】

寧武子是春秋時代衛國人，國家清明時，他做事聰明能幹，混亂時，假裝糊塗。他的聰明可以學得來，但他的糊塗誰也學不來。兵法的絕招：以逸待勞、以靜制動、以闇伺明，都是明夷的妙用。聖人之學，也是從晦暗中逐漸找到光明的。

初九，明夷于飛，垂其翼；君子于行，三日不食。有攸往，主人有言。

《象》曰：君子于行，義不食也。

此如太公伯夷之避紂也。先垂其翼，則不露其飛之形；及行之速，則三日而不遑食。蓋義當遠遯，不欲主人知之而有言耳。

【譯註】

當光明受到傷害時，可以深藏地下，也可以高飛遠走。姜太公和伯夷、叔齊兄弟為了避開紂王暴政，逃亡國外，另謀生路。但逃亡也要有技巧：先把翅膀垂下來，看不出有飛行的企圖，一旦升空，加快速度，連續三天不停，連飯都可不吃。由於他們走開是義無反顧的事，所以越快越好，不讓主人有說話的機會，影響你的行動。

六二，明夷，夷于左股，用拯馬壯，吉。

《象》曰：六二之吉，順以則也。

文明中正之德，當此明夷之時，雖左股業已傷害，猶往拯救，惟馬壯故吉耳。羑里既囚之後，仍率三分天下之二以服事殷，順而不忤，誠萬古人臣之則也。

【譯註】

古人以右為上，以左為次，六二陰柔中正，雖然受到傷害，幸好是在左腿，只要有強壯的馬匹來救援，她還能順利逃開禍害，得到吉祥。文王從羑里的監牢裡釋放出來後，仍然心懷仁厚，用三分之二的天下伺候殷紂，表示他對主人柔順不忤的慈悲。這是在下者最好的用心了。

九三，明夷于南狩，得其大首，不可疾貞。

《象》曰：南狩之志，乃大得也。

以剛居剛，在離之上，夜盡將旦之時也，正與上六闇主爲應，如武王伐紂，得其大惡之首。然以臣伐看事不可疾，當持之以貞耳。《象》云：「南狩之志」，猶孟子所云「有伊尹之志則可，无伊尹之志則簒」也，辭義懔然。

【譯註】

九三剛強，居離卦的頂端，像黎明到來時充滿了朝氣。與他相應的上六是黑暗無明的昏君，這種對立正像武王伐紂，抓住了罪惡的核心。不過以臣弒君，非同小可，不可操之過急，必須謹慎從事才對。孟子說：「有伊尹的心志則可，沒有伊尹的心志，就是篡位。」這話正氣凜然！

六四，入于左腹，獲明夷之心，于出門庭。

《象》曰：入于左腹，獲心意也。

已居坤體，入暗地矣，柔而得正，稍遠于上，故猶可獲明夷之心而出門庭，如微子抱祭器以行遁，但出門庭，遯于荒野，非歸周也。

【譯註】

六四離開了「離」的光明，進入「坤」腹地的陰暗，在君主的門前觀察光明傷害的程度，以決定去留。微子是紂王的哥哥，知道弟弟無可救藥，捧著祭器遠離家園，但並沒有投奔周朝，只在荒野中流浪，避開風險罷了。

六五，箕子之明夷，利貞。

《象》曰：箕子之貞，明不可息也。

迫近暗君，身已辱矣！外柔內剛，居得其中，用晦而明，明照萬古，《洪範．九疇》之燈誰能息之？

【譯註】

六五象徵箕子在陰暗中拯救光明的努力。他身在昏君之旁，內柔外剛，忍辱負重，藏明於內，終於在周武王的慫恿下，寫下了《洪範．九疇》的理論，使周朝得到治國的大法。這盞明燈，誰能熄滅呢？

上六，不明晦，初登于天，後入于地。

《象》曰：初登于天，照四國也；後入于地，失則也。

以陰居陰，處夷之極，初稱天子，後成獨夫者也。蓋下五爻皆明而示晦，故能用晦而明，此則不明而晦，故失則而終入地耳。

【譯註】

上六處在明夷的巔峰，起初還有天子的地位，光照四方，後來不智，淪為獨夫。明夷的五爻都有藏明於暗的用心，所以多少能達到「用晦而明」的目的。上六則不然，她以無明掩蓋無明，暗上加暗，失去了明夷的初衷，所以掉落深淵而不自知。

䷤ 離下巽上（風火家人：37）

家人，利女貞。

欲救天下之傷，莫若反求家庭。欲正家庭之化，莫若致嚴于女貞。牝雞之晨，維家之索，不可以不誡也。

佛法釋者，觀行被魔事所擾，當念惟心，惟心爲佛法之家，仍須以定資慧，以福助智，以修顯性，名利女貞。

【譯註】

明夷的傷害是人人心中的隱痛，最好的治療莫過於幸福家庭。然而要使家庭幸福，擁有療傷的力量，其關鍵在有個好當家。因為不好的婦人當家，就像母雞啼晨，這個家就要蕭條了。古人的話，不能不多加注意！

用佛法解釋，當修行被魔障騷擾時，應當記得，魔障只在一心，而心是佛法的家庭，需要以定助慧，以福助智，以修養助德性，這些都是俗話所說「家庭主婦的好處」。

《彖》曰：家人，女正位乎內，男正位乎外，男女正，天地之大義也。家人有嚴君焉，父母之謂也。父父、子子、兄兄、弟弟、夫夫、婦婦，而家道正，正家而天下定矣。

佛法釋者，禪定持心，則內冥法體；智慧了境，則外施化用。修德之定慧乎正，本乎性德之寂照不二也。在因名男女，在果名父母，既證果德，十界歸仰，故名嚴君。性德不濫，名父父子子；眞俗並照，名兄兄弟弟；福慧互資，名夫夫婦婦。一世界清淨故，十方世界皆悉清淨：名正家而天下定也。

【譯註】

用佛法解釋，從禪定修心，可以使法體（有為、無為諸法的體性）在內心顯現；從智慧入世，可以使佛法在現實中得到運用。定和慧必須把真理的體（寂）和真智的用（照）合而為一，才是圓滿。在生命的領域中，男女是因，父母是果，既有父母的果，舉世最仰慕的莫過於不苟的管教（嚴君）。把善惡迷悟，燦然劃分，這是父子的責任；理想和現實參同使用，這是兄弟的責任；幸福和智慧交相增長，這是夫婦的責任。一個世界清靜，十方世界就清靜：這就是俗話所說「家和萬事興」了！

《象》曰：風自火出，家人；君子以言有物而行有恆。

火因風鼓，而今風自火出，猶家以德化，而今德從家播也。有物則非无實之言，有恆則非設飾之行，所以能刑于寡妻，至于兄弟，以御于家邦耳。佛法亦然，律儀清靜，則可以攝善攝生矣！

【譯註】

一般而言，風能煽動火，而家人卦的風從火出，強調的是火能生風，而家庭也能傳播德音。說話誠實，是「言之有物」，行為中肯，是「行之有素」，正言危行，以身作則，家道自然興旺，夫妻兄弟自然和睦，國家也就自然安泰了。佛法也是如此，佛門規律清淨，儀法莊嚴，就是修善養生最好的時刻。

初九，閑有家，悔亡。

《象》曰：閑有家，志未變也。

以剛正居有家之初，即言有物行有恆以閑之，則可保其終不變矣！

佛法釋者，即是增上戒學。

【譯註】

家人卦指一個有規律的家庭（閑有家）。初九端莊剛正，是家人卦的第一爻，能言之有物、行之有素，好的開始一定有好的結果。

從佛法看，這是強有力的戒律之學。

六二，无攸遂，在中饋，貞吉。

《象》曰：六二之吉，順以巽也。

陰柔中正，而爲內卦之主，故每事不敢自專自遂，惟供其中饋之職而已。

佛法釋者，即使增上定學。

【譯註】

六二陰柔居中，是理想的家庭主婦，悉心照料家中的飲食（中饋），堅定自主，不專橫，以造福家人為念。

從佛法看，這是強有力的禪定之學。

九三，家人嗃嗃（ㄏㄜˋ），悔厲，吉；婦子嘻嘻，終吝。

《象》曰：家人嗃嗃，未失也；婦子嘻嘻，失家節也。

過剛不中，似失于嚴厲者，然以治家正道觀之，則爲失而仍吉。儻畏其悔厲，而從事于嘻嘻，始似相安，終以失家節而取吝矣！

佛法釋者，即是增上慧學。

【譯註】

九三處於離（火）和巽（風）的邊緣，他有兩種選擇：他可以嚴厲如火，讓家裡充滿了嚴峻（嗃嗃）的斥責聲，看似過分，卻有利於家道的吉祥；他也可以溫順如風，讓家人天天嘻嘻哈哈，笑聲不斷，卻會使家道淪喪，後患無窮！

從佛法看，這是強有力的智慧之學。

六四，富家，大吉。

《象》曰：富家大吉，順在位也。

陰柔得正，爲巽之主，所謂生財有大道者也。

佛法釋者，即緣因善心法，富有萬德，名爲解脫。

【譯註】六四陰在陰位，端莊溫柔，是巽卦溫順的主因，符合生財有道的自然法則，所以大吉大利。

從佛法看，這種緣分來自善心，隨身帶來了百千萬種的福慧，毫不勉強，這便是解脫（脫離塵累）。

九五，王假有家，勿恤，吉。

《象》曰：王假有家，交相愛也。

假，大也。《書》云：「不自滿假」，《詩》云：「假以溢我」，又曰：「假哉皇考」，皆取大義。九五陽剛中正，而居天位，以六合爲一家也。大道爲公，何憂恤哉？樂民之樂者，民亦樂其樂，故交相愛。

佛法釋者，正因理心發，性修交徹，顯法身德。

【譯註】君王的家就是國家，君王既居天位，以六合為家，這個家有夠大了，所以「假」應當解釋為「大」。例如《尚書．大禹謨》「不自滿假」（大禹不以盡心力為民服務為大），或者《詩經．周頌》「假以溢我」（用偉大的言行豐富我），和「假哉皇考」

（文王真偉大啊），都是大的意思。再者，大道屬於萬民，同是一家人，有什麼好憂慮呢？老百姓的幸福就是你的幸福，家庭象徵相親相愛。

從佛法看，正道受到啓發，能使本性和修行互相貫徹，一切功德成就的莊嚴之身（法身）也就顯現了。

上九，有孚，威如，終吉。

《象》曰：威如之吉，反身之謂也。

剛而不過，居巽之上，卦之終。其德可信，故不猛而威如，所謂其儀不忒、正是四國者也。

佛法釋者，了因慧心發，稱理尊重，名般若德。

【譯註】

上九位於上卦巽（歡樂）的頂端，在家人卦（齊家治國）的終結，剛強而不過分，充滿信心，不必故意表示威嚴而威嚴自見。這便是「行為沒有過錯，才能治理四方」的意思（語見《詩經．曹風．尸鳩》）。

從佛法看，理解受到慧心的啓發，理性得到尊重，就是至高無上的智慧。

䷥ 兌下離上（火澤睽：38）

睽，小事吉。

夫善修身以齊家者，則六合可爲一家，苟齊之不得其道，則一家之中睽隔生焉。如火與澤，同在天地之間，而上下情異。又如二女，同一父母所生，而志不同行，是豈可以成大事乎？姑任其火作火用，澤作澤用，中女適張，小女適李可耳。觀心者亦復如是，出世禪定，世間禪定，所趣各自不同，圓融之解未開，僅可取小證也。

【譯註】睽是隔離的意思，懂得修身齊家的人，恰當的隔離能把天下化為一家，不恰當，即使一家之人，也會行同陌路。就像睽卦一樣，火在上，澤在下，雖同一體，卻上下不和。又像離的中女，兌的少女，同為父母所生卻南轅北轍，怎能成就大事呢？既然如此，姑且把火當火用，澤當澤用，中女嫁張家，少女嫁李家，各自為政好了。從觀心處看，禪有世間禪，有出世間禪，方法和目的都不同，如果永遠隔離，不知融會貫通，各據一方，他們的用處便小了。

《彖》曰：睽，火動而上，澤動而下，二女同居，其志不同行。說（說通悅）而麗乎明，柔進而上行，得中而應乎剛，是以小事吉，天地睽，而其事同也，男女睽，而其志通也，萬物睽，而其事類也。睽之時用大矣哉！

火澤因動，則上下勢睽，靜則未始上下也。二女因行，則其志不同，居則未始不同也，故曰吉凶悔吝生乎動。雖然，世豈能有靜而无動，有居而无行哉？今此卦以兌說而附麗乎離明，六五又一柔爲離主，進而上行，且得中位，下應九二之剛，是以小事可獲吉也。此亦文王曲就人情被睽所局而言之耳。若充此睽之理性，以盡睽之時用，則天地睽而其事同；男女睽而其事類。有何一法不攝于睽？有何一法不從睽出哉！蓋于同起睽，則其吉小，于睽得同，則其用大也。

佛法釋者，寂照一體，名「天地睽而其事同」，止觀雙行，名「男女睽而志通」。萬行不出正助二行，二行不離性具，如萬物不出陰陽二爻，二爻不離太極，名「萬物睽而事類」。

【譯註】

睽的卦象是火和澤，從文王八卦看則是中女（☲，火）和少女（☱，澤）。火性向上，水性向下，靜止時不是問題，一旦行動便截然不同了。兩個女兒住在一起，原本沒有差別，一旦結婚便分家了。所以一切的吉凶悔恨都由行動造成。然而世界上怎能沒有行動，又怎能不分家呢？在卦象中，澤的快樂依附於火，而離的主爻六五陰柔，上進居中，還有九二呼應，所以小有吉利。這就是文王在監牢中接受隔離時得到的啓示。若用隔離的道理看隔離不同的成就，那麼天地有隔離，才能化育萬物；男女有隔離，才能相親相愛；萬事有隔離，才能造就各行各業的創造。隔離統攝一切法，一切法也都有隔離的特性。在成就中發現隔離，是小吉利；在隔離中取得成就，是大吉利。

用佛法解釋，真理的體和用融合為一，天地雖然分立，卻從事相同的化育工作；禪定和智慧並行，男女看似分立，卻營造相同的理想。人世間的行為不出兩種：正面成就的，和相輔相助而成的，但這兩種行為不外乎陰陽，都來自太極，即使一切行為各有不同，目的則完全相同。

《象》曰：上火下澤，睽；君子以同而異。

離得坤之中爻，澤得坤之上爻，其性同也；火則炎上，澤則潤下，其相異也。觀相元妄，則相異而性亦似異矣；觀性元眞，則性同而相亦本同矣！惟君子知其以同而異，故不以異而昧同也。知異本同，故六而常即，不生退屈；知同而異，故即而常六，不生上慢。知異本同，故冥契眞源；知同而異，故雲興萬行。知異本同，故上无佛道可成，下无眾生可度；知同而異，故恆莊嚴淨土，教化諸眾生。知異本同，故生死及涅槃，二俱不可得；知同而異，故或遊戲生死，或示現涅槃。

【譯註】

離（☲，火）以陰為中爻，澤（☱，水）以陰為上爻，同出於坤卦，它們應該有相同的性質吧？但火性向上，水性向下，顯示了不同的形象。形象沒有對錯，看來不同，性質上可能就有所不同了；性質沒有真偽，看來相同，根本上也可能有所相同了！只有懂得同中有異的人，才不會以異伐同。當他明白異本來是同，大乘菩薩六種不同的行位（六即），應該都是同一回事，心中不會有進退的矛盾；當他明白同就是異，菩薩的行位未嘗不可一分為六，心中也不會有驕傲的感覺。如果異就是同，那麼追本溯源，一切就豁然貫通了；如果同就是異，那麼雲行雨施，萬化都歸於一了。再說，如果異就是同，那麼上無佛智可以追求，下無眾生需要教化；如果同就是異，那麼淨土的莊嚴，眾生的愚昧，也都相同了。認為異就是同，那麼生死和涅槃，都沒有差別了；認為同就是異，那麼遊戲人間和進入涅槃，都是同一回事了。

初九，悔亡，喪馬，勿逐，自復；見惡人，无咎。

《象》曰：見惡人，以辟（同避）咎也。

剛正无應，居睽之初，信此以往，則无過而悔亡矣！縱令喪馬，不必逐之，馬當自復，勸其勿以得失亂吾神也。縱遇惡人，不妨見之，可以无咎，勸其勿以善惡二吾心也。如孔子見季康子、見南子、見陽貨等，皆所以辟咎耳，豈眞有所利之也哉？蓋凡得失之念稍重，善惡之心太明，則同者必異，異者必不可同。惟率其剛正之天德，則得失泯，善惡融，雖居睽世而悔亡矣！

【譯註】

初九陽剛，而九四也陽剛，所以不能相應。不過初九地位雖低，如能一往直前，不會有災害，也不會有煩惱，因為這是睽卦，而睽卦所說，都是不相應的好處：「丟了馬，不必去追，馬會自己回來」，意思是說別讓得失擾亂了你的心；「遇到惡人，不妨會面，沒有壞處」，意思是說別讓善惡擾亂了你的心。例如孔子會見魯國的季康子（季康子家臣有叛國的行為）、會見衛國的南子（衛靈公夫人有淫行），會見魯大夫陽貨（陽貨不識禮），是不計較得失善惡，哪有圖利的意思呀？過分執著於得失善惡，會把同變成異，異變成天大的不同。初九的陽剛如能秉承天賜的美德，加上隔離的運用，讓得失消泯，善惡融匯，便不會有煩惱了！

九二，遇主于巷，无咎。

《象》曰：遇主于巷，未失道也。

剛而得中，上應六五柔中之主，而當此睽時，近與六三相鄰，五必疑其遇三而舍己也，故須委曲明其心事，如遇主于巷焉。夫君臣相遇，萬古常道，豈以于巷而謂之失哉？

【譯註】

九二比初九更勝一籌，不惟剛健還守中道，能與六五相應。睽卦六五的君主，溫婉中正，假如擔心九二會因近水樓台的六三而捨棄自己的話，他必須先說清楚，顯示他在狹巷中邂逅主人的幸運。君必有臣，自古而然，縱然在陋巷相遇，又有什麼不對呢？

六三，見輿曳，其牛掣（ㄔㄜˋ），其人天且劓（ㄧˋ），无初有終。

《象》曰：見輿曳，位不當也；无初有終，遇剛也。

本與上九為應，而當睽之時，不中不正，陷于九二、九四之間，其跡有可疑者，夫二自遇主于巷，四亦自遇元夫，何嘗有意汙我？我无中正之德，而自疑焉。故妄見其輿若曳，其牛若掣，而不敢往從上九，且自謂：「我之為人，必當被上九之天所劓，不得通起貞潔之情。如此，則无初矣。」但睽極必合，心跡終必自明，賴遇上九之剛，後說（說同脫）弧以待之，故有終也。

【譯註】

《易經》的原則，六三和上九應當相應。然而睽卦的六三不中不正，又夾在九二和九四之間，自己也擔心有居心叵測的嫌疑。其實九二和六五早已君臣相遇，九四和初九也是有為之士的交往，與我都無瓜葛。我自歎德薄，心中狐疑，像車被拖住了，像牛被綁住了，不敢往九五的高峰攀援。我心想：「如果我打起為人服務的口號，一定會被高在天上的九五割去鼻子（劓刑），也很難表白自己的真情。如果真是如此，話就說不清楚了。」不過矛盾走到極端，必會統一，曖昧的心意遲早也會明朗。幸而上九剛強，放下了武器，等待我的到來，一切會圓滿結束。

九四，睽孤，遇元夫；交孚，厲，无咎。

《象》曰：交孚无咎，志行也。

睽必有應，乃可相濟。二與五應，三與上應，四獨无應者也，故名「睽孤」。然初九剛正在下，可以濟睽，當此之時，同德相信，互相砥礪，可以行其濟睽之志而无咎矣！蓋君子深知以同而異，故陰與陽異而相應亦可，陽與陽同而相孚亦可耳。

【譯註】

爻位必須陰陽相應，才能相濟。睽卦的九二與六五相應，六三與上九相應，惟獨九四，孤單無侶，所以叫做「睽孤」。好在居下位的初九雖同屬陽性，是個有志氣的大丈夫（元夫），可以彼此信賴，互相砥礪，替睽卦盡相濟相應的責任。大凡君子都能理解以同而異的道理，陰陽性異，固可相應，二陽性同，怎能不透過共同的信心而取得相應的功用呢？

六五，悔亡，厥宗噬膚，往，何咎？

《象》曰：厥宗噬膚，往有慶也。

六五乃九二之主也，陰柔不正，反疑二之遇于三焉，以其居中，則猜忌未深，終與二合，故得悔亡。聖人又恐其躊躕未決也，故明目張膽而告之曰：「厥宗上九，已說（說通脫）弧以待六三，其相合如噬膚矣，爾往從九二于巷，有何咎哉？」孔子更爲之鼓舞曰：「不惟无咎，且君臣相合，睽終得濟而有慶也。」

【譯註】

六五是九二的主人，然而陰柔多疑，懷疑九二與近水樓台的六三有染，好在她地位居中，猜疑心還不太重，終能與九二結合為一，沒有引起災難。不過《爻辭》仍然擔心她三心二意，所以明白告誡她：「妳的族人上九已經放下了弓箭，化解了敵意，準備接納六三了，像吃肉（噬膚）一般開心，妳雖然委屈了自己，跟九二在狹巷相逢，又有什麼不對呢？」孔子的《象辭》也進一步給她鼓勵說：「不單沒有不對，君臣一旦和合無間，對立消泯，水火得以相濟，正是天大喜事呀！」

上九，睽孤，見豕負涂（涂通塗），載鬼一車，先張之弧，後說（說通脫）之弧。匪寇婚媾，往，遇雨則吉。

《象》曰：遇雨則吉，群疑亡也。

上九與六三相應，本非孤也，睽而未合，則有似乎孤矣！三本不與二、四相染，而其跡似汙，故見豕負塗也。二、四各自有遇，本无心于染三，而虛妄生疑，故載鬼一車也。先則甚疑，故張弧而欲射之，後疑稍緩，故説（脱）弧而往視之，逮見其果非與寇結爲婚媾，于是釋然，如雲既雨而吉矣。既不疑三，亦不疑二與四，故群疑亡。

統論六爻，惟初九剛正，最善濟睽，餘皆不得其正，故必相合乃有濟也。

佛法釋者，惟根本正慧，能達以同而異，故即異而恆同，否則必待定慧相資，止觀雙運，乃能舍異生性，入同生性耳。

【譯註】

上九和六三原則上應當相應，不會孤獨，然而在睽卦中，他們有隔離的現象，看來像是孤家寡人了！六三跟九二和九四並無糾纏，只是她自己心意不正，像「黏了一身汙泥的豬」。九二和九四也各有對象，無意杯葛六三，然而六三卻疑心生暗鬼，心中「載了一車的鬼」。上九原想射殺六三，一了百了，後來疑慮稍減，放下弓箭，好意去探視她，才發現她並非盜匪，而是意在求親。敵意消失後，就像天上油然作雲，沛然降雨，一切嫌疑冰消霧散，逢凶化吉了！

總論睽卦六爻，除了初九穩健自持，傳達了隔離但相濟的睽卦精神，其餘諸爻，不是多疑善變，便是劍拔弩張，看不見化解矛盾、同舟共濟的善意。

用佛法解釋，只有觀念中絕對的正慧，可以同中見異，異中見到永恆的相同。否則必須依賴定和慧的相生，止和觀的相輔，才能捨棄人世間的差異性（異生性），臻至出世間的自性（同生性）。

䷦ 艮下坎上（水山蹇：39）

蹇，利西南，不利東北，利見大人，貞吉。

大凡乖異不合，則所行多阻難，然正當阻難時，豈无拯難良策哉？往西南，則說（說通悅）也，順也，明也，拯難之要道也；往東北，則止也，險也，益其蹇而已矣！惟大人能濟蹇，惟正道能出蹇，蹇故可以動心忍性增益其所不能而吉。

【譯註】

睽卦的對立現象如果不能化解，必然導致阻滯。然而在阻滯中，難道就沒有拯救的良方嗎？往西南走，進入兌、巽、離的陰柔，便是愉悅、順利和光明，這是自救的要道；如往東北走，進入艮、坎、震的陽剛，便是障礙和危險，增加更多困難！惟有偉大的人可以救困，惟有正道直行的人可以脫困，不過困頓也能鍛鍊性命，增強體魄，讓人做到從來做不到的事情，因此困頓也是吉祥。

《彖》曰：蹇，難也，險在前也。見險而能止，知（知通

智）矣哉！蹇，利西南，往得中也；不利東北，其道窮也；利見大人，往有功也；當位貞吉，以正邦也。蹇之時用大矣哉！

愚者汩于情欲之私，雖有不測之險，臨其前，盲无見也，況能止哉？能止，不惟不陷于險，從此必求出險之良策矣！安得非智？本以東北之坎艮，往就西南之離兌與坤，故剛柔相濟而得其中。若守此東北，則終于險，終于止而已矣！惟九五陽剛中正，當大人之位，以拯邦國之蹇，故往見之者，必有拯蹇之功。然爻中獨上六明利見大人，餘不言者，見大人亦待其時，時止則止，時行則行，蹇之時用，即全體大易之時用也。六十四卦皆爾，每于人所忽者，一提醒之云爾。

【譯註】

笨人被情慾蒙蔽，看不見眼前的大險，怎能及時止步呢？只有見險能止的人，才能不陷於險，找到出險的方法，這不就是聰明嗎？如果困於東北坎艮的險境，最好從西南離兌的陰爻中尋求陰陽的調和，取得新的平衡。如果堅守東北，必然死於困頓！蹇卦中只有九五陽剛中正，有大人之相，可以救國救民，為眾人所依歸。上六的爻辭明白說了「利見大人」的話，其餘卻沒有，意思是：見大人得待時機，動靜必合乎時宜。時宜的重要，貫串在《周易》全書中，讀者可能會忽略，在這裡只是一個小小的提醒罷了。

《象》曰：山上有水，蹇；君子以反身修德。

山本毓泉，宜涵而不宜汎，今水流于上，使人不能厝足，此乃山有缺陷，非水之過也。君子知一切險難境界，惟吾心自造自現，故不敢怨天尤人，但反身以修其德，如治山者，培其缺陷，則水歸澗壑，而不復橫流矣！

【譯註】

山是孕育泉水的地方，水宜蓄養，不宜氾濫。現在山頭湧水，水氾成災，讓人舉步艱難，這當然是山的過錯，不是水的毛病。一個明事理的君子，一定會懂得險由心造，因此不怨天，不尤人，反身修補自己的德性。有如治山，填滿坑窪，把水導向溝壑，水便就範了！

初六，往蹇，來譽。

《象》曰：往蹇來譽，宜待也。

蹇以見險能止爲知，故諸爻皆誡其往而許其來，來即反身修德之謂也。初六見險即止，知機而不犯難，其反身修德工夫最早，故可得譽，夫豈逡巡畏縮也哉？理宜修德以待時耳。

【譯註】

過去表示危難，未來表示希望，而等待是最好的辦法。蹇卦的智慧在見險能止，所以每爻都告誡過去，讚美未來，「未來」含有反身修德的期盼。初九陰居陽位，不敢輕動，雖然看見了機鋒，也不挺身而出，這是及早反身修德的例子，值得讚美。此時不能優柔寡斷，做該做的事：修德、等待，如是而已。

六二，王臣蹇蹇，匪躬之故。

《象》曰：往臣蹇蹇，終无尤也。

陰柔中正，反躬无怍，而上應九五陽剛中正之君，方居險地，安得不蹇其蹇以相從事？然諸爻皆以能止為知，而此獨不然者，正所謂「事君能致其身，公爾忘私」，故雖似冒險，終无尤也。《易讀》曰：「匪躬正本反身來，平日能反身以體蹇，才能臨時匪躬以濟蹇。」

【譯註】

六二陰柔中正，自己身在下互卦的坎卦（二、三、四）中，與處於上卦坎卦的九五正應，可謂險上加險，她怎能不用盡心力，匡扶君王呢？蹇卦諸爻都以見險能止相標榜，獨有此爻例外。理由是：「事君第一要務，公而忘私」，這是儒臣的座右銘，即使冒險，也沒有過錯。《易讀》（作者待考）說：「奮不顧身的人，是反躬自問的結果；惟有反躬犯難，才能排除萬難而不為己。」

九三，往蹇，來反（反通返）。

《象》曰：往蹇來反，內喜之也。

九三爲艮之主，剛而得正，見險能止者也。既知往則必蹇，故來而反身修德，則內二爻无不喜之。

【譯註】九三陽居陽位，是艮卦的主爻，剛健得正，看見坎險在前，前必有災，遂嘎然而止。他的行為會讓在下的初六和六二感到欣慰！

六四，往蹇，來連。

《象》曰：往蹇來連，當位實也。

已入坎體，其蹇甚矣，然設能來而反身修德，則猶可連于艮之三爻而獲止也。陰本不實，故來連于當位而實之九三也。

【譯註】

六四已經進入了坎體，困難當然更多了。不過如能反身修德，還來得及跟艮卦的三爻拉上關係，取得艮止的精神。六四屬陰，本來不夠堅實，如果藉著當位又猛勇的九三，她會分享到一點實在的力量。

九五，大蹇，朋來。

《象》曰：大蹇朋來，以中節也。

居坎之中，蹇之大者也。剛健中正，六二應之，故得朋來，共濟大蹇。然非朋之能來助我，實由我之中道足爲拯蹇節則，故上下諸爻皆取節則于我耳。釋迦出五濁世，得无上菩提，爲一切眾生說難信法，其眞能爲甚難稀有之事者乎？

【譯註】

九五居坎卦的中心，是危險的大本營。然而他剛健中正，又有六二忠心耿耿的襄助，可謂得到朋友，共濟患難。不過這裡的重點不在朋友，而在九五行事的中道和救難的原則感動了上下群眾，使他們願意效法，共襄盛舉。釋迦牟尼從五濁惡世中取得無上菩提的正果，為眾生說世上難信之法，不是也完成了艱難而不易成就的任務嗎？

上六，往蹇，來碩，吉。利見大人。

《象》曰：往蹇來碩，志在內也；利見大人，以從貴也。

陰柔居險極，豈可更有所往？亦惟來而反身修德則碩吉耳。碩者，實也，大也。吉之所以能實大者，以利見九五大人故也。君子求諸己，故志在內則吉，輔世長民莫如德，故利見爲從貴，此指天爵爲貴非徒以人爵也。須跋陀羅最後見佛得度，其碩吉之謂乎？

【譯註】

上六陰柔，又居坎卦的頂端，哪裡有路可走？惟有反身修德，寄望於未來，自求多福了。《爻辭》的「來碩」，指未來有豐實碩大的吉祥，而吉祥能夠豐實碩大，是因為見到九五這樣偉大人物的緣故。君子求內不求外，才是吉利。只有內在的力量可以經邦濟世，所謂大人，不在社會地位，而在高貴的德性。須跋陀羅有幸得見佛陀涅槃前最後一面，終於得度，不正是這種「來碩」的吉祥嗎？（故事見《大智度論》卷三。）

䷧ 坎下震上（雷水解：40）

解，利西南。无所往，其來復，吉。有攸往，夙吉。

世間之局，未有久蹇窒而不釋散者。方其欲解，則貴剛柔相濟，故利西南。及其既解，則大局已定，更何所往？惟來復于常道而已。設有所往，皆當審之于早，不審輒往，凶且隨之，寧得吉乎？此如良將用兵，只期歸順；良醫用藥，只期病除；觀心修證，只期復性，別无一法可取著也。

【譯註】

天下沒有永遠的困頓，總有解脫的時候，最好的解脫是剛柔相濟，因此西南方的坤最為有利。等到解脫已成定論，還需要去哪裡呢？正常過日子就好了。如果一定要行動，最好早做計劃，才能吉祥（夙吉）。譬如良將打仗，只求敵人歸順；良醫抓藥，只求藥到病除；坐禪修行，只求本性恢復，沒有其他的企圖。

《彖》曰：解，險以動，動而免乎險，解。解利西南，往得衆也；其來復吉，乃得中也；有攸往，夙吉，往有功也。天地解而雷雨作，雷雨作而百果草木皆甲坼。解之時大矣哉！

險在前，則宜止，險在下，則可動以免之，此皆時節因緣之道，不可得而強也。西南爲坤，故往則得衆；來復東北，不過于柔，故乃得其中；早鑒事機，故往可有功，如天地之雷雨作，亦因夙得其時，故百果草木皆甲坼耳。

觀心釋者，兼修禪定，爲利西南；萬行顯發，爲往得衆；不舍正觀，名爲來復；證于法身，爲乃得中。有攸往而利生，必需夙能鑒機則吉；説法不虛，爲往有功；性修融合，爲天地解。悲體戒雷震，澍甘露法雨，則世出世果，三草二木，各得以時生長熟脫，非佛菩薩何能用此解之時哉？

【譯註】

蹇（䷦）和解（䷧）二卦是對宮卦，須互相參照來做理解。蹇卦的坎（險）在前，所以用在後的艮（阻）來制止；解卦的坎（險）在下，所以靠在上的震（行動）來規避，這是時勢和因緣造成的必然性，非人力可以左右。蹇卦已經指出，西南是坤柔的腹地，去西南會得到民眾，即使回到東北的乾健，也不會過於柔弱，而得中道。如果行動，最好有計劃才能有功，不論解卦上卦的雷（☳）還是下卦的雨（☵），都因及早得到了時間的幫助，才讓蔬果草木發芽生長。

從觀心處看，禪定工夫得力於西南方的溫柔，這種成就是因為民眾的支持；沒有放棄正觀的立場，是因為回到了東北的剛健；能證得真如的法身，是因為取得了陰陽的調和。經過蹇卦的困境之後，如要繼續前進，必須及早觀察，這才是「夙吉」；講經說法，不再空洞無物，這才是「往而有功」；本性和修行合而為一，這才是「天地解脫」。悲憫之心能令天震動，甘霖法雨傾盆而降，讓世間和出世間的果實、草木，及時生長，順利成熟。像這樣對解脫在時間上微妙的運用，除了佛菩薩，誰能辦到呢？

《象》曰：雷雨作，解；君子以赦過宥罪。

誤犯之過，則直赦之，令其自新，輕重之罪，亦寬宥之，令得末減。佛法釋者，即作法取相无生三種懺法，令人決疑出罪。又觀心釋者，即是端坐念實相，銷滅眾罪也。

【譯註】

雷和雨是天地間自然的解脫，當政者不妨模仿這種現象，赦免誤犯者的過錯，給他們自新的機會，其餘輕重不等的罪，也宜放寬法度，讓他們逐步減少犯罪的行為。

用佛法解釋，就是用三種懺法（法懺、相懺、無生懺）中的第三種，正心端坐，觀想無生（涅槃無生無滅）的真理，驅除無明，用自己的心意破除疑惑，走出罪孽。

從觀心處看，就是在坐禪中，觀想萬有的本體（法性、真如和實相，同在一體）：空諦為真如，假諦為實相，中諦為法性，罪惡只是無象之象。

初六，无咎。

《象》曰：剛柔之際，義无咎也。

解則陰陽和矣！而以六居初，上應九四，適當其際，故義无咎也。

【譯註】陰陽的調和就是困境的解脫。初六陰柔，是解卦的初爻，上與九四的陽剛正面相應，所以沒有災難。

六二，田獲三狐，得黃矢，貞吉。

《象》曰：九二貞吉，得中道也。

以剛中而上應六五，本自无可狐疑，六三不中不正，意欲乘我，象如三狐，我田獵而獲除之，得與六五柔中相合，此正而吉者也。黃爲中色，矢喻直道，得其中直至道，故除疑而應乎貞矣。

【譯註】九二陽剛中正，上與六五相應，應當無可猜疑，然而被坎卦裡不中不正的六三阻擾，坎是狐狸，居心叵測，幸虧我在田獵中把她捕獲了，終能與六五結合，這便是守正的吉祥。箭象徵正道，黃色象徵中道，既中且正，疑慮消泯，故能貞祥吉利。

六三，負且乘，致寇至，貞吝。

《象》曰：負且乘，亦可醜也；自我致戎，又誰咎也？

陰柔不中不正，自无應與，上思負四，下欲乘二，不知其非道也。是故二以爲狐而田獵之，四以爲拇而解之，五以爲小人而退之，上以爲隼而射之，不亦至可羞乎？

【譯註】剛才提到，六三不中不正，當然沒有人與她相應，也沒有人和她友善。她上面抓緊了九四的剛強不放，下面想搭乘九二順風的便車，不知道自己遠離了正道，惹來大家對她一致的聲討。九二以她為狐狸，想去捕捉她；九四以她為討厭的腳，想丟開她的糾纏；六五以她為小人，想疏遠她；上六以她為鵲鷹，想射殺她。還有什麼比這更可羞的事嗎？

九四，解而拇，朋至斯孚。

《象》曰：解而拇，未當位也。

三在四下，欲負于四，故四以三爲拇。四未當位，不如九二剛中，故二自能田獲三狐以從五，四必待二之至，始信拇之可解也。二與四皆陽類，故名爲朋。

【譯註】

六三居於九四之下，有巴結九四的意思，所以九四把她看成討厭的腳拇指。不過九四自己位不當，沒有九二那樣的力量能驅逐狐狸的障礙，來追隨六五。然而九四必須借重九二，才能解開六三的糾纏。九二和九四同屬陽性，所以《文辭》說他們是朋友，可以聯合起來做點事情。

六五，君子維有解，吉；有孚于小人。

《象》曰：君子有解，小人退也。

五與二爲正應，而三且思乘二，則五不能无疑于二矣！賴九二之君子，剛而得中，決能解去六三，上從于我而吉。但觀六三之退，則信九二之有解矣。

【譯註】

君子若想脫離困境，必使小人退場。六五是解卦的君主，跟九二君子正應，雖然九二一度被六三利用，終賴九二剛健的君子之風，取得了中道，拋棄了六三小人，君臣吉祥。一旦君子用誠信（有孚）感動了小人，小人退場，君子便脫困了。

上六，公用射隼（ㄓㄨㄣˇ）于高墉之上，獲之，无不利。

《象》曰：公用射隼，以解悖也。

隼高飛而善摯（摯同鷙），以喻負且乘之六三也。當解之時，人人樂爲君子，獨六三悖理飛摯。二雖田之，四雖解之，以皆各有正應，不同上六之在局外，又陽與陰情必相得，故或以爲狐，或以爲拇，不如上六之絕无情係，直以爲隼。且居卦終，則公侯之位也，柔而得正，則藏器于身，待時而動者也，故獲之而无不利。

觀心釋六爻者，六三即所治之惑，餘五爻皆能治之法也。初以有慧之定，上應九四有定之慧，惑不能累，故无咎；九二以中道慧，上應六五中道之定；而六三以世間小定小慧，乘其未證，竊思亂之，故必獵退狐疑，乃得中直正道；六三依于世禪，資于世智，起慢起見，妄擬佛祖，故爲正道之所對治；九四有定之慧，固能治惑，以被六三見慢所負，且未達中道，故必待九二中道之慧，始能解此體內之惑；六五以中道定，下應九二中道之慧，慧能斷惑，則定乃契理矣；上六以出世正定，對治世禪、世智、邪慢、邪見，故无不利。

【譯註】

鷹隼高飛而凶猛，就像惟利是圖的六三。在解卦中，人人都以解困為務，獨有六三強橫無理。雖然九二想捕捉這隻狐狸，九四想丟開這隻腳丫，但他們各有盟友，各有從事，不像上六孤立於局外，沒有人事的糾纏，加以地位崇高，尊比王侯，柔而得正，乾脆把六三視為鷹隼，準備好武器將她射殺，一了百了。

從觀心處看解卦的六爻：六三就是從政者要治理的對象，其餘五爻是治理的方法。初六定中有慧，上應九四慧中之定，雖對六三煩惱，卻不至於拖累，所以無咎。九二堅守中道的智慧，得到六五定力的幫助，雖然不滿意六三的小智小慧，寄望能抓住這隻狡猾的狐狸，維護大道。六三依恃世間禪法，賣弄是非，驕傲又偏見，自許為佛爺祖師，是對治悉檀必須處理的對象。九四慧中有定，有能力對付六三卻被六三利用了，不能完成任務，只好等待九二的救援了。六五有定，加上九二的慧，解惑必賴智慧才能合乎情理，脫離困難。上六用出世間的正定，揭穿了虛假的禪定和智慧，打破了傲慢和偏見，因此無往不利。

䷨ 兌下艮上（山澤損：41）

損，有孚，元吉，无咎，可貞，利有攸往。曷之用？二簋（ㄍㄨㄟˇ）可用享。

難既解矣，相安于无事，必將剝民以奉君，此世道之損也。惑既治矣，從此增道損生，此觀心言損也。且以世道言之，凡爲上者，必其勞而不怨，欲而不貪，眞足以取信于民，則雖損之而元吉无咎。凡爲下者，必以可貞之事益上，勿貢諛，勿獻異，勿開勞民傷財種種弊端，則利有攸往。蓋下事上，猶人事天地鬼神祖宗也，享以其誠，不以其物。雖二簋便可用享，豈以多物爲敬哉？觀心者，信佛界即九界，故元吉无咎，知九界即佛界，故不動九界而利往佛界，不壞二諦而享于中道也。

【譯註】

經過蹇卦的困境和解卦的紓解，天下會相安無事，但此時也會發生以民事君、以下事上的情況，這種損失或稱犧牲，是俗世生活的常態。從觀心處看，困惑既已消除，便是減少自我的供養，增強道業供養的時候了。從現實的世道看，在上的人應當勞而不怨，捨棄貪念，贏取民眾的信賴，捨棄小我，才能得到吉利；而在下的人也當正直誠懇，一心事上，不阿諛，不誇張，不做勞民傷財無謂的事，如此才能無往不利。所謂以下事上，就像日常生活中祭天地、鬼神、祖宗一樣，誠懇遠比祭物的多寡重要。古代的祭禮，多至八個祭器，其實兩盤菜（二簋）就夠了，多不一定更好。

從佛法著眼，佛界就是九界，天下吉祥無咎；而九界也就是佛界，不必離開人世間，也能造就佛界的利益。無須毀壞真假二諦的觀念，仍然得到中道的領悟。

《彖》曰：損，損下益上，其道上行。損而有孚，元吉，无咎可貞，利有攸往。曷之用？二簋可用享。二簋應有時，損剛益柔有時，損益盈虛，與時偕行。

下濟爲益，上行爲損，此聖賢觀于天下萬世不易之道而立此名也。上必有孚，乃可損下而元吉无咎；下必可貞，乃利有攸往以益上。雖二簋亦可用享，蓋不過各論其時，但貴與時偕行而已。

【譯註】

從上向下的救濟是「益」，從下往上的奉獻是「損」，這是聖人觀察天下時所發現的定律。然而上必須誠懇，才能損己利人；下必須正直，才能有益於上。簡單兩盤菜餚的祭典，天地神靈已經享用到了，不必過分鋪張，但時間一定要恰當，跟時間配合是最重要的事。

《象》曰：山下有澤，損；君子以懲忿窒欲。

山下有澤，則山必日損。君子以爲吾心之當損者，莫若忿欲。故懲忿則如摧山，窒欲則如填壑，俾復于平地而後已也。

【譯註】

山下有水，山會日漸消損。君子懂得有些消損不可避免，所以排除憤怒的情緒，有如摧毀大山；防範慾望的伸張，有如填補丘壑；務使土地恢復平坦，避免耗損。

初九，已事遄（ㄔㄨㄢˊ）往，无咎，酌損之。

《象》曰：已事遄往，尚合志也。

初與四爲正應，宜損我以益四者也，四方陰柔有疾，故宜已我之事，而速往益之，則得无咎。然以剛益柔，但使斟酌得中可耳，勿令過也，以剛正而應柔正，故往則合志。

【譯註】初九陽剛，足夠幫助六四的柔弱，但事情做好了就宜趕快前進，不要逗留（已事遄往），才可無咎。用剛接濟柔的原則需恰到好處，不過分，取其中道，契合彼此的心意即可。

九二，利貞，征凶。弗損，益之。

《象》曰：九二利貞，中以為志也。

九二剛中而不過剛，六五柔中而不過柔，各守其貞可矣！又何須更往益之，以成過猶不及之凶哉？弗損而益，其益乃大，故五有或益以十朋之龜者。

【譯註】九二剛中但地位低下，不會過剛，六五柔中但身為君王，也不會過柔，他們只要守住正道，不必有過多的行動，造成過猶不及的凶險。利益對方而沒有太大的折損，才是最佳的利益，六五柔中謙恭，感動了百姓，得到價值不菲的餽贈（十朋之龜，是十貫大錢也買不到的神器），便是這個道理。

六三，三人行，則損一人；一人行，則得其友。

《象》曰：一人行，三則疑也。

六三與下二爻，皆損下而益上者也。初二仍陽，三獨變而爲陰，三人行，損一人矣！今以一陰上行而益上九，在我固爲國爾忘家，而上九陽剛，反能以弗損之益益我，不亦得其友乎？所以凡事宜專一也。

【譯註】

損卦的下三爻都蓄意在損己利人，仔細看來，初九和九二是陽性，六三卻變成了陰性。這個變很有意思：六三陰性，一人獨行，為國忘家，更容易利益上九，如果三人成群結隊，不免惹人猜疑。而上九陽剛，不需折損自己便對六三有益，她不是就得到了朋友嗎？所以做事簡單專一，會更有效。

六四，損其疾，使遄有喜，无咎。

《象》曰：損其疾，亦可喜也。

陰柔不中，疾也。初九已遄來益我，我但資初九有喜而我无咎矣！遄指初九。

【譯註】

六四陰柔不中是一種疾病，好在初九已快速前來襄助，減輕了自己的疾病，這是初九的喜悅，也是六四的幸運！

六五，或益之十朋之龜，弗克違，元吉。

《象》曰：六五元吉，自上佑也。

柔中虛己，以應九二，九二守貞，弗以有形之物益之，故能使天下歸心，罔不來益以重寶也。蓋人君能虛心用賢，則合于上天，而自上佑之也矣。

【譯註】

六五柔中謙虛，與九二的剛中正應，而九二守正道，把無形的精神看得比有形的物質更重要，因此贏得天下人的心，大家紛紛獻出最珍貴的禮物，包括價值連城的神龜。六五人君，謙恭有禮，懂得用賢，合於上天的法則，上天自然庇佑她了。

上九，弗損，益之，无咎，貞吉，利有攸往；得臣无家。

《象》曰：弗損益之，大得志也。

上九受六三之益極矣！苟不有以報之，三雖无怨，人必不服，安能无咎？安能貞吉？安能利有攸往？然欲益三，正不必損我也。蓋三之爲臣，固所謂「國爾亡家」者，但深鑒其一人獨行之誠，則大得其志，而三以爲得友矣！是謂「弗損益之」。

【譯註】

損卦的上九是乾卦上升，用坤變為艮的，他受到六三的利益太大了！上九即使不回報，六三不會抱怨，只是民眾會有不滿，如此的話，怎能無咎？怎能安吉？又怎能無往而不利呢？不過報答六三，上九不必太操心。在傳統宗法社會中，最好的臣子是「以國忘家」的，六三便是如此。試看她捨棄三人同行，獨自一人，赤膽忠誠，為國效勞，貫徹臣子的心志，不以為苦，反以得到朋友為榮！這就是《象辭》「弗損益之」（沒有虧損自己，卻利益了他人）的意思。

䷩ 震下巽上（風雷益：42）

益，利有攸往，利涉大川。

損而有孚，則與時偕行，可以致益，此世間盈虛消息之理也。增道損生，則日進于自利利他之域，此觀心成益也。攸往以處常，涉川以處變，苟得其益之道，則无不利矣。

【譯註】 損（䷨）和益（䷩）也是兩個對宮卦，是信心的產品，如能順時損己，利益便會自然出現。這是人世間盈虛消長的常理，當人減損自己的利益而去供養大道時，他進入了自利利他的超然境界。這是觀察萬法之主的心時所得到超然的利益，這種利益在正常的情況下，能使你無往而不利，在變動的情況中，你可以順利涉川渡河，得到更多的收穫。

《彖》曰：益，損上益下，民說（說同悅）无疆。自上下

下，其道大光。利有攸往，中正有慶；利涉大川，木道乃行。益動而巽，日進无疆。天施地生，其益无方。凡益之道，與時偕行。

中正指九五、六二言之，震巽皆木，故其道可涉川。天施，故坤得其初爻而爲震，地生，故乾得其初爻而爲巽。然不止于震巽而已，舉凡坎、離、艮、兌等，无非天施地生之益，故其益无方，而與時偕行也。益即全體乾坤，全體太極，全體易道，其餘六十三卦无不皆然，聖人姑舉一隅，令人自得之耳。

佛法釋者，損佛界之上，以益九界之下，損己利人，故民說无疆。本高跡下，故自上下下，而其道大光。天行、聖行，名爲「中正」，梵行起于嬰病二行，名爲「木道乃行」，放光現瑞以動之，四辯說法以巽之，開圓解以顯性德，名爲「天施」，立圓行以成修德，名爲「地生」，種而熟，熟而脫，番番四悉，名爲「與時偕行」。

【譯註】

這裡所謂中正的九五指巽（☴）的中爻，中正的六二指震（☳）的中爻，而震、巽都象徵「木」，木可浮舟，可以渡過大川。坤（☷）的初爻變為乾，就得到震，這是天的施為（天施）；乾（☰）的初爻變為坤，就得到巽，這是地之所生（地生）。其實這種變化不僅限於巽、震二卦，其他如坎、離、艮、兌的出現，不是「天施」就是「地生」，無一例外，可見天施地生的利益無遠弗屆，與時偕行。如果益卦的全體是乾坤、是太極、是易道，其他六十三卦也都全體是乾坤、是太極、是易道了。《周易》只舉一例以概其餘，要人自己深思。

用佛法解釋，把高居佛界之上的禪思下降到低下的九界，損己利人，眾生當然皆大歡喜。禪思的本質是超然的，但節節下降，來到低下處，卻展現了耀眼的光芒。《涅槃經》五行（五種教化）中，「天行」和「聖行」，名為中正，而「梵行」、「病行」和「嬰兒行」，則名為「木道乃行」（要有慈航的牽引才得普度），所以需要放毫光、顯瑞象，來震撼他們，需要靠「四辯」（即「四無礙」：法無礙、義無礙、辭無礙、辯說無礙）的說法來鼓勵他們。如果需要開啓大乘窮極的實教（圓教），來彰顯他們的性德，這便是「天施」了；如果要設立圓教的教法（即：一行一切行）來助成他們修德，這便是「地生」了；從耕種到結果，到收成，按照「四悉檀」的教化，循序漸進，這便是「與時偕行」了。

《象》曰：風雷，益。君子以見善則遷，有過則改。

風以鼓之，遷善之速也；雷以動之，改過之勇也。陸庸成曰：「風之入也最微，故片善不遺，纖過必剔；雷之發也最迅，故遷无留念，改无停機。」

【譯註】

益卦由風和雷構成，風的鼓動象徵遷善的快速，雷的震撼象徵改過的勇敢。明代易學家陸庸成說：「風的特性無孔不入，一點點的小善不會遺漏，一點點的小錯不會錯過；雷的發威既快且猛，說遷就遷，說改就改，從不暫停。」

初九，利用為大作，元吉，无咎。

《象》曰：元吉无咎，下不厚事也。

居益之初，受上益最厚者也。以下位受此厚益，可安然无事乎？然剛正而爲震主，必能大作以致元吉，則无咎矣！蘇眉山曰：「『益』之初九，『損』之上九，皆正受益者也。彼自損而專益我，將以厚責我也。我必有以塞之，故『損』上九利有攸往，『益』初九利用大作。然上之有爲也其勢易，有功則其利倍，有罪則其責薄；下之有爲也其勢難，有功則利歸于上，有罪則先受其責，故元吉而後无咎，以所居者非厚事之地也。」

【譯註】

上面已經說到，益卦的初九是乾卦下降，把坤變為震的，所以是最受厚待的主爻。居下位而受厚待，怎可大模大樣，無所事事呢？然而身為剛正的震主，在必要時，可以做一番大事業而導致吉祥無咎！蘇東坡說：「益卦的初九和損卦的上九，都是受乾卦最大的受益者。乾卦損己厚我，也難免會對我厚責，我當有所準備才好。損掛的上九可以無往不利，益卦的初九卻宜有所作為。上九居高位，做事容易，事半功倍，萬一出了錯，受責也較輕；在下的初九便不同了：地位低，做事難，有功不能居，有罪則首當其衝，故必先求吉祥，再求無咎，因為我的身分不是可以坐享其成的呀！」

六二，或益之十朋之龜，弗克違，永貞吉。王用享于帝，吉。

《象》曰：或益之，自外來也。

陰柔中正，以受九五陽剛中正之益，惠我以心，而不惠我以物，故能使天下歸心，罔不來益我以重寶也。為臣則永貞吉，不可因天佑人助而異其心；為王則用享于帝吉，自新新民而其命維新。《象》曰：「自外來」者，明其非心所期，以本无計功謀利之私故也。

【譯註】

益卦六二的爻辭與損卦六五相同，益和損是對宮卦，他們的地位相當，意義也相似，只有地位高低的不同而已，但都以居心的重要性高於物質，故得天佑人助。不過他們不宜因此而懈怠，更要認真祭祀上帝，日新又新，使天命常新。《象辭》「自外來」的話，是說這種成就不是計劃中事，因為真正的功利是不能預謀的。

六三，益之，用凶事，无咎。有孚中行，告公用圭。

《象》曰：益用凶事，固有之也。

不中不正，居下之上，而受上九之擊，其擊我也，正所以益我也。知凶事之眞能益我，則无咎矣！位雖不中，而有孚則爲中行，可以告公用圭。公指上九，圭以通信，信通則圭仍還公，不取公之物益我，但取公之擊以益我耳。恆人每以凶事爲非益，故聖人特明凶事之益固有之，能信凶之爲益，則不凶矣！

【譯註】

六三居下卦震卦之上，雖然不中不正，仍想採取行動，卻受到上九的責難。這裡的凶事指災難，六三可以賑災，但需要長官的同意才合情理。她向在上的王公（上九）借圭璧（圭，上尖下方的玉器，祭典主持人手中的信物），既象徵權威，也符合中道。不過上九丟出的圭璧有如當頭一棒，雖像敲打我，其實是想利益我，任務完成後，物歸原主，上九一無損失，這是益卦最高的理想。通常人們都以災難有害無益，殊不知災難從來便有溝通上下的利益，這樣看來，災難有它的好處呀！

六四，中行，告公從，利用為依遷國。

《象》曰：告公從，以益志也。

六四與上二爻，皆損上益下者也。五上仍陽，四獨變而爲陰，是直以身殉民，豈非遷國之象，豈非中行之道乎？初爻既受我益，剛而得正，有大公之心，方將利用大作以報我，我即以之爲依可矣！由其志在益民，故民皆以公心從之。

【譯註】

六四和她上面的二陽爻（五、六），都有損上益下的善意，獨有她一變而為陰，頗有以身殉民的氣概，難道這不是一種遷都（改變治國中心）的暗示嗎？難道這沒有推行中道的用意嗎？初九既已受惠於我，他剛健正直，大公無私，正在設法做大事來報答我，我乾脆告訴王公的從屬們，就此依順他們吧！大家的用意都在利益民眾，民眾也會大公無私地跟隨我們。

九五，有孚惠心，勿問元吉；有孚，惠我德。

《象》曰：有孚惠心，勿問之矣；惠我德，大得志也。

陽剛中正，應于六二，眞實以益下爲心者也。惠之以心，則惠而不費，天下咸被其澤，其元吉何必問哉？故能感六二永貞之吉，大得其志，而還報我以好德也。

【譯註】

九五陽剛中正，六二曾經用她虔誠的心意，給他餽送豐厚的大禮。誠懇的餽贈，貼心而無虛耗，天下人都感受到恩澤，哪裡有追究的必要呢？誠信不單感動人，還給人永恆的吉祥，這種意志高度的成就和滿足，是益卦最好的報償。

上九，莫益之，或擊之，立心勿恆，凶。

《象》曰：莫益之，偏辭也；或擊之，自外來也。

上九本宜損己以益六三者也，因六三不中不正，故不與其益，而反擊之。三固得其凶事鉗錘之益，然在上九，豈可恆以此立心哉？以此立心，則舉凡在下者，皆亦莫益于我，而或擊于我矣！故誡以立心勿恆，恆則必凶。上九不中不正，不仁而在高位，但思益我，不料擊我，思益而不得益，故曰「偏辭」，不料擊而得擊，故曰「自外來」也。

【譯註】

上九也有損己利人的心意，然而六三地位不當，不能給她利益，只好用圭璧去敲打她。六三雖在災難的斡旋中得到收穫，上九固執的態度卻是不對的，他的固執會讓在下者模仿他的自私和攻擊，對人對己都無利益！長此以往，會帶來凶禍。上九其實跟六三一樣，都不中正，加上他居高位而不仁，不給人利益還給人打擊，是很壞的榜樣。他雖想利益別人卻於人無利，這就是所謂的「偏辭」，即普遍現象。他沒有意思攻擊人卻被人攻擊了，這種意外就稱之為「自外來」。

《周易禪解》卷第六（下經之二）

䷪ 乾下兌上（澤天夬：43）

夬（ㄍㄨㄞˋ），揚于王庭，孚號有厲。告自邑，不利即戎。利有攸往。

約世道，則民說无疆，坐享豐樂，而所行必決。約佛法，則損己利他，化功歸己，決當進斷餘惑，證極果也。夫世間，豈容有陽而无陰，有男而无女，有君子而无小人？然陰居陽上，女占男先，小人據于君子之上，則必將共決去之，必將至王庭以揚之，必將相約相信而聲明其罪以號之，凡此皆有厲之道也。吾謂宜反身修德而告自邑，不宜以力爭而即戎，但使以德往化，則无不利矣。佛法釋者，體惑法界，即惑成智，名告自邑，敵對相除，名爲即戎。

【譯註】

從現實處看，益卦之後，民眾歡樂，享受有加，行動必須要更堅定，才是好事。從佛法看，損己利人，已有功勛，應當更進一步，斷惑證果。

而且人世間怎能有陽無陰、有男無女、有君子而無小人？至於陰居陽上，小人在君子之上，也是需要排除的現象，宜在王庭上公開揚棄，眾人協力聲討，做嚴正的處理。我認為這也是人們反身修德的時機，把自己的聲音由地方傳達到中央，讓政府知道這不是興兵動武的時候，以德感化，才是辦法。

用佛法解釋，認識法界的困惑能轉惑成智，結合地方和王庭的勢力，消泯地域性的差別，也是一種戰鬥性的成就。

《彖》曰：夬，決也，剛決柔也；健而說（同悅），決而和。揚于王庭，柔乘五剛也；孚號有厲，其危乃光也；告自邑，不利即戎，所尚乃窮也；利有攸往，剛長乃終也。

健而說，決而和，正明應以德化，不應以力爭也。知危則光，尚力則窮，利有攸往，則以德化小人，小人皆爲君子，而剛長乃終也。

【譯註】

夬，是決的意思，就是決心、果斷、排除。夬卦下為乾（健），上為兌（悅），能剛健愉悅，世界便能和諧，這是以德化人的時候，不宜興兵動武。懂得什麼是危險就是智慧，五陽排除一陰，只要不尚武力，就是正道。上六雖是小人，但以德化人，把小人變成君子，是剛強之道。

《象》曰：澤上于天，夬；君子以施祿及下，居德則忌。

祿宜施，德宜居，祿不施則恩枯，德不居則本喪。又以此施祿，則及下而可以化人，以此居德，則自滿而爲人所忌。

【譯註】夬卦的澤（兌）高在天上（乾），象徵利祿需要施與，而德性需要保存。不施利祿，恩惠會枯竭；不保存德性，根本會喪失。而且利祿的施與能普及下民、感化群倫，自居其功，自鳴得意，則令人厭惡。

初九，壯于前趾，往不勝，為咎。

《象》曰：不勝而往，咎也。

重剛不中，不宜進，而壯于進步，徒自折耳，何能勝哉？

【譯註】初九剛強太過，地位又不中，單有腳的剛強，不宜前進去做排除上六的動作。一定要前往，只會挫傷自己，不能取勝。

九二，惕號，莫（莫通暮）夜有戎，勿恤。

《象》曰：有戎勿恤，得中道也。

剛而得中，知懼知警，居德既周，則有戎可无患矣。

【譯註】九二居乾卦之中，剛健適中，德業周嚴，又富有戒慎恐懼的心，所以即使夜裡碰到兵戎之事，也不擔心安危的問題。

九三，壯于頄（ㄎㄨㄟˊ），有凶。君子夬夬，獨行遇雨，若濡有慍，无咎。

《象》曰：君子夬夬，終无咎也。

過剛不中，怒且悻悻然現于其面，太剛必折，有凶道也。君子于此，何不自夬其夬？舍上下四陽，而獨行其與上六應之正理，則以德相化，陰陽相和，庶遇雨而若濡，雖彼群陽不知我心，不諒我跡，或有慍者，然化小人之道必應如此，終无咎也。言夬夬者，群陽以決去小人爲夬，今吾以決不同彼群陽爲夬夬也。

【譯註】

九三的位置是臉上的顴骨（頄），顴骨高聳，看來剛強震怒，帶有凶相，不利君子的行動。九三如果真想獨力排除上六，最好在夬卦中自作決定（君子夬夬），捨棄上下四個陽爻的連繫，理性地面對上六，讓德性產生感化的作用，陰陽得到調和的效果，也能使兌（澤）灑下甘霖，打濕了衣裳卻創造了和諧。雖然上下四個陽爻不一定能夠體諒，甚至對我生氣，但這是處置小人合理的辦法，終極不會有害的。《文辭》所說「夬夬」，是群陽對上六一致的不滿，但九三有不同的看法和做法，希望陰陽的相應能帶來好運。

九四，臀无膚，其行次且（趑趄）。牽羊悔亡，聞言不信。

《象》曰：其行次且，位不當也；聞言不信，聰不明也。

九四以下爻爲臀，下爻純剛无柔，如有骨无膚，臀既无膚，行必次且不前。若讓彼羊在前，而隨其後，則羊仍屬我所牽，便可悔亡。但以剛不中正，聞此善言，決不相信也。羊指上六，爲兑之主，四宜牽之，不宜決之，亦不宜與之爭前後也。

【譯註】

九四處在兌卦的下方，相當於臀部的位置，但他陽剛無力，好像受了傷，有骨無肉，走起路來搖搖晃晃，前進困難（趑趄不前）。兌是羊，既然羊走在前方，而九四行動不便，牽著羊走在後面就好了，至少羊還在手中，可以沒有遺憾。不過九四不中不正，恐怕不能明白這話的好意，聽了也不一定相信。上六這隻羊，怎樣說都是兌卦之主，九四應當把她牽在手中，不應與她切割，更不宜跟她爭取先後。

九五，莧陸夬夬，中行无咎。

《象》曰：中行无咎，中未光也。

上六柔脆如莧，而在五剛之上，如莧在陸，人人得踐踏之。嗟嗟！彼獨非坤德乎？彼獨非太極全體所成，還具太極全體者乎？是宜夬彼群陽所夬而護養之，乃爲中行之道，可无咎耳。然在夬時，終不免以君子小人二其心，未肯忘于大同，故曰「中未光」也，聖人于復，則諄諄以保護微陽，于夬則諄諄以保護殘陰，陰陽豈可偏廢哉？

【譯註】

夬卦五陽排除一陰，一陰指上六，就像長在陸地上的莧菜，脆弱無助，誰都可以踐踏她。天哪！陰柔的上六難道沒有坤德嗎？難道不是太極的造化，是具體而微的太極嗎？雖然五陽排除一陰並無不妥，但一陰仍宜得到保護，才是中道的行為，不會有後患。夬卦雖然不含大同的理想，卻在君子小人之間劃分了界線，所以《象辭》責備它「中未光」（心地不夠光明）。《易經》在復卦（䷗）中曾小心翼翼地保護一陽初生的「微陽」，現在在夬卦（䷪）中，又小心翼翼地保護日暮途窮的「殘陰」，陰陽有同等的重要性，不是一目瞭然了嗎？

上六，无號，終有凶。

《象》曰：无號之凶，終不可長也。

下之五爻，聖人所以勸誡群陽者至矣！以六居上，雖得其正，而陰柔才弱，不能惕號以自周備，故終不可長，不若反乎下以為姤耳。

【譯註】針對處境艱難的上六，《易經》對這逼人太甚的五陽做了刻骨的告誡！上六以陰居上，雖然當位，卻陰柔力薄，不能呼號惕勵，只好靜候末日的來臨。她此時最羡慕的，大概是一陰進軍五陽、捲土重來的姤卦了。

䷫ 巽下乾上（天風姤：44）

姤（ㄍㄡˋ），女壯，勿用取女。

約世道，則決之于意中者，必將遇之于意外。約佛法，則決斷餘惑而上同諸佛者，必巧用性惡而下遇眾生。又約究竟，則夬是无間道，姤是解脫道。約初心，則夬是乾慧，姤是理水也。以无號之一陰忽反于下而得其所安，勢必漸壯，故九二宜包而有之，不宜使賓取之。

佛法釋者，在佛為性惡法門，在眾生不了，則為修惡。九二行菩薩道，自可示同修惡，不令餘人作惡。又解脫道，一得永得，名女壯，无所取著，名勿用取女，理水亦然。

【譯註】

從現實處看，夬是刻意的排除，姤則是不期的相遇（邂逅）。

從佛法看，把多餘的疑惑排除了，上同佛道，但為了下化眾生，必須回到惡趣，與眾生再度相遇。

從絕對處看，夬卦是無間道（斷惑而不為惑所間隔的智慧），姤卦則是解脫道（已斷惑、已證理，取得了正果的智慧）。

從初發心處看，夬代表乾燥不淳的智慧，未得定水，名為「乾慧」；姤代表成熟的實相，定慧兼具，名為「理水」。從夬卦孤苦伶仃的上六，一變而為姤卦朝氣蓬勃的初六，初心的成長是無可限量的，故九二負有保護的重任，不能再讓人隨便踐踏。

用佛法解釋，佛利用罪惡作為法門的初階，對痴愚的眾生來說，這是修惡，然而把守罪惡的關口，看似修惡，不讓人作惡，卻是菩薩道：這便是九二的意義了。再說，從解脫道看，一旦斷惑證理，是永遠的解脫，堅強紮實，成為姤卦所謂的「女強人」（女壯），雖然沒人敢娶她為妻，但有了成熟而定慧兼具的「理水」，也有凜然不可侵犯的威風，也是一大成就。

《彖》曰：姤，遇也，柔遇剛也。勿用取女，不可與長也。天地相遇，品物咸章（章同彰）也；剛遇中正，天下大行也。姤之時義大矣哉！

不曰「剛遇柔」，而曰「柔遇剛」者，柔爲政也。

佛法釋者，剛是性德，柔是修德。以修顯性，名柔遇剛，剛是妙觀，柔是妙止；從止起觀，名柔遇剛，剛是智慧，柔是禪定；因定發慧，名柔遇剛，修本无加于性，止亦不可偏勝，定亦不可偏多，故曰「不可與長」也。天地相遇，天得地之初爻而爲巽，撓萬物者莫疾乎風，齊乎巽。而萬物潔齊，故曰「品物咸章」也。九二之剛，下遇初六，上遇九五之中正，在世法中，則爲大臣得君以撫民，在佛法中，則爲智慧稱性以成福，故曰「天下大行」也。

【譯註】

《彖辭》不說「剛遇柔」，卻說「柔遇剛」，因為柔更有力。

用佛法解釋，剛是本具之德（性德），柔是修成之德（修德），用修成之德來彰顯本性，叫做「柔遇剛」。而剛是不可思議的慧（妙觀），柔是不可思議的定（妙止），從止入觀，叫做「柔遇剛」。因為剛是智慧，柔是禪定，用定引發慧，叫做「柔遇剛」。因為修德並不能豐富性德，而禪定不能獨樹戰功，也不宜太多使用，所以叫做「不可與長」（不能與你長相廝守）。天地相遇，但常相遇：天得地的初爻，變成了風（☴），而攪動萬物、平等看待萬物的，沒有比風（巽）更周到的了，這便是「品物咸章」（萬物得到彰顯）的意思。九二剛強，下與柔弱的初六邂逅，上與中正的九五相應，在世道中，就像臣得到君而愛民，在佛法中，就像智慧結合了實相，給眾生種下了福田，便是「天下大行」（萬事順暢）的意思。

《象》曰：天下有風，姤；后以施命誥四方。

「剝」乎上者反乎下，名之曰「復」：性德也，觀慧也，不可即致用也，故如雷在地中，而后不省方。「夬」乎上者反乎下，名之曰「姤」：修德也，止定也，即可以取效也，故如天下有風，而后施誥命。「復」以見天地之心，「姤」以見時義之大；「復」即乾知大始，「姤」即坤作成物；「復」即金聲，「姤」即玉振；「復」即智巧，「姤」即聖力，而腐儒以抑陰戒小人釋之，不亦陋乎！

【譯註】

剝卦（䷖）的上九被排除後，降而為初九，重新開始，叫做「復」（䷗）：復是眾人本具之德，是智慧，不是可以隨時使用的東西，就像雷潛伏地中，而君王端坐自省，暫不出巡。夬卦的上六被排除後，也降為初六，重新出發，叫做「姤」：姤是修成之德，是禪定，是可以立見功效的東西，就像風吹草動，而君王發布命令，周告天下。從「復卦」可以看見自然生命的復活，從「姤卦」可以看見人事點滴的成長。「復」是乾元萬物的資始，「姤」是坤元萬物的資生。「復」像嘹亮的洪鐘，集萬物的大成，「姤」像清脆的玉磬，貫通事物的條理。「復」是自然的智慧，「姤」是人為的操作。這裡一陰一陽的搭配和消長，是生命奇偉的表現，而冬烘的道學先生視之為對陰的排斥，是給小人的打壓，真沒眼光呀！

初六，繫于金柅，貞吉。有攸往，見凶。羸豕孚（孚同浮）蹢（蹢同躑）躅。

《象》曰：繫于金柅，柔道牽也。

无君子莫治野人，无野人莫養君子，此世法之必應互相繫屬者也。无性不能起修，无修不能顯性，非智不禪，非禪不智，此佛法之必應互相繫屬者也。一陰始生于下，得九二金柅以繫之，此貞吉之道也。不繫則有攸往，往則見凶，如羸豕必能蹢躅，由不早爲調御故耳。柔道宜與剛德相牽，則互相與有成矣。

【譯註】

金柅是放在車輪下，防止車子滑動的金屬棒，比喻初六這隻脾氣浮躁、跳動不停（躑躅）的母豬（羸豕，亦即弱豬，強的是雄豬，叫做「豭」）已經被繩子拴住，不能亂跑了。

沒有君子，不能治理化外之民，沒有化外之民，也不能展現君子的才能，這是現實中互補的現象。沒有真如的本性，不能取得修德的工夫；沒有修德的工夫，就不能顯現真如的本性。換句話說，沒有智慧，便沒有禪定，沒有禪定，也就沒有智慧，這是佛法中的互補現象。姤卦中一個微弱的陰爻（初六）剛剛誕生，九二剛健居中，負起保護的責任，這是中正吉祥之道。沒有保護會遭凶險，有如這隻柔弱而跳個不停的小豬，沒有及早管教會有凶險的結果。剛柔相牽，彼此互補，才有成就。

九二，包有魚，无咎，不利賓。

《象》曰：包有魚，義不及賓也。

修顯性，則性有修，定發慧，則慧有定，性修交成，定慧平等，无咎之道也。但可內自證知，豈可舉似他人？世法亦爾，吾民吾子，豈可令他人分治哉？

【譯註】用修德來彰顯德性，德性才會彰顯，用禪定來引發智慧，智慧才有定力。性德和修德交相輔助，禪定和智慧平等運用，好像口袋裡有魚，不是空話。這種責任需要內在一再的保證，怎可交付給他人呢？現實的社會亦然，自己的國民，自家的孩子，放心讓別人管嗎？

九三，臀无膚，其性次且（趑趄），厲，无大咎。

《象》曰：其性次且，行未牽也。

二近于初，故包有魚，三遠于初，故臀无膚，无膚則行必次且矣！然雖厲而无大咎者，以與初六同居巽體，但行未與柔道相牽合耳。

【譯註】

九二與初六相鄰，近水樓台，就像袋中有魚，取用方便。九三的距離遠了，且上下無應，左右無朋，好像臀部有骨無肉，跟受了傷一樣，行動不方便。不過情況雖然不妙，卻無大害，因為他和初六都同在溫柔的巽卦之內，惟一的遺憾，是陰陽沒有調和好而已。

九四，包无魚，起凶。

《象》曰：无魚之凶，遠民也。

剛不中正，執性而廢修，恃慧而棄定，猶世宰輔，居上而遠民也。方其高談理性，正逞狂慧，不知其爲凶，臨命終時，地獄相現，則悔无及，猶包中无魚，起水而後知之。

【譯註】

九四離開了溫柔的巽卦，進入了剛強的乾卦，但剛而不正，固步自封，重慧不重定，很像今天的大人物，身居高位卻遠離民眾。九四高談闊論，跡近瘋狂，不知這就是凶兆，要死到臨頭，走到地獄門口才知後悔不及了。還沒抓到魚，不能離開河水呀！

九五，以杞（ㄑㄧˇ）包瓜，含章，有隕自天。
《象》曰：九五含章，中正也；有隕自天，志不舍命也。

枸杞枝軟而長，以此包瓜，則其蔓交繫而不可解。此九二與初六相遇之象也，九五位姤之主，乃高居于上，遠不相及，但以剛健中正，則性德久熏成種，將欲發煥，故名含章。由其志不舍命，不肯自暴自棄，故初六雖不相遇，必有自天隕墜以遇我者矣！發得本有，名爲自天；无心契合，名爲有隕。又九二如大臣，能有初六之民，與民固結。九五如聖君，能用九二之賢臣，故名含章。既有九二，則并九二所遇初六之民而有之矣！民與之，即天與之，故云「有隕自天」！

【譯註】

枸杞的枝條細軟而長，用它來包瓜，不但包不住瓜，還會把瓜糾纏不清，解不開來，九二和初六最早的相遇就像這樣。至於九五，是姤卦之主，高居在上，距離初六雖太遠，卻剛健中正，成熟幹練，像一粒種子準備孕育新的生命，因此叫做「含章」（大放光彩）。由於他志在未來，做事不草率，所以即使沒有正面遇見初六，初六應是他天上掉下來的禮物吧！本性具有的是天賦；無意取得的，是偶然的碰頭。九二得到初六之民，臣民之間有堅固的連繫，而九五既有九二之臣，無異有了初六之民，真是「大放光彩」了！臣民送的禮物，就是上天的禮物，也可說是「天上掉下來的」了！

上九，姤其角，吝，无咎。

《象》曰：姤其角，上窮吝也。

居姤之終，不與柔遇，名姤其角。此如二乘偏眞空慧，但免无魚之凶，不无焦芽敗種之吝也。

【譯註】

上九是姤卦最後一爻，始終沒有與柔相遇，不妨說他碰上了硬梆梆的牛角吧！這是空假二乘思想偏向絕對空虛的一乘，即使沒有魚，他無所謂，卻有破壞幼芽、戕害種子的罪過。

䷬ 坤下兌上（澤地萃：45）

萃，亨，王假有廟，利見大人，亨，利貞。用大牲吉，利有攸往。

相遇則相聚，世出世之常也。聚安有不亨者哉？幽明之情萃，故有廟可假；上下之情萃，故大人可見。用大牲以假有廟，利攸往以見大人，皆順乎時義之所當然，所謂貞也。

【譯註】

萃是姤卦偶然相逢之後有意的相聚，是世間、和出世間最常見的行為。既然有意相聚，怎能不亨通呢？陽界和陰界的聚會，需要到祖廟去舉行；上位者和下位者聚會，可以遇見大人物。來到莊嚴的祖廟，宜用厚重的大禮祭祀，與大人物相聚，可以看見大道。這些事必須配合時間，換句話說，「貞」字（正直、貞潔），是吉利的關鍵。

《彖》曰：萃，聚也。順以說（悅），剛中而應，故聚也。王假有廟，致孝享也；利見大人，亨，聚以正也；用大牲吉，利有攸往，順天命也。觀其所聚，而天地萬物之情可見矣。

同一致孝享耳，有時云「二簋可用」，有時云「樽酒簋貳」，今則云「用大牲吉」。同一見大人耳，有時云「不利涉川」，有時云「往蹇來碩」，今則云「利有攸往」。夫豈有私意于其間哉？宜簡則簡，宜豐則豐，可往則往，可來則來，皆所以順天命而觀物情耳。

【譯註】

在表示孝敬時，損卦說「兩盤菜就夠了」，坎卦說要「一樽酒、兩盤菜」，這裡則說「用大牲吉」。在往見大人的情況中，訟卦說「不利涉大川」，蹇卦說「前往有災，回來豐收」，這裡則說「前往有大利」。他們哪裡是偏心呢？該簡單就簡單，該豐盛就豐盛，該走就走，該回來就回來，順應天命，體察人情，最為緊要。

《象》曰：澤上于地，萃；君子以除戎器，戒不虞。

楊慈湖曰：「澤所以能瀦水而高上于地者，以有坊也；民所以得安居而聚者，不可无武備也。除治戎器，戒備不虞，皆大易之道也。」

蕅益子曰：「約佛法，則毗尼内禁；約觀心，則密咒治習。」

【譯註】

楊簡《楊氏易傳》說：「水能高於地面，因為有牆垣的保護（坊同防）；百姓能安居樂業，不能沒有軍事的捍衛。籌備武器，防範意外，是最簡單的要求。」

蕅益說：「從佛法看，就是用戒律（毗尼）來調服諸惡；從觀心處看，就是用神奇的密咒來排除惡習。」

初六，有孚不終，乃亂乃萃。若號，一握為笑，无恤，往无咎。

《象》曰：乃亂乃萃，其志亂也。

當萃之時，未有不志于萃者也。二陽爲受萃之主，而四陰萃之，初與四爲正應，本可信也，不中不正，故不能終其信，而乃亂乃萃焉。乃亂故若號，乃萃故一握爲笑，言其號笑，夾雜而爲一握也。然既是正應，何所疑恤？不若往從爲无咎耳。志亂故號笑夾雜，名相應之理未嘗亂也。

【譯註】

聚會時，沒有人不是真心的。萃卦的二陽是召集四陰相聚的主人，然而初六和九四不夠中正，雖是正應，也有誠意，卻不可信賴。亂而仍然相聚，因此有人哭，一握手，也就笑了。哭笑既然都是正應的結果，又有什麼好擔心呢？初六應當一心不亂，勇往直前，避免過錯。心亂就會啼笑皆非，這也說明理性是不會亂了步調的。

六二，引吉，无咎，孚乃利用禴（ㄩㄝˋ）。

《象》曰：引吉无咎，中未變也。

柔順中正，上應九五陽剛中正之君，本无可疑者也。乃初六與六三皆往萃于九四，我居二者之間，設不自引而出，何以取信于九五乎？苟引出而得其信，則不必用大牲，而用禴亦利矣！舍二陰而獨從所應，故如用禴，其物甚薄，但由二有中德，故不變所守以隨兩陰耳。

【譯註】

六二柔中，九五剛正，他們是萃卦中最理想的匹配，然而六二的上下鄰居紛紛向九四靠攏，她若不與她們劃分界限，怎能得到九五的信任？當她用誠心引來吉祥時，祭祀的大牲也是多餘的了，簡單的禴禮（春季蔬果的祭祀）就夠了！切割初六和六三的糾纏，直接面對九五，單薄的禴禮更能表達誠意，且她居中之德，清楚顯示了她不同流合汙，堅貞不移的信心。

六三，萃如，嗟如，无攸利。往无咎，小吝。

《象》曰：往无咎，上巽也。

上无應與，志欲萃而无從，故嗟如而无所利。然當萃之時，往從九四，亦可无咎，但非正應故得小咎，而九四則巽以受之矣。

【譯註】

六三與上六不能相應，所以雖想聚會卻無處可去，唉聲歎氣，也沒有實際的好處。不過萃卦以相聚為尚，六三與九四接近，應當沒有過失。他們並非正應，算是小咎，幸而九四處在上互卦（三、四、五）的巽卦中，可以無恙。

九四，大吉，无咎。

《象》曰：大吉无咎，位不當也。

當萃之時，初六應之，六三歸之，不幾以臣擬君乎？故必大吉乃得无咎。如伊尹、周公之終盡臣道可也。

【譯註】

萃卦以相聚為尚，九四得到初六和六三的擁戴，不就像臣居於君位嗎？但一切得順遂無恙，才是吉祥。就像伊尹輔佐商湯，殲滅夏朝，周公輔佐成王，建立周朝，這樣盡忠職守，才是臣道最好的榜樣。

九五，萃有位，无咎，匪孚。元永貞，悔亡。

《象》曰：萃有位，志未光也。

陽剛中正，以天位而受萃者也。然惟二實應之，上實附之，而初與三已萃于九四矣，僅可无咎。若能忘吾位以任九四，聽彼二陰之匪孚我，而元萃于四者永貞弗改，則九四既爲吾臣，二陰何一非吾民也？故得悔亡。設但恃其位以爲萃，則志未光矣。

【譯註】

九五陽剛中正，是萃卦裡天賜的好君主，有鞏固的地位。然而真正與他相遇的，只有六二和上六，而初六和六三早已稱臣於九四，所以九五雖貴為萃卦之主，只夠得上

「無咎」二字。不過從另一角度看，如果忘記君王的地位，把責任交付給九四去召集二陰，使她們公而忘私，貞定不移，那麼九四既是我臣，二陰不也就是我民了嗎？所以九五應當沒有遺憾。只是作為萃卦之主，他沒有照顧全民，有欠圓滿，這就是《象辭》「志未光」（沒有發揮自己力量）的意思。

上六，齎（ㄐㄧ）咨（ㄗ），涕洟，无咎。

《象》曰：齎咨涕洟，未安上也。

以陰居陰，而在上位，心不自安，故齎咨涕洟，以附悅于九五，得无咎也。

【譯註】

齎咨涕洟，是歎息流涕的意思。上六以陰居陰，又居高位，孤立無援，心中不安，所以唉聲歎氣，涕泗漣漣。幸虧居於九五之上，沾了兌卦喜悅的光，得免無咎。

䷭ 巽下坤上（地風升：46）

升，元亨，用見大人，勿恤。南征，吉。

氣聚而上升，如木之升于地，元亨可知也。巽順非果于有爲者，故勸以用見大人勿恤。萬物齊乎巽，而相見乎離，故南征則吉，欲其向明以行志也。

【譯註】

從萃卦的相聚，到升卦的乘風飛揚，是一百八十度的大轉彎。前進高升當然是最大的通暢，不過風雖通暢，不一定能有作為，所以《爻辭》鼓勵多見貴人。根據《說卦傳》，「帝出乎震，齊乎巽，相見乎離」（天帝從東方的震出來，東南方的巽使萬物整齊生長，南方的離使萬物相見），所以南征吉祥，因為南方的離是光照大地的太陽，有利於抱負的施展。

《彖》曰：柔以時升，巽而順，剛中而應，是以大亨。用見大人，勿恤，有慶也。南征吉，志行也。

巽木本柔，故必以時而升，木之升固必藉土，土亦以生木為功。今九二剛中而應六五，蓋不惟木之志，亦是土之志也。

【譯註】

巽是木，木是柔，但木必須按照時序生長。木的生長需要土，因此土對木的生長也有功勞。巽（木）的九二正應坤（土）的六五，可以知道木（巽）的志，也就是土（坤）的志。

《象》曰：地中生木，升；君子以順德，積小以高大。

道體本无大小，而君子之積德也，順而致之，必由小以高大，譬如合抱之木，始于微芒，但不可戕伐，亦不可助長耳。

【譯註】

道的本體本來並無大小的差異，但君子積德是另一回事，他必須順應自然，由小到大，由低到高，沒有捷徑。例如合抱的大樹，都是由微小的種子慢慢長成的，在成長的過程中，不能砍伐，也不容助長。

初六，允升大吉。

《象》曰：允升大吉，上合志也。

為巽之主，上與二陽合志，故信能升而大吉也。

【譯註】

初六是巽卦之主，她上方的二陽因為同在巽體，志向相彷彿，所以一定會步步高升，大吉大利。

九二，孚乃利用禴，无咎。

《象》曰：九二之孚，有喜也。

升九二之求孚于六五，以各不得其正，非如萃六二之孚于九五也，但萃之六二，以兩鄰同質，而不同志，故中雖未變，而須引吉。今升之九二，以兩鄰異質，而志相合，故不惟无咎，而且有喜！

【譯註】

升卦的九二上求六五的信任，因為二爻都不居正，所以結果和萃卦很不同。萃卦的六二和初六、六三，同在坤體，性質雖同，意志卻不同，所以六二必須切割她們的糾纏，竭誠與九五相會，才會引來吉祥。而升卦的九二和初六、九三性質相異，但志氣相合，所以不惟無咎，還有喜慶當前呢！（九二是內互卦兌卦的初爻，兌是喜悅。）

九三，升虛邑。

《象》曰：升虛邑，无所疑也。

以堅剛之木，上升于柔順之土，何疑阻哉？

【譯註】九三是巽（木）的上爻，準備升入坤（土）的土地，木而得土，它的成長還什麼有可疑呢？

六四，王用亨于岐山，吉，无咎。

《象》曰：王用亨于岐山，順事也。

巽之升也爲木，坤之升也爲山，而人之升也爲亨于天地山川鬼神。其事不同，其所以爲順一也。方木之升于地，人但以爲木剋土耳，不知木升即是地升，以離地四微，別无木四微故。故太王之去豳而邑于岐，人但以爲王棄豳耳，不知邑岐即是邑豳，以非舍豳人而別撫岐人故。

【譯註】

巽上長，成為樹木，坤上長，成為高山，人上長，則周旋祭祀於天地、山川和神靈之間。這些事情性質雖不同，意義卻一樣，就是順乎時序，俾有所成。當木升於地面，大家只知道五行中木剋土的原則，卻不知道木的上長就是土的上升，因為「色香味觸」四種微細的色法元素（四微），依附於土，不依附於木。以前古公亶父（周太王）離開豳來到岐山，大家都以為他放棄了豳，卻不知道他成就了岐山，也成就了豳。他沒有拋棄豳的民眾，卻進一步更照顧了岐山的民眾。

六五，貞吉，升階。

《象》曰：貞吉升階，大得志也。

朝有君子，則聖王之志得，猶地有喬木，則成園囿，故地未有不以升木爲志者也。九二剛中，而五應之，此明與以可升之道，猶聖王之設階以升君子，但恐其以陰居陽，不能鑒九二之孚，故特以貞誠之，欲其貞于九二也。

【譯註】

朝廷裡有正人君子，聖明的君王才能有所作為，就像有了參天的喬木，才有可觀的園囿一樣，所以土地無不渴望樹木成蔭。升卦中九二剛中而應，是理想的忠臣，六五為他鋪好了階梯，希望他節節上升。不過《爻辭》擔心六五陰柔寡斷，不能體察九二的誠懇，所以提醒她對九二要信賴，鼓勵他循序漸進，以事業為重。

上六，冥升，利于不息之貞。

《象》曰：冥升在上，消不富也。

升至于冥，可以息矣！而有不息之貞，則宜冥而益升，此所謂天爵也，修其天爵，則匹夫不爲貧賤，而不富可消矣！

【譯註】

乘風飛揚，到了鴻飛冥冥的高空，可以休息了吧！然而這不是升卦終極的意旨。在冥冥中高升，有更大的利益，這便是「天爵」（精神）的世界。修天爵的人，脫離了凡俗和貧困，而天爵的世界，沒有貧富的觀念！

䷮ 坎下兌上（澤水困：47）

困，亨。貞，大人吉，无咎。有言不信。

升而不已必困，此盈虛消息之常也。困心衡慮，實所以致亨，然不以正道持之，不以大人處之，何能吉无咎哉？設无躬行實德，而但有空言，決不足以取信矣！

【譯註】在物質的世界中，過度高升會遭遇困難，這是現實的常態。用心思考，可以亨通，假如不走正道，沒有大人的胸襟，即使亨通，怎會長久呢？有人不顧德行，全靠嘴巴說大話，這種人不可信賴！

《彖》曰：困，剛揜（揜同掩）也。險以說，困而不失其所亨，其惟君子乎？貞，大人吉，以剛中也；有言不信，

尚口乃窮也。

坎剛在下，而爲兌柔所揜，剛既被揜，水漏澤枯，困之象也。處險而說，素患難行乎患難，遁世无悶，不改其樂，非君子其孰能之？九二、九五，皆以剛而得中，此大人之貞，吉之道也。苟不守此貞，而徒尚口，適足以取窮而已矣！

【譯註】

困卦的坎剛（☵）潛伏在下，但兌柔（☱）高高在上，柔掩蓋了剛，好像水漏了，澤枯了，是常見的困象。然而即使在患難中，需保持樂觀的態度，接受患難，照常工作，遁世但不氣惱，維持君子的風度！九二、九五是困卦的中堅，他們剛中互應，表現了君子的優點，所以吉星高照。假如他們不行正道，只動嘴巴，他們不會有前途的！

《象》曰：澤无水，困；君子以致命遂志。

水在澤下，澤中无水，枯槁窮困，此已定之命也。君子致之而已，豈容作意而不順受？剛中故處險能說，此在我之志也。君子則心遂之，豈因顛沛而或稍違乎？

【譯註】

坎（水）在兌（澤）下，而澤水乾涸，這是無可奈何的現象，君子需懂適應，怎能倔強不順呢？剛健中正的人，險中還能得樂，因為快樂的心態操之在我。君子必須貫徹自己的意志，怎能因為一時的顛沛流離，改變自己的操守呢？

初六，臀困于株木，入于幽谷，三歲不覿（ㄉㄧˊ）。

《象》曰：入于幽谷，幽不明也。

六爻皆處困者也，惟剛中大人能不失其所亨。初六居下，臀之象也。上應九四之株木，正當困時，不能相庇，而陰居險初，則如入于幽谷，三歲不能相見矣！

【譯註】困卦的六爻都是受困者，只有剛健中正者，像九二和九五，可以亨泰。初六在最低處，有如人體的臀部。與她正應的是九四，雖然剛健卻不中正，像一株枯木，自己處在困境中，不能給她伸出援手。而初六是坎卦第一爻，身陷在坎險的幽谷中，不到穿越坎卦的三個爻位（三年的時光），不能進入兌卦的天地，重見天日。

九二，困于酒食，朱紱（ㄈㄨˊ）方來，利用亨祀，征凶，无咎。

《象》曰：困于酒食，中有慶也。

當困之時，能以剛中自養，故名困于酒食。九五陽剛中正之君，必將以朱紱錫我，使我同濟時困，我但當默然以誠應之，如亨祀然。若遽往則必有凶，而志在救時，仍无咎也。中有慶，即是貞大人吉，此如伊尹就湯。紱，蔽膝也。

【譯註】

在困卦中，因為剛而居中，居然能以酒食自娛，算不錯了。與我心志相通的九五一定會看重我，賜給我大紅錦緞的蔽膝（朱紱），邀我肩負起時代的重任，我當沉默受命，像承受祭祀一般的謙恭。如果我立刻行動，可能會有災害，但我救時的志願應該沒有錯。《象辭》所說「中有慶」，指的正是大人的吉祥，有如伊尹輔助商湯的故事。《爻辭》所說的「朱紱」是錦緞的蔽膝褥子，象徵信任。

六三，困于石，據于蒺藜，入于其宮，不見其妻，凶。

《象》曰：據于蒺藜，乘剛也；入于其宮，不見其妻，不祥也。

陰柔不中不正，居于二陽之間，四如石，二如蒺藜，上六不與相應，故入其宮而不見其妻，由无貞祥之德，所以自取其凶。

【譯註】

困卦六爻全都是受困者，但沒有比六三更辛苦的了，他夾雜在二陽之間。九四堅硬像一塊石頭，九二雜亂像一叢荊棘，上六也不與他相應，像回到家裡，不見了妻子，這都是不中不正、缺少貞祥導致的災害。

九四，來徐徐，困于金車。吝，有終。

《象》曰：來徐徐，志在下也；雖不當位，有與也。

夫處困而亨，非剛中者不能也。九四正在困時，猶不能忘情于初六，而來徐徐，既志在初六，豈惟不與九二合德，反困于九二之金車而吝矣！然九二剛中，必能與我同濟時困，不因我不當位而遂棄我，故可有終。

【譯註】

處困而能亨通，只有意志堅強的人能夠做到。九四剛而不中，正在困境之中，但他與在下的初六正應，心中念念難忘初六，卻被剛強如金車的九二拖住了，因此行動緩慢，難有成就！然而九二是剛而中堅的鬥士，以救濟時代的困難為職志，他應當不會因我的位置不對而捨棄我，所以我仍然會有夥伴的。

九五，劓（ㄧˋ）刖（ㄩㄝˋ），困于赤紱，乃徐有說（悅），利用祭祀。

《象》曰：劓刖，志未得也；乃徐有說，以中直也；利用祭祀，受福也。

九五陽剛中正，居于尊位，視天下如一身者也。上六困于葛藟，如劓我之鼻；初六困于株木，如刖我之足；我方賴九二同行相濟，有如赤紱，而彼方困于酒食，則是我困于赤紱也。然九二中直，必徐應我而有悅，我當竭誠以感之，如祭祀然，庶可以受福矣。

【譯註】

九五居君王之位，陽剛中正，視天下有如自己的身體。上六困於藤蔓，好像鼻子給割去了（劓刑）；初六困於枯木，好像大腿給砍斷了（刖刑）。我本想號召九二來幫助，所以賜給他一條大紅錦褥（赤紱），然而他正困於酒食，我也無異受困於這條大紅錦褥了。不過九二中正，是個可靠的臣子，他一定會回應我的呼喚，我們遲早會得到喜樂，而我則當用祭祀的心情來回應他，這樣才會受到福報。

上六，困于葛藟，于臲（ㄋㄧㄝˋ）卼（ㄨˋ），曰動悔，有悔，征吉。

《象》曰：困于葛藟，未當也；動悔有悔，吉行也。

處困之極，可以動而行矣！陰柔才弱，疑慮未當，猶牽纏而不自安，懼其動而有悔，而每自退悔也。故聖人直以征吉決之。

【譯註】

上六位於困卦的巔峰，真可謂高而且危（臲卼）了，但與其坐以待斃，還不如採取行動！陰柔才淺的人常對自己疑慮，牽掛多，心不安，又怕錯誤，也怕悔恨，尤其是行動帶來的後悔（動悔），所以每每退讓不前。《象辭》難得有這樣痛快的語言：衝吧（征吉）！即使有悔，也是吉利（動悔有悔，吉行也）！

䷯ 巽下坎上（水風井：48）

井，改邑不改井，无喪无得，往來井井。汔（ㄑㄧˋ）至亦未繘（ㄩˋ）井，羸其瓶，凶。

夫井者，居其所而遷者也。知井之居所而遷，則知困之窮而通矣！故次困而明井。邑可改，井不可改。可改則有喪有得，既不可改，何喪何得？食水者住，未食者來，人有往來，井何往來？下瓶將及于水曰「汔至」，得水收繩未盡曰「未繘井」，繘井則有功，爲繘羸其瓶則凶，此皆人之得喪，非井之得喪也。知井无得喪，則知性德六而常即，知人有得喪，則知修德即而常六，故曰「井德之地」也，又曰「井」以辯義。

【譯註】

井自己不遷移，只看人們遷移，懂得人遷移而井不遷移，就懂得所謂困窘，就是道路的開放或關閉！井卦緊接在困卦之後，就是這個道理。村莊可以改變，井卻不可以不改。改，有得有失；不改，豈有得失可言？喝水的人會住在井旁，需要水的人會遷來井旁，人有來往，井哪裡有來往呢？把水瓶送進井裡吸水，叫做「汔至」，把繩子（繘）拉起卻沒有得到水，叫做「未繘井」，得水有功，不得水是徒勞，但這是人的得失，不是井的得失。懂得井無得失，就懂得菩薩行位雖分為六（六即），其實是一，懂得人有得失，就懂得所謂的一仍有六種的不同。因此可以說我們的世界是「井井有條的世界」，也可說「井」給了我們清楚的教訓。

《彖》曰：巽乎水而上水，井；井養而不窮也，改邑不改井，乃以剛中也；汔至亦未繘井，未有功也；羸（ㄌㄟˊ）其瓶，是以凶也。

水輪含地，故鑿地者无不得水。喻如來藏性具一切陰界入等，故觀陰界入者，无不得悟藏性，但貴以妙止觀力深入而顯發之。藏性一顯，自養養他更无窮盡也。「困」之貞大人吉，曰以剛中，今改邑不改井，亦曰乃以剛中。「困」似專指修德，其實發明全修在性。今似專指性德，其實要人全性起修，故隨明未有功而羸瓶則凶，其重修德甚矣！

【譯註】

地中有水，因此掘地者沒有不得到水的。這就好像在煩惱中的真如本性（如來藏性，即一切眾生之性都含有如來的功德）全都具備在五陰、十二入、十八界的「三科」中，因此從這三科入手，沒有不能悟得本性的。不過最為得力的，還是從三諦俱空的「妙止觀」著眼，更能彰顯如來藏性的本質。藏性一旦顯現，自養養他的工夫便無窮無盡了！困卦說「貞，大人吉，以剛中也」（剛強而居中），井卦也說「改邑不改井，乃以剛中也」。困卦指的是居中的修德，重在「全修在性」四字（最成功的修在性）；井卦指的是居中的性德（能分辨善惡迷悟的本性），重在「全性起修」四字（最完美的性在修）。井卦還明言汲水而不得水，讓水瓶空空，徒勞無功，是件凶事，困、井二卦對修德的關懷，躍然紙上了！

《象》曰：木上有水，井；君子以勞民勸相。

夫擔水惠人，則所及者寡；鑿井任汲，則所潤者多。擔水者有作善，鑿井者无作善也。君子之慰勞于民也，則勸其交相爲養焉，故養而不窮矣。

【譯註】挑水助人，受惠者少；鑿井讓人自取，受惠者多。挑水的人在做善事，鑿井的意義卻不同。當政者如果想施惠民眾，應當提倡相互利益、爭取雙贏的事業，這樣的利益和供養才會廣大無窮。

初六，井泥不食，舊井无禽。

《象》曰：井泥不食，下也；舊井无禽，時舍也。

井之六爻，三陰爲井，三陽爲泉。初居最下，故象如泥，不惟人不食之，禽亦不顧之矣！理即佛也。

【譯註】

井卦的六爻，三個陰爻指靜止的井水，三個陽爻指流動的泉水。初六位最低，像沉澱在下的汙泥，也像被拋棄的舊井，水不能喝，連禽獸都棄而不顧！這是「六即佛」中的第一即：「理即佛」，是凡夫。

九二，井谷射鮒，甕敝漏。

《象》曰：井谷射鮒，无與也。

在下之中，故爲井谷，有泉可以射鮒，而上无應與。如甕既敝漏，不能相汲也。魚之至小者名鮒，蓋指初六。此是名字即佛，薄有聞熏，未成法器。

【譯註】

九二在巽卦的中間，像井中之谷，而谷中有泉水，可以澆灌（射）鮒魚。不過他與六四不相應，像瓦罐打破了，不能汲水。鮒魚是魚中最小的一種，指初六。九二比她好不了多少，是「六即佛」中的第二即：「名字即佛」，雖略有熏聞，仍是凡夫。

九三，井渫不食，為我心惻，可用汲。王明，並受其福。

《象》曰：井渫不食，行惻也；求王明，受福也。

以陽居陽，其泉潔矣！猶居下卦，不爲人食，是可惻也。上六應之，故可用汲，蓋王既明而用賢，則賢者之福非止獨受而已。此是觀行即佛，圓伏五住故井渫，未證理水故不食，宜求諸佛加被，則可自利利他也。

【譯註】

九三陽剛有力，把井清理乾淨（井渫）了，泉水也清潔可食了！可惜仍在下卦，沒人看重，叫人難過！上六的君王與他陰陽相應，他被用的機會仍然很高，如果君王夠聰明，又禮賢下士，那麼受惠的人將不再是少數了。他是「六即佛」中的第三即：「觀行即佛」。由於他能圓滿處理五種根本煩惱（五住地：一處住地、愛欲住地、色愛住地、有愛住地、無明住地），因此能把井整頓好，但由於尚未證得真理的本體（理水），因此井水還沒人喝。他所欠缺的是上求佛恩，進入自利利他的境界。

六四，井甃（ㄓㄡˋ），无咎。

《象》曰：井甃无咎，修井也。

甃者，以磚石包砌其傍，所以禦汙而潔泉者也，故曰「修井」。此是相似即佛。從思慧入修慧，禦二邊之汙，而潔中道之泉。

【譯註】

甃，是磚砌的短牆，保護泉水不被汙染，《象辭》說「修井」，就是保護井水的意思。她是「六即佛」中第四即：「相似即佛」。她六根清淨，類似無漏的觀行者，能從思慧而進入修慧，切斷了兩旁汙水的滲透，保護了中道泉水的清淨。

九五，井冽寒泉，食。

《象》曰：寒泉之食，中正也。

陽剛中正，泉之至潔而泠然者也。功及于物，故得食之。此是分證即佛，中道理水，自利利他。

【譯註】

九五陽剛中正，位高功深，是最清淨、最清涼的泉水。他的功勳普及於民，他的泉水可以食用。他是「六即佛」中第五即：「分證即佛」，能發真智，斷無明，定慧俱全，證得中道的理水，能自利也能利他。

上六，井收，勿幕。有孚，元吉。

《象》曰：元吉在上，大成也。

以陰居上，如井之收。收，即井欄，常露之而勿幕，眾皆汲之，而所養无窮矣！此是究竟即佛，功德滿足，盡未來際恆潤眾生。

【譯註】

上六在井卦的最高處，像是圍繞井周邊的護欄。收，就是護欄，永遠開放，永不遮蔽，方便人們取水，而供養也無窮了！上六就是「六即佛」中的第六即：「究竟即佛」，發究竟圓滿的妙覺，永遠開放，功德圓滿，普度無邊的眾生。

䷰ 離下兌上（澤火革：49）

革，己日乃孚，元亨利貞，悔亡。

夫邑改而井不改者，言其處也。井舊，則无禽而泥，可弗革乎？學者以變化氣質爲先，猶火之鍛金也。方其鍛也，金必苦之，既鍛成器，而後信火之功也。此革之道，即乾坤之道，大亨以正者也。未信故有悔，已孚則悔亡矣。

【譯註】

己是整個天干（甲乙丙丁戊「己」庚辛壬癸）的第六位，一個週期超過了一半，不能不算久了。一口井假如太老舊，滿是泥漿，也該革新了吧？這就是革卦的意義。上面說井不遷移，指的是空間，這裡說井要革新，指的是時間。一個有識之士，最重要的是他的精神，而精神需要時間的鍛鍊，就像鋼鐵在火中的鍛鍊，鍛鍊時人都叫苦，煉成後才知道火的功力。革新也是一樣，革新是天地之道，正而亨通，對它要有信心，才能產生日新又新的功用。

《彖》曰：革，水火相息，二女同居，其志不相得，曰：「革」。己日乃孚，革而信之；文明以說，大亨以正；革而當，其悔乃亡。天地革而四時成，湯武革命，順乎天而應乎人，革之時大矣哉！

革而信之，明未革則人不信也。革而當，乃使人信，其悔乃亡，明不當則悔不亡也。須如天地之革時，湯武之革命，方可取信于人耳，革何容易？

【譯註】

水（兌）火（離）相剋，少女（兌）中女（離）不相和睦，是革的卦象。然而《彖辭》說，相剋相爭後，人才懂得革的道理，換言之，不剋不爭，人不會知道革的必要。《彖辭》又說，恰當的革讓人接受，換言之，不恰當便不能接受。最能取信於人的，是天地給四時的革新了，就像湯武的革命，順天應人，這樣的革是容易的事嗎？

《象》曰：澤中有火，革；君子以治歷明時。

時无實法，依于色心分位假立。心无形像，依色表見。色有共相及不共相，共相之在上者，爲日月星宿，因日月星宿周行于天，據其所歷之度，以明春夏秋冬之時。春則萬物皆春，乃至冬則萬物皆冬，故知時惟心現，无在而无所不在。猶如火性无我，亦无在而无所不在。雖澤中亦自有之，彼大海中火光常起，即其驗也。

【譯註】

時間沒有固定的概念，要依心對物的觀察來做決定。心也沒有固定的形像，要依物的表現來做決定。（意思是說現象不是被動的，而是人主動創造出來的心態。）物有共相，也有個相，最常見的是共相，像日月星辰，周遊天下，依其行程劃分為春夏秋冬四季，雖然有目共睹，卻得藉心來呈現。因此我們知道，時間是心的表現，它無所在也無所不在。火也一樣，火不是主觀的事物卻也無所在、無所不在，甚至水（澤）中也有火，大海中時有火光閃耀，就是證明。

初九，鞏用黃牛之革。

《象》曰：革用黃牛，不可以有為也。

離爲能革，兑爲所革。而初九居下，上无應與，此不可以有爲者也，但用黃牛之革以自鞏固可耳。

【譯註】

離是火，可以改革，兌是水，可以被改革。然而初九在離之下，上無接應，不是行動的時候，最好用牛皮繩子把自己牢牢綁住，不要造次。

六二，己日乃革之，征吉，无咎。

《象》曰：己日革之，行有嘉也。

陰柔中正，爲離之主，得革物之全能者也。革必己日乃孚，而上應九五，是其嘉配，故征吉而无咎。

【譯註】

六二陰柔中正，是離卦的主爻，完全具備革新的本領。革新必待成熟的時機（己日）才能取信於人。有了九五的佳偶，天時、地利、人和，面面俱到，才是採取行動的時候，沒有後患。

九三，征凶，貞厲。革言三就，有孚。

《象》曰：革言三就，又何之矣。

過剛不中，而應上六。上六陰柔得正，乃君子而如文豹者也，何容更以剛燥革之？征則必凶，雖得其貞，亦仍危厲。但可自革以相順從，其言至于三就，庶亦可以取信也。

【譯註】

九三不中，過於剛強，與他相應的上六又文弱如書生，安靜如隱居的花豹，不宜前往騷擾他。如果他貿然出征，處於水（兌）火（離）之間，必遭凶險，也危及自身。他最好利用時機改善自己，聽從客觀的事實，三度革新的嘗試（初九、六二、九三），足夠證明他的誠意了。

九四，悔亡，有孚改命，吉。

《象》曰：改命之吉，信（信通伸）志也。

兌金之質，本待鍛以成器，而九四无應于下，則无肯成我者，悔可知也。但剛而不過，又附近于離體之上，其志可信，故悔亡而有孚。可以改其所秉之定命，而日進于自利利他之域矣！

【譯註】兌由乾變化而來，乾是金，必須鍛鍊才能成器，而九四下無應承，孤立無援，情況不是很好。好在剛而不過，又搶先站在離卦的頭上，志氣可嘉，所以沒有悔恨，且遲早會得到人的信賴。不妨斟酌改變自己向來秉承的命運，推向對人對己更有利的方向，比較更好！

九五，大人虎變，未占有孚。

《象》曰：大人虎變，其文炳也。

以陽剛中正之大人，又得六二陰柔中正之應以輔助之，故如虎之神變，炳乎有文，不待占而足以取信于天下也。

【譯註】九五陽剛中正，身為大人，又得下方六二陰柔中正的幫助，如虎添翼，彪炳有文采，不需占卜，便能取得天下人的信任。

上六，君子豹變，小人革面。征凶，居貞吉。

《象》曰：君子豹變，其文蔚也；小人革面，順以從君也。

豹亦生而有文者也，但待時而變現耳。九三剛燥小人，既見其變，亦革言三就以相順從，然僅革面，未始革心，君子正不必深求也。若欲令心革而往征之，未免得凶，惟居貞以默化之則吉。

【譯註】

豹天生便有文采，要等到恰當的時候才會見到他的變化。九三剛而不中，見到上六的變也有意跟隨，但他的改變只是表面，不動心，上六不必太去追究。如要他革心後才用他，會有凶險。最好在無言中讓他改變，得到吉祥，這也是另一類的革新呀！

䷱ 巽下離上（火風鼎：50）

鼎，元吉，亨。

革物者，莫若鼎，此陶賢鑄聖烹佛煉祖之器也，安得不元吉而亨哉？

【譯註】革新事物，最有效的莫過於鼎，鼎是古代炊饌用的三足大鍋，能把生的變熟，把好的變得更好。所謂聖賢豪傑、佛祖師爺，由凡入聖，無不經過類似的轉變，有了這樣的妙用，鼎怎能不吉利呢？

《彖》曰：鼎，象也。以木巽火，亨（亨同烹）飪也。聖人亨，以享上帝，而大亨以養聖賢。巽而耳目聰明。柔進而上行，得中而應乎剛，是以元亨。

初陰爲足，二、三、四陽爲腹，五陰爲耳，上陽爲鉉，非鼎象乎？以木巽火而亨飪，非鼎用乎？勿謂鼎之道小，聖人亨以享上帝，亦此鼎耳。即大亨以養天下聖賢，亦此鼎耳，何必離事別求理哉？且以卦德言之，內則巽順，外則離而耳目聰明。六五以柔爲離之主，進而上行，得中位而應九二之剛，此豈非聖賢佛祖自陶、自鑄、自烹、自煉之道？其元亨也宜矣！

【譯註】

初六是鼎的腳，二、三、四是鼎的肚子，六五是鼎的耳朵，上九是扛鼎的橫木（鉉），這不就是鼎了嗎？下卦為巽，巽是木，上卦為離，離是火，用木柴在下燃燒，這不就是烹調嗎？不要以為烹調是小事，聖人祭祀上帝就在此烹調，昌隆的世界供養聖賢，也在此烹調，哪裡需要離開眼前的本體去別處找道理呀？再者，從卦的意義上說，下卦巽順良，上卦離智慧，而九二是柔中的剛，六五是剛中的柔，這不說盡了聖賢豪傑、佛祖師爺們，自我陶冶、自我鍛鍊全部的過程嗎？大吉大利，是當然的了！

《象》曰：木上有火，鼎；君子以正位凝命。

鼎者，國之重寶，君位之所寄也。得其道以正其位，則命可凝。德不稱位，則命去而鼎隨去矣！約象明之，德如木，命如火，有木則有火，木盡則火亡。有德以正其位則命凝，德亡則命亡，故曰「惟命不于常」也。

【譯註】

鼎是國家的大寶，君王受託的象徵。君王以德治其國，以正守其位，他的天命可保。如果德望不符，天命告終，鼎也隨風而去！用形象來解釋，德像木，天命的委託像火，有木斯有火，木柴用盡，火也隨之熄滅。德茂位正，天命凝固如磐石；德喪位傾，天命便無影無蹤了。所以《尚書．康誥》說：「惟天命不于常」（天命是靠不住的）。

初六，鼎顛趾，利出否，得妾以其子，无咎。

《象》曰：鼎顛趾，未悖也；利出否，以從貴也。

初爲鼎趾，應四故顛。然及其未烹物而顛之，舊積否惡從此可出矣！顛趾如得妾，出否如得子，母以子貴，因其子而知得妾之未悖，因出否而知顛趾之有功也。

【譯註】

鼎既然是烹飪用的大鍋，裡面難免會有剩菜殘羹，初六上應九四，就像把鼎打翻了，因此除去廢物，也是好事呢！九四處在上互卦兌卦之中，兌是妾，九四把初六收為妾，雖非正室，生的兒子仍然是兒子，一旦兒子發達，母以子貴，就沒有什麼不對了。可見把鼎打翻，除清舊物，還是有功的。

九二，鼎有實，我仇有疾，不我能即，吉。

《象》曰：鼎有實，愼所之也；我仇有疾，終无尤也。

二當鼎腹之下分，陽剛故爲有實。上應黃耳金鉉之六五，能護守之，初雖顚趾而有疾，終不害及我也。然在二，則宜愼所之矣！

【譯註】

九二開始進入了鼎的腹部（九二、九三、九四），陽爻充實，代表鼎内食物飽滿。與他相應的六五是金光燦爛的扛鼎橫木，足夠保護他。至於與他相鄰的初六，雖柔弱有病卻害不到我，我當謹愼行動才是！

九三，鼎耳革，其行塞，雉膏不食。方雨虧悔，終吉。

《象》曰：鼎耳革，失其義也。

三當鼎腹之中分，其實腴美，有雉膏可食矣！上无應與，如鼎方革耳而不可行者焉。賴六五柔中之黃耳，貫上九剛而不過之玉鉉，方將舉二以及三，如陰陽之和而得雨，則可以虧悔而終吉矣！懷道而不思致用，故失其義，猶所云「不仕无義」，激之使及時行道也。

【譯註】

九三位在鼎腹的中央，是食物最豐腴的地方，該有肥美的山雞肉可吃了！不過上九不與他相應，就像鼎失去了鼎耳，不再能移動了。幸虧六五溫柔守中，抓住上六的玉鉉，把九二、九三連繫在一起，陰陽的調和，降下甘霖，解除了遺憾，也得到了吉祥！不過九三懷有好心，不求致用，失去了做人的本分。《論語．微子》所云，「不做官是沒有道理的呀」，就是鼓勵大家及時行道的意思。

九四，鼎折足，覆公餗，其形渥，凶。

《象》曰：覆公餗，信如何也！

四當鼎腹之上分，其實既滿，而下應初六，則不勝其重，足云折矣！形貌能无赧顏乎？始也不自知其德薄，知小力小，妄據尊位，而謀大任重，今一旦不勝其任，此其所自信者爲如何也？

【譯註】

九四來到鼎腹的上方，食物盈滿，對下面相應的初六而言，是不勝其負荷的，因此鼎足折斷了，王公的食物給打翻了！他能不覺得難為情嗎？剛開始時，九四並不知道自己德薄，本領不大，貿然抓住高位，想做大事。現在打翻了鼎，丟掉了食物，真不知他六五，鼎黃耳金鉉，利貞。

《象》曰：鼎黃耳，中以為實也。

五爲鼎耳，而有中德，故其色黃；以虛受實，故爲金鉉。鉉即指上九也。以鉉貫耳，以耳舉鼎，盡天下聖賢而養之，豈非聖人大亨之正道乎？然六五自本无實，特下應九二之剛中以之爲實，則以此而養天下，所謂爲天下得人者耳。

【譯註】

六五是鼎耳，其位居中，因此是象徵中德的黃色。他從虛到實，從無到有，感謝有金鉉的護守。金鉉就是上九，用它來貫穿鼎耳，用鼎耳來抬動大鼎，供養天下的聖人賢人，這難道不就是做人成功的正道嗎？不過六五作為空虛的鼎耳，本無一物，有了九二剛中充實的支援，才能厚養天下，正是安邦濟世難得的領袖人才。

上九，鼎玉鉉，大吉，无不利。

《象》曰：玉鉉在上，剛柔接也。

上爲鼎鉉，自六五觀之，則如金之剛；自其剛而不過之德言之，則如玉之潤矣！金遇猛火則鎔，玉非火所能壞，以此舉鼎，故大吉无不利也。

【譯註】

鼎卦最上爻是扛鼎的橫木，從六五看，他有金剛一樣的堅強，從他不自誇張的美德看，他又有如玉一般的圓潤！金剛再強，遇火則熔，但玉卻不能被火摧毀。用此介於金剛和玉石之間的鉉來運鼎，鼎無疑是大吉大利了。

䷲震下震上（震為雷：51）

震，亨。震來虩（ㄒㄧˋ）虩，笑言啞啞；震驚百里，不喪匕（ㄅㄧˇ）鬯（ㄔㄤˋ）。

主重器者莫若長子，長子未有不奮動以出者也，故震則必亨。然其亨也，必有道以致之，方其初動而來，虩虩乎，如蠅虎之周環顧慮，仍不失其和；而笑言啞啞，夫惟存于己者既嚴且和。以此守重器而爲祭主，縱遇震驚百里之大變，能不喪其匕鬯矣！

佛法釋者，一念初動，即以四性四運而推簡之，名爲虩虩；知其无性无生，名爲笑言啞啞；煩惱業境種種魔事橫發，名爲震驚百里；不失定慧方便，名爲不喪匕鬯也。

【譯註】

震（☳）是乾的長子，在宗法社會中，長子是祭祀中執祭器的主人，而長子沒有不奮發有為、頻頻採取行動的。行動（震）在《易經》中代表通達，不過長子的通達必須遵循正道。當他初動時，提心弔膽（虩虩），像牆壁上遊走的小蜘蛛（蠅虎），四下奔忙，卻不失內心的平和，不久仍能用平常心談笑自若（言笑啞啞）。惟有這樣穩重而心地平和的人，才能成為祭祀的主人，縱然遇到天大的震動（百里之大變），也能處變不驚，沉著應付。惟有這樣的人，才能把祭器（匕）和祭祀的酒（鬯）莊嚴地捧在手中！

用佛法解釋，一念初起，人心便在「四性」（自性、願性、順性、轉性）和「四運」（未念、欲念、正念、念已）中開始打轉，沒完沒了，這就叫做「虩虩」。懂得諸法無實體（無性），涅槃無生滅（無生）的道理，就會談笑自若。煩惱、宿業和魔事纏身，不得解脫，就像震驚百里。始終掌握著禪定和智慧，就像祭器和祭酒永不離手，維持了祭祀的莊嚴。

《彖》曰：震，亨。震來虩虩，恐致福也；笑言啞啞，後有則也；震驚百里，驚遠而懼邇也。出，可以守宗廟社稷，以為祭主也。

恐懼乃能致福，福不可以幸邀，所謂生于憂患也。啞啞亦非放逸，仍不失其法則也。惟其養之有素如此，故雖當驚遠懼邇之變，人皆退避，而偏能出此凝定之神以當之，可以守宗廟社稷而爲祭主也。爲祭主，即是不喪匕鬯註腳。

【譯註】

有戒懼心才能致福，福不是僥幸得來的，談笑自若也不是隨便能做到的，他有自己行為的法度。具備如此良好修養的人，才能在人人避之惟恐不及的變亂中，聚精凝神，承擔一切，守住宗廟社稷，做祭祀的主人。做祭祀的主人，基本上就是拿穩手中的祭器和祭酒，懂得擔當。

《象》曰：洊（ㄐㄧㄢˋ）雷，震；君子以恐懼修省。

君子不憂不懼，豈俟雷洊而後恐懼修省哉？恐懼修省，正指平日不睹不聞慎獨功夫，平日功夫能使善長惡消，猶如洊雷能使陽舒陰散也。惟其恐懼修省慣于平日，故雖遇洊雷，亦復不憂不懼矣！問曰：「孔子迅雷烈風必變，復云何通？」答曰：「此是與天地合德，變則同變，亦非憂懼。」

【譯註】

雷聲隆隆不斷（洊雷），古人認為是天譴，教人警惕。然而君子本無憂懼，哪裡需要靠接二連三的雷鳴來叫他憂懼反省呀？憂懼反省是指那些平日不用心思過，不做修善去惡的工夫，聽到雷聲卻有紓解體內陰陽不調的好處。如果日常慣於慎獨，遇到打雷就無所憂懼了！有人問我，「《論語．鄉黨》說，孔子在連連的雷聲和強烈的風聲中，變了臉色，正襟危坐，是什麼道理？」我的答復是：「孔子要與天地合德，隨著天地的變化而變化，不是害怕。」

初九，震來虩虩，後笑言啞啞，吉。

《象》曰：震來虩虩，恐致福也；笑言啞啞，後有則也。

六爻皆明恐懼修省之道，而德有優劣，位有當否，故吉凶分焉。初九剛正，爲震之主，主器莫若長子，吉可知矣！

【譯註】震卦的六爻都強調憂懼反省的重要性，不過道德有高低，地位有當和不當，因此吉凶也各各不同了。初九陽剛中正，是震卦的主爻，長子也是祭祀的主人，他的吉祥不言而喻了！

六二，雷來厲，億喪貝，躋于九陵，勿逐，七日得。

《象》曰：震來厲，乘剛也。

六二乘初九之剛，蓋嚴憚切磋之畏友也。藉此深自惕勵，以振刷我陰柔懦弱之習，舉吾平日所謂中正純善，多種寶貝盡喪不顧，直躋于乾健高明之陵，勿更留意求逐。然至于七日，復其故位，則中正純善之德仍在矣！

【譯註】

六二在震卦中處於震盪最強烈的位置，不幸六二陰柔，下面又有嚴厲苛求的畏友初九，因此必須戒慎恐懼，自我惕勵，掃除柔弱的習性。為了避開雷震，她帶著向來便有的「中正純善」，冒著喪失財富（億喪貝）的危險，逃亡到九四的高陵（下互卦二、三、四是艮）。但她不必再走遠了，守在原地，七天後（每卦六爻，第七爻便是第七天），舊有的地位會恢復，向有的「中正純善」也會完好如初！

六三，震蘇蘇，厲行无眚（ㄕㄥˇ）。

《象》曰：震蘇蘇，位不當也。

三遠于初，初之所以驚發我者，蘇蘇而不切矣！三當自以震行，勿因遠于畏友，而緩其恐懼修省之功，則无眚也。

【譯註】

六三離開初九遠了，雷聲也變得疏疏落落（蘇蘇）起來，不再有震耳欲聾的威力。

但這才是自我奮發的開始。如果鞭策你上進的夥伴不在身邊，仍然不放鬆自己的努力，才沒有災難。

九四，震遂泥。

《象》曰：震遂泥，未光也。

九四亦震主也，以陽居陰，復陷四陰之間，雖似洊至，遂失其威而入泥，豈能如虩虩啞啞之有光哉？

【譯註】

九四也是震卦之主，但他不同於初九的，是他以陽居陰，又被四陰包圍，雖然是另類的雷鳴，卻沒有威嚴，有如陷入泥淖，跟初九「震來虩虩」的光彩，或者「笑言啞啞」的瀟灑，怎能相提並論呢？

六五，震往來厲，億无喪，有事。

《象》曰：震往來厲，危行也；其事在中，大无喪也。

震六二者惟初九，故但云來厲，震六五者，則初九與九四也。初震既往，四震復來，五得藉此以自惕勵，令所行日進于高明，故曰「危行」，猶所云「邦有道危言危行」也。以六居五，不過于柔，又得中道，故其德甚多，而毫无所喪，但有恐懼修省之事耳。

【譯註】

能震動六二的只有初九，所以《文辭》說：「雷來了，有危險」。震動六五的，除了初九外還有九四。初九的雷剛過去，又來了九四的雷，六五必須警惕，希望在進步中日趨高明，這就叫做「危行」（在危險中行動），也是《論語．憲問》所說「國家有道時，謹慎自己言行」的意思。好在六五陰居陽位，帶點剛氣，又居中道，美德甚多，沒有太多的喪失，如能用點憂懼反省的工夫則會更好。

上六，震索索，視矍（ㄐㄩㄝˊ）矍，征凶。震不于其躬，于其鄰，无咎。婚媾有言。

《象》曰：震索索，中未得也；雖凶无咎，畏鄰戒也。

初九之剛，固不足以及我，九四震亦遂泥，聲已索索无餘威矣！而陰柔弱極，方且矍矍而惶惑无措，以此征往，則中心无主，神已先亂，凶可知也。然震既不及其身，止及其鄰，即因震鄰而恐懼修省，亦可无咎，但禍未至而先防，乃明哲保身之道。儻與婚媾商之，必反以爲迂而有言矣！君子可弗自勉乎？

【譯註】

初九的振動相對上六而言，距離太遠，鞭長莫及，即使九四的振動也因陷入泥淖，全身發抖，不再可怕了。然而上六陰柔體衰，驚惶失措，她心神已經散亂，不宜出征，出征必遭凶險。不過振動從來不及其身，都發生在鄰居身上，她因此也能反躬自省，可以無咎！禍害沒來到頭上，卻做事先的預防，可謂明哲保身了。但如果想跟上六討論婚嫁，震卦六爻，陰陽一無匹配，她的不切時務也頗可笑！作為君子，她能不檢討自勉，以求多福嗎？

䷳ 艮下艮上（艮為山：52）

艮其背，不獲其身；行其庭，不見其人；无咎。

夫動與止，雖是相對法，亦是相連屬法，又是无實性法，究竟是无二體法也。不動曰止，不止曰動，此約相對待言也；因動有止，因止有動，此約相連屬言也；止其動則爲靜，止其靜則爲動，動其止則爲動，動其動則爲止，此約无實性言也；止即是動，故即寂恆感，動即是止，故即感恆寂，此約无二體言也。知動止无二體者，始可與言止矣！

夫人之一身，五官備于面，而五臟司之。五臟居于腹，而一背繫之。然玄黃朱紫陳于前，則紛然情起；若陳于背，則渾然罔知，故世人皆以背爲止也。然背之止也，縱令五官競騖于情欲，而仍自寂然。逮情之動也，縱復一背原无所分別，而畢竟隨往，故以面從背，則背止而面亦隨止；以背從面，則面行而背亦隨行，究竟面之與背，原非二體，不可兩判。今此卦上下皆艮，止而又止，是艮其背者也。艮背何以能无咎哉？是必不獲其身，行其庭，不見其人，斯无咎耳。身本非實，特以情欲錮之，妄見有身。今向靜時觀察，其中堅者屬地，潤者屬水，煖者屬火，動者屬風，眼耳鼻舌異其用，四支頭足異其名，三百六十骨節，八萬四千毫竅，畢竟以何爲身？身既了不可得，即使歷涉萬變，又豈有人相可得哉？故行其庭而亦不見其人，此則止不礙行，即行恆止，故无咎也。

【譯註】

「動」和「止」的關係是相對而相互連續的，是沒有實體的。觀念上是動止「無二」的一體，相對而言，不動就是止，不止就是動。就連續性而言，有動才有止，有止才有動。就無實體性而言，動的結束叫做靜，靜的結束叫做動，結束了止就是動，結束了動就是止。就動止無二的觀念而言，止是動，因為在動中才知道靜的存在；動是止，因為在止中才知道動的永恆。要懂得動止無二的道理，我們才能談艮卦玄妙的道理。

人的五官（眼、耳、鼻、舌、身）被自己的五臟（心、肝、脾、肺、腎）所操縱，五臟藏於胸腹的前方，以背為屏障。如果五色繽紛的誘惑放在人的前面，這人便會動心，如果放在背後，他可以安然不動。所以人們總相信「背」就是「止」。

然而人的背不一定就是止，當五官被情欲所激動時，背雖然寂然不動，隨著身體的動，它也會受到牽連。假如面聽從背，那麼背不動，面也就不動了；假如背聽從面，面如果動，背也就動了起來，因為面和背畢竟是一，不是二呀！艮既然上下都是止，是個止而又止的卦，意味著絕對的靜。那麼要怎樣讓背不動，才能無咎呢？答案是：為了不讓背動，便得丟了身體，有如走進家園，不見人影，這才是無咎。這樣看來，靜止不妨礙行動，而行動是永恆的靜止，這樣才能無咎。

《象》曰：艮，止也。時止則止，時行則行，動靜不失其時，其道光明。艮其止，止其所也；上下敵應，不相與也，是以不獲其身。行其庭，不見其人，无咎也。

止其行而爲靜，止其止而爲動，動靜以時，无非妙止，故其道光明也。止非面牆之止，所非處所之所，特以法法本不相知，法法本不相到，猶此卦之上下敵應而不相與，是以覓身了不可得。雖行其庭，而亦了无人相可見，合于光明之道而无過也。

【譯註】

終止動就是靜，終止靜就是動，動靜的時機恰當，是不可思議的妙止，道路也充滿光明。止不是面牆而立，你停留的地方不一定值得停留。世間有許多門道，彼此不一定相通，也不一定相應，就像艮的兩個山頭，看似相連卻各據一方，勢不相讓。尋找自身時，你看不見真正的身體，回到家園，你找不到半個人影。不過如果你動靜得宜，走得穩健，你的道路依舊光明，你也會一帆風順。

《象》曰：兼山，艮；君子以思不出其位。

兩山並峙，各安其位者也。是故草木生之，禽獸居之，寶藏興焉，位位无非法界故也。君子于此，非不思也，知離此現前之位，別无一法可得，故思不出其位。不出位而恆思，則非枯槁寂滅；思而不出其位，則非馳逐紛紜。恆思則能盡其位之用，故一切旋乾轉坤事業，无不從此法界流。不出則能稱其位之量，故一切位天育物功能，无不還歸此法界。

【譯註】

兩山並立，各安其所，是艮卦的卦象。山既安於其位，草木也就開始生長，禽獸因此繁殖，寶藏也堆積如山了。每一方寸的土地無不是法界的道場。君子安守其位，不從東鱗西爪中尋找片面的收穫，所以不再漫無目的，四下亂跑，而在靜默中耕耘心中的福田，這是生命的延續，不是槁木死灰的枯禪。利用法界的一席之地，殫精竭慮，盡其位之所用，那麼天地間種種偉大的事業，無不來自法界。不離法界，享受法界的恩惠，那麼它資生萬物的種種功能也就莫不歸還法界了。

初六，艮其趾，无咎，利永貞。

《象》曰：艮其趾，未失正也。

居艮之下，其位爲趾，止之于初，不令汩于所欲往，斯固未失正而无咎矣！然必利于永貞，時止則止，時行則行，乃獲敦艮之吉耳。

【譯註】

初六陰爻，位置最低下，像是人體的腳部，腳如果懂得不隨心所欲而行動，不失正道，就可避免災難。不過她必須堅守貞定的原則，該靜才靜，該動才動，盡到腳的責任，這是艮卦能獲吉祥的關鍵。

六二，艮其腓，不拯其隨，其心不快。

《象》曰：不拯其隨，未退聽也。

趾也，腓也，股也，皆隨心而為行止者也。然趾无力，不能自專，又正行時趾元自止，今六二其位為腓，而以陰居陰，當艮之時，力能專止而不隨心動，故曰「不拯其隨」，此非動靜不失其時之道，蓋由未肯謙退，而聽命于天君，故令其心不快。

【譯註】

不管是腳、小腿（腓）還是大腿（股），它們的動靜得聽命於心。腳的本身沒有力氣，不能做主，而且即使在行動中，腳基本上仍然是靜止的。六二的小腿則不同了，她陰居陰位，可以管制自己而不聽從心的指令，這就是「不拯其隨」（不必提起腿來去跟隨）的意思。但她並沒有失去動靜的原則，只是她有時不夠謙虛，不聽從心（天君）的話，而使得心很不高興。

九三，艮其限，列其夤，厲薰心。

《象》曰：艮其限，危薰心也。

三位在限，而以剛居剛，爲艮之主，則腰髖硬直，不可屈伸者也。夫上下本自相聯，猶如夤然，今分列而不相繫屬，其危厲不亦薰心矣乎？

【譯註】

九三位於上下卦之間，像是人體的腰部。他陽居陽位，是艮卦之主，剛強有餘卻使腰和脊椎骨（髖）之間僵硬起來，不能屈伸。人體的上下本來是自然的一體，九三把腰部和脊骨分家了（裂其夤），身體不再靈活了，這種危害難道不讓心感到灼傷的痛苦（熏心）嗎？

六四，艮其身，无咎。

《象》曰：艮其身，止諸躬也。

四位于胸腹。《象》（象當作爻）云「艮其背」，而此直云「艮其身」，身止則背不待言矣！夫千愆萬繆，皆由身起，今陰柔得正，能止諸躬，何咎之有？楊龜山曰：「《爻》言『身』，《象》言『躬』者，伸爲身，屈爲躬，屈伸在我，不在物，兼爻與象，是屈伸兼用矣！」

【譯註】

六四開始進入上卦，像人體來到了腹部和胸部。《爻辭》說「背部不動」，這裡則直接說「身體不動」，其實身體不動，背部當然就不動了！千錯萬錯，都從身體錯起。這裡六四陰在陰位，陰柔得正，能止於所當止，又有什麼錯誤可言呢？易學大師楊時說：「《爻辭》說『背不動』，《象辭》說『身體不動』，因為身體直立時伸長（伸），背部彎曲時鞠躬（屈），人的一屈一伸是內在而非外在的決定，所以爻辭和象辭包含了屈和伸雙重的意味。」

六五，艮其輔，言有序，悔亡。

《象》曰：艮其輔，以中正也。

五位在心，心之聲由輔以宣，而以陰居陽，又復得中，能于言未出口前豫定其衡，故言无妄發，發必有序，而口過終可免矣！

【譯註】

六五的位置相當於人體的心，而心的聲音要靠嘴巴來傳遞。六五溫柔，又居於陽剛中正的位置，權情度理，許多話出口前都經過檢驗，因此不會妄言妄語，而言必有物，口舌之禍不可能發生。

上九，敦艮，吉。

《象》曰：敦艮之吉，以厚終也。

爲艮之主，居卦之終，可謂「止于至善」，无所不用其極者矣！性德本厚，而修德能稱性復之，故曰「以厚終」也。震爲長男，故舉乾之全體大用而虩于其初；艮爲少男，故舉乾之全體大用而敦于其上。一始一終，知及仁守之功備，非動非靜之體復矣！

【譯註】

上九是艮卦最後一個陽爻，強健有力，有「止於至善」的寓意，鼓勵人們盡最大的努力達到至善的目標。人性德的本領原本就不弱，用修德來增強就更可觀了，這就是

「厚重結束」（以厚終）的意思。震（☳）是長男，把乾卦的力量以「戒懼謹慎」做開端；而艮（☶）是少男，把乾卦的力量以「止於至善」做終結，二卦一前一後，一始一終，造就了智和仁的工夫，而非動非靜的性德也更完美地重回人們的懷抱！

䷴ 艮下巽上（風山漸：53）

漸，女歸吉，利貞。

夫敦艮既非面牆，則止而不失其行之時矣！行之以巽，故名曰「漸」，君子將致身以有爲，必如女之歸夫，始終以禮而非苟合，乃得吉耳！苟不利貞，則躁進固足取辱，雖漸進亦豈能正人哉？

佛法釋者，理則頓悟，乘悟並銷，如震虩而艮敦；事非頓除，因次第進，如女歸而漸進。又次第禪門名之爲女，即事禪而達實相名之爲歸，以圓解遍修事禪名之爲貞。

【譯註】

艮卦談「止」，漸卦談「行」，假如敦厚的止不是面牆而立的靜止，那麼靜止就是行動的另一面了！漸卦的行動以巽為準，而巽是微風，緩慢（漸）是它的特色，因此漸的卦名就是「漸」。緩慢是成功的條件，君子立身處世，想要有成，不可能一蹴而就，例如男女的婚姻需要仔細斟酌，處處合乎禮儀才得吉祥！如果不守正道，貿然前進，會蒙受羞辱，沒有正道，緩慢的行動也不能把你變得更好。

用佛法解釋，理性可以有頓悟，也有按部就班的理解，像震卦打雷一般的警惕，像艮卦敦厚緩慢的追求。現實中的問題不會突然消除，必須逐漸處理，例如男婚女嫁的大事。再者，在《禪波羅密次第法門》中，逐漸修行的禪法叫做「女」，在禪修中回到法界的實相叫做「歸」，因禪修而透徹了解圓融的法性叫做「貞」，都是漸卦的意旨。

《彖》曰：漸之進也，女歸吉也。進得位，往有功也；進以正，可以正邦也；其位，剛得中也；止而巽，動不窮也。

進有頓漸，今明以漸而進，故如女歸則吉也。得位則往有功，儻進不得位，則不可往明矣！以正則可正邦，儻進不以正，則不能正邦明矣！然此卦何以爲進得位？則由九五剛得中耳。何以爲往有功？則由止而巽故動不窮耳。止者動之源，設无止體，則一動即窮，如溝澮因雨暫盈，可立待其涸也。

【譯註】

前進有快慢，這裡明言緩慢，指的是有如婚嫁一類的大事。能順利達到目標，才是行動的目的，如果目標不對，便不該行動。用正道治理國家，國家才能治好，沒有正道，國家便不能治。《彖辭》所說「進得位」，是指剛健居中的九五；「往有功」，是指風（巽）伴隨止（艮）的行動。止是行動的保留，如果不知停止的重要，一動就完，會像豪雨給陰溝帶來的氾濫，轉眼就不見了。

《象》曰：山上有木，漸；君子以居賢德善俗。

木在山上，以漸而長，觀者不覺。君子居德亦復如是，山有喬木，則山益高；俗有居賢德之君子，則俗益善。

【譯註】

巽是風，也是木（樹木），山上的樹木有山的保護，可以從容不迫、不受干擾地日漸茂盛。君子的修德也是如此。山上的樹木越高大，山也越高大；世上賢德的君子越多，世中的善良風俗也就越多。

初六，鴻漸于干（干通岸），小子厲，有言，无咎。

《象》曰：小子之厲，義无咎也。

洪覺山曰：「漸何以象鴻也？鴻，水鳥，木落南翔，冰泮北徂，出則有時，居則有序。」蘇眉山曰：「鴻，陽鳥而水居，在水則以得陸爲安，在陸則以得水爲樂者也。初六陰爻，如鴻在水，上无與應，故爲漸于水涯；于人則爲小子，正宜乾乾惕厲，且宜有言以求人之切磋琢磨，如鴻在干，而哀鳴覓伴，乃无咎也。无應本宜有咎，以當漸初，而能自厲，則其義可无咎矣！」

【譯註】

洪垣說：「漸卦為何有鴻鳥的形象？鴻是一種水鳥，秋天樹葉落了就飛去南方，冬天冰雪化了就飛回北方，出門按照季節，居家遵守倫常。」蘇東坡說：「鴻是住在水邊的陽鳥，在水中以陸地為安穩，在陸地以水中為樂趣。初六陰爻像水上的鴻鳥，六四與她不相應，她就像困在岸邊了。用人來比喻，初六像謙恭的年輕人，應當朝夕惕勵，主動求取朋友，得到相互琢磨的好處，一如鴻鳥在岸邊啼叫尋找伴侶，這樣便能無咎了。上方沒有應援，可以有麻煩，不過處於漸卦的初爻又能自我警惕，她應當會走出困境！」

六二，鴻漸于磐，飲食衎（ㄎㄢˋ）衎，吉。

《象》曰：飲食衎衎，不素飽也。

二亦在水，而應九五，則如漸于磐石，飲啄皆和樂矣！養道以待時，豈无事而食哉？

【譯註】六二也在水中，卻有九五相應，靠住了堅固的磐石，可以安心飲食（飲食衎衎），快樂生活了！德業的培養需懂順時應命的道理，六二當位居中，有優渥的條件，怎會飽食終日，無所事事呢？

九三，鴻漸于陸。夫征不復，婦孕不育，凶。利禦寇。

《象》曰：夫征不復，離群醜也；婦孕不育，失其道也；利用禦寇，順相保也。

九三陽爻，如鴻在陸，上无應與，則无水矣！鴻不亂配，而六四亦无應與，與三相鄰。設三征而從四，則爲離鴻群而可醜；設四俯而就三，則失其道而雖不孕亦不敢育，凶可知已。夫非配而私相爲配，以理言之則寇也，三若守正而禦之，則在我既无離群之醜，在四亦无失道之凶，乃可順相保耳。

【譯註】九三是陽爻，像鴻鳥站在陸地上，上九不與他相應，是無水之象！鴻鳥不隨便匹配，如果他強行追隨六四，他違背了鴻鳥的倫常，會令人唾棄。如果六四低就於他，六四有失婦道，即使懷孕也不會產子，很不吉祥。不正當的匹配是私相授受，是盜賊的

行為。九三如能堅守本位，拒絕誘惑，他沒有離群獨行，也讓六四守住了正道，這樣才是明哲保身的行為。

六四，鴻漸于木，或得其桷（ㄐㄩㄝˊ），无咎。

《象》曰：或得其桷，順以巽也。

四亦在水，而乘九三之剛，不足安身，如漸于木，非鴻之所能棲，以鴻之趾連，不能握木故也。或得其橫而大有如桷者，庶幾可以无咎，意指上附九五言之。蓋以陰居陰則順，爲巽之主則巽，故可冀其无咎耳。

【譯註】

六四也在水上，得到九三的扶持，勉強可以安身，但她像是來到了樹上，卻因網狀的足趾不能抓住樹枝，無法棲息。她需要的是一塊大而方的椽木（桷），才能安穩，這塊椽木指九五。好在六四陰居陰位，又是巽的主爻，可以一切順利，沒有災難。

九五，鴻漸于陵。婦三歲不孕，終莫之勝，吉。

《象》曰：終莫之勝，吉，得所願也。

五本在陸，而居尊位，則如高陵矣！下應六二之婦，方飲食衎衎以自養，非九三之所能汙，故三歲不孕終莫之勝而吉也。聖王得名世之臣，滿其夢卜求賢本願，不亦快乎？

【譯註】九五位高，本來便在陸地，這裡更是高山了！與他相應的六二正在開心地飲食作樂，九三沒有汙染到她，她逃過了三年不孕的凶險，現在終於成功了，這就是吉祥好運的開始。聖明的君主得到治世的名臣，圓成了他夢寐求賢的願望，難道不是件稱心快意的好事嗎？

上九，鴻漸于陸，其羽可用為儀，吉。

《象》曰：其羽可用為儀，吉，不可亂也。

上亦在陸者也，但九三爲木落南翔之陸，入于人中，故凶。上九爲冰泮北歸之陸，超于天外，故吉。所謂「鴻飛冥冥，弋者何慕」，但可遠望其羽，用爲高人達士之儀則耳。又凡鴻飛之時，成配者以次在後，孤而无侶者獨在于前。今上九超然物外，下无應與，如世間義夫，志不可亂，故吉也。以羽爲儀，則其爲用也大矣！故曰「聖人百世之師」。

【譯註】

上九也在陸地上，但他的陸地跟九三不同，九三的陸地是樹葉脫落後人煙稠密的南方，因此有災害；上九的陸地則是冰雪消融後冥冥有如天上的北方，因此吉祥。這正是詩人張九齡「今我遊冥冥，弋者何所慕」的境界，超出了獵人弓箭的高度，得到了安全。而且高在天邊的飛鳥，也是高人曠士心儀的對象。至於鴻鳥，他們飛行時，成雙的在後，單身的在前，井然有序。上九高出雲表，孤立無偶，但志氣凜然，有大吉大利的氣象。人們喜歡仰望飛鳥，用羽毛作為飛鳥的象徵，這其中的意味也夠深遠了！因此孟子也說「聖人百世之師」（《孟子．盡心篇》），成功的人的確是萬世的師表。

䷵ 兌下震上（雷澤歸妹：54）

歸妹，征凶，无攸利。

夫漸而進者，未有不歸其所者也。以少女而歸長男，過以相與，亦既得其所歸。然一歸則當終身守之，若更他往則凶。又設以少女用事擅權，則无所利。

佛法釋者，修次第禪，蓋攝世間事定而歸佛法正慧者也。儻直用此事定而設化儀，則必墮于愛見之網而凶；若耽著此定，則紆偏權曲徑而无所利也。

【譯註】

凡是以緩慢方式前進的事務，沒有不達到預期的目標的。歸妹卦的少女（☱）嫁給了長男（☳），即使其中有問題，她至少得到了自己的歸宿。不過一次的歸宿需要終身的守護，有了歸宿，心中還有其他的心思，便有禍災了。例如少女如果婚後專權，飛揚跋扈也不是好事。歸妹卦的兩個單卦，有陰駕凌於陽的特殊現象，所以卦中一再以婦女跋扈、臣下竊國的事件作為嚴重的警告。

用佛法解釋，次第禪也是一種緩慢的行動，要把世間的俗事例如婚姻，詳細安排，使它回歸佛法的正慧。如果為俗事設定太多儀軌，強迫人們接受，可能墮入個人的偏見，釀成災害。如果對俗事太過堅持也會變成固執，走上迂迴曲折的小路，對人沒有好處。

《彖》曰：歸妹，天地之大義也。天地不交，而萬物不興。歸妹，人之終始也。說以動，所歸妹也。征凶，位不當也；无攸利，柔乘剛也。

如人有正配而不育，則必取少女以育子，此亦天地之大義。以例國君用名世爲宰輔，不妨用小才小德爲百官。觀心用妙定合妙慧，不妨用次第諸禪助神通。設使天地不交，則萬物不興，故歸妹者，乃人道之以終而成始者也。夫如是，則歸妹何過？獨恨其以說而動，則名爲繼嗣，實在情欲。如國君名爲群寮，實在便嬖。觀心名爲助道，實在味禪。故所歸者名爲妹也。女舍夫而他適，臣舍君而他往，定舍慧而獨行，則必得凶，以卦中陰爻之位皆不當故。女恃愛而司晨，臣恃寵而竊柄，定久習而耽著，則无攸利，以卦中六三之柔，乘九二、初九之剛，六五、上六之柔，乘九四之剛故。

【譯註】

如果原配夫人不生育，丈夫娶個少女來養孩子，是說得過去的事。國君用名世之臣做宰相，也可以用小才小德的人來做次要的官。從觀心處看，既然妙定可以跟妙慧結合，也可以用其他的禪法輔助智慧的成長。萬一陰陽不合，萬物不生，為了家族的繁衍，求助於少女，也是人道有終也有始的安排。這樣來說，娶少女不是過錯。惟一的遺憾是從卦中下悦（☱）上動（☳）的情況看，有人雖以繁衍子孫為由，娶個年輕妹妹，其實是情慾的作祟。這何異國君巧立名目，招來寵妃嬖臣，或者禪門美其名曰助道，引進亂七八糟的「昧禪」。妻子棄夫，臣子棄君，定拋開慧，獨自行動，都是凶兆。歸妹卦的陰爻全都失序、陰據陽位，看得一清二楚。女因寵而跋扈，臣因寵而竊國，禪因無慧而胡說妄為，對人對事都是傷害。卦中六三的柔，霸凌了初九、九二的剛，六五、上六的柔，霸凌了九四的剛，就是值得憂慮的現象。

《象》曰：澤上有雷，歸妹；君子以永終知敝。

方雷之動，必感于澤，而雷則易習，澤恆如故。此豈可爲夫婦恆久之道，亦豈君臣相遇之道，亦豈定慧均平之道乎？君子之于事也，未暇問其所始，先慮永其所終，苟以永終爲慮，則知歸妹之敝矣！

昔有賢達，年高无子，誓不取妾，其妻以爲防己之妒也，婉轉勸曰：「君勿忌我，以致无後。」賢達曰：「吾豈不知卿有賢德哉？吾年老矣，設取幼妾，未必得子。吾沒之後，彼當如何？是以誓弗爲耳。」其妻猶未深信，乃密訪一少艾，厚價買之，置酒于房，誘其夫與之同飲，抽身出房，反鎖其門，賢達毅然從窗越出，喻其妻曰：「吾豈以衰顏之身，汙彼童女，令彼後半世進退失措也？幸速還彼父母，勿追其價。」于是妻及親友无不歎服。未幾，妻忽受胎，連育三子，後皆顯達。

噫！此所謂永終知敝，以德動天者乎？聖人于《象傳》中，隨順恆情，則以天地大義許之；于《大象》中，勸修陰德，則以永終知敝醒之。知此義者，亦可治國，亦可觀心矣！

【譯註】

雷在澤上震動，澤會得到感應，但雷會消失，澤卻永遠存在。這怎能作為夫婦結合的榜樣，作為君臣相遇的榜樣，又怎能作為定慧交融的榜樣呢？處理事務，君子最要知道的不是開始，而是終結。假如終結是君子思考的重點，歸妹卦的婚姻便有瑕疵！

從前有位賢達之士，年高無子，發誓不娶小老婆。他的夫人以為丈夫擔心她吃醋，所以委婉勸他說：「不要為了我，斷了後代呀。」他丈夫回答說：「我怎不知道妳的賢慧？我老了，年輕的側室不一定生兒子。我死後，她年紀輕輕，該怎麼過下去呀？所以我不娶妾。」他的妻子不太相信這話，祕密尋訪了一位少女，用重金把她買了回來，在房中準備了酒，要丈夫與她共飲。她抽身出去後，把房門反鎖了。丈夫一看不對，從窗口爬了出來，告訴妻子說：「我怎能用我衰老的身體，玷汙了這位純潔的童女，她後半生要怎麼過呀？快把她送回娘家，錢也不用追討了。」他的作為讓妻子和親友們大為歎服。不久他的妻子懷了孕，連產三子，無不顯達。

天哪！這不就是「永終知敝」（要看結果，才知對錯）的意思，深含德能動天的意思嗎？《彖辭》說到夫婦恆常之情，用「天地之大義」來做交代，《彖辭》說到前因後果，也以「永終知敝」來宣揚陰德的重要，讓人醒悟。人若理解這中間的道理，他可以齊家治國，也可以觀心了！

初九，歸妹以娣，跛能履，征吉。

《象》曰：歸妹以娣，以恆也；跛能履吉，相承也。

此卦以下兑爲妹，以震爲所歸者也。兑三爻中，六三爲妹，而初九、九二從嫁者爲娣。震三爻中，九四爲所歸主，而六五如帝乙之主婚，上六如宗廟之受祭。今初九以剛正之德，上從六三之妹，歸于九四，而爲其娣。六三如跛，待初能履，故得征吉。娣之爲德，貴在能恆，相乘于三，則三吉而初亦吉矣！

【譯註】

歸妹的下卦兌是妹，是妾，上卦震是新郎。兌的三爻，六三是妹，初九和九二則是陪嫁的娣。震的三爻，九四是新郎，六五是主婚人帝乙（即紂王的父親，他把女兒嫁給了周文王的父親），上六則是受祭的祖先。初九剛正，冠冕堂皇，是新娘的妹妹，跟著六三陪嫁給了九四。六三在兌卦中是折損，像跛了一條腿，要靠初九穿上鞋子才能走路。這便是陪嫁的娣在這個卦中的意義，他的可貴在能恆常，他給了六三力量，假如六三吉祥，初九當然也吉祥了！

九二，眇能視，利幽人之貞。

《象》曰：利幽人之貞，未變常也。

以剛中之德，亦從六三而爲娣。六三如眇，待二能視，夫不自有其明，而使人獲其視，非幽人之貞，其孰能之？然亦止是娣德之常耳。

【譯註】

九二剛強守中，也跟隨六三陪嫁給了九四。九二進入了下互卦的離（☲），離是眼睛，受到兌卦的折損，象徵六三少了一隻眼睛（眇）。六三靠重別人的眼睛，倘若不是幽貞退隱的好心人，誰能做到呢？不過這種美德也是陪嫁人應有的常態。

六三，歸妹以須，反歸以娣。

《象》曰：歸妹以須，未當也。

爲兑之主，恐其說之易動也，故誡之曰：「須待六五之命，勿令人輕我，而反重我之娣以歸也。」由位未當，故誡之。

【譯註】六三少女是兌卦之主，《爻辭》擔心她會因喜樂誘惑而得意忘形，所以告誡她說：「妳必需等待六五的命令，不要讓人輕視了妳，否則主人寧可娶妳陪嫁的妹妹，而放棄了妳。」這樣的告誡是因為六三地位不恰當（陰居陽位，上無應與）所造成的。

九四，歸妹愆期，遲歸有時。

《象》曰：愆期之志，有待而行也。

三既需五命而後歸我，則我之歸妹不愆期乎？然雖遲歸，如大舜不得父命，則待堯之命而行也。

【譯註】六三與九四的婚禮既然要等待六五的命令，那麼我的婚事不是要耽誤了嗎？不過雖然耽誤，成婚仍會實現的，就像大舜的婚事父親雖不同意，帝堯可以代為決定。時間是最好的依傍。

六五，帝乙歸妹，其君之袂，不如其娣之袂良；月幾望，

吉。

《象》曰：帝乙歸妹，不如其娣之袂良也；其位在中，以貴行也。

五爲帝乙，六三爲妹，亦稱女君。初九、九二爲娣，以袂而論，則三不如初之與二，以女而論，則如月幾望而圓滿矣！夫以帝女之貴，而能行嫁于下，不驕不亢，豈非吉之道乎？

【譯註】

六五是帝乙，即紂王的父親，六三是紂王的妹妹，也稱女君，初九和九二則是陪嫁給九四的娣。以衣裝而論，女君穿的不及娣的漂亮，但以人而論，六三卻不同凡俗，像月亮快到十五，夠圓滿也夠光亮。六三以帝王妹妹的尊貴下嫁給九四，樸素無華，不故作驕矜，難道不是吉祥之兆嗎？

上六，女承筐，无實，士刲（ㄎㄨㄟ）羊，无血，无攸利。

《象》曰：上六无實，承虛筐也。

震爲兑所承之筐，兑爲震所刲之羊。三承于六，筐則无實，六刲于三，羊則无血，故无攸利。蓋生不積德，死後无靈，不能使子孫繁衍，至于不獲己而歸妹，此非女士之過，皆上六无實之過也。君子永終知敝，早見及于此矣！

【譯註】

震在兌上，震卦中間是空的，像一支籮筐。兌在震下，像祭祀時宰殺的羊（兌是羊）。六三和上六同屬陰性，都是虛，不相應，所以說「筐無實」。上六祭祀時宰了羊，羊也沒有血，所以兩頭落空，一無收穫。大凡人活著時不積德，死後沒有神靈的庇佑，不能繁衍子孫。走投無路時才迎娶少女，錯不在少女。作為廟堂之上的上六，空虛無實，是真正的問題所在。君子「永終知敝」，不能有終而無始，斷了自己的後路。《象辭》早已把話講明在先了！

《周易禪解》卷第七（下經之三）

䷶ 離下震上（雷火豐：55）

豐，亨，王假之。勿憂，宜日中。

家有妻妾則豐，國有多士則豐，觀心有事禪助道則豐，豐則必亨。然非王不足以致豐，豐則可憂，而勿徒憂，但宜如日之明照萬彙可也。

【譯註】

家中妻妾團聚就是豐富，國家人文薈萃就是豐富，觀心術中用「事禪」（有漏的禪）來幫助「理禪」（無漏的禪）也是豐富，能豐富就能亨通。然而沒有聖王，不能導致豐富的局面，豐富需要照顧，卻不是徒勞無謂的照顧，而是像太陽來到中天，光照大地，一無遺漏。

《彖》曰：豐，大也。明以動，故豐。王假之，尚大也；勿憂宜日中，宜照天下也。日中則昃，月盈則食，天地盈

虛，與時消息，而況人乎？況于鬼神乎？

明而不動，動不以明，皆非王者之道，皆不可以致豐，故惟王乃能尚大耳。所謂勿憂宜日中者，亦非止之令其不昃，正宜用其明以照天下，則不為豐所蔽也。至于昃食盈虛，雖天地不能違時，徒憂何益？

【譯註】

光明而不行動，行動而不光明，都不是治國的正道，不能導致國家的富饒，惟有聖王如日正中天一般的到來（王假之），才能寰照海宇，成就大事業。所謂別擔心當頭的太陽（無憂宜日中），不是叫太陽不要西沉，而是要愛惜太陽的光芒，不總以富饒為念。太陽會下山，月亮有圓缺，盈虛消長都是自然的現象，天地都得遵守，何必多費心思呢？

《象》曰：雷電皆至，豐；君子以折獄致刑。

折獄如電之照，致刑如雷之威，天之雷電，偶一至焉，常至則物必壞。君子之用刑獄，不得已爾，輕用則民必傷。天之雷電必在盛夏，君子之用刑獄，必于豐樂康阜之時。

【譯註】

豐卦由雷（☳）火（☲）構成，判斷訴訟需光明如火，用刑問罪需嚴厲如雷。天上的雷電只偶然一到，常到便會成災；治國者不得已才用刑罰，隨便使用，百姓會受傷害。而且雷電只在盛夏出現，刑罰最好只用在太平盛世的時候，多則有害無益。

初九，遇其配主，雖旬（旬同均）无咎，往有尚。

《象》曰：雖旬无咎，過旬災也。

他卦六爻，每以陰陽相應爲得，所謂沉潛剛克，高明柔克也。惟豐六爻，則陽與陽相得，陰與陰相得，所謂強弗友剛克、爕友柔克也。初九剛正，遇九四爲其配主，互相砥礪，故雖旬无咎，而往有尚，若不速往，至于過旬，不免日中則昃而有災矣！

【譯註】

通常卦的六爻多以陰陽相應為理想，例如過於柔弱時，用剛來調和，過於囂張時，用柔來調和。惟有豐卦卻以二陽或二陰的相配為理想，例如強勁不友善的敵人，要用強力來制伏，合作而友善的朋友，宜以溫柔相待。初九剛正，遇到剛正的九四，地位和性質相等，卻不會因此各不相讓（雖旬無咎），而且有利前進。不過必須注意的是不要貿然採取行動，也不要過分倚重平等的關係，否則難免太陽下山後，有意外的災難！

六二，豐其蔀（ㄅㄨˋ），日中見斗；往得疑疾，有孚發若，吉。

《象》曰：有孚發若，信以發志也。

六二爲離之主，至明者也，上與六五柔中合德，可以互相資益，而六五爲九四所隔，如豐其蔀而日中見斗者焉。夫六五燮友，可以誠感，而不可以急應，故往則反得疑疾。惟有孚發若則吉，蓋信以除疑，發以撤蔀也。蔀本无實，因疑故有，志發則疑除，疑除則蔀撤，而見九二之日矣！五本賢君，故其志可發。

【譯註】

六二柔中，是離卦的主爻，與她相應的六五，性質也正好相同，可以互相資援。可惜九二的光芒被九四掩蓋了（豐其蔀），白天看見星斗，把白天變成了黑夜。六五和藹可親，能以誠信感人，不宜急躁行動，假如急於想剷除障礙，反會讓人猜疑。誠信對六二也一樣重要，誠信可以化解懷疑，撥開掩蓋光明的煙霧。煙霧本來並不存在，它是懷疑的產物，誠信能化解懷疑，而懷疑能消除障礙，九二的陽光應該還有再現的機會！六五是賢君，她意志的力量遲早會釋放出來，完成豐卦的美意。

九三，豐其沛，日中見沫；折其右肱，无咎。

《象》曰：豐其沛，不可大事也；折其右肱，終不可用也。

以剛正而居離體，可以照天下者也，應于上六，陰陽交而沛然大雨，故于日中但見水沫紛飛，失王假尚大之事，終不可以有爲矣！明莫若左，動莫若右，上六居震之極，妄動自傷，故在九三如折右肱，此上之咎，非三咎也。

【譯註】

九三剛正，居離卦之上，光芒四射。豐卦只有九三和上六陰陽調和，造成了一場豪雨（豐其沛），掩蔽了太陽的光芒，害得聖王不能光照天下，反而不是好事！古人以左象徵智慧，右象徵權力，上六在震卦的巔峰，任意行動會有傷害。九三也一樣，豪雨之災，折損了自己的右臂。不過九三的遭殃，錯不在他，錯在上六過度頹廢和幽暗，破壞了豐卦的美意。

九四，豐其蔀，日中見斗，遇其夷主，吉。

《象》曰：豐其蔀，位不當也；日中見斗，幽不明也；遇其夷主，吉行也。

以陽剛爲震之主，興雲蔽日，故爲豐蔀見斗。幸遇初九剛正，如日方升而往有尚，力能等我而爲夷主，相與摧散陰霾，行照天下，不失豐亨之義，故吉也。六二之豐蔀見斗，乃指六五被九四所蔽，今九四則自豐其蔀，致使日中見斗，故以「位不當、幽不明」責之。

【譯註】

九四是震卦的主爻，威武剛強，但陽居陰位，有如雲霧遮蔽了太陽，把白天變成黑夜。幸而初九剛正，如日方生，結合九四把陰霾掃清了，讓陽光再次普照。這正是豐卦的意旨，因此吉祥。六二的蔽日是因為六五被九四遮攔，而今天九四自己就是障礙，把白天變成夜晚，所以《象辭》責怪他「陽在陰位，濃雲蔽日，過於幽暗」。

六五，來章（章同彰），有慶譽，吉。

《象》曰：六五之吉，有慶也。

柔中居尊，而六二以信發之，雖全賴彼離明之德，亦實由我能來之也。君臣合德，天下胥蒙其慶矣！

【譯註】

上面說到六二的光明有再現的機會，那是六二誠信的保證，但這要靠高居尊位的六五。六五溫柔，居離卦之中，有足夠的智慧和迎來光明（來彰）的雅量。君臣合德，能讓天下之人蒙受恩澤！

上六，豐其屋，蔀其家，窺其戶，闃（ㄑㄩˋ）其无人；三歲不覿（ㄉㄧˊ），凶。

《象》曰：豐其屋，天際翔也；窺其戶，闃其无人，自藏也。

以陰居陰，處震之極，豐之上，拒絕離明，惟恐容光之或照及我也。故豐其屋，則堂高數仞，飛檐斜桷，若欲翔于天際者。蔀其家，則多設覆蔽，深自藏隱，縱窺户而闃若无人者，此乃從闇至闇，雖至三歲猶不相覿，凶何如哉？三歲言其甚久，亦以隔于九三，共三爻故。

【譯註】

上六陰居陰位，在震卦的巔峰，是柔弱的極致，也是豐卦的尾聲。她膽小，惟恐離的光芒照到自己身上，因此極力掩飾，雖然房屋高大，卻把房屋隱藏起來（蔀其家），甚至層牆架屋，變得高不可攀，好像要飛上天去一樣。至於家裡也處處設防，隱藏自己，如果你向內偷看，看不到半個人影，這就是暗上加暗，三年也不能會面。上六和九三之間隔著三個爻位，因此說三年。

䷷ 艮下離上（火山旅：56）

旅，小亨，旅貞吉。

日中則昃，月盈則食，故次豐之後明旅也。豐以尚大，旅以小亨，貞豈有大小哉？在大則大，在小則小，要不失其貞而已。不失其貞，則无往而不吉矣！

【譯註】日當中天後會西沉，月亮圓後會缺，所以豐卦之後，緊接著要談的是離家外行的漂流。豐有大成就，旅也可以小亨，然而人的貞吉哪有大小之分呢？該大就大，該小就小，最重要的是貞吉二字。有貞吉，才能無往而不利。

《彖》曰：旅，小亨，柔得中乎外而順乎剛，止而麗乎明，是以小亨，旅貞吉也。旅之時義大矣哉！

在外故名爲旅，處旅莫尚乎柔，而柔莫貴于得中，得中則能順剛，而天下无難處之境矣！止故能隨遇而安，麗明故能見機而作，此旅之貞，即乾之貞，即坤之貞，即大易之貞也。從來大聖大賢，自天子至于庶人，无不全以乾坤大易之貞而處旅，无不即于旅時而具見乾坤大易之貞者。詎可以造次而忽其時義之大哉？

佛法釋者，下三土无非旅泊千三土中作大佛事，故時義大。若以寂光法身視之，則名小亨。

【譯註】

離家外出叫做旅，出門旅行最要緊的是柔，而柔的運用需恰到好處，這樣才能順應剛強，才能走遍天下而無不順利！旅的下卦是止（艮），懂得止才能隨遇而安；上卦附麗於明（離），能明（頭腦清醒）才能對旅途中的變化應付裕如，這就是旅的正道、乾的正道、坤的正道，也是《易》的正道。從古到今，不論聖人賢人、帝王百姓，沒有不以這種正道來處理外在的事務，沒有不在出門時體驗到這種正道精神的重要。怎可因為旅途的顛沛，輕視了旅途的深意呢？

用佛法解釋，進入三佛土（法佛、化佛、報佛）的天地，就像在佛土中的旅行一樣，所做種種佛事無不有其深意。不過從涅槃（寂光）或者佛的眼光（法身）來看，這只是小小的亨通。

《象》曰：山上有火，旅；君子以明，慎用刑，而不留

獄。

山如亭舍，火如過客，君子之省方巡狩也。法離之明，法艮之愼，故刑可用而獄不可留。蓋設使留獄不決，則不惟失離之明，亦且失艮之愼矣！

觀心釋者，念起即覺，覺即推破，不墮掉悔也。

【譯註】

在旅卦中，山（艮）是旅舍，火（離）是旅客，旅卦也像是君王出巡四方。君王的律法當如火一般的明亮，如山一般的莊嚴，因此審判必須嚴明，而監獄可以不要。假如把人犯關進監獄卻不審判他們，不僅有失離（火）的光明，也愧對艮（止）的莊嚴！

從觀心處看，一念初生，便是用心觀察的開始，在觀察的過程中，應各個分別勘破，俾免遺漏或者懊悔。

初六，旅瑣瑣，斯其所取災。

《象》曰：旅瑣瑣，志窮災也。

陰柔在下，不中不正，旅而瑣瑣者也。瑣瑣猶云屑屑，由无遠大高明之志，所以自取其災。

【譯註】　初六是旅卦最低下的一個爻，是艮卦的少男，陰在陽位，又不居中，做事繁瑣。他顯然缺少高明遠大的志向，如有災難，是自己招來的。

六二，旅即次，懷其資，得童僕，貞。

《象》曰：得童僕貞，終无尤也。

當旅之時，各以在上相近之爻爲次、爲處、爲巢，而陰宜依陽，陽宜依陰。今六二陰柔中正，順乎九三之剛，故爲即次，以陰居陰，而在艮體，爲懷其資，下有瑣瑣之初六，而无二心于我，爲得童僕貞。夫即次懷資，猶屬外緣，由童僕貞，則由內德，有得如是，可謂旅貞吉矣！終无尤。

【譯註】　旅卦的讀法是每向上一步，就是旅行的前進，尋找落腳的地方（旅次），最好陰陽能相依。這裡的六二，陰柔居中，上有陽剛的九三作為旅邸，真太幸運了。且她陰居陰位，擁有整個艮體，旅資雄厚，下面又有瑣碎但對她專心的童僕，更是理想。旅資雄厚，算是外在的緣分，有僕人對她盡忠，也是內在的成就。這樣的旅行可算幸運，沒有什麼好抱怨了！

九三，旅焚其次，喪其童僕，貞厲。

《象》曰：旅焚其次，亦以傷矣；以旅與下，其義喪也。

三以四爲其次，而以陽遇陽，又屬離體，故焚其次，而亦可傷矣！又復過剛不中，處此旅時，猶不知所以善與其下，致使童僕離心遠去，此豈人之罪也哉？

【譯註】

九三的旅舍是九四，陽遇上陽，陽氣太盛，又在離卦中，像一把火燒了旅舍，可悲！而且在這陽氣太盛的情況下，九三沒有善待僕人，僕人跑了，不知去向。但這一切，難道是他人的過失嗎？

九四，旅于處，得其資斧，我心不快。

《象》曰：旅于處，未得位也；得其資斧，心未快也。

君子行役，志元不在資斧。九四近附六五，聊可處矣！以陽居陰，陰爲資斧，猶云資糧，可以致用，故名資斧。然五方在旅，不能即大用我以行其志，故雖獲于處，而猶未得位也。既未得位，故雖得其資斧，而于行道之心仍未快也。

【譯註】

君子從事工作，目的不在金錢和物質。九四來到某個地方（旅於處），靠近了有權有勢的六五，可說得其所哉吧！然而陽居陰位，陰代表金錢和物質，也就是說錢財不缺少，但更重要的是學以致用，人盡其才。不幸六五正在戎馬倥偬中，不能用他完成志願，設有錢財雖然不是問題，但理想不能實現，壯志未酬，心頭難免難過。

六五，射雉一矢，亡，終以譽命。

《象》曰：終以譽命，上逮也。

此正所謂柔得中乎外而順乎剛者也。虛心以招天下之賢以濟吾旅。如射雉者，雖或亡其一矢，終必得雉，故人譽之，天命之矣！蓋以人合天，天必佑之，名為上逮。

【譯註】

六五懷有「柔外得中，剛內順受」的心地。她虛心招募賢人，壯大行旅的聲勢，有如獵人射獵山雞，雖會浪費幾支箭，遲早會有收穫，得到人和上天的讚譽！大凡誠心用人事合天理的人，上天沒有不庇佑的，這就叫做「上逮」（上天也聽他）。

上九，鳥焚其巢，旅人先笑後號咷。喪牛于易，凶。

《象》曰：以旅在上，其義焚也；喪牛于易，終莫之聞也。

處旅莫尚于柔，今以剛不中正，而在離極，更无覆護之者，如鳥焚其巢矣！先則以處高爲樂故笑，後則以焚巢无歸故號咷。離本有牝牛之德，乃以任剛傲慢，不覺喪之，凶何如哉？然巢之焚，由其旅在上，乃是高亢加人，故義能招之，豈可歸咎于命數？牛之喪，由其不知内省，驕矜自是，故禍生于所忽，而終莫之聞，豈可怨尤于他人？

【譯註】

出門旅行最需注意一個柔字，這裡上九剛強，不中不正，又高居離卦的巔峰，下無掩護，就像鳥巢著了火，一焚而空！起初他以地位高，開心而笑，等到燒了窩，無家可歸了，又放聲大哭。離卦本來有母牛的德性，但上九自恃剛強，任性倨傲，輕易之中，把寶貴的牛也丟了，夠不吉利！鳥巢給燒了，處境太高，為人不得體，又燒了住所，怎能怪命運呢？再說丟了牛，是不會做人，傲慢自得，放任釀成的災禍，財產喪失，又怎能埋怨別人？

䷸ 巽下巽上（巽為風：57）

巽，小亨。利有攸往，利見大人。

善處旅者，无入而不自得。不巽則无以自容矣！巽以一陰入于二陽之下，陰有能而順乎陽以致用，故小亨而利有攸往，利見大人也。

觀心釋者，增上定學，宜順于實慧以見理。

【譯註】

能安善處理在外旅行的人，就能處處順心隨意，不順心隨意，便會無地自容！巽(二)是風，無孔不入，無處不能容！巽以一個陰爻處於二陽之下，既順了陽，又發揮了力量，因此小亨，前進有收穫，也會見到大人，得到意外的幫助。

從觀心處看，在增進定力的學習中，必須依順真正的智慧，才能因智而見理。

《彖》曰：重巽以申命，剛巽乎中正而志行，柔皆順乎剛。是以小亨，利有攸往，利見大人。

君子之在旅也，得乎丘民而為天子。民有能而順乎君，君則殷勤鄭重，申吾命而撫綏之。蓋由剛巽乎中正之德，故其志得行，故柔皆順之也。剛不中正，則不足以服柔，柔不順剛，則亦不得小亨矣！利有攸往，利見大人，正所以成其小亨。不往不見，何以得亨也哉？

【譯註】

君王在生命的旅途中，需有民眾的擁戴才能成為天子。民眾能順從君王，君王一定也得看重他們，盡力安撫。這是因為剛強需合乎巽的中庸正道，才得以暢行無阻，百姓也都順從他了。假如剛不中正，不能折服柔順；而柔不順從，也不會得到平安。前進有收穫，遇見有利的大人才是造成小亨的理由。不前進，不出門求見，哪能亨通呀？

《象》曰：隨風，巽；君子以申命行事。

風必相隨繼至，乃可以鼓萬物；君子必申其命，篤行其事，乃可以感萬民，故曰「君子之德風」。

【譯註】

風需持續吹拂，才能推動萬物；君王必須擴大他的天命，做他該做的事，才能感動民眾，所以孔子說：「君子的品德像風，吹到哪兒，影響就會到哪兒。」

初六，進退，利武人之貞。

《象》曰：進退，志疑也；利武人之貞，志治也。

初六，巽之主也，巽主于入，而陰柔每患多疑，故或進而且退。夫天下事本无可疑，特其志自疑耳。決之以武人之貞，則志治而天下事不難治矣！此所云「武人之貞」，即《象》所云「有攸往而利見大人」者也。

【譯註】初六是單卦巽的主爻，而巽最緊要的任務是進入事物的本身，然而負面而柔弱的人，病在多疑，常常舉棋不定，進退失據。其實世事原本無可懷疑，懷疑來自心態，治理的辦法是拿出軍人的果斷，打定主意，天下不難治理。這裡所說軍人的果斷，就是《彖辭》「大膽前進，親近大人」的意思。

九二，巽在床下，用史巫紛若，吉，无咎。

《象》曰：紛若之吉，得中也，

九五陽剛中正，爲巽之主，如坐床上，則九二巽德之臣，固宜在床下矣！然以剛中得初之順，未免有僭竊之嫌，故必用史以紀吾所行，用巫以達吾誠悃，紛若不敢稍疏，乃得中而无咎也。

【譯註】九五是巽卦的主爻，有如高坐胡床上的君主，下面九二的小臣只好隨順地坐在胡床下了！不過九二稟性剛強，又有初六的附和，難免有些僭越的心態，最好借重史官的多言（紛若），記下他的一言一行，借用巫師的多言（紛若），說出他虔敬的心意，拿起風的無畏精神持續吹拂，也許可以使他隨順守中，免去災難。

九三，頻巽，吝。

《象》曰：頻巽之吝，志窮也。

以剛居剛，非能巽者。勉強學巽，時或失之。蓋志窮則不止于志疑，疑可治而窮則吝矣！

【譯註】巽是風，也是命令，九三處於上下兩個巽卦之間，又以剛居剛，缺少一點隨順的雅量，頻頻發號施令，常有疏失，造成困難（頻巽，吝）。一個胸無大志的人，最容易疑慮，疑慮還好對付，胸無大志便沒救藥了！

六四，悔亡，田獲三品。

《象》曰：田獲三品，有功也。

陰柔得正，爲巽之主，順乎九五陽剛中正之君，此休休有容之大臣，天下賢才皆樂爲用者也，故如田獲三品而有功。三品者，除九五君位，餘三陽皆受其羅網矣。

【譯註】

六四陰柔，陰在陰位，是最好的巽卦之主，全然隨順在陽剛中正的九五之下，像個得體的大臣，天下賢人也都喜歡投入他的門下。就像打獵時，他輕而易舉地得到了三分獵物（田獲三品）。三分獵物，指巽卦中除了九五之外的三個陽爻（二、三、六）而言。

九五，貞吉，悔亡，无不利。无初有終。先庚三日，後庚三日，吉。

《象》曰：九五之吉，位正中也。

雖有其德，苟无其位，則不敢變更；雖有其位，苟无其德，則不能變更。九五蓋德位相稱者也，故得其巽之貞，而亦吉，亦悔亡，亦无不利。然事既變更，則是无初，變更得正，所以有終。又必丁寧于未更三日之先，且豫揆度于既更三日之後，則吉也。盤庚以之。

【譯註】

作為一個君王，有德無位，不敢改革，有位無德，不能改革。九五德位俱隆，所以敢作敢為，擁有巽卦全副的貞正精神，所以吉利，沒有懊惱，也無往而不利。根據天干的排列，「庚」的前三天是「丁」，後三天是「癸」，「丁」雖不是治國的開端，但「癸」卻是治國的結束。（比較第十八卦的蠱卦：「先甲三日，後甲三日」，作為治理天下的開端。）所以巽雖不是開端（無初），卻因懂得改革，有了圓滿的結束（有終）。而且三天前的「丁」意味著「再三的叮嚀」，三天後的「癸」，意味著「反覆的揆度」，如此反覆叮嚀才獲吉祥，盤庚的成就便在於此。（盤庚是商朝中期一位了不起的君主，商衰，力排眾議，遷都安陽，百姓安康殷實，商朝得以復興。）

上九，巽在床下，喪其資斧，貞凶。

《象》曰：巽在床下，上窮也；喪其資斧，正乎凶也。

以陽剛居卦上，舉凡九五、九二之能巽者，皆在我床下矣！而我方上窮而不知，故初六、六四之資斧，皆爲二、五所用，而不爲我用，其凶也。是其正也，何所逃乎？

佛法釋六爻者：初是世間事禪，有進有退；二是空慧，宜史巫以通實相；三是乾慧，不能固守；四是出世間禪，多諸功德；五是中道正慧，接別入圓，故无初有終；上是邪慧，滅絕功德。

【譯註】

上九高居巽上，過分剛強，把九五和九二都丟到床下去了！然而上九其實已經走投無路，只是自己不知道而已。而初六和六四的錢財已全被九二和九五掏空，自己無福享用，有夠凶險。不過有因必有果，發生這樣的事，誰能逃脫呢？

用佛法解釋六爻：初六是現實的世間禪，可進可退；九二空有其慧，不到用心追究，不能看清真相；九三有乾慧，卻無大志，不能守成；六四出世間禪，有多種成就和功德；九五智慧，既中且正，能從初地的別教轉而入利根菩薩的大乘圓教，所以雖開始不利，卻有好的終結；上九不信因果，是邪慧，功德銷毀在自己的手中。

䷹ 兌下兌上（兌為澤：58）

兌，亨，利貞。

入則自得，自得則說。自得則人亦得之，人得之則人亦說之矣！說安得不亨哉？然說之不以正，君子不說，故利貞焉。書云：「无拂民以從己之欲，罔違道以干百姓之譽。」

【譯註】

巽卦談進入，兌卦則談進入後的自在和愉悅。你自在，人也自在，你愉悅，人也愉悅。愉悅怎能不吉利呢？然而用不正當的方法得來的快樂，君子不能接受，因此以愉悅作為象徵的兌卦，也象徵吉利和貞祥。《尚書》說：「別強制民眾的意願來滿足你的欲望，別違反正道，影響民眾的聲譽。」

《彖》曰：兌，說也。剛中而柔外，說以利貞，是以順乎天而應乎人。說以先民，民忘其勞；說以犯難，民忘其死。說之大，民勸之矣！

剛中則无情欲偏倚之私，柔外則无暴戾粗浮之氣，此說之至正，天地同此一德者也。以此德而先民，民自忘勞；以此德而犯難，民自忘死。即此是說之大，民自勸而胥化于善，非以我勸民也。

【譯註】

兌（☱）的中爻剛強居中，所以公平而不偏心，上爻溫柔，所以不粗暴無禮，這種高尚的愉悅是天地最珍貴的德性。用這種德性誘導民眾工作，民眾忘記了辛苦；帶領民眾上戰場，民眾忘記了死亡的威脅。如此宏大的喜悅，是民眾自我的勉勵和求善的動力，不來自勸告。

《象》曰：麗澤，兌；君子以朋友講習。

澤相麗則不枯竭，學有朋則不孤陋。以文會友，講也；以友輔仁，習也。講而不習則罔，習而不講則殆。講則有言不背于无言，習則无言證契于有言。又講則即无言爲有言，習則即有言爲无言矣！

【譯註】

兌是澤，二澤相疊，澤不枯乾，同樣的情形，求學有伴侶，不會孤陋寡聞。所謂「以文會友」指的是講解，「以友輔仁」指的是學習，只講解而不學習，不免茫然無所知；只學習而不講解，不免疑慮滿腹。講解需用語言，不能沉默；學習則是利用沉默，印證語言。再進一步說，講解打開了沉默的話匣子，學習卻把語言變成了無聲的沉默！

初九，和兌，吉。

《象》曰：和兌之吉，行未疑也。

剛正无應，和而不同，得兌之貞者也，无私故未有疑。

【譯註】

初九剛正，上下都是歡天喜地的兌卦，他們雖然性質相同，彼此卻不相應，這是快樂的條件。快樂是獨立的，沒有私心、沒有懷疑。

九二，孚兌，吉，悔亡。

《象》曰：孚兌之吉，信志也。

剛中則誠內形外，自信其志，亦足以取信于天下矣！

【譯註】真誠的喜悅是吉祥的。九二剛健守中，內心真誠，從外表就可看見。這種堅定的信心，值得天下人的信賴！

六三，來兌，凶。

《象》曰：來兌之凶，位不當也。

六三爲兌之主，何以凶哉？乾得坤之上爻而爲兌，以陽爲體，以陰爲用者也。若內无其體，徒欲外襲其用以來取悅于人，則亂義必矣！君子所以惡乎佞者。

【譯註】六三是兌的主爻，怎會有凶禍呢？然而兌（☱）是乾（☰）取得坤的一個陰爻後變成的，六三妄想以乾為體，以坤為用，一舉兩得。她的本身既不完美，想用外貌唬人，討人喜歡，一定造成混亂！所以孔子說，「君子最可厭的，莫過於諂媚奉承的人。」

九四，商兌未寧，介疾有喜。

《象》曰：九四之喜，有慶也。

兑不可以不利貞也，三之來兑，何足戀惜？乃不忍絕而商之，心必未寧，惟介然自斷，速疾勿遲，則有喜矣！大臣不爲諂媚所惑，天下且受其慶，不止一身有喜而已。

【譯註】

兌的精神在吉利和貞祥，六三的諂媚不值一笑！但不忍心與她決裂，雖曾稍作協調，心仍不安，只好快快與她劃清界限，或可轉憂為喜！國家重臣不受阿諛奉承的蠱惑，人人稱慶，豈只自己受惠而已。

九五，孚于剝，有厲。

《象》曰：孚于剝，位正當也。

陽剛中正，誠內形外之至者也。故不惟可孚于君子，亦可孚于剝正之小人，使彼改惡從善，返邪歸正，而有厲焉。蓋既有其德，又有其位，故化道如此之盛耳。

【譯註】九五君王，陽剛中正，表裡精誠如一，不惟取信於君子，也取信於落魄的小人。能冒著自己的危險使人改過自新，棄邪歸正，對一個有德有位的仁者來說，這種教化值得讚美。

上六，引兌。

《象》曰：上六引兌，未光也。

上六亦爲兌主，然既无其體，惟思以悅引人，則心事亦曖昧矣！三欲來四，上欲引五，其情態同，而三不當位故凶，上猶得正故不言凶。

【譯註】上六的情況跟六三一樣，沒有乾之全體卻妄想有坤之用，居心夠可疑了！六三想招徠九四，上六想賺取九五，他們的心態相同，不過六三陰在陽位，居心顯然不正，所以凶；上六陰在陰位，總算正當，所以逃過了這個指謫。

䷺ 坎下巽上（風水渙：59）

渙，亨。王假有廟，利涉大川，利貞。

悅而後散之，謂公其悅于天下，而不獨樂其樂，故亨也。既能與民同樂，則上可以悅祖考，故王假有廟；遠可以悅四夷，故利涉大川。而悅不可以不正也，故誡之以利貞。

【譯註】兌是快樂的聚會，渙是快樂的分散。王公把喜快與大眾分享，不獨自享用，所以亨泰。有與民同樂的雅量，才能讓在上的祖先高興，因此舉辦祖廟的祭祀和饗宴；也能讓周邊的鄰邦高興，因此利於出遠門、涉大川。但喜樂必須歸正，所以《爻辭》開宗明義提出吉祥和正直的預告。

《彖》曰：渙，亨，剛來而不窮，柔得位乎外而上同。王假有廟，王乃在中也；利涉大川，乘木有功也。

九二剛來而不窮，六四柔得位乎外而上順于九五，此能擴充兌卦剛中柔外之德，而渙其悅于天下者也，安得不亨？又九五居上卦之中，此王假有廟以悅祖考之象，乘巽木而涉坎水，此遠悅四夷決定有功之象，而貞在其中矣！

【譯註】

渙卦吉祥，因為有九二剛強源源不斷的支援。六四陰在陰位，又順承九五，是兌卦「剛中柔外」美德的延伸，讓喜悅傳播天下，怎能不吉祥呢？還有九五居巽之中，巽是宗族的命脈，君王來到祖廟祭拜（王假有廟），取悅於列祖列宗。而巽也是木，木如船，可以划行於坎水之上，有安撫遠邦、定取功勳之象，貞吉就在其中！

《象》曰：風行水上，渙；先王以享于帝，立廟。

風行水上，不勞力而波濤普遍。先王享帝以事天，立廟以事先，盡其一念誠孝，吉足以感通天下，恩波亦无不遍矣。故曰「明乎郊社之禮，禘嘗之義」，治國其如視諸掌乎？

【譯註】

風吹水動，不費力氣而波濤四起。古代帝王尊敬上帝而祭天，建築祖廟禮拜先人，他們目的便在傳遞誠意和孝心。這種吉祥足以感動天地，恩惠足以普及萬民，所以古人說，「懂得祭祀皇天（郊）后土（社），夏祭（禘）秋祭（嘗）的禮節」，治國不就像運於掌中一樣簡單嗎？

初六，用拯馬壯，吉。

《象》曰：初六之吉，順也。

初居坎下，受四之風而拯，拯則出水登陸矣！坎于馬爲美脊，今初六順于九二，故爲馬壯而吉。

【譯註】

初六困在坎水裡，被六四的巽風救了起來，出了水面，當然就來到安穩的地面了！坎像一匹寬肩秀麗的馬，初六順從健壯的九二，所以說她有馬的健美，也夠吉祥。

九二，渙奔其机（机通几），悔亡。

《象》曰：渙奔其机，得願也。

此正《彖傳》所謂剛來而不窮者也。當渙時而來奔據于机，卓然安處中流，得其自悅悅他之願，故悔亡。

【譯註】

九二的剛就是《彖傳》所說「源源不斷的支援」，當喜樂分散時，九二快速抓住一張穩健的木茶几，安然順流而下，自得其樂，令人開心，因此沒有懊惱。

六三，渙其躬，无悔。

《象》曰：渙其躬，志在外也。

陰居坎體之上，六四上同上九之風而渙之，舉體散作波濤以潤于物，志在外而不在躬，故无悔也。

【譯註】

六三雖在坎體卻同六四一樣，被上九的巽風吹散了。她們化成波浪，滋潤萬物，她們的目的在利人，不是自利，所以免於悔恨。

六四，渙其群，元吉。渙有丘，匪夷所思。

《象》曰：渙其群，元吉，光大也。

此正《彖》所謂「柔得位乎外而上同」者也。陰柔得正，爲巽之主，上同九五，下无應與，盡渙其群以合于大公，此則天下一家，萬物一體，名雖爲渙，而實乃有丘矣！聖人无己，无所不己，光明正大之道，豈平常思慮所能及哉？

【譯註】

六四的情況正是《彖辭》所說「柔而得中，順承九五」，她陰在陰位，是巽之主，初六與她不相應，卻與上九聯合，與天下分享歡樂，視天下為一家，視萬物為一體，竟把以分散為主題的渙卦變成了團結一致像山巒一樣的艮卦了！（外互卦三、四、五是艮。）聖人不重視自己，自己卻無處不在，這便是光明偉大，豈是凡俗的人可以理解的呢？

九五，渙汗其大號。渙，王居无咎。

《象》曰：王居无咎，正位也。

發大號以與民同悅，如汗之發于中而浹于四體。蓋四之渙群，由五爲王而居于正位，四乃得上同之，是故大號如汗渙于外，王居正位常在中，故无咎也。

【譯註】

九五位在君王，發號令與民同樂，就像身上發汗，而汗水流於四肢一樣。由於六四大公無私，團結群眾，而九五以君王之尊居於正位，認同六四的行為，也滿懷興奮，因而汗流浹背。君王地位得中，所以一切平安無恙。

上九，渙其血，去逖出，无咎。

《象》曰：渙其血，遠害也。

血者，坎之象；逖者，遠也。人有大患，爲其有身，常情執之保爲己躬，正理觀之，乃膿血聚，毒害本耳。上九用六四之風，以渙六三自躬，六三可謂忘身爲國，故志在外而无悔，然非上九爲其遠害，則六三何能興利乎？

合六爻言之：九二如賢良民牧，承流宣化；六四如名世大臣，至公无私；九五如治世聖王，與民同樂；上九如保傅司徒，教民除害；初因此而出險，既拔苦必得樂，故吉；三因此而忘我，既遠害必興利，故无悔也。

【譯註】

坎是水，也是血；逖是遠，遠離生命的禍害（去逖出）。人因為有身體，才會有災難，因此人人都要保護自己的身體從常理看，身體不過是一堆血肉之軀，卻是災難真正的來源（毒害本耳）。上九用六四的風釋放了六三的身體，但六三向來為國忘身，志向在外，所以相安無事。然而六三的利益如果沒有上九的保護，是不會得到的。

總論渙卦六爻：九二是民眾的父母官，擔當教化的工作；六四是成功的大臣，公而忘私；九五是聖主賢君，與民同樂；上九是師保，是掌管國家教育的司徒，導民走向正途。初九便是因此而脫離苦海的，既已離苦，定當得樂，所以吉利；六三為國為民，既已離害，也會有福，所以無悔。

䷻ 兌下坎上（水澤節：60）

節，亨，苦節不可貞。

水以風而渙，以澤而節。節則不潰不涸，而可以常潤，故亨。夫過于渙必竭，故受之以節。然過于節則苦，又豈可常守乎？

【譯註】

水有了風會渙散，有了澤能節制。能節制就不會崩潰或者乾涸，且可長久保持滋潤，因此吉祥。過於渙散就會枯竭，因此渙卦之後就是節卦。不過，過分的節制也會帶來困苦，所以節不是人事的常態。

《彖》曰：節，亨，剛柔分而剛得中。苦節不可貞，其道窮也。說以行險，當位以節，中正以通。天地節而四時成，節以制度，不傷財，不害民。

得中則不苦，苦則窮，窮則不可以處常。不苦則説，説則並可以行險，惟節爲當位，斯爲中正，惟中正故通而不窮。天有四時，王有制度，皆所謂中正以通者也。

【譯註】

能夠得中就不困苦，困苦中無路可走，但無路可走不是處世的常態。沒有困苦才有喜樂，有了喜樂才生冒險的心，而節制是冒險時需要注意的事，必須嚴守中正才能無往不利。天有四時，君王有法度，都是中正而可行的模式。

《象》曰：澤上有水，節。君子以制數度，議德行。

若冕旒，若宗廟，若樂舞，若階陛，若蓍龜，若爵祿等，皆有其數以爲度。制使各得其節，則无過與不及，而不奢不儉。若見君，若事親，若接賓，若居喪等，皆根乎德以成行。議使各當其節，則无過與不及，而可繼可傳，如澤節水，稱其大小淺深，要使不潰不涸而已。

【譯註】

澤中有水，節制是第一要務。像帝王、宗廟、樂舞、皇宮、龜策、爵祿等，無不有他們的定數和法度作為節制的標準，不能過而不及或者過奢過儉。至於覲見、事親、接待賓客、居喪守孝這一類的行為，也都需依照規矩，不能過分也不能不及。這些儀式通常需傳之久遠，有如澤的大小深淺，需有效的管制，澤水才不至於乾涸。

初九，不出戶庭，无咎。

《象》曰：不出戶庭，知通塞也。

節之義亦多矣，或時節、或裁節、或品節、或撙節、或符節、或節制、或節文、或節限、或節操。今且以時節言之，剛正而居下位，九二塞于其前，故順時而止，不出户庭，既知裁節，則品節名節皆善矣。復以節制言之，上應六四，水積尚淺，故宜塞使不流也。

【譯註】

節，包含的範圍很廣，例如時節、節裁、品節、節用等。就以節裁而言吧，初九陽居陽位，地位低下，眼前既有九二擋住去路，不妨停止腳步，守住家園。懂得節裁自己，那麼人品、名聲都會趨於善良。再以水的節制而言，初九有六四相應，蓄水不多，最好堵住通道，不讓澤水外流，保留元氣。

九二，不出門庭，凶。

《象》曰：不出門庭凶，失時極也。

若以時節言之，既在可爲之位，又有剛健之德，六三已闢其門，而乃上无應與，固守小節，豈非大失？復以節制言之，上對九五，水積漸深，便宜通之使流，胡須阻塞以致洪汎，豈非失時之極？

【譯註】

從時節看，九二陽剛，可以有所作為，六三已把門戶敞開，只因上無應援，不敢行動，過於擔心小節，不是反失大體了嗎？再從節制看，上有九五擔當，水源豐富，應當打開通路，使水流暢，繼續阻塞會造成氾濫。九二之失，就是不懂時機的運用！

六三，不節若，則嗟若，无咎。

《象》曰：不節之嗟，又誰咎也？

若以時節言之，陰不中正，居下之上，又爲兌主，故始則恣情適意而不知節若，後則憂患洊至而徒有嗟若，自取其咎，无可以咎誰也。復以節制言之，上對上六，水已汎濫，而澤口不能節之，徒有嗟若而已，將誰咎乎？

【譯註】

如從時節看，六三不中不正，居兌之上，也是兌卦之主，先則歡樂成性，不能節制，後則擔心氾濫，歎息連連。她的過錯是自找的，不能怪人。再從節制上看，六三的正應是上六，是災害的來源，而兌卦的缺口無法關閉，徒歎奈何，但又能怪誰呢？

六四，安節，亨。

《象》曰：安節之亨，承上道也。

若以時節言之，柔而得正，居大臣位以承聖君，故爲安節，所謂太平宰相也。復以節制言之，下應初九，塞而不流，任九五、上六之波及于物，而我獨享其安，故亨。

【譯註】

從時節看，六四柔順，陰在陰位，是上承君王的良臣，在平安中做好節制的工作，堪稱名實相副的太平宰相了。從節制看，在下的初九，剛強穩健，守住關口，不敢放鬆。在上的九五和上六，任他們波濤洶湧，而六四安穩如山，毫不動搖，因此吉祥。

九五，甘節，吉，往有尚。

《象》曰：甘節之吉，居位中也。

陽剛中正，居于尊位，所謂當位以節者也，无過不及，故甘而吉；行之无敝，故往有尚；自居位中，故非失時。極之九二所能阻礙。

【譯註】

身居尊位的九五，陽剛中正，是管理節制的君王，步調適中，所以甘美而吉祥。他的行動無誤，大有可為；地位恰當，也不會坐失時機。即使九二有天大的過錯，對他也沒有傷害。

上六，苦節，貞凶，悔亡。

《象》曰：苦節貞凶，其道窮也。

若以時節言之，純陰而居節之極，固守不通，故其道既窮，雖正亦凶。彼執爲正，實非正也，惟悔而改之則不窮，不窮則凶可亡矣！復以節制言之，水以流下爲其節操，六三兌口上缺，不能節制，故上六盡其流下之節而不稍留，遂至枯竭而爲苦節，故曰「其道窮」也。

【譯註】

從時節看，上六陰居節卦的頂端，堵塞不通，前途無路可走，雖然陰居陰位，地位沒錯，仍有凶災。她自以為正直，其實並非如此，她如果懂得悔改，說不定還可有救，有救便能解除凶災的問題了！從節制看，水性向下，而六三是兌口，始終敞開，無法節流，上六在這種情況下，只能眼睜睜看著澤水流空，直到枯竭。她痛苦的節制正好印證了《彖辭》「窮途末路」的預言。

䷼ 兌下巽上（風澤中孚：61）

中孚，豚魚吉。利涉大川，利貞。

四時有節，故萬物信之，而各獲生成。數度德行有節，故天下信之，而成其感應。孚者，感應契合之謂；中者，感應契合之源也。由中而感，故由中而應，如豚魚之拜風，彼豈有安排布置思議測度也哉？中孚而能若豚魚拜風，則吉矣！然欲致此道，則利涉大川，而又利貞。蓋不涉川，不足以盡天下之至變；不利貞，不足以操天下之至恆；不涉川，則不能以境鍊心而致用；不利貞，則不能以理融事而立本也。

【譯註】

四季有節奏，生長有順序，我們才能信賴上天；典章有規律，德行有法度，我們才能信賴君王。孚是信賴，是感和應的配合；中指內心，是感和應的樞紐。身體有感，心才有應。頭腦最簡單的莫過於豬和魚，但豬和魚都懂得迎風膜拜，牠們哪裡有事先安排，或者用心衡量的本領呀？「中孚」標榜的信賴，能有像豬和魚一樣的感應，就吉祥了！有如此的感應才能涉川遠行，吉利貞祥。不涉川，看不見天地的變化；不利貞，抓不住天地的常態。不涉川，心性得不到鍛鍊，不能達到學以致用的目的；不利貞，理性不能融通，建立不了立身治本的原則。

《彖》曰：中孚，柔在內而剛得中，說而巽，孚，乃化邦也。豚魚吉，信及豚魚也；利涉大川，乘木舟虛也；中孚以利貞，乃應乎天也。

合全卦而觀之，二柔在內，則虛心善順，毫无暴戾之私；分上下而觀之，兩剛得中，則篤實眞誠，毫无情欲之雜。兌悦則感人以和，巽順則入人必洽，故邦不祈化而自化也。信及豚魚，猶言信若豚魚，蓋人心巧智多而機械熟，失无心之感應，不及豚魚之拜風者多矣！故必信若豚魚，而後可稱中孚也。巽爲木，爲舟，浮于澤上，內虛而木堅，故能无物不載，无遠不達；人之柔在內如虛舟，剛得中如堅木，斯可歷萬變而无敗也。夫中孚即天下之至貞，惟利貞乃成中孚，此豈勉強造作所成，乃應乎天然之性德耳。試觀颶風將作，豚魚躍波，魚何心感風，風何心于應魚，蓋其機則至虛，其理則至實矣！吾人現在一念心性亦復如是，不在內，不在外，不在中間，不在過去，不在現在，不在未來，覓之了不可得，可謂「至虛」。天非此无以爲覆，地非此无以爲載，日月非此无以爲明，鬼神非此无以爲靈，萬物非此无以生育，聖賢非此无以爲道，體物而不可遺，可謂「至實」。

夫十方三世之情執本虛，而心體眞實，決不可謂之虛；天地萬物之理體本實，而相同夢幻，決不可謂之實。是故柔與剛非二物，內與外非二處也，知乎此者，方可名貞，方可涉川，方信及豚魚而吉矣！

【譯註】

從中孚的全卦（䷼）看，二柔（三、四）在卦的中央，虛心柔順，誠懇無私。從上巽（☴）下兌（☱）看，二剛（二、五）剛健中正，一無妄念。兌的喜悅，和樂感人，而巽的柔順，和諧相應，有國如此，國家的教化一定會成功。《彖辭》「信及豚魚」的話，是說人有豚魚一樣的信賴就好了。人心太過複雜，幾乎失去了先天感應的本能，比起豚魚來要差遠了。人不到有豚魚的反應，不夠稱為「中孚」。巽為木，也是船，木堅船空，可以載物遠行，人能堅實如木，謙虛如船，也會無往而不利的。中孚象徵堅貞，惟有堅貞，才能中孚，這是順天應人的結果，不能強求。試看海上颶風到來時，海豚迎風膜拜的畫面，海豚無心接受風，風也無心向海豚回應，它們沒有機心，順應自然，一切也就符合自然了！我們的心性也是如此，時空不能局限它，哪裡也見不到它的蹤影，夠得上稱「至虛」了。然而不如此，天不能覆，地不能載，日月不能明，鬼神不能靈，萬物不能生育，聖賢不能傳道。聖賢體驗萬物，萬物真實存在於天地之間，天地夠得上稱「至實」了。

事實上，我們執著的情是虛，但心是實，不是虛；天地萬物的理是實，但夢幻是虛，不是實。同一道理，柔和剛不是兩件事情，內和外不是兩個地方，能有如此的了解，才夠堅貞，才能涉川行遠，才能有豚魚一般的信心而獲得吉祥了！

《象》曰：澤上有風，中孚；君子以議獄緩死。

澤感而風應，風施而澤受，隨感隨應，隨施隨受，此中孚之至也。君子知民之爲惡也，蓋有出于不得已者焉。如得其情，則哀矜而勿喜，故于獄則議之，功疑惟重，罪疑惟輕也。于死則緩之，與其殺不辜，寧失不經也。如此則殺一人而天下服，雖死不怨殺者矣！

【譯註】

澤有感，風有應；風能施，澤能受。感和應，施和受，密切相連，沒有隔離，這才是理想的中孚。當政者都明白，惡有時無法避免，如果情有可原，應當對犯罪者表示同情。在審判時，盡可能彰顯他們的功，減輕他們的過。若有死刑，要特別遲緩，寧可放走一些罪人，不能誤殺一個無辜。能這樣，處一人死，天下折服，死者也不至於抱怨了！

初九，虞吉，有他不燕。

《象》曰：初九虞吉，志未變也。

君子戒愼乎其所不睹，恐懼乎其所不聞，皆是向一念未生前下手，即本體即功夫，即功夫即本體，故能遁世不見知而不悔，而天地位焉，萬物育焉，所謂闇然而日章者也。才起一念，則名爲他，則志變而不燕矣！小人而无忌憚，行險徼幸，皆從此一念構出，可不虞之于初也哉？中孚以天地萬物爲公，若專應六四，便名有他。

【譯註】

《中庸》說：「君子在沒人看見的地方需更謹慎，沒人聽見的地方需更害怕」，是防範未然的意思。所想的就是所做的，所做的就是所想的。如果人想要退隱，離開人群，不為人知，不要難過。日月也有起落，萬物都有定數，而其現象，普天之下有目共睹！天地萬物從不說話，但誰不看見他們的光芒呀！雜念生起了，就是《文辭》所說的「有他」，既然有了雜念，情緒起了變化，心就會不安（不燕）！有些小人天不怕、地不怕，心存僥倖，就是被這種雜念所害，人怎能不用心防範傷害於未然呢？中孚以萬物為公開的場所，人人可以在其中找到安身立命是地方。但初九如果受到六四的引誘，就是遭到了「有他」的麻煩。好在他懂預防，所以《象辭》說他「初九虞吉」，既然能預料，也就吉祥了。

九二，鳴鶴在陰，其子和之；吾有好爵，吾與爾靡之。

《象》曰：其子和之，中心願也。

剛得中而居二陰之下，此正闇然日章者也。鶴鳴子和，感應並出于天然，豈有安排勉強？故曰「中心願」也。子无專指，但取同德相孚之人。

【譯註】

九二剛而居中，被上面兩個陰爻覆蓋住了，就像暫時被烏雲隱蔽的光芒。又像濃蔭下白鶴的啼叫，他遠方的鶴子聽到了，也做了回應。父子間親切微妙的感應全屬天然，怎有人為的安排呢？所以《象辭》說，這是「真心的願望」。這裡的鶴子沒有特殊的意味，泛指一切信念相符的人。

六三，得敵，或鼓或罷，或泣或歌。

《象》曰：或鼓或罷，位不當也。

若以卦體合觀，則三與四皆所謂柔在內者也。今以諸爻各論，則六三陰不中正，爲兌之主，本應上九而彼方登天獨鳴，不來相顧，近得六四，敵體同類。故有時欣其所得，則或鼓；有時怨其所應，則或罷；有時遙憶上九，則或泣；有時且娛六四，則或歌。皆由无德，不能當位故也。

【譯註】

從中孚的整體看，六三、六四是所謂的「柔在內」。從各爻看，六三不中不正，是兌之主，上九與她相應，但上九高高在上，對她不理不睬。她就近得到六四為伴，但六四同屬陰柔，並不相配，有時高興，敲起鼓來，有時氣憤，宣布休兵，有時思念上九，不免流淚，有時與六四相偷，又唱起歌來。六三手忙腳亂，是因為修養不夠，位置也不恰當是緣故。

六四，月幾望，馬匹亡，无咎。

《象》曰：馬匹亡，絕類上也。

柔而得正，陰德之盛者也，故如月幾望焉。六三妄欲得我爲匹，我必亡其匹，絕其類，乃上合于天地萬物爲公之中孚而无咎也。

【譯註】

六四陰在陰位，柔而得正，是陰德最隆盛的局面，有如月亮快到十五的圓滿（月幾望）。但在下的六三竟想把我當作自己的匹對，我必須把她像馬匹一樣支開，避免同類的糾纏而繼續往上前進，這樣才符合中孚萬物為公的原則，不至惹來禍害。

九五，有孚攣如，无咎。

《象》曰：有孚攣如，位正當也。

陽剛中正，居于尊位，德位相稱，天下信之攣如而不可移奪者也。然亦止盡中孚之道而已，豈有加哉？故但曰「无咎」，亦猶圓滿菩提歸无所得之旨歟？

【譯註】

九五陽剛中正，高居尊位，德望俱隆，人們對他的信賴就像手牽手一般的（攣如）親切。不過九五的作為只局限在中孚的範圍內，沒有超越的企圖，所以《文辭》說他不過「無咎」而已。這不就像是說，雖有圓滿菩提的教育卻依然空虛無主嗎？

上九，翰音登于天，貞凶。

《象》曰：翰音登于天，何可長也？

剛不中正，居巽之上，卦之終，自信其好名好高情見，而不知柔內得中之道者也。如雄雞舍其牝而登鳴于屋，已為不祥，況欲登天？天不可登，人必以怪而殺之矣！何可長也。

【譯註】

上九陽在陰位又不居中，雖高居巽上，卻是中孚的尾聲。他自信自大，好高騖遠，不懂柔中之道，所以《爻辭》說他像「雞叫上天了」（翰音登於天）。雄雞不與雌性的六三為伍，卻上屋頂啼叫，有夠不祥，何況還想登天呢？天不是人人可去的地方，妄想登天的人應是怪物，會有被殺的凶險，所以《象辭》說他「命不長了」！

䷽ 艮下震上（雷山小過：62）

小過，亨，利貞。可小事，不可大事。飛鳥遺之音，不宜上，宜下，大吉。

君子之制數度、議德行也，使其節如天地四時，則豚魚亦信之矣！夫豈有過也哉？自其不能應乎天者，以有他而不燕，故過或生焉。然過從求信而生，過則小矣！過生，而聖賢爲之補偏救弊，如行過乎恭，喪過乎哀，用過乎儉之類，未免矯枉過正，此亦所謂小過也。夫求信而成小過，其過可改也，故亨。矯枉而爲小過，其過可取也，故亨。然必要于得正而已矣！貞則小過便成无過，不貞則小過將成大過，是故當小過時，但可爲小事以祈復于无過之地，不可更爲大事，以致釀成不測之虞。譬如飛鳥已過，遺我以音，不宜上而宜下，上則音啞而我不得聞，下則音揚而我得聞之。得聞鳥音，以喻得聞我過而速改焉，則復于无過之地，過小，而吉乃大矣！

【譯註】

當治國者建立法度、裁定德行時，若能使之劃然如天地，規律如四時，連豬和魚都能信賴，還會有過錯嗎？只有那些喪失了本能，或者心中「雜念叢生」而不能心安的人，容易犯錯。如果為了討好他人而犯過，算是小過，例如做事過於恭謹，弔喪過於哀戚，生活過於節儉，或許是矯枉過正吧，古聖先賢早有許多糾正的辦法，只要能改就是亨泰。再說為了討好他人犯下的小過，有時也有可取之處呢，這也算是一種亨泰。「得正」是判斷的重點。能得正，小過可以化為無過；不能得正，小過也變成大過。我們只希望小事能夠臻於無過，絕不可以在大事中犯下大過，釀造災禍。譬如飛鳥，鳥已遠去，聲音猶在，這種聲音不宜上揚，上揚則模糊不清；適合下揚，下揚才能讓人聽到。聽到鳥音，象徵能聞過而改的決心，讓人快速回到無過的地步。如果過小，算是大吉了！

《彖》曰：小過，小者過而亨也。過以利貞，與時行也。柔得中，是以小事吉也；剛失位而不中，是以不可大事也，有飛鳥之象焉。飛鳥遺之音，不宜上，宜下，大吉，上逆而下順也。

小者即小事，小事有過，故仍不失其亨。設大過者，則必利有攸往乃亨矣！惟與時行，故雖過不失其貞。《象》但言貞，《傳》指出時、行二字，正顯時當有過，則過乃所以爲貞。儻不與時行，雖強欲藏身于无過之地，亦不名爲貞也。

且人有剛柔二德，任大事則宜用剛，處小事則宜用柔，今此卦柔得其中，得中則能與時行，故小事吉。剛失位而不中，不中則不能與時行，故不可以大事。且卦體中二陽爻如鳥之背，外各二陰如舒二翼，有似飛鳥之象。鳥若上飛，則風逆而音啞，鳥若下飛，則風順而音揚也。錢啓新曰：「大過，大者過也，曰『剛過而中』。小過，小者過也，曰『柔得中』。」其所謂過，皆有餘之謂。大成其大，如獨立遁世等事，小成其小，如過恭、過哀、過儉等事，初不是過剛過柔，更不是過中。故大過之後，受之以坎離之中；小過之後，受之以既濟、未濟之中。君子以天下與世論，需是大過；以家與身論，需是小過。大過以剛大有餘爲用，剛中之能事；小過以柔小有餘爲用，柔中之能事。剛中又巽兌二柔之用，柔中又震艮二剛之用，都不是過中之過，又匪專以坎爲剛中，離爲柔中，故隨大小而皆亨。

【譯註】

所謂小，指小事，小事做錯了仍然可以亨泰，如果大事做錯了，除非得到有利的結果，否則很難亨泰，只有順應時間的需求，才能不丟失貞亨的原則。小過《卦辭》只提到一個「貞」字，《彖辭》卻提出「時」和「行」兩個字，意思是說，當過錯發生時，及時的改正便是貞。如果不及時改正，把過錯隱藏，不能叫做貞。

人有剛柔兩種天性，大事用剛，小事用柔。小過卦裡兩個柔（二、五）都得中，能運用中道，配合時間，順利前行，所以「小事吉」。卦裡的兩個剛（三、四）都不中也不當位，不能與時俱進，所以「不可大事」。從卦體看，中間二陽爻（三、四）像鳥的背，兩端的四陰（一、二和五、六）像張開的翅膀，像一隻飛鳥。如果鳥往上飛，聲音會在逆風中消失，如果往下飛，聲音順風而下，便能聽到鳥叫了。萬曆年間的象數易學家錢啓新說：「大過卦的陽氣盛，『剛過而中』。小過卦的陰氣盛，卻『柔得中』。」他的「過」是有餘的意思。只要得中，大能成大事，有如立身和處世之類；小能成小事，有如工作和弔祭之類。沒有所謂過剛、過柔，或者過中這些問題。因此大過卦後面緊隨著坎和離，讓陰陽得到重新的調整，而小過卦後面緊隨著既濟和未濟，也給了陰陽再度調整的空間。

治國者重視的是天下國家，所以用大過；民眾重視的是家和身，所以用小過。大過的剛，居中有餘，能發揮剛的作用；小過的柔也居中有餘，能發揮柔的作用。大過的剛，充分運用了巽和兌的柔，小過的柔，充分運用了震和艮的剛，沒有過多的過錯，沒有刻意用坎中的剛，刻意用離中的柔，所以無論是大是小，都能亨泰。

《象》曰：山上有雷，小過；君子以行過乎恭，喪過乎哀，用過乎儉。

吴草廬曰：「恭以救傲，哀以救易，儉以救奢，救其過以補其不足，趣于平而已，所謂時中也。」項氏曰：「曰行、曰喪、曰用，皆見于動，以象震也；曰恭、曰哀、曰儉，皆當止之節，以象艮也。」

【譯註】

吳澄（一二四九—一三三三，號草廬）說：「恭敬可以救驕傲，哀婉可以救草率，勤儉可以救奢侈，過分的可以補救，不足的可以彌補。把事情轉為平衡，就是懂得時勢的運用，取得中道。」項安世（一一二九—一二〇八）說：「所謂行、喪、用，是指看得見的行為，震是其象徵；所謂恭、哀、儉，是指可以節制的行為，而艮是其象徵。」

初六，飛鳥以凶。

《象》曰：飛鳥以凶，不可如何也。

陰不中正，上應九四，宜下而反上者也，凶決不可救矣！

【譯註】

初六陰柔，不中不正，卻上與九四正應，違反了「宜下而反上」的原則，她的凶險是不可避免的了！

六二，過其祖，遇其妣，不及其君。遇其臣，无咎。

《象》曰：不及其君，臣不可過也。

設欲上進，則必過九四之祖，遇六五之妣，然兩陰不相應，而六二陰柔中正，居于止體，故不復上及六五之君，但遇其九四之臣，以知九四雖臣，而實有德，決不可過故也。二與四同功而異位，故有相遇之理。太公避紂而遇文王，此爻似之。

【譯註】

六二位正居中，一心上進，她必須超越九四（祖父）去會見六五（君王），也就是母親。但二陰不能相應，且她處在艮卦之下，事實上也不宜有所行動。既然她無緣一謁君面，只好去見九四之臣了。好在九四雖屬臣下，卻有實際的德尚，不可以小看。他們地位雖異，功勳相等，他們的相遇應該是好事。六二的處境有點像姜太公，避開了紂王卻遇上了文王，善莫大焉。

九三，弗過防之，從或戕之，凶。

《象》曰：從或戕之，凶如何也？

重剛不中，而應上六，如鳥身不能爲主，反隨翼而高飛，既弗肯過防閑之，必有從而戕之者矣！其凶何如？

【譯註】小過卦的陰有餘而陽不足，幸有九三到來，雖剛不中，也算是個人才，可惜不是當家之主，不能自作主張，而上應上六，有高飛的趨勢。他最好不要冒險超越，以多多設防為妙。如果隨上六而遠揚，恐遭不測，其中的凶險誰能逆料呢？

九四，无咎，弗過遇之，往厲必戒，勿用永貞。

《象》曰：弗過遇之，位不當也；往厲必戒，終不可長也。

九三信其剛正，自以爲无咎者也，乃弗防而致戕。九四居位不當，自知其有咎者也，乃周公許其无咎，何哉？蓋人惟自見有不足處，方能過于省察。堯舜其猶病諸，文王望道未見，孔子五十學易，伯玉寡過未能，皆此意耳。四與初應，故弗過而遇之，但使初來聽命于四，則四爲主而无咎。設使四往聽命于初，則初反爲主，喜上而不喜下，初得凶，而四亦甚厲矣。故必戒而勿用，需是永守其「不宜上宜下」之貞，乃可長也。

【譯註】

九三自恃剛正，自以為無懈可擊，從不設防，結果受到了傷害。九四則不同了，陽居陰位，自知有失，遲早會惹來麻煩，也許只有周公相信他無咎吧？但沒有顯然的道理。人要有自知之明才會反省認錯，堯舜從不自滿，文王望道心切，孔子老而學易，蘧伯玉力求無過，都有彌補自己不足的意思。如果在上的九四並不在意，跟在下的初六相遇，讓初六聽命於他，九四成為主人，便可以無咎。假如在上的九四聽命於在下的初六，把初六當作主人，則上下的次序顛倒了，初六凶，九四當然也凶了，這是不該發生的事。小過卦提出「不宜上宜下」的原則很不錯，讓事情有繼續進展的可能。

六五，密雲不雨，自我西郊，公弋取彼在穴。

《象》曰：密雲不雨，已上也。

陰柔不正，下无應與，雖爲天下共主，膏澤不下于民，如雲自西郊，雖密不雨者焉。乃使九四之公，坐收下位群賢，如弋彼在穴而不費力，蓋由六五之已上，違于不宜上宜下之貞故也。此如紂不能用太公，反使文王取之。

【譯註】

六五陰在陽位，不正，與她相應的六二也是陰，與她又不相應，所以她雖居君位，恩澤不能普及群生，就像西天濃雲密布卻沒有雨水一樣。但這卻成就了九四的功勳，他抓住「不宜上宜下」的原則，輕而易舉地得到了力求上進的六二（六二代表群賢），就像在洞穴中捕捉獵物，獵物無處可逃，不用花費力氣。六五既已高飛天上，當然「不宜」下來呀！姜太公像是六二，紂王像是六五，聰明的文王則像是九四，得到理想的獵物，坐享其成。

上六，弗遇過之，飛鳥離之，凶，是謂災眚。

《象》曰：弗遇過之，已亢也。

下應九三，而陰居動體卦極，方與初六鼓翰奮飛，故弗遇九三，而竟過之，一切飛鳥皆悉離之，遺群獨上身死羽落而後已。其凶也，蓋天擊之，故曰「災眚」；其災也，實自取之，故曰「已亢」。桀紂亡國，亦僅失其不宜上宜下之貞所致而已，豈有他哉？設肯行過乎恭，喪過乎哀，用過乎儉，何以至此？

【譯註】

與上六相應的只有九三，但上六居震卦之巔，正在和不中不正的初六比翼高飛，錯過了與九三相遇的機會，一切飛鳥也都離她遠去。她遠離群眾，不到毛羽脫盡，臨命終時，不會醒悟。她的凶險是注定的，所以叫做「災眚」（天災）；她的禍害，是自取的，因為「飛太高了」（已亢）。夏桀和商紂的亡國就是沒有遵守「不宜上宜下」的原則，假如他們懂得恭敬、哀矜、簡樸的道理，怎會走上一敗塗地的道路呢？

䷾ 離下坎上（水火既濟：63）

既濟，亨小，利貞，初吉終亂。

君子之于事也，恭以濟傲，哀以濟易，儉以濟奢，凡事適得其中，則无不濟者矣！无不濟故亨，不惟在大，而亦及小，蓋无所不亨者也。然安不忘危，存不忘亡，治不忘亂，乃萬古之正理。試觀舟不覆于龍門，而覆于溝渠；馬不蹶于羊腸，而蹶于平地。豈謂溝渠平地反險于龍門羊腸哉？禍每生于不測，患莫甚于无備故也，故必利貞以持之。不然，方其初得既濟，皆以爲吉，終必以此致亂，不可救矣！如水得火濟而可飲可用，然設不爲之防閑，則火炎而水枯，水決而火滅，不反至于兩傷乎？

【譯註】

大凡從政者辦事，恭敬之心可以挽回驕傲，哀矜之心可以挽回草率，儉樸之心可以挽回奢侈，任何事只要適中便無不順利了！無不順利才能亨通，大事如此，小事也一樣，這樣才是徹底的亨通。不過平安中別忘了危險，活著時別忘了死亡，太平時別忘了戰亂，這也是顛撲不破的真理。且看船不在激流裡顛覆，卻顛覆於小水道中；馬不在羊腸小徑上摔跤，卻摔在平坦的大路上。難道小水道和大馬路要比激流和小徑更危險嗎？天上風雲莫測，禍患來自沒有防備，所以為人處世一定要心存正道，否則即使算命得到既濟，以為大吉大利了，結果吉凶錯亂，事與願違，大出所料！水火本相濟，水煮沸了才能飲用，然而火會把水燒乾，水也會把火澆滅，到頭來，不是兩敗俱傷嗎？

《彖》曰：既濟，亨，小者亨也；利貞，剛柔正而位當也；初吉，柔得中也；終止則亂，其道窮也。

小者尚亨，則大者不待言矣！六十四卦，惟此卦剛柔皆當其位，故貞。六二柔得其中，爲離之主，以此濟水，水方成用，故初吉。然設以爲既无不濟，便可終止，則必致水決火滅、火炎水枯之亂，或任其火燼水竭，故曰「其道窮」也。

【譯註】

假如小事要亨通，大事更不用說了！六十四卦中，既濟是惟一一個剛柔完全當位的卦，所以既亨且通。六二柔而得中，是火（離）之主，火給水（坎）加溫，水才有用，是吉祥的開始。然而假如以為開始好，結束一定好，不再用心管理，讓水澆滅火，火燒乾水，便大錯特錯了，遲早會面臨「走投無路」的困境。

《象》曰：水在火上，既濟；君子以思患而豫防之。

方其既濟，似未有患，患必隨至，故君子深思而豫防，即《象》所謂「利貞」者也。《說統》云：「體火上之水，以制火而防其溢，體水下之火，以濟水而防其烈。」

【譯註】

水在火上，彼此相安就是平安，河已渡過（既濟），看來一切太平無事了吧，其實不然。禍患隨時會到，治國者尤需深思熟慮，防範不測，自求多福，這才是《彖辭》「利而且貞」的意思。張振淵（明萬曆年間人）的《周易說統》說：「『離』上的『坎』，是以火預防水過多時的氾濫，『坎』下的『離』，是以水預防火燃燒時的威力。」

初九，曳其輪，濡其尾，无咎。

《象》曰：曳其輪，義无咎也。

六爻皆思患豫防之旨也。既濟則初已濟矣，輪猶曳而欲行，尾猶濡而欲渡，无事不忘有事，防之于初，則不至于終亂，故義无咎。

【譯註】

既濟的六爻都以預防禍患為居心，雖然初九以為他已渡河，但車輪還在水中打轉，尾巴一半還浸泡在水中。他幸而有危機意識，留心尚未發生的問題，避免了不利的結局，因此不會有災難。

六二，婦喪其茀，勿逐，七日得。《象》曰：七日得，以中道也。

九五陽剛中正而居君位，二以陰柔中正應之，必有小人欲爲離間而竊其茀者，二得中道，故安然不尋逐之。惟勿逐乃七日自得，逐則失中道而弗得矣！「勿逐」二字，即思患豫防之妙。

【譯註】

六二以陰柔中正之身，上應陽剛中正的九五，難免有人妒忌，要挑撥離間，暗中偷去她的頭飾（茀）。然而六二嚴守中道，處之泰然，不去追究。正因為她有不追究的雅量，她的頭飾七天後會物歸原主。《易經》的卦完成於六個爻位，當第七位出現時，便是一個新卦了，這裡所謂七天，有讓一切重新開始的意思，所以即使當前的君王不用她，未來還是有機會的。假如她小氣，定要追究，她會自己失去平衡，豫防的工作也不會做好。豫防的妙理，於此可見。

九三，高宗伐鬼方，三年克之，小人勿用。

《象》曰：三年克之，憊也。

以重剛居明極，高宗伐鬼方之象也。然且三年克之，困憊甚矣！況剛明未必如高宗者乎？況可用小人以窮兵黷武、殃民賊國乎？奈何不思患而豫防之也。

【譯註】

九三在離卦之上，力極強，位極高，有如商朝的武丁（高宗）。然而武丁伐鬼方（古代一個位於陝西之北的小國），費了三年的時間才成功，弄得筋疲力竭！剛健不及武丁的人，辛苦還用說嗎？不走正道、窮兵黷武、禍國殃民的小人，還用說嗎？想到未來的困難，多做準備才是聰明。

六四，繻（ㄒㄩ）有衣袽（ㄖㄨˊ），終日戒。

《象》曰：終日戒，有所疑也。

美帛曰繻，敝絮曰袽。繻必轉而為袽，可無戒乎？潘雪松云：「四居三之後，離明盡而坎月方升時也。在三已稱日昃之離，在四何可忘終日之戒？」蕅益云：「疑即是思患豫防之思。」

【譯註】

繻是精美的絲綢，袽是破爛的衣服，精美的絲綢遲早會變成破爛的衣服，不夠警惕嗎？潘士藻（字雪松，明萬歷十一年進士）說：「六四（坎初爻）在九三（離上爻）之後，太陽（離）的光芒已盡，而月亮（坎）的光芒剛剛升起，太陽會下山，月亮怎能不提高警覺呢？」蕅益說：「『有所疑』就是提前思考的意思。」

九五，東鄰殺牛，不如西鄰之禴（ㄩㄝˋ）祭，實受其福。

《象》曰：東鄰殺牛，不如西鄰之時也；實受其福，吉大來也。

離東坎西。下卦盡離明之用以致祭，猶如殺牛。九五以坎中剛正之實德而享受之，曾不費力，猶如禴祭。蓋雖有其德，茍无其時，不能致此；雖有其時，茍无其德，亦不能致此也。而思患豫防之旨，則在以誠不以物中見之。

【譯註】文王八卦中，離在東，坎在西，就是所謂的東鄰、西鄰。既濟下卦的離代表祭祀時用大量的物資（盡離明之用），大事鋪張，殺了許多頭牛。而上卦的坎，九五代表剛健中正之君，提倡儉樸，不勞民傷財，用開春後第一批最新鮮的菜蔬作為禴祭（春祭）的祭品。一個有德之君，透徹懂得順天應時的意義，才會有如此簡潔而莊嚴的祭祀。不過即使懂得順天應時，而缺少道德的實力，也不是理想的君王。「思患豫防」的成功在一「誠」字，不在物質。

上六，濡其首，厲。

《象》曰：濡其首，何可久也？

以陰柔處險之極，在濟之終，所謂終止則亂，不能思患豫防者也，如渡水而濡其首，不亦危乎？

【譯註】陰柔的上六處在坎的頂端，河雖渡過卻是一片亂象，慘不忍睹，自以為沒事了，結果掉到河裡，一頭河水。對不做準備的人來說，這不就是危險嗎？

䷿ 坎下離上（火水未濟：64）

未濟，亨，小狐汔濟，濡其尾，无攸利。

既有既濟，必有未濟，以物本不可窮盡故也！既有未濟，必當既濟，以先之既濟，原從未濟而濟故也，是以有亨道焉。然未濟而欲求濟，需老成，需決斷，需首尾一致，儻如小狐之汔濟而濡其尾，則无利矣。

【譯註】

有既濟就有未濟，事情有結束，也會有重頭再來的開始，因為世事多變，沒有終結的一日呀！有從頭再來的勇氣，當然會有成功的未來。一切成功，沒有不是重新出發的果實，這就是亨通。一開始就想成功是人之常理，並不奇怪，但需要沉著、果斷、前後一致的行動，否則像狐狸還沒渡河（小狐之汔濟），尾巴先泡了湯，是什麼味道呢？

《彖》曰：未濟，亨，柔得中也；小狐汔濟，未出中也；濡其尾，无攸利，不續終也。雖不當位，剛柔應也。

六五之柔得中，所謂老成決斷，而能首尾一致者也。未出中，言尚未出險中，此時正賴老成決斷之才識，首尾一致之精神，而可不續終如小狐乎？然雖不當位，而剛柔相應，則是未濟所可亨之由。

【譯註】

既濟是小亨，未濟才是十足的亨，因為六五柔中，作為領袖的人才，擁有「老成、決斷、首尾一致」的條件。「未出中」是說尚未脫險，特別需要能力高強的領導，怎能像小狐一樣，還未渡河就先掉進水裡去了呢？雖然六五陰在陽位，卻與九二陰陽正應，前途看好，即使還沒有渡河，已經有了亨通的先兆。

《象》曰：火在水上，未濟；君子以慎辨物居方。

物之性不可不辨，方之宜不可不居，故君子必慎之也。如火性炎上，水性潤下，此物不可不辨者也。炎上而又居于上，不已亢乎？是宜居下以濟水；潤下而又居于下，將安底乎？是宜居上以濟火，此方之不可不居者也。如水能制火，亦能滅火；火能濟水，亦能竭水；又水火皆能養人，亦能殺人。以例一切諸物无不皆然，辨之可弗詳明，居之可弗斟酌耶？

【譯註】

事物各有天性，不能不加以辨別，處境各有不同，不能不多做選擇，所以君子必須謹慎。例如火性向上，水性向下，這是天經地義的事。如果把向上的火放在上面，不是越升越高嗎？它應當居下，對水才有用。如果把向下的水放在下面，不是越沉越深嗎？它應當居上，對火才有用。這是處境合理的安排。水能控制火，也能滅火；火能熱水，也能燒乾水；水火能養人，也能傷人。足見一切事物都有利弊兩面，能不辨別清楚，安心使用嗎？

初六，濡其尾，吝。

《象》曰：濡其尾，亦不知極也。

陰柔居下，无濟世才，將終于不濟而可羞矣！豈知時勢已極，固易爲力者哉？

【譯註】

初六柔弱，居於下位，顯然缺少濟世的才能，過不了河，且會打濕自己的尾巴！但不要取笑她。在困難的時代裡，做事會容易嗎？

九二，曳其輪，貞吉。

《象》曰：九二貞吉，中以行正也。

剛而不過，以此曳其輪而行，得濟時之正道者也。由其在中，故能行正，可見中與正不是二理。

【譯註】

九二剛強，雖居陰位卻富有中道的精神。他拖著車輪也要前進，因為了解時代的艱難呀！由於居中，所以行為端正，中和正是一體的兩面，有相輔相成的功能。

六三，未濟，征凶。利涉大川。

《象》曰：未濟征凶，位不當也。

陰不中正，才德俱劣，故往必得凶。然時則將出險矣！若能乘舟以涉大川，不徒自恃其力，則險可濟也。

【譯註】

六三陰柔不正，能力和品德不夠，行動一定受到牽累。不過時間會幫她解決困難。

還有，如果她改用乘船而不徒步涉水，變換一個方式前進，還是可以安然渡河的，不會有災難。

九四。貞吉，悔亡。震用伐鬼方，三年有賞于大國。

《象》曰：貞吉悔亡，志行也。

剛而不過，如日方升，得濟時之德之才之位者也，故貞吉而悔亡。于以震其大明之用，伐彼幽闇鬼方，三年功成，必有賞于大國矣！濟時本隱居所求之志，今得行之。

【譯註】

九四進入了離的天地，光輝四射，如日方升，象徵匡濟時代的才德到了，位置也恰當，所以貞吉，沒有後患。離是光明，也是兵戈，征伐鬼方雖花了三年的時間，卻得到商朝大國的獎賞！六三先前受環境的約束而「隱居」，她的抱負竟在九四的身上實現，也算是移花接木的效果吧！

六五，貞吉，无悔。君子之光，有孚，吉。

《象》曰：君子之光，其輝吉也。

柔中離主以居天位，本得其正，本无有悔，此君子之光也。又虛己以孚九二，而其輝交映，天下仰之，吉可知矣！

【譯註】

六五居離卦之中，溫柔光明，中正而吉祥。這是君王應有的光彩。再者，她運用了坎卦的謙虛，正應了離卦的智慧，日月不同的照耀在上，陰陽交錯的輝映在下，人人欽仰，吉祥不在話下了！

上九，有孚于飲酒，无咎；濡其首，有孚，失是。

《象》曰：飲酒濡首，亦不知節也。

六五之有孚吉，天下已既濟矣！故上九守其成，而有孚于飲酒，乃與民同樂，无咎之道也。然君子之于天下也，安不忘危，存不忘亡，治不忘亂。苟一任享太平，而无競業惕勵之心，如飲酒而濡其首，吾信其必失今日此樂，以彼不知節故。節者，如天地之四時必不可過，亦謂之極。初六柔疑太過，故云「亦不知極」；上九剛信太過，故云「亦不知節」。知極知節，則未濟者得濟，已濟者可長保矣！

【譯註】

六五用日月的光明展現了大功告成的輝煌，上九坐享其成，可以飲酒自適，與民同樂了，這也是無可責難的好事呀！然而君子處世，平安時不忘危難，生存時不忘死亡，太平時不忘戰亂。如果一味耽溺太平，失去了競爭的意志和警惕的初心，就像上九，日日浸淫於杯中之趣，酒氣沖天。他不節制，享樂怎能長久呢？所謂節制，就如天地間的四時，不能太過，也不容許超越極限。坎卦的初六太過於柔，所以《象辭》說她「不懂分寸」；離卦的上九太過於剛，所以《象辭》說他「不知節制」。前者是水、是陰，後者是火、是陽，懂得水火陰陽的分寸和節制，還沒渡河的人可以順利渡河，已經渡河的人就可以安享彼岸的太平了！

《周易禪解》卷第八

繫辭上傳

伏義設六十四卦，令人觀其象而已。夏商各于其卦爻之下，繫辭焉以斷吉凶，如所謂《連山》、《歸藏》者是也。周之文王，則繫辭于每卦之下，名之曰《彖》；逮乎周公，復繫辭于每爻之下，名之曰《象》。孔子既爲《彖傳》、《象傳》以釋之，今又統論伏義所以設卦，文周所以繫辭，其旨趣、綱領、體度、凡例，徹乎性修之源，通乎天人之會，極乎巨細之事，貫乎日用之微，故名爲《繫辭之傳》，而自分上下焉。

隨緣不變，不變隨緣之易理，天地萬物所以建立也。卦爻陰陽之易書，法天地萬物而爲之者也。易知簡能之易學，玩卦爻陰陽而成之者也。由易理方有天地萬物，此義在下文明之，今先明由天地萬物而爲易書，有易書而成易學，由易學而契易理。

【譯註】

伏羲最早的六十四卦只有圖像，到了夏商之際才有文字論定吉凶，成為我們所知道的《連山》和《歸藏》。周文王在卦下做的解釋叫做《彖》；周公在爻下做的解釋，叫做《象》。孔子給彖和象所做的解釋，則叫做《彖傳》和《象傳》。除此之外，孔子還做了一篇《繫辭》，綜合討論伏羲的圖像，文王、周公的文字，尋找其中的意趣、脈絡、結構、通則，探索有關性命、修養的本源，天人之間的交通，以及日常生活中大事小事。《繫辭》分為上下兩傳。

《易經》的道理，一言以蔽之，就是「隨緣不變，不變隨緣」。這是天地萬物構成的基本原則。書中卦爻陰陽的變化是天地萬物的縮影，至於天的「易知」、地的「易從」，是品玩天地萬物之後得到的結論。易理是天地萬物的源頭，這話後面會有交代，現在先說怎樣從天地萬物中得到了易書，從易書中完成了易學，又怎樣從易學中印證了易理。

天尊地卑，乾坤定矣。卑高以陳，貴賤位矣。動靜有常，剛柔斷矣。方以類聚，物以群分，吉凶生矣。在天成象，在地成形，變化見矣。是故剛柔相摩，八卦相盪。鼓之以雷霆，潤之以風雨。日月運行，一寒一暑。

此先明由天地萬物而爲易書也。易之乾坤，即象天地；易之貴賤，即法高卑；易之剛柔，即法動靜；易之吉凶，即法方物；易之變化，即法形象。是故易之有剛柔相摩，八卦相盪，而變化无窮，猶天地之有雷霆風雨，日月寒暑，而萬物皆備。蓋无有一文一字是聖人所杜撰者也。

【譯註】

《繫辭》首先要說明的，是怎樣從天地萬物中得到易書。易的乾坤就是天地，易的貴賤就是高下，易的剛柔就是動靜，易的吉凶就是判斷，易的變化就是真相。因此在《易經》中我們看見剛柔八卦相激相盪，陰陽變化無窮無盡，一如天地間的雷電風雨，歲月中的晝夜寒暑和萬事萬物的爭奇鬥豔。凡此種種，難道有一個字、一句話，是《易經》杜撰的嗎？

乾道成男，坤道成女。乾知大始，坤作成物。乾以易知，坤以簡能。易則易知，簡則易從。易知則有親，易從則有功。有親則可久，有功則可大。可久則賢人之德，可大則賢人之業。易簡而天下之理得矣。天下之理得，而成位乎其中矣。

此明由易書而成易學，由易學而契易理也。萬物雖多，不外天地；易卦雖多，不出乾坤。聖人體乾道而爲智慧，智慧如男；體坤道而爲禪定，禪定如女。智如金聲始條理，定如玉振終條理。智則直心正念眞如，故易知而无委曲之相；定則持心常在一緣，故簡能而无作輟之歧。正念眞如，故吾无隱乎爾而易知；持心一緣，故无入不自得而易從。易知，故了知生佛體同而有親；易從，故決能原始要終而有功。有親，不惟可大而又可久，即慧之定也；有功，不惟可久而又可大，即定之慧也。德業俱備，以修顯性，故得理而成位矣！

易理本在天地之先，亦貫徹于天地萬物之始終。今言天下之理者，以既依理而有天地，則此理即渾然在天下也。亦以孔子既示爲世間聖人，故且就六合內言之。

【譯註】

《繫辭》其次要說明的，是怎樣從易書中完成易學，又怎樣從易學中印證易理。萬物雖多，都在天地之內，易卦雖多，不出乾坤二象。聖人從乾象中找到創造的智慧，而智慧是陽；從坤象中找到守成的禪定，而禪定是陰。智慧是繁華的序幕，禪定是豐厚的收成。有智慧才能勇往直前，念念真如，沒有障礙；有禪定才能一心不亂，精誠護念，不誤入歧途。勇往直前，因為一目了然，疑惑盡消（易知）；一心不亂，所以心生歡喜，無往不利（易從）。容易了解，所以人人可以成佛，也歡喜親近你；容易追隨，所以人人有始有終，也各有成就。眾人親近，才能成其為大，維持久遠，這是慧中之定；眾人有成，才能大而持久，這是定中之慧。有品德，有成就，又以修德來彰顯本性，就不難發現真理的本體，而找到自己安身立命的地方了！

易理是先於天地而存在的，也與天地萬物共生共榮。《易經》所說的理，既然是以天地為標準，那麼它的理指的就是我們的宇宙了。孔子既然以人間聖人的身分出現在我們眼前，那麼他的言論當然就是我們世界的言論了。

聖人設卦觀象，繫辭焉而明吉凶，剛柔相推而生變化。是故吉凶者，失得之象也。悔吝者，憂虞之象也。變化者，進退之象也。剛柔者，晝夜之象也。六爻之動，三極之道也。是故君子所居而安者，易之序也；所樂而玩者，爻之辭也。是故君子居則觀其象而玩其辭，動則觀其變而玩其占，是以自天佑之，吉无不利。

惟其易理全現乎天地之間，而人莫能知也。故伏羲設卦以詮顯之，文周又觀其象，繫辭焉而明吉凶，以昭告之。順理者吉，逆理者凶也。夫易理本具剛柔之用，而剛柔各有善惡之能。剛能倡始，而過剛則折；柔能承順，而過柔則靡。然則剛柔又本互具剛柔之理，故悟理者能達其相推而生變化。是故吉凶者，即失理得理之象也；悔吝者，乃憂于未然慮于事先之象也。知吉凶之象，則必為之進退，而勿守其窮，故變化者，明示人以進退之象也。知悔吝之方，則必通乎晝夜而善達其用，故剛柔者明示人以晝夜之象也。

然則六爻之動，一惟詮顯三極之道而已。三極之道，即先天易理，非進非退，而能進能退；非晝非夜，而能晝能夜。天得之以立極于上，地得之以立極于下，人得之以立極于中，故名三極之道，乃即一而三，即三而一之極理也。

夫易理既在天而天，在地而地，在人而人，是故隨所居處无非易之次序，祇需隨位而安，只此所安之位，雖僅六十四卦中之一位，便是全卦三極，全體易理，不需更向外求。而就此一位中，具足无量无邊變化，統攝三百八十四種爻辭，无有不盡，是可樂而玩也。平日善能樂玩，故隨動皆與理合，縱遇變故，神恆不亂，自能就吉遠凶，此乃自心合于天理，故為理之所佑，豈徼幸于術數哉？

【譯註】

易理無所不在，只是我們不察覺罷了，因此伏羲用卦象來彰顯，而文王、周公觀察卦象，再用文字來解釋吉凶。合乎天理的是吉，背逆天理的是凶。易理有剛柔，剛柔有善惡。剛能開創，但過剛會壞事；柔能順受，但過柔會糜爛。剛柔也各具剛柔之理，要透徹明白其中的道理，才能運用其中的變化。所謂吉凶，就是合理和不合理的表現，所謂懊惱和困境，來自事前防範的準備。能觀察吉凶的徵兆，才會做進退的選擇；知道懊惱和困境會隨時出現，才能對剛柔善加利用。

六爻的運作完全符合天地人的「三極之道」（五、六是天，三、四是地，一、二是人）。三極是伏羲易理中根本的原則：不進不退，能進能退，無晝無夜，亦晝亦夜，獨立運轉，不受時空的約束，就是三極之道，亦即一就是三，三就是一的意思。

易理既然結合了天地人的三極，雖然地位不同，三者都統攝在易理中，三而一，一而三，各安其位，絲毫不亂。六十四卦中的任何一位都包含三極，擁有三極全體的易理。就以一位而言，也具備了一切易理的變化，應用在三百八十四個爻辭中，可以自由把玩，充滿樂趣。至於日常的卜筮把玩於三極之中，動靜合宜，所以即使遇到意外，不必擔憂。鎮定的心態是趨吉避凶的良藥，此心既合乎天理，自有天理的護佑，人的命運，誰說是僥幸得來的呢？

彖者，言乎象者也。爻者，言乎變者也。吉凶者，言乎其失得也。悔吝者，言乎其小疵也。无咎者，善補過也。是故列貴賤者存乎位，齊小大者存乎卦，辯吉凶者存乎辭，憂悔吝者存乎介，震无咎者存乎悔。是故卦有小大，辭有險易。辭也者，各指其所之。

承上居則觀其象，而言象者莫若彖也。動則觀其變，而言變者莫若爻也。彼象爻所言吉凶者，乃示人以失得之致，使人趣得而避失也；所言悔吝者，乃示人以小疵，使勿成大失也；所言无咎者，乃示人以善補其過，使還歸于得也。是故位以列其貴賤，使人居上不驕，爲下不倍也。卦以齊其小大，使人善能用陰用陽，不被陰陽所用也。辭以辯其吉凶，使人知吉之可趣凶之可避也。此其辯別之端甚微，非觀象玩占者不能憂之；此其挽回之力需猛，非觀變玩占者不能震之。是故卦有小大，辭有險易，蓋明明指人以所趨之理矣！所趨之理即吉道也，自非全體合理，決不能有吉无凶。

【譯註】

解釋伏羲卦象的文字是《彖辭》，研究卦象變化的文字是《爻辭》。文字裡所謂的吉凶，要人明白得失的道理和趨吉避凶的方法；所謂的懊悔和困境，要人避免小過變成大過；所謂的平安無恙，要人改過自新而不丟失原有的福祉。所以卦象定貴賤高下，告誡居高位者不要驕縱，處下位者不要叛逆。卦象淡化了大小的區分，要人懂得善用陰陽，而不被陰陽所用。《彖辭》和《爻辭》重視吉凶，因為吉凶的選擇在自己。不過它們的語言非常含蓄，不用心觀玩不會領悟，如果想挽救過失，力量需猛烈，否則辦不成功。所以不論大小險易，都在叫人採取行動，只要合理就是吉祥，如果不合道理，那凶雙雙到來就不要見怪了。

《易》與天地準，故能彌綸天地之道。仰以觀于天文，俯以察于地理，是故知幽明之故。原始反終，故知死生之說。精氣為物，遊魂為變，是故知鬼神之情況。與天地相似，故不違。知周乎萬物，而道濟天下，故不過。旁行而不流，樂天知命，故不憂。安土敦乎仁，故能愛。範圍天地之化而不過，曲成萬物而不遺，通乎晝夜之道而知，故神无方而易无體。

夫觀象玩辭、觀變玩占者，正以辭能指示究竟所趨之理故也。《易》辭所以能指示極理者，以聖人作《易》，本自以天地準，故能彌合經綸天地之道也。聖人之作《易》也，仰觀天文，俯察地理，知天文地理之可見者，皆是形下之器，其事甚明。而天文地理所以然之故，皆不出于自心一念之妄動妄靜。動靜无性，即使形上之道，其理甚幽，此幽明事理，不二而二，二而不二，惟深觀細察乃知之也。原其所自始，則六十四始于八，八始于四，四始于二，二始于一，一何始乎？一既无始，則二乃至六十四皆无始也。无始之始，假名爲生。反其所以終，則六十四終只是八，八終是四，四終是二，二終是一，一終是无。无何終乎？无既无終，則一乃至六十四，亦无終也。无終之終，假名爲死。由迷此終始死生无性之理，故妄于天地間攬精氣以爲物，游魂靈以輪迴六道而爲變，是故知鬼神之情況也。

聖人既如此仰觀俯察，乃至鬼神之情況皆備知已，然後作《易》。所以《易》則與天地相似，故不違也；依《易》起知，知乃周乎萬物，而道濟天下，故不過也。依《易》起行，行乃旁行而不流，樂天知命，故不憂也。知行具足，則安土敦仁，廣度含識，故能愛也。是以橫則範圍天地之化而不過，曲成萬物而不遺，豎則通乎晝夜之道而知。橫遍豎窮，安有方所？既无方所，寧有體相哉？

神指聖人，《易》指理性。非无體之易理，不足以發无方之神知；非无方之神知，不足以證无體之易理。旁行者，普現色身三昧，現形六道也；不流者，不隨六道惑業所牽也；樂天者，恆觀第一義天也；知命者，善達十界緣起也；安土者，三塗八難皆常寂光也；敦仁者，于一切處修大慈大悲三昧也。晝者涅槃，夜者生死，了知涅槃生死无二致故，三世一照，名爲「通乎晝夜之道而知」。

【譯註】

卦象可以體驗文字，變化可以揣摩占卜，因為文字中都含有易理。《周易》以天地為準，所以它的文字符合天地之道。當文王和周公寫下文字時，他們根據的是自然，他們知道眼睛看得見的東西不過是「形下之器」，而眼睛受制於心，心中的動靜，或虛或妄，不可捉摸，這不可捉摸的動靜，便是「形上之道」。事實上，形下之器和形上之道是一體的兩面，不能分割，必須觀察入微才能領會。我們試問，易的源頭在哪裡呢？我們都知道，六十四始於八，八始於四，四始於二，二始於一。然而一有開始嗎？假如一沒有開始，那麼二和六十四都沒有開始了，沒有開始的開始，姑且名之為「生」吧。再看易的結束：六十四的結束是八，八的結束是四，四的結束是二，二的結束是一，一的結束則是無。然而無是結束嗎？假如無沒有結束，那麼一和六十四也都沒有結束了，沒有結束的結束，姑且名之為「死」吧。由於人們不明白開始和結束、生和死這些形而上的問題，遂把天地間一切有形的精氣聚合稱為萬物，一切無形的生死輪迴稱為變化，與此就開始疑神疑鬼起來了。

文王周公觀察天地，精細入微，他們了解所謂的鬼神不過是人的心態而已。《周易》既然與天地相似，所以與天地合而為一，他們的理解廣被萬物，所以不偏頗。他們的運用廣泛而不僭越自滿，樂天道、知天命，所以不憂慮。他們安守本分，心懷仁厚，視野開闊，所以慈悲而愛人。從橫的方面說，他們網羅天地萬物；從縱的方面說，他們包含生死晝夜。左右上下，超越了時間和空間的極限。如果超越了時空，哪裡還有體相之分呢？

神指聖人，易指理性，都是無形無體的形上之道。惟其無體，才能揭開無形的神知；惟其無形，才能驗證無體的易理。他們運用廣泛，普及於「三昧」（出家味、讀誦味、坐禪味）之中，顯現在「六道」（地獄、餓鬼、畜生、阿修羅、天、人）之間。他們不僭越自滿，所以不被六道的孽障牽引。他們樂天，因為認識「第一義天」（一切法是空）的究竟道理。他們知命，因為接受了法界「性起緣空」的原則。他們安守本分，知道所謂的三塗（火途、血途、刀途）和「八難」（地獄、餓鬼、畜生、樂殊勝、長壽天、聾盲瘖啞、世智辨通、佛前佛後），有如真理，永遠寂靜，有如真智，永含光輝。他們心懷仁厚，視野遼闊，懂得大慈大悲的三昧。他們了解白晝是涅槃，黑夜是生死，而涅槃生死是一，不是二，「三世」（現在、過去、未來）在一瞬間，因此生死晝夜的相續，豁然貫通。

一陰一陽之謂道，繼之者善也，成之者性也。仁者見之謂

之仁，知者見之謂之知，百姓日用而不知，故君子之道鮮矣。顯諸仁，藏諸用，鼓萬物而不與聖人同憂，盛德大業至矣哉！富有之謂大業，日新之謂盛德，生生之謂易，成象之謂乾，效法之謂坤，極數知來之謂占，通變之謂事，陰陽不測之謂神。

夫易雖无體，无所不體，非離陰陽形體而別有道也。一陰一陽，則便是全體大道矣！然非善稱理以起修者，不能繼陰陽以立極。而即彼成位于中者，全是本性功能。乃世之重力行者，往往昧其本性，是仁者見之謂之仁也；世之重慧解者，往往不尚修持，是知者見之謂之知也；百姓又日用而不自知，故君子全性起修、全修顯性之道鮮矣！

然仁者雖但見仁，而仁何嘗不從知以顯？知者雖但見知，而用何嘗不隨仁以藏？仁體至微而恆顯，知用至露而恆藏，此即一陰一陽之道，法爾鼓舞萬物而不與聖人同憂者也。不與聖人同憂，且指《易》之理體而言，其實聖人之憂亦不在理體之外也。且聖人全體易理，則憂亦非憂矣！

包含天地萬物事理，故爲富有；變化不可窮盡，故爲日新；業業之中具盛德，德德之中具大業，故爲生生。凡德業之成乎法象者皆名爲乾，不止六陽一卦爲乾；凡效法而成其德業者皆名爲坤，不止六陰一卦爲坤。極陰陽之數，而知數本无數，從无數中建立諸數，便能知來，即謂之占，非俟揲蓍而後爲占。既知來者，數必有窮，窮則必變，變則通，通則久，即是學易之事，非俟已亂而後治，已危而求安之謂事。終日在陰陽數中，而能制造陰陽，不被陰陽所測，故謂之神。自「富有」至謂「神」五句，贊易理之无體，極數二句，贊聖神之无方也。

【譯註】

《易》雖然沒有自己的實體，天地萬物就是它的實體，它不需要離開陰陽，別求他道，一陰一陽，就是它全體的大道。然而充滿萬事萬物的陰陽之道，有繼往開來的力量就是「善」（繼之者善也），讓陰陽無限延伸，達到登峰造極的盛況。至於陰陽之間的造化，都是「本性」的功能（成之者性也），有人致力於仁，忽略了其他，以為這就是「仁」了；有人用心於智，忘記了修行，以為這就是「智」了。一般人忙於生活，無暇分辨是非，因此用本性修行，用修行光大本性的人越來越少了！

不過仁者雖只見仁，仁也會在智慧中顯現；智者雖只見智，智也會在仁中隱藏。仁內斂，但無處沒有仁的身影；智外露，隨處也有讓智慧隱藏的地方，這就是一陰一陽之道，天地靠它鼓動，獨立於聖人的悲情之外。《易》雖不與聖人同憂，聖人的憂忡其實仍包含在易理中。當聖人為天下憂忡時，他成為理的一部分，因此也不再是憂忡了！

《易》包含萬物，所以富有；變化無窮，所以日新又新；天地間充滿生機和光華，所以生生不息。一切的生長都是乾，不單單一個乾卦是乾而已；一切順承乾道的生長都是坤，不單單一個坤卦是坤而已。《易經》揣摩陰陽的變化，而陰陽的變化無限，無限中有有限，也有未來，就是占卜，不必非用蓍草不可。既然預見未來，而未來的變數有時而窮，記得「窮則變」、「變則通」的原則，天下便可治理了，不必待亂而後治，待危而後安！生活在陰陽的變數中而能創造陰陽，不為陰陽所制，就是神。從「富有」到「神」的五個過程，說明易理的「無體」；從「揣摩陰陽」到「有時而窮」，說明神的「無方」。

夫《易》廣矣大矣，以言乎遠則不禦，以言乎邇則靜而正；以言乎天地之間，則備矣。夫乾，其靜也專，其動也直，是以大生焉。夫坤，其靜也翕（ㄒㄧ），其動也闢，是以廣生焉。廣大配天地，變通配四時，陰陽之義配日月，易簡之善配至德。

上云生生之謂易，指本性易理言也。依照易理作《易》書，故《易》書則同理性之廣大矣！言遠不禦，雖六合之外，可以一理而通知也。邇靜而正，曾不離我現前一念心性也。天地之間則備，所謂徹乎遠邇，該乎事理，統乎凡聖者也。《易》書不出乾坤，乾坤各有動靜，動靜无非法界，故得大生廣生而配于天地。既有動靜，便有變通以配四時；隨其動靜，便爲陰陽以配日月；乾易坤簡以配至德。是知天人、性修、境觀、因果，无不具在《易》書中矣！

【譯註】

上面說生生不息便是《易》，是指本性的易理而言。《易經》依易理寫成，所以跟理性同樣廣大！它遠在天邊，蒼穹之外，也一理可通，它也近在眼前，安靜端莊，所以心中的意念毫釐畢現。它具備一切，事無大小，理無遠近，統率了人性中的高和低。它不出天地之外，但包攬了全部的生命和時間。天地的動靜就是陰陽，而陰陽配合至上的日月，乾坤配合至高的德性。總括一句話，《易經》容納了天人、德性、處境，乃至因果等一切的法界知識！

子曰：「易其至矣乎！夫易，聖人所以崇德而廣業者也。知崇禮卑，崇效天，卑法地。天地設位，而易行乎其中矣。成性存存，道義之門。」聖人有以見天下之賾（ㄗㄜˊ），而擬諸其形容，象其物宜，是故謂之象。聖人有以見天下之動，而觀其會通，以行其典禮，繫辭焉以斷其吉凶，是故謂之爻。言天下之至賾，而不可惡也；言天下之至動，而不可亂也。擬之而後言，議之而後動，擬議以成其變化。

夫聖人依易理而作《易》書，《易》書之配天道人事也如此，故孔子作《傳》至此，不覺深爲之歎賞曰：「易其至矣乎」。夫易，乃聖人所以崇德而廣業也。知則高，高山頂立，故崇；禮則深，深海底行，故卑。崇即效天，卑即法地，蓋自天地設位以來，而易理已行于其中矣！但隨順其本成之性，而不使一念之或亡，則道義皆從此出，更非性外有少法可得也。是故易象也者，不過是聖人見天下之至賾，而擬其形容，象其物宜者耳；易爻也者，不過是聖人見天下之動，而觀其會通，以行其典禮，繫辭焉以斷其吉凶者耳。

夫天下之物雖至賾，總不過陰陽所成，則今雖言天下之至賾，而安可惡？若惡其賾，則是惡陰陽，惡陰陽，則是惡太極，惡太極，則是惡吾自心本具之易理矣！易理不可惡，太極不可惡，陰陽不可惡，則天下之至賾，亦安可惡乎？夫天下之事雖至動，總不出陰陽之動靜所爲，則今雖言天下之至動，而何嘗亂？若謂其亂，則是陰陽有亂，太極有亂，吾心之易理有亂矣！易理不亂，太極不亂，陰陽不亂，則天下之至動，亦何可亂乎？是以君子當至賾至動中，能善用其擬議，擬議以成變化，遂能操至賾至動之權，蓋必先有中孚之德存于己，而後可以同人。孚德既深，雖先或號咷，後必歡笑，況本无暌隔者乎？然欲成孚德，貴在錯地之一著，譬如藉用白茅，則始无不善；又貴在究竟之不變，譬如勞謙君子，則終无不吉。儻勞而不謙，未免爲亢龍之悔；儻藉非白茅，未免有不密之失。而所謂不出户庭者，乃眞實愼獨功夫，非陽爲君子陰爲小人者所能竊取也。

【譯註】

《易經》既然按照易理寫成，書中的天道人事無不合乎易理，所以孔子會情不自禁地讚美說：「《易經》真了不起呀！」《易經》是聖人推崇德性、振興事業的一部著作，它的智慧有高山的莊嚴，禮儀有深海的謙卑。莊嚴是效法天，謙卑是效法地，自從有天地以來，易理便存在於其中了！然而順隨著人的天性，不遺漏人最細小的思緒，《易經》激盪了人間的道義，做到了一般法則做不到的事情。所謂易象，不過是聖人看見了人事的複雜（天下之賾）而用圖象來模擬，得到了最接近真實的象徵；所謂易爻，不過是聖人看見了人事的動盪不寧（天下之動），觀察其中的變化後，利用文字的工具，傳遞了吉凶的訊息罷了。

人事雖然複雜（至賾），不出陰陽的變化，所以即使複雜，誰能恨它呢？假如恨複雜，就是恨陰陽，恨陰陽，就是恨太極，恨太極，就是恨自己本性的易理了！易理不可恨，太極不可恨，陰陽不可恨，又怎能恨人事的複雜呢？人事雖然動盪，不出陰陽的表現，所以即使動盪不寧，依舊井然有序。假如說它亂，就是說陰陽亂，就是說太極亂，就是說心中的易理亂了！易理不亂，太極不亂，陰陽不亂，人事的動盪怎會亂呢？因此君子最好從人事的複雜和動盪中，找到易象的相似處，使用易理中相似的方法，重新組合分析，探索個中的玄妙。當然，你必須先要有誠信的心（中孚之德），然後才能得到同人卦中「能通天下之志」的吉祥。既然你有誠信，當能化解障礙，先痛哭，後歡笑（見同人卦九五），得到勝利。然而要有誠信，便需踏出你的第一步，像大過卦的初六，用純潔而溫柔的白茅作為表態，才有好的開始。再不然，得像謙卦的「勞謙君子」（九三），表現他的辛勞和謙遜，才有吉祥的結果。如果只勞而不謙，難免有「亢龍之悔」（乾卦上九）的殺身之禍，如果沒有白茅的誠心，也難免遭到疏忽的凶災。至於像節卦「不出戶庭，无咎」的話，指出自我節制的重要，這是表面君子，私下小人的人做不到的事情。

「鶴鳴在陰，其子和之；我有好爵，吾與爾靡之。」子曰：「君子居其室，出其言善，則千里之外應之，況其邇者乎？居其室，出其言不善，則千里之外違之，況其邇者乎？言出乎身，加乎民；行發乎邇，見乎遠。言行，君子之樞機。樞機之發，榮辱之主也。言行，君子之所以動天地也，可不慎乎？」「同人，先號咷而後笑。」子曰：「君子之道，或出或處，或默或語，二人同心，其利斷金。」同心之蘭，其臭如蘭。

金雖至堅，同心者尚能斷之，此所謂「金剛心」也。

【譯註】

金屬雖然堅硬，同心協力還是能把它折斷，這就是所謂的「金剛心」了。

「初六，藉用白茅，无咎。」子曰：「苟錯諸地而可矣，藉之用茅，何咎之有？慎之至也。夫茅之為物薄，而用可重也。慎斯術也以往，其无所失矣。」

苟，誠也。誠能從地穩放，即禪門所謂「腳跟穩當者」也。白茅潔淨而柔軟，正是第一寂滅之忍。

【譯註】

大過卦說：「（祭品）放在白茅的墊子上，沒有災害。」孔子說：「老實講，把祭品放在地上也可以了，用潔淨的白茅墊住，就更莊重！」如果真的把祭品平穩地放在地上，就是禪門所說的「腳跟四平八穩」。白茅不是什麼貴重的東西，然而純潔溫順，超越了語言的承擔，正是「第一寂滅」的忍耐工夫。

「勞謙，君子有終，吉。」子曰：「勞而不伐，有功而不德，厚之至也。語以其功下人者也。德言盛，禮言恭。謙也者，致恭以存其位者也。」

慎斯術也以往，即始而見終也，亦因該果海義。致恭以存其位，令終以全始也，亦果徹因源義。

【譯註】

用謙謙君子的風度從事工作，一定會有始有終，也是所謂的「『因』保證了『果』的海洋」（因該果海）。始終心存敬意直到終結，用終來保護始，也就是「『果』貫徹了『因』的源頭」（果徹因源）。（語出《華嚴經疏》）

「亢龍有悔。」子曰：「貴而无位，高而无民，賢人在下位而无輔，是以動而有悔也。」

「不出戶庭，无咎。」子曰：「亂之所生也，則言語以為階。君不密則失臣，臣不密則失身，幾事不密則害成。是以君子慎密而不出也。」

子曰：「作《易》者，其知盜乎？《易》曰『負且乘，致寇至。』負也者，小人之事也；乘也者，君子之器也。小人而乘君子之器，盜思奪之矣。上慢下暴，盜思伐之矣。慢藏誨盜，冶容誨淫。《易》曰『負且乘，致寇至』，盜之招也。」

事者心事，器者象貌。佛法所謂懷抱于結使，不應著袈裟者也。「招」字妙甚，可見致魔之由皆由主人。

【譯註】

背上背負的東西，指小人的心事，器，指人的器量，是一種物質，比喻為車子（乘），即君子的根器。小人背負著一大堆心事，卻擺出君子的架子，一定會招來麻煩。這就是佛法所說「煩惱藏在心中」（懷抱於結使）的意思，像有些不該穿袈裟的人，穿上了袈裟，冒充和尚一樣。「招」字用得妙，讓人明白魔障是自己找來的。

天一地二，天三地四，天五地六，天七地八，天九地十。天數五，地數五，五位相得而各有合。天數二十有五，地數三十，凡天地之數五十有五。此所以成變化而行鬼神也。

此明河圖之數，即天地之數，即所以成變化而行鬼神者也。太極无極，只因无始不覺妄動，強名爲一。一即屬天，對動名靜，靜即是二，二即屬地。二與一爲三，三仍屬天，二與二爲四，四仍屬地；四與一爲五，五仍屬天，四與二爲六，六仍屬地；六與一爲七，七仍屬天，六與二爲八，八仍屬地；八與一爲九，九仍屬天，八與二爲十，十仍屬地。十則數終，而不可復加，故河圖止有十數。然此十總數不出于天地，除天地外別无有數，除數之外別无天地可見矣！

總而計之，天數凡五，所謂一、三、五、七、九也；地數凡五，所謂二、四、六、八、十也。一得五而成六，六遂與一合而居下，二得五而成七，七遂與二合而居上；三得五而成八，八遂與三合而居左；四得五而成九，九遂與四合而居右。既言六七八九，必各得五而成，則五便在其中。既言一二三四，則積而成十，十遂與五合而居中。積而數之，天數一三五七九，共成二十有五；地數二四六八十，共成三十。凡天地之數五十有五，而變化皆以此成，鬼神皆以此行矣！

有陰陽乃有變化，有變化乃有鬼神。變化者，水火木金土，生成萬物也；鬼神者，能生所生，能成所成，各有精靈以爲之主宰也。變化即依正幻相；鬼神，即器世間主，及眾生世間主耳。

【譯註】

這裡談的是《河圖》。《河圖》是天地之數，也是變化生成和鬼神操作的地方。太極既然是無極，因為沒有開始，也不隨便動作，姑且叫它為「一」，一屬天。跟動相對的是靜，靜是「二」，二屬地。一加二是三，三還是天，二加二是四，四還是地；四加一是五，五還是天，四加二是六，六還是地；六加一是七，七還是天，六加二是八，八還是地；八加一是九，九還是天，八加二是十，十還是地。十是最大的數字，往上不再有數字了，因此《河圖》的數字到十為止。不過十的總數不會超出天地，除天地外，不再有其他數字，除了這些數字外，也不再有其他天地。

總的來看，天數有五個，即一、三、五、七、九，都是陽；地數也有五，即二、四、六、八、十，都是陰。一加五是六，跟一配合，居於《河圖》的下方。二加五是七，跟二配合，居於圖的上方。三加五是八，跟三配合，居於圖的左方。四加五是九，跟四配合，居於圖的右方。所說的六七八九，都加入了五的因素，因此五在《河圖》居中。所說的一二三四，相加是十，所以跟五一樣，一同居於圖中。集合來看，天數一三五七九，相加是二十五；地數二四六八十，相加是三十。所以天地之數總共是五十五，這就是變化和鬼神運作的空間了！

有陰陽就有變化，有變化就有鬼神。所謂變化，不外乎水、火、木、金、土交錯的結合；所謂鬼神，不外乎生生不息，造化無端的神奇，各有各的精神和靈氣作為主宰。變化，分別有真實和虛幻的不同；鬼神，統領一切眾生可居的國土（器世間）和一切有情眾生的國土（眾生世間）。

大衍之數五十，其用四十有九。分而為二以象兩，卦一以象三，揲（ㄕㄜ）之以四以象時，歸奇（ㄐㄧ）于扐（ㄌㄜˋ）以象閏。五歲再閏，故再扐而後掛。

衍，乘也。大衍，謂乘此天五地五之數，而演至于萬有一千五百二十也。《河圖》中天地之數共計五十有五，今以天五地五，原非兩五，是其定數，以對于十，亦是中數。一得之以爲六，二得之以爲七，三得之以爲八，四得之以爲九，復合一二三四以成于十。故除中宮五數，以表數即非數，而惟取餘五十以爲大衍之數，以表從體起用。及揲蓍時，又于五十數中，存其一而不用，以表用中之體，亦表无用之用，與本體太極實非有二。

夫從體起用，即不變隨緣義也。用中之體，即隨緣不變之義也。將此四十九策，隨手分而爲二，安于左右，象吾心之動靜，即成天地兩儀。次以左手取左策執之，而以右手取右策之一，掛于左手之大指間，象人得天地合一之道而爲三才。次四四以揲之，象天地間四時新新不息。次歸其所奇之策，扐于左手无名指間，以象每年必有閏日。又以右手取右策執之，而以左手四四揲之，歸其所奇之策，扐于左手中指之間，是名再扐，以象五歲必有兩個閏月，是爲再閏。已上分二，掛一，揲四，歸奇，共四營而爲一變，取其所掛所扐之策而置之。然後再取左右揲過之策而重合之，重複分二，掛一，揲四，歸奇，故云再扐而後掛也，是爲二變。又取所掛所扐之策置之，然後更取左右揲過之策而重合之，重複分二，掛一，揲四，歸奇，是爲三變，置彼三變所掛所扐之策，但取所揲之策數之，四九三十六則爲「○」，四八三十二則爲「陰」，四七二十八則爲「陽」，四六二十四則爲「×」，于是成爻。「○」爲陽動，動則變陰；「陰」爲陰靜，「陽」爲陽靜，靜皆不變；「×」爲陰動，動則變陽。故下文云：「四營成易，三變成爻，十八變成六爻，則爲卦也。」

此蓍草之數，及揲蓍之法，乃全事表理，全數表法，示百姓以與知與能之事，正所謂「神道設教，化度无疆者」矣！謂之大乘，不宜宜乎？若不以惟心識觀融之，屈我義、文、周、孔四大聖人多矣！

【譯註】

衍，是推動的車輛，也可以是推演的工具。大衍，則是推演天地之數的工具，依據「天五地五」（天地各半）的簡單算術，衍生成為一萬一千五百二十的複雜現象。《河圖》中天地之數是五十五，我們若從「天五地五」的原則看，並沒有兩個分別的「五」，而是一個定數「十」，而「十」不過是「五」的合成：「五」加一是六，加二是七，加三是八，加四是九，而一、二、三、四相加便是「十」。所以除去《河圖》中央的「五」（那是太極，不參與演算），我們便得到了五十的大衍之數，作為全部推演的所需。只是當用蓍草卜卦時，需把五十支蓍草除去一支，放在一邊不用，象徵太極，表示了本體的「用中之道」，也就是「無用之用」的神奇，結合了太極和本體之間微妙的關係。

從本體開始推演，是「不變隨緣」的意思，以中道的本體作為推演的過程，是「隨緣不變」的意思。把四十九支蓍草隨意分為二份（分二），分別拿在左右手中，象徵心的動靜，代表陰陽兩儀。其次任意把右手中的一支蓍草取出，掛在左手的大指間（掛一），象徵人與天地合一，成為三才。然後把左手的蓍草每四支分為一組（揲四），象徵天地間四季的循環。四四分組後，必有一到三支的剩餘，把這剩餘的蓍草掛在左手的無名指間（歸奇），象徵每年的閏日。再以右手的蓍草四四分組，把剩餘的掛在左手的中指之間，叫做「再扐」，象徵每五年有兩個閏月，叫做「再閏」。像這樣，經過分二、掛一、揲四、歸奇的四個步驟，便是「一變」。這時把掛過的蓍草移開，把其餘的蓍草收齊，重複上面的四個步驟再來一次，叫做「二變」。這樣三次的變化後，剩餘的蓍草數目有四種可能：38，32，28，和24。把它們除以四（四象：老陽、少陰、少陽、老陰），結果便是九（○，老陽）、八（少陰）、七（少陽）或者六（×，老陰）。少陰少陽不變，老陽老陰，陰陽互變，這樣一個爻便出現了。三變重複六次，共十八變，一個卦便出現了，這就是下文「四營成易，三變成爻，十八變成六爻，則為卦也」的意思。

這裡蓍草的數目和推演的方法，有太極和本體共同的參與，有所知和所能全體的呈現，真可謂「神道的牽引，恩惠及於萬民」！假如說這也是大乘的佛教，一點不為過吧？如果不從佛法惟心惟識的觀點看，世間的俗論也太委屈我們伏羲、文王、周公、孔子四位偉大的聖人了！

乾之策二百一十有六，坤之策百四十有四，凡三百有六十，當期之日。二篇之策，萬有一千五百二十，當萬物之數也。

九、七皆乾，而爻言其變，故占時用九不用七。一爻三十六策，則乾卦六爻，共計二百一十六策也；八、六皆坤，而占時用六不用八。一爻二十四策，則坤卦六爻，共計一百四十四策也。合成三百六十策，可當期歲之日。然一歲約立春，至第二年春，則三百六十五日有奇；曰十二月，則三百五十四日，而今云三百六十，適取其中，亦取大概言之，不必拘拘也。又合上下二篇六十四卦之策而總計之，陽爻百九十二，共六千九百一十二策，陰爻百九十二，共四千六百八策，故可當萬物之數。

夫期歲之日，萬物之數，總惟大衍之數所表，大衍不離《河圖》，《河圖》不離吾人一念妄動，則時劫萬物，又豈離吾人一念妄動所幻現哉？

【譯註】九（老陽）和七（少陽）都是陽，但老陽能變，而少陽不變，所以占卜時用九不用七。陽爻既是九，每四策為一組，爻的總數是（9×4）36，以六爻算，便是（6×36）216策。同樣理由，老陰用六不用八，每四策為一組，爻的總數是（6×4）24，以六爻算，便是（6×24）144策。216加上144，總共是360策，正是一年的日子了。不過從一年的立春到次年的立春，有365天，用一年十二個月算，則有364天，這裡說360，指的是成數，大略言之而已，不必斤斤計較。再者，以《周易》上下二經、六十四卦而言，陽爻共192個，乘以36，則是6912；陰爻也有192個，乘以24，是4608；二者相加，則有11,520的策數，不妨當作萬物的數字來看了。

總之，一年的360日，萬物的11,520策，都是從大衍之數中推演而得，大衍不離《河圖》，《河圖》不離我們心中的一動一靜，那麼萬物在時間洪流中的變化，又怎能脫離我們心中虛虛實實的種種變化呢？

是故四營而成易，十有八變而成卦。

一變必從四營而成，以表一念一法之中，必有生住異滅四相。三變成爻，以表爻爻各具三才之道。六爻以表三才各有陰陽，十八變以表三才各各互具而无差別。

【譯註】每一變都得經過四個步驟，說明人世中每一念每一法，都有成、住、壞、空的四個面貌。每三變才得一爻，說明每爻都是三才和陰陽的縮影。如果每一卦的六爻都得經過十八次的變化，天地人三才的精神便融貫於其中，再也不能分辨彼此了。

八卦而小成。

三爻已可表三才，九變已可表互具，故名小成。

【譯註】《易經》中的每個單卦，都是最低限度的成就，因為它的三爻既代表天地人，經過一再的變化後，它們已經從在重新的排列組合中產生了全新的意義。這就是所謂最低限度的成就。

引而伸之，觸類而長之，天下之能事畢矣。

八可為六十四，不過引而伸之也。三百八十四爻，以定天下之吉凶，是在觸類而長之也。至于觸類而長，則一一卦，一一爻，皆可斷天下事，而裁成輔相之能事无不盡矣！

【譯註】

《易經》的八卦變成六十四卦，不過是大衍之數的引申而已。三百八十四爻的斷吉凶，不過是順理成章的推演而已。既然順理成章可以推演世事，那麼每一卦、每一爻，都可以作為世事的觀察，也可以裁度、輔助事理的安排，造成無限的契機。

顯道神德行，是故可與酬酢，可與佑神矣。子曰：「知變化之道者，其知神之所為乎？」

有一必有二，有二必有四，有四必有八，有八必有六十四，有六十四必有三百八十四。然三百八十四爻，祇是六十四卦，六十四卦祇是八卦，八卦祇是四象，四象祇是兩儀，兩儀祇是太極，太極本不可得，則三百八十四皆不可得，故即數可以顯道也。陰可變陽，陽可變陰，一可爲多，多可爲一，故體此即數之道者，可以神其德行也。既即數而悟道，悟道而神明其德，則世間至賾至動，皆可酬酢，而鬼神所不能爲之事，聖人亦能佑之矣！「先天而天弗違」，此之謂也。人但知揲蓍爲變化之數耳，若知變化之道，則无方之神，无體之易，皆現于靈知寂照中矣！故述傳至此，特自加子曰二字，以顯咨磋詠嘆之思，而《史記》自稱太史公曰乃本于此。

【譯註】

有一就有二，有二就有四，有四就有八，有八就有六十四，有六十四就有三百八十四。然而三百八十四爻就是六十四卦，六十四卦就是八卦，八卦就是四象，四象就是兩儀，兩儀就是太極。如果太極不可得，那麼三百八十四也都不可得，因此只好用數字來顯示道理了。陰陽可以互變，多寡可以互換，那麼本體中也就隱藏了象數的消息了。如果從象數可以悟道，可以領會神明的德性，那麼世間的繁雜和動靜也可以得到掌握，而鬼神做不到的事，聖人也可以幫忙了！這就是「雖先於天而存在，卻與天道相通」的意思。人們只知道蓍草可以得到占卜的變化，假如知道變化既無方向也無本體，那麼一切消息都來自真理之體（寂）和真理之用（照）中了！孔子寫《繫辭》到這裡，忍不住加上了「子曰」二字，表示他高度的讚美。司馬遷在《史記》每篇的篇末都加上「太史公曰」四字，有相同的意味。

易有聖人之道四焉：以言者尚其辭，以動者尚其變，以制器者尚其象，以卜筮者尚其占。

前文云：「君子觀象玩辭，觀變玩占」，今言此四即易所有聖人之道也。夫玩辭則能言，觀變則能動，觀象則可以制器，玩占則可以卜筮決疑。言也，動也，制器也，卜筮也，聖人修身治人之事，豈有外于此四者哉？

【譯註】前面說，「君子居則觀其象而玩其辭，動則觀其變而玩其占」，這裡指出這四件事原來就是聖人之道。觀玩文辭才有話可說，觀察變化才能行動，研究物象才能製作，揣摩卦象才能占卜。說話、行動、製作、占卜，聖人修身治國，怎能離開這四件事呢？

是以君子將有為也，將有行也，問焉而以言。其受命也如嚮，无有遠近幽深，遂知來物。非天下之至精，其孰能與于此？

君子，學聖人者也。學聖人者必學易，善學易者，舉凡有爲有行，必玩辭而玩占。果能玩辭玩占，則易之至精，遂爲我之至精矣！

【譯註】學聖人榜樣的人叫做君子，學聖人也意味著學《周易》。懂得《周易》的人，喜歡把自己的行為和《周易》做相互的比較。當你用心觀玩書裡的文辭和占卜時，《周易》

的精妙就變成你的精妙了！

參伍以變，錯綜其數。通其變，遂成天地之文；極其數，遂定天下之象。非天下之至變，其孰能與于此？

參者，彼此參合之謂；伍者，行伍定列之謂也。雖彼此參合，而不壞行伍之定列；雖行伍定列，而不壞彼此之參合，故名「參伍以變」。由彼此參合，則其數相錯；由行伍定列，則其數可綜，故云「錯綜其數」。舉凡《河圖》、《洛書》之成象，揲蓍求卦之法式，无不皆然，非僅偏指一種也。陰陽各有動靜，故成天地之文；六十四卦各具六十四卦，故定天下之象。誠能觀象以通變，觀變以極數，則易之至變，遂爲我之至變矣！

【譯註】

參，是錯雜不齊的安排；伍，是隊伍行列的整齊。卦爻雖然錯雜，卻不破壞行列的整齊；雖然卦爻行列整齊，並不影響錯雜變化的安排，這就是「參伍以變」的意思。由於卦爻參雜，所以陰陽相錯；由於行列整齊，所以卦爻雖然錯亂，象數仍然有清楚的排列，這就是「錯綜其數」的意思。我們從《河圖》、《洛書》已經看到了這種奇特的現象，而用蓍草求卦的程序又何嘗不然？陰陽有各各不同的動靜，天地才會出現不同的文理，六十四卦各有六十四卦不同的推演，天下才會有了千變萬化的象數。假如人人都能從觀象中找到變通的法則，從觀變中發現天地的極限，那麼《周易》最奇特的變化就成為你的變化了！

易，无思也，無為也，寂然不動，感而遂通天下之故。非天下之至神，其孰能與于此？

夫易雖至精至變，豈有思慮無無爲也，于其間哉？惟其寂然不動，所以感而遂通。誠能于觀象玩辭觀變玩占之中，而契合其无思无爲之妙，則易之至神，遂爲我之至神矣！

【譯註】《周易》雖然精妙多變，但其中有任何人為的思維和造作嗎？正因為它全然不動，一點點的動盪都會有它的感應。虛心把玩它的文辭，揣摩它的占卜，你都能契合它無思的精妙、無為的變化，如此一來，《周易》的神奇不就成為你的神奇了嗎？

夫易，聖人之所以極深而研幾也。惟深也，故能通天下之

志；惟幾也，故能成天下之務；惟神也，故不疾而速，不行而至。子曰「易有聖人之道四焉」者，此之謂也。

由此觀之，則易之爲書，乃聖人所以極深而研幾者也。苟極其深，則至精者在我，而能通天下之志；苟研其幾，則至變者在我，而能成天下之務；苟從極深研幾處悟其无思无爲、寂然不二之體，則至神者在我，故能不疾而速，不行而至矣！謂聖人之道不全寄詮于易書中可乎？今有讀易而不知聖人之道者，何異舍醇醲而味糟粕也！

【譯註】

這樣看來，《周易》一書是聖人經過最深沉的探索、最細微的鑽研而寫成的。正因為深沉，所以我得到了它的精妙，貫通了天下之志；正因為細微，所以我得到了它的變化，而天下的事沒有不能做到的；正因為它深沉敏感，我發現了它無思無為，塊然不動的本體，因此也得到了它神奇的力量，可以安步如飛，心想事成！誰說聖人的道理不全在這部書中呢？假如今天有人讀了《周易》卻不知道聖人之道，他恐怕吃的是酒糟，丟掉了精醇的美酒吧！

子曰：「夫易，何為者也？夫易，開物成務，冒天下之道，如斯而已者也。」是故聖人以通天下之志，以定天下之業，以斷天下之疑。是故蓍之德圓而神，卦之德方以知，六爻之義易以貢。聖人以此洗心，退藏于密，吉凶與民同患。神以知來，知以藏往，其孰能與于此哉？古之聰明睿智，神武而不殺者夫！

此欲明易書之妙，而先示易理之大也。夫所謂易，果何義哉？蓋是開一切物，成一切務，包盡天下之道者也。是故聖人依易理而成易書。以通天下之志，使人即物而悟理；以定天下之業，使人素位而務本；以斷天下之疑，使人不泣歧而徼幸。是故蓍之德，極其變化而不可測也；卦之德，有其定理而不可昧也；爻之義，盡其變通而未嘗隱也。夫蓍圓而神，卦方以知，爻易以貢，皆所謂「寂然不動感而遂通者」也。聖人以此洗心，退藏于密，所謂自明誠謂之教，能盡其性，則能盡人之性，故吉凶與民同患。神以知來，知以藏往，不俟問于蓍龜而後知吉凶也。此惟古之聰明睿智，斷惑而无惑可斷者，方能與于此耳。

【譯註】

《繫辭》為了解釋易理的奧妙，先說明易理的龐大。《周易》一書究竟說了些什麼呢？它開啓了人世間一切或大或小的事務，包含了人世間一切的金科玉律。它可以在瞬息間跟天下之理豁然貫通，讓人在俯仰之間領悟到生命的意義。它可以敲定天下一切的事務，讓人安守崗位，做自己該做的事情。它可以切斷一切的疑慮，讓人不在歧路上痛哭，明白成功不是運氣。蓍草的功能在它能出入種種變化，讓你看見事物高深莫測；卦象的功能，在能提供合理的思考，不存任何打混心理；爻辭的功能，在能說出每種變化，沒有絲毫的隱瞞。再者，蓍草圓通而神奇，卦象正直而智慧，爻辭多變而無話不說（易以貢），都有所謂「塊然不動、豁然貫通」的奧妙。聖人用此來淨化他們的心靈，韜養他們的精神。他們不靠卜筮來預測吉凶，天下只有絕頂聰明，心中坦然自若的人，才能達到這樣的境界。

是以明于天之道，而察于民之故，是興神物以前民用。聖人以此齋戒，以神明其德夫！

夫神以知來，知以藏往，則又何俟蓍龜之神物，而後斷民之吉凶哉？但聖人能之，眾人不能，不藉蓍龜以示，則民不信也。是以借物顯理，乃天之道，因占決疑，乃民之習，故藉此蓍龜以開民用之前，而聖人亦示現齋戒然後卜筮者，正欲以此倍神明其德也。

【譯註】

假如神妙可以預知未來，智慧可以掌握經驗，那又何必要用蓍草和龜甲這些神物來做占卜呢？此事聖人可以做到，百姓卻做不到，因為老百姓相信蓍草龜甲，不相信人。觀察事物便明白事理，是天道；用占卜來定是非吉凶，是老百姓的習慣。所以蓍草和龜甲不能偏廢，而聖人也認真齋戒沐浴然後卜筮，不過想把神奇的事變得更神奇罷了。

是故闔戶謂之坤，闢戶謂之乾，一闔一闢謂之變，往來无窮謂之通，見乃謂之象，形乃謂之器，制而用之謂之法；利用出入，民咸用之謂之神。

是故易有太極，是生兩儀；兩儀生四象，四象生八卦，八卦定吉凶，吉凶生大業。

是故法象莫大乎天地，變通莫大乎四時，縣（縣通懸）象著明莫大乎日月，崇高莫大乎富貴，物備致用，立成器以為天下利，莫大乎聖人；探賾索隱，鉤深致遠，以定天下之吉凶，成天下之亹（ㄨㄟˇ）亹者，莫大乎蓍龜。

是故天生神物，聖人則之；天地變化，聖人效之；天垂象，見吉凶，聖人象之；河出圖，洛出書，聖人則之。易有四象，所以示也；繫辭焉，所以告也；定之以吉凶，所以斷也。

《易》曰：「自天佑之，吉无不利。」子曰：「佑者，助也。天之所助者，順也；人之所助者，信也。履信思乎順，又以尚賢也。是以自天佑之，吉无不利也。」

是故德既神明，方知易理无所不在，且如闔戶即謂之坤，一闔一闢即是變，往來不窮即是通，見即是象，形即是器，隨所制用即是法，隨其民用出入即是神。則乾坤乃至神明，何嘗不即在日用動靜間哉？反此皆易理之固然，而易書所因作也。

是故易者，无住之理也。從无住本，立一切法，所以易即為一切事理本源，有太極之義焉。既云太極，則決非凝然一法，必有動靜相對之機，而兩儀生焉。既曰兩儀，則動非偏動，德兼動靜，靜非偏靜，亦兼動靜，而四象生焉。既曰四象，則象象各有兩儀之全體全用，而八卦生焉。既曰八卦，則備有動靜陰陽剛柔善惡之致，而吉凶定焉。既有吉凶，則裁成輔相之道方為有用，而大業生焉。

易理本自如此，易書所以亦然也。是故世間事事物物，皆法相也，皆變通也，乃至皆深皆遠，皆賾皆隱也。而法相之大者莫若天地；變通之大者莫若四時；懸象著明之大者莫若日月；崇高之大者莫若天位之富貴；備物致用利天下者莫若天德之聖人；探賾索隱，鉤深致遠，定吉凶，令人之趨避，成亹亹，使人進德業者，莫若蓍龜之神物。

是故天生神物，聖人即從而則之；天地變化，聖人即從而效之；天垂象，現吉凶，聖人即從而擬象之；河出圖，洛出書，聖人即法而爲八卦九疇。然則易之有四象，所以示人動靜進退之道也；易有繫辭，所以昭告以人合天之學也；易有吉凶定判，所以明斷合理之當爲，而悖理之不可爲也。

故「大有」上九之辭曰「自天佑之，吉无不利」，吾深知其故也。夫天无私情，所助者不過順理而已，人既无私好，所助者不過信自心本具之易理而已。誠能眞操實履，信自心本具之易理，思順乎上天所助，則便眞能崇尚聖賢之書矣！安得不爲天所佑，而吉无不利哉？

【譯註】

當人有神明一般的智慧時，會知道易理近在眼前。例如閉門靜坐是陰，開門行動是陽，一開一閉是變，行動不斷是通，眼能看見的是象，手能觸摸的是器，能製造、有實用的是法，始終相伴、從不遠離身的是神明。從開門關門的陰陽到如影隨形的神明，都是我們日常的生活，生活中充滿了易理，易書也是如此。

因此所謂易書，就是永恆的生命力量，沒有原則的原則，是一切事理的根本源頭，也就是太極。太極絕非僵定的概念，它因動靜的對立產生了陰陽兩儀，從兩儀的變化中產生了四象（老陽、老陰、少陽、少陰），四象持續的變化又產生了八卦，八卦除陰陽、動靜外，還有剛柔、善惡的差異，因而吉凶的觀念也出現了。既然有了吉凶，教育和輔導的需求隨之而至，人世間的事業開始有了急劇的變化。

這是易理自然發展的結果，易書也是如此。世間一切都是現象，都是變通，既深且遠，繁複隱蔽。現象最大的莫過於天地；變通最大的莫過於四季；物體莫大於太陽月亮；財富莫高於天位的富貴；最能經邦濟世的莫過於有天德的聖人；最能無微不至、明辨吉凶、教人趨善避惡、追求成就（成亹亹）而進德業的，莫過於蓍草龜甲這些神器。

因此天地出現神物，聖人取為法則；天地發生變化，聖人用來效法；天象有吉有凶，聖人模擬運用；黃河出圖，洛水出書，聖人推演而發現了八卦和九疇。《周易》的四象提出進退的原則，它的《繫辭》闡揚天人合一的理論，它的判斷強調理性，排斥一切不合理的行為。

《周易》「大有」、「自天佑之，吉無不利」的話，我明白它的意思：天不講私情，天之助人，順用天道的理性而已，人也應當沒有私情，才能得到天助，因為人的本性與生俱來，與天合而為一，就是所謂的易理。假如人能堅持本性，老實做人，信賴本具的易理，接受上天的施為，他便是《周易》這本聖賢之書最受歡迎的讀者了！上天怎能不祝福他，他又怎能不吉利呢？

子曰：「書不盡言，言不盡意。」然則聖人之意，其不可見乎？

子曰：「聖人立象以盡意，設卦以盡情偽，繫辭焉以盡其言，變而通之以盡利，鼓之舞之以盡神。乾坤其易之蘊耶？乾坤成列，而易立乎其中矣。乾坤毀，則无以見易。易不可見，則乾坤或幾乎息矣。」

是故形而上者謂之道，形而下者謂之器；化而裁之謂之變，推而行之謂之通；舉而措之天下之民，謂之事業。

是故夫象，聖人有以見天地之賾，而擬諸其形容，象其物宜，是故謂之象。聖人有以見天下之動，而觀其會通，以行其典禮，繫辭焉以斷其吉凶，是故謂之爻。極天下之賾者存乎卦，鼓天下之動者存乎辭，化而裁之存乎變，推而行之存乎通，神而明之存乎人，默而成之，不言而信，存乎德行。

上文發明易理易書，及聖人作易吾人學易之旨，亦既詳矣！然苟非其人，苟无其德，則隨語生解，亦何以深知易理易書之妙致乎？故更設爲問答，而結歸其人其德行也。

夫書何能盡言？言亦何能盡意？然而聖人之言豈終不可見乎？詎知聖意不盡于言，而亦未嘗不寓于言。聖言不盡于書，而亦未嘗不備于書。且如易書之中，亦既立象以盡意，聖意雖多，而動靜二機足以該之，故乾坤二象即可以盡聖人之意也。又復設卦以盡情僞，動靜雖只有二，而其中變態，或情或僞，不一而足，故六十四卦乃能盡萬物之情僞也。又復繫辭焉以盡其言，蓋舉天下事物一一言之，則勞而難徧，今借六十四卦而繫以辭，則簡而可周也，雖六十四卦已足收天下事物之大全，而不知事事物物中又各互具一切事物也。故變而通之，每卦皆可爲六十四，而天下之利斯盡矣！雖有三百八十四爻動靜陳設，若不于中善用鼓舞，使吾人隨處得見易理，則亦不足以盡神，而聖人又觸處指點以盡神矣！雖復觸處指點，然收彼三百八十四爻大綱，總不出乾坤二法，故乾坤即易之蘊藏也。夫本因易理而有乾坤，既有乾坤，易即立乎其中。設毀此乾坤二法，則易理亦不可見；設不見易理本體，則乾坤依何而有？不幾至于息滅哉？此甚言易外无乾坤，乾坤之外亦无易也。

蓋易即吾人不思議之心體，乾即照，坤即寂；乾即慧，坤即定；乾即觀，坤即止。若非止觀定慧，不見心體；若不見心體，安有止觀定慧？是故即形而非形者，向上一著即謂之道；无形而成形者，向下施設即謂之器。道可成器，器可表道，即謂之變；從道垂器，從器入道，即謂之通。自既悟道與器之一如，以此化天下之民，即謂之事業矣！

是故夫象也者，不過是聖人見天下之至賾，而擬諸其形容、象其物宜者也。夫爻也者，不過是聖人見天下之動，而觀其會通，以行其典禮，繫辭焉以斷其吉凶者也。是以卦可極天下之賾，辭可鼓天下之動，變可盡化裁之功，通可極推行之妙，此終非書之所能盡言，亦非言之所能盡意也。神而明之，必存乎其人，而默而成之，不言而信，又必存乎德行耳。德行者，體乾坤之道而修定慧，由定慧而徹見自心之易理者也。

【譯註】

上面解釋易理、易書，聖人的寫書，和我們學習的過程，有夠詳細了！然而如果讀者不恰當，沒有恰當的認識，隨便望文生義，這一切不就白費了嗎？因此《繫辭》再用問答的方式，提出思想的傳達和接受的問題。

書真能暢所欲言嗎？語言真能充分表達思想嗎？如果不能，那麼聖人的思想豈不湮滅無聞了嗎？縱然書不能暢所欲言，但誰敢說聖人的思想不深藏於他們的語言之中呢？雖然聖人的語言不能包攬一切，但書中無疑有聖人的意旨。《周易》初步設定了卦象，看似複雜，不外動靜的變化，而乾坤兩個單卦就足夠說明白原委了。由於八個單卦的推演，出現了六十四個重卦，包含了天地間種種虛實不同的像貌。動靜看似簡單，變化卻極大，有虛實，有真假，六十四卦也極盡其能事，揭開了眾生世界中琳瑯滿目的真相。這還不夠，聖人在六十四卦裡再加以詮釋，把話說得更清楚。然而世間的事務太多了，如果一一探討，肯定把人累死。現有的六十四卦跟文字做了密切的配合後，可謂簡易而周詳了。從表面上看，六十四卦雖然網羅了天下之事，殊不知每件事物中又別有洞天，可以成為另一個六十四卦的開端，這樣一來，天下之大，豈不盡在眼前了嗎？雖說三百八十四爻是動靜的解讀，若不鼓動風氣，深入探究，讓人隨處看見易理，也不足以發揮易理的神奇和聖人鞭辟入裡的用心。雖然鞭辟入裡，總的來看，爻辭所說也不外乾坤二法，那麼乾坤就是易理的根源了。

我們本以為乾坤是易理的一部分，既然有了乾坤，易理也就深藏於其中了。如果我們破壞乾坤二法，我們也破壞了易理，假如易理的本體不見了，乾坤又算是什麼呢？乾坤不就等於消逝了嗎？因此我們可以大膽說，「易理之外，沒有乾坤；乾坤之外，沒有易理」。

假如我們相信易理是我們的心性，乾是真智的用（照），坤是真理的體（寂）；乾是智慧，坤是禪定；乾是三觀（空、假、中），坤是三止（止於真、止於俗、止於中諦），試想如果沒有止觀、定慧的心性，怎有寂光真如的心體呢？假如不見了心體，到哪裡去找心性呢？因此看似有形卻是無形，看似平凡卻是玄妙的抽象，就是「形而上者謂之道」的意思；本無形象，卻製造出一個器物的形象，普遍傳遞，惠及萬民，就是「形而下者謂之器」的意思。道可以做成器，器也可以傳遞道，就是所謂的「變」；道藏於器，透過器而進入道，就是所謂的「通」；懂得道和器的關係，明白道和器都有能感化的力量、都有徹悟心性的功能，就是人間的「事業」。

因此易理所謂象，不過是聖人看見了天下複雜的事物，用模擬的手法來表示事物的形象罷了；所謂爻，不過是聖人看見了天下無窮盡的變化，觀察它們的互動和行為，以文字為工具來判斷吉凶罷了。因此象可以看見萬象的複雜，文辭可以揭露萬物的動靜，變可以解釋人事的生滅，通可以發現萬變不離其宗的神奇。凡此種種，怎是書能暢言，而語言能充分表達的呢？「心有靈犀一點通」的神會，得找對人才是。至於在沉默中取得成就，在無言中取得信任，這又得靠有德行的人了。至於什麼是德行呢？那就是運用乾坤的力量，修持定慧的工夫；運用定慧的力量，發揮心中本然的易理。

#《周易禪解》卷第九

繫辭下傳

八卦成列，象在其中矣；因而重之，爻在其中矣；剛柔相推，變在其中矣；繫辭焉而命之，動在其中矣。吉凶悔吝者，生乎動者也；剛柔者，立本者也；變通者，趨時者也。吉凶者，貞勝者也；天地之道，貞觀者也；日月之道，貞明者也；天下之動，貞夫一者也。夫乾，確然示人易矣；夫坤，隤（ㄊㄨㄟˊ）然示人簡矣。爻也者，效此者也；象也者，像此者也。爻象動乎內，吉凶見乎外，功業見乎變，聖人之情見乎辭。天地之大德曰生，聖人之大寶曰位，何以守位？曰仁。何以聚人？曰財。理財正辭，禁民為非曰義。

此直明聖人作易，包天地萬物之理，而爲內聖外王之學也。蓋自八卦成列，而天地萬物之象，已皆在其中矣！因而重之，而天地萬物之交，亦在其中矣！剛柔必互具剛柔，而天地萬物之變，又皆在其中矣！繫辭焉而命之，而吾人慧迪從逆之動，又皆在其中矣！

夫吉凶悔吝，皆由一念之動而生者也。一念之動，必有剛柔以立其本，一剛一柔，必有變通以趨于時。得其變通之正者則勝，不得變通之正者則負，故吉之與凶，惟以貞勝者也。此易中示人聖賢學問，全體皆法天地事理，非有一毫勉強，是故天地之道，一健一順，各有盈虛消長之不同，皆以變通之正示人者也。日月之道，一晝一夜，亦有中昃盈缺之不定，皆以變通之正爲明者也。天下之動，萬別千差，尤爲至賾，實不可亂，乃歸極于變通之一正者也。

夫乾之變現于六十四卦，雖有一百九十二爻，无不確然示人以易矣！夫坤之變現于六十四卦，雖亦一百九十二爻，无不隤然示人以簡矣！此易簡之理，正所謂千變萬化而貞夫一者也。爻即效此易簡，象即像此易簡。茍吾心之爻象一動乎內，則事物之吉凶即現乎外，吉可變凶，凶可變吉，得此善變之方，乃見裁成輔相功業，而聖人所以教人之眞情，則全見乎卦爻之辭，所應玩細觀者也。

是故生生之謂易，而天地之大德，不過此无盡之生理耳。聖人體天立極，其所以濟民无強者則在位耳。何以守位？則必全體天地之德，純一不已之仁耳。仁則物我一體矣！庶必加之以富，故曰「財」；富必加之以教，故曰「義」。此內聖外王之學，一取法于天地事物者也。

【譯註】

這一節的《繫辭》說明聖人所寫的《周易》，包含天地萬物的道理，變成了一門「內聖外王」（內則修己，外則安民）的學問。自從八卦的單卦成立後，天地萬物的形象都具備於其中了！推演而成六十四個重卦，更把其間交叉互動的現象和盤托了出來！它們剛中帶柔、柔中帶剛，給天地萬物的變化做了最好的交代！加上文字後，我們對吉和凶的觀念也就有了進一步的認識。

其實吉凶悔恨不過是我們一念之動造成的結果，雖然是簡單的一念，卻有剛柔的性質，而剛柔的變化也有時間的因素，如果變化得當，便是成功，不得當，便是失敗。因此所謂吉，相對於凶而言，指在正當的變化中取得的成功。《周易》所顯示內聖外王的學問，都從效法天地的事理中得來，毫不馬虎，因此它的天地之道，剛健柔順，該盈就盈，該消就消，是正當變化中得到的成果。就如日月的周流，日夜的循環，雖有日中日落、月圓月缺的變化，它們的明暗卻無不恰當。天下的動靜雖詭異複雜，也從不錯亂，因為剛正是它們永遠不變的方向！

六十四卦共有三百八十四爻，陽卦和陰卦各占一百九十二，乾卦剛健（確然），顯示它們平易近人，坤卦柔順（隤然），顯示它們的簡約平和，它們的平易和簡約符合雜而不亂、永遠剛正的變化原則。「爻」和「象」也是這種原則下的產物，而我們心中爻象的變化，就是吉凶出現的前奏。不過吉凶可以互變，能善用這種變化的人，就能左右事業的成敗，而聖人所給的教誨，也全在他們的卦辭和爻辭之中，值得認真的揣摩和觀玩。

生生不息是《周易》的精神，而天地的意義正在貫徹這種精神。聖人體會天道，建立了行動的方向，他們貫徹主張，依憑的是他們的地位。怎樣確保地位呢？他們得具備高天厚地的德性，和純淨專一的仁心。有仁心，才能與天地合一。但人他們的向心力是怎樣得來的呢？脫貧致富，是其關鍵，因此《繫辭》提到「財」字。有了錢財，人更需要教育，讓人知道什麼事可做，什麼事不可做，因此《繫辭》又提到「義」字。既富且義，便是射影天地萬物的內聖外王之學了！

古者包犧氏之王天下也，仰則觀象于天，俯則觀法于地，觀鳥獸之文，與地之宜，近取諸身，遠取諸物，于是始作八卦，以通神明之德，以類萬物之情。

本法天地身物以作八卦，既作八卦，遂能通神明之德于一念，類萬物之情于一身。

【譯註】 伏羲氏依據天地萬物的形象創造了八卦。有了八卦，他便能用自己的意念跟神明溝通，用自己的身體，體會萬物的感受。

作結繩而為網罟，以佃以漁，蓋取諸離。

驅鳥獸魚蛇于山澤，使民得稼穡者，乃深明物各宜麗其所者也，故取諸離。

【譯註】

伏羲氏把鳥獸趕到山上，把魚蛇趕到水中，使老百姓得到土地可以耕種，足見他懂得物以類聚的道理。離（䷝）是火，可以驅趕鳥獸，離的圖形外實中空，像草繩編成的漁網，可以捕魚，因此離是文明的象徵。

包犧氏沒，神農氏作，斲木為耜，揉木為耒，耒耨之利，以教天下，蓋取諸益。

魚鳥之害既除，田疇之利方啓。

【譯註】

伏羲之後，是神農氏的時代，魚蛇和鳥獸的災害既然解除，農耕的生活自然開始了。益卦（䷩），震下巽上，震是行動，巽是木，木可以做成耕田的用具，象徵農田的便利。

日中為市，致天下之民，聚天下之貨，交易而退，各得其所，蓋取諸噬嗑。

農事既備，商賈隨興。

【譯註】農業既然開始，隨之而來的，當然就是商業了。噬嗑（䷔），震下離上，離是日中，震是行動。古代的商業以物易物，都在日正當中時開市，噬嗑是最好的象徵。

神農氏沒，皇帝、堯、舜氏作，通其變，使民不倦；神而化之，使民宜之。窮則變，變則通，通則久。是以自天佑之，吉无不利。皇帝、堯、舜垂衣而治，蓋取諸乾坤。

通變神化，全體乾坤之德，所謂「自強不息，厚德載物」者也。

【譯註】神農之後，經過皇帝、堯、舜持續的努力，文明社會起了巨大的變化，體現了乾坤的精神。乾是「自強不息」，坤是「厚德載物」，這便是高天厚地的精神。

刳木為舟，剡（ㄧㄢˇ）木為楫（ㄐㄧˊ），舟楫之利，以濟不通，致遠以利天下，蓋取諸渙。服牛乘馬，引重致遠，以利天下，蓋取諸隨。重門擊柝，以待暴客，蓋取諸豫。

坤如重門，震如擊柝，暴客，溫陵郭氏以爲初至之客，甚通，蓋使動者爲得隨地而安也。

【譯註】

豫（☳☷）是一個歡樂的卦，坤下震上。坤是門禁森嚴的城池，震像巡夜人敲打的木棒，向民眾宣告安全，好讓風塵僕僕的旅客安心進城，享受城裡平安的喜樂。這是溫陵郭先生的解釋，我覺得不錯，所以採用了。

斷木為杵，掘木為臼，臼杵之利，萬民以濟，蓋取諸小過。弦木為弧，剡木為矢，弧矢之利，以威天下，蓋取諸睽。

由上明下悅，所謂「若大旱之望雨」者是也。

【譯註】

睽（䷥），兌下離上，上面光明，下面歡樂，有「久旱望雨」一般的寄望。（此說與《繫辭》所言弓箭之利並不符合。而蕅益不提小過卦，上一節也未提渙卦，不知何故。）

上古穴居而野處，後世聖人易之以宮室，上棟下宇，以待風雨，蓋取諸大壯。

震木之下，別有天焉，宮室之象也。

【譯註】

大壯（䷡），乾下震上，震也是木，木的下面別有洞天，有「上棟下宇」的圖象，能避風雨，意味房屋的舒適。

古之葬者，厚衣之以薪，葬之中野，不封不樹，喪期无數，後世聖人易之以棺槨，蓋取諸大過。

以巽木入于澤穴之中。

【譯註】

大過（䷛），巽下兌上，巽是木（棺木），兌是荒野中不適於耕種的土地（《說卦傳》：兌為澤，其為地也為剛鹵），是理想的葬地，喪葬的禮儀也從此開啓了。

上古結繩而治，後世聖人易之以書契，百官以治，萬民以察，蓋取諸夬。

以書契代語言，遂令之與天同久。

【譯註】

夬卦（䷪），乾下兌上，乾是金，兌是口。口頭的語言不需要刻之於金石，刻之於金石的，當然就是文字了。當書寫的文字取代了口頭的語言後，紀錄便能長久保存，而文化事業也有了雛形。

是故易者，象也。象也者，像也。彖者，材也。爻也者，效天地之動者也，是故吉凶生，而悔吝著也。

由此觀之，所謂易者，不過示人以象耳。象也者，則是事物之克肖者也。所謂象者，則是事物之材質也；所謂爻者，則是效天下之動者也，是故得有吉凶悔吝之生著也。夫動則必有吉凶悔吝之生著，君子可不思所以愼其動乎？

【譯註】

這樣看來，所謂《易》就是讓人看見萬事萬物的「象」，所謂「象」就是最接近於事象的模擬。所謂「象」就是給卦所做的判斷，所謂「爻」就是模擬萬事萬物的動靜，指出吉凶悔恨的到來，人怎能不謹慎自己的一動一靜呢？

陽卦多陰，陰卦多陽，其故何也？陽卦奇，陰卦耦。其德行何也？陽一君而二民，君子之道也；陰二君而一民，小人之道也。

故愼其動，當辨君民之分于身心，孟子所謂「從其大體爲大人，從其小體爲小人」也。觀于陽卦多陰，陰卦多陽，可以悟矣！奇者，天君獨秉乾綱之謂；耦者，意念夾帶情欲之謂。陽一爲君，而兩陰之二爲民以從之，所謂志壹則動氣，故是君子之道。陰爲二君，而兩陽之一反爲民以從之，所謂氣壹則動志，故是小人之道。

【譯註】

從人們的一動一靜間，便可知道君和民的差異，就像孟子所說的「大人追隨大體，小人追隨小體」。從八卦「陽卦多陰、陰卦多陽」的現象中，也可見到其中的奧妙。陽卦，除乾卦外，是震（☳）、坎（☵）和艮（☶），只有一個陽爻，是奇數，一君二民，是一個主人好管家的意思。而陰卦，除坤卦外，是巽（☴）、離（☲）和兌（☱），它們都有兩個陽爻，是偶數，二君一民，有兩個主人，意見未免太多了。一個主人，意志集中，容易把家管好，這就是君子之道；兩個主人當家，氣焰太盛，容易亂事，這就是小人之道。

《易》曰：「憧憧往來，朋從爾思。」子曰：「天下何思何慮？天下同歸而殊涂，一致而百慮，天下何思何慮？日往則月來，月往則日來，日月相推而明生焉；寒往則暑來，暑往則寒來，寒暑相推而歲成焉。往者屈也，來者信（信同伸）也，屈信相感而利生焉。尺蠖之屈，以求信也；龍蛇之蟄，以存身也。精義入神，以致用也；利用安身，以崇德也。過此以往，未之或知也。窮神知化，德之盛也。」

夫心之官則思，而不知思本无可思也。能思无思之妙，則无思无慮而殊涂同歸。能達无思之思，則雖一致而具足百慮，思而无思，所謂退藏于密，屈之至也；无思而思，所謂感而遂通，信之至也；屈乃所以爲信，信乃所以爲屈，觀師所謂「往復无際、動靜一源」，肇公所謂「其入離、其出微」，皆此理耳。法界離微之道，豈思議之可及？故曰「未之或知」。苟證此思即无思、无思而思之妙，則可以窮神知化矣！殊涂同歸，一致百慮，皆所謂「一君二民」之道也。

【譯註】

咸卦（䷞）九四「憧憧往來，朋從爾思」的話，說明心的功能在思考。但天下本無可思之事，能想到「無思」的微妙，就能明白「無思無慮」的大同境界。無思的思，蘊含了千百種的思慮，看似在思，其實是不思，用「無思」把思想隱藏起來，是委屈自己最高的表現。在「無思」中思想，就是咸卦所說有感便有應，天地在沉默的感應中無言生長，是委屈最大的收穫，因為「能屈才能伸」呀！這和觀師（其人待考）所說「來往無窮，動靜一源」，或者僧肇所說「從『無眼無耳』的離，得到『有通有達』的微」，是一個道理。在法性的本體世界中，「無眼無耳」卻「有通有達」的現象，真是不可思議！所以孔子也說「過此以往，未之或知」（從這裡再往前走，前途充滿了未知）。假如懂得思就是無思、無思就是思的玄妙，就能接受神而化之的精神世界了！孔子「殊途同歸、一致百慮」的名言，其實跟上面「一君二民」的話，同一道理。

《易》曰：「困于石，據于蒺藜，入其宮，不見其妻，凶。」子曰：「非所困而困焉，名必辱；非所據而據焉，身必危。既辱且危，死期將至，其妻可見耶？」

妄計心外有法，而欲求其故，所謂困于石也。不知萬法惟心，而執有差別，所謂據于蒺藜也。无慧故名辱，无定故身危，喪法身慧命，故死期將至，永无法喜，故不見其妻，此二君一民之道也。

【譯註】

困卦（䷮）以澤中無水為困，告誡人處世必以正道，如果錯計心外有法，甚至執意去追求這個心外之法，就像「被石頭絆住了」。不懂萬法惟心的道理，偏要辨別是非，也像「攀爬在荊棘叢中」，自走絕路。缺少智慧會招來屈辱，缺少定力遲早遇到傷害，拋棄自己功德莊嚴的法身和甚深的慧命，便是死路一條，再不會有聞法而喜的樂趣了。如果用維摩詰「以法喜為妻」的話來說，這就是回到家裡，不見了妻子。這不就是「二君一民」，用心不專，兩個主人當家的壞處嗎？

《易》曰：「公用射隼于高墉之上，獲之，无不利。」子曰：「隼者，禽也；弓矢者，器也；射之者，人也。君子藏器于身，待時而動，何不利之有？動而不括，是以出而有獲。語成器而動者也。」

禽喻惑，器喻戒定，人喻智慧。解之上六，獨得其正，而居震體，如人有慧，故能以戒定斷惑也。宗門云：「一兔橫身當古道，蒼鷹才見便生擒」，亦是此意。

【譯註】

解卦（䷧）是困蹇之後的解脫，人人樂為君子，獨有六三小人像一隻凶險的鶻鷹，以牠的小智小慧仗勢欺人，獵人應當拿出弓箭來捕捉牠。鶻鷹代表疑惑，弓箭代表戒定，獵人代表智慧。解卦的五爻全都陰陽錯亂，獨有上六，陰居陰位，又在震卦的巔峰，用她出世而正定的獵人身分，掃蕩世間的怠慢邪見，是最恰當不過的事了。《宗門十規論》說，「狡兔剛跳出來，老鷹立刻便把牠抓住」，就是這個意思。

子曰：「小人不恥不仁，不畏不義，不見利不勸，不威不懲。小懲而大誡，此小人之福也。《易》曰：『履校滅趾，无咎。』此之謂也。」「善不積，不足以成名；惡不積，不足以滅身。小人以小善為无益而弗為也；以小惡為无傷而弗去也。故惡積而不可掩，罪大而不可解。《易》曰：『何校滅耳，凶。』」

夫戒定之器必欲其成，障戒障定之惡必宜急去，勿輕小罪以爲无殃，懲之于小則无咎，釀之于終則必凶，修心者所宜時時自省自改也。

【譯註】 噬嗑卦（䷔）主張對犯過者加以懲治，但戒定的教育是先決的條件，不接受戒定的教訓而犯的過錯，必須及時糾正。千萬別以為小罪無害，從小小的懲罰得到大大的教訓，是人的幸福。噬嗑初九說，犯小罪的人給他腳上帶上枷鎖，讓他行動不便就夠了，一旦釀成大禍，為時就晚了。有意修心的人，必須隨時反省改過，避免不虞。

子曰：「危者，安其位者也；亡者，保其存者也；亂者，有其治者也。是故君子安而不忘危，存而不忘亡，治而不忘亂，是以身安而家國可保也。《易》曰：『其亡其亡，繫于苞桑。』」

自有因過而憬悟以進德者，自有无過而託大以退道者。故君子雖未必有過，尤宜乾乾惕勵，如否之九五可也。安其位是德，保其存是知，有其志是力。

【譯註】

否卦（䷋）繼泰卦之後，是承平日久，對眾人逸樂的警告。雖然有人因為犯了過而把自己變成更好，但也有人自恃無過，放鬆了警惕之心，走上歧途。所以君子不論有過無過，都應抖擻精神，居安思危，活著時不忘死亡，太平時不忘戰亂，有如否卦九五所說，「一棵屹立不搖的苞桑樹」。懂得安於其位是修養，能夠保護生命是智慧，有辦法治理天下是力量。

子曰：「德薄而位尊，知小而謀大，力小而任重，鮮不及矣。《易》曰：『鼎折足，覆公餗，其形渥，吉。』言不勝其任也。」

欲居尊位，莫若培德；欲做大謀，莫若拓知；欲任重事，莫若充力。德是法身，知是般若，力是解脫，三者缺一，決不可以自利利他。

【譯註】

鼎卦（䷱）談改革，但有人德望不夠，奢言改革，結果都成空話。因此處高位的人最好修德，有大計劃的人最好發展智慧，想做大事的人最好充實力量。德是真如能照之身，智慧是般若，力量是解脫，如想自利利他，三者不可缺一。

子曰：「知幾其神乎！君子上交不諂，下交不瀆，其知幾乎！幾者，動之微，吉之先見者也。君子見幾而作，不俟終日。《易》曰：『介于石，不終日，貞吉。』介如石焉，寧用終日，斷可識矣。君子知微知彰，知柔知剛，萬夫之望。」

此所謂德厚而位自尊者也。十法界不出一心，名之爲幾。知此妙幾，則上合十方諸佛本妙覺心，如佛如來同一慈力，故上交不諂；下合十方六道一切眾生，與諸眾生同一悲仰，故下交不瀆。稱性所起始覺，故爲吉之先見。

【譯註】

豫（䷏）是事先便有的「神機妙算」，是吉凶出現前的預告。所以孔子說，「知道變化之前的變化，真神妙呀！」但這是品德高尚和對自己地位絕對尊重的結果。殊不知，十方世界，不出一心，這就叫做「幾」（神算）。這種察微知漸的觀察，便是人人本具的不可思議的自覺心，跟如來佛慈悲的力量同等偉大。既然有此慈悲心懷，對上便不必諂媚討好，對下也不必輕慢不敬。照你的真如本性做事就是「覺」，就是吉祥的先兆。

子曰：「顏氏之子，其殆庶幾乎！有不善未嘗不知，知之未嘗復行也。《易》曰：『不復遠，无祇悔，元吉。』」

此所謂知大而謀自遠者也。欲證知幾之神，需修不遠之復。

【譯註】復卦（䷗）是繼剝卦淪喪後重新的振作，像它的初九，一陽對五陰，依恃小，寄望大，而且任重道遠。但如果要想有神而化之的奇異效果，還得有自覺心，就像顏回自我的改善，和他躬身實踐的精神。

天地絪緼（同氤氳），萬物化醇；男女構精，萬物化生。

《易》曰：「三人行，則損一人；一人行，則得其友。」言致一也。

此所謂力大而任可重者也。既有不遠之復，需有致一之力。男慧女定，不使偏枯，乃可以成萬德矣！

【譯註】

損卦（䷨）的犧牲和奉獻需勞而不怨，損而無咎，這需要強大的力量和持久的承擔。既然已有了任重道遠的自覺，還需有共同一致的努力，有如天地大氣的瀰漫，男女精氣的溝通，均勻調和，萬物才能生長。

子曰：「君子安其身而後動，易其心而後語，定其交而後求，君子修此三者故全也。危以動，則民不與也，懼以語，則民不應也，无交而求，則民不與也。莫之與，則傷之者至矣。《易》曰：『莫益之，或擊之，立心勿恆，凶。』」

惟仁可以安身，惟知可以易語，惟力可以定交。仁是斷德，知是智德，力是利他恩德，有此三者，不求益而自益。今危以動則德薄，懼以語則知小，无交而求則力小，不亦傷乎？

【譯註】

懂得損，才有益。益卦（䷩）認為「增道損生」的原則是自利利他的開始。仁德是做人的條件，智慧是溝通的條件，忍耐是交朋友的條件。有仁德、有智慧、能忍耐的人，不求利益，而利益自來。如果有人在危險的邊緣行動，那是缺少仁德，如果說話令人恐懼，那是缺少智慧，如果不建立交情卻要求回報，那是缺少忍耐，遲早會遭到傷害。

子曰：「乾坤，其易之門耶？」乾，陽物也；坤，陰物也。陰陽合德而剛柔有體，以體天地之撰，以通神明之德。其稱名也，雜而不越，于稽其類，其衰世之意耶？夫《易》，彰往而察來，而微顯闡幽。開而當名，辯物正言，斷辭則備矣。其稱名也小，其取類也大。其旨遠，其辭文，其言曲而中，其事肆而隱。因貳以濟民行，以明失得之報。

有易理即有乾坤，由乾坤即通易理，如城必有門，門必通城。蓋乾是陽物，在天曰陽，在地曰剛，在人曰知；坤是陰物，在天曰陰，在地曰柔，在人曰仁。而陰不徒陰，陰必具陽；陽不徒陽，陽必具陰。故陰陽合德，而剛柔有體，即天道而爲地道，即地道而爲人道，即人道而體天地之撰，同神明之德。易理既然，易書亦爾。所以六十四卦之名雜而不越。雜，謂大小善惡邪正吉凶之不同；不越，謂總不外于陰陽二物之德。然使上古之世，有善无惡，有正无邪，則此書亦可无作。今惟以衰世既有善惡邪正之殊，欲即此善惡邪正，仍歸于非善非惡之至善，非邪非正之至正，所以方作易耳。

是以易之爲書，能彰往因，能察來果，能以顯事會歸微理，能使幽機闡成明象，故以此開示天下萬世，名无不當，物无不辨，言无不正，辭无不斷也。一卦止有一名故小，一名具含眾義故大。包盡內聖外王之學故旨遠，辭不煩而意已達故文，言偏而意无不圓，故曲而中，事定而凡情難測，故肆而隱，因決疑以明失得之報，遂令民之蚩蚩亦可避失而趨得也。

【譯註】

前面說過，易理出現在乾坤之先，但從乾坤也能進入易理。易理如城，乾坤如門，入門便進入了易理之城。乾是雄性，在天名為陽，在地名為剛，在人名為智；陰是雌性，在天名為陰，在地名為柔，在人名為仁。然而陰並不全是陰，其中有陽的成分；陽也並不全是陽，其中有陰的成分，所以陰陽並存，剛柔同體，天道就是地道，地道就是天道，所以從人道的立場也能窺見天道和地道的創造，並能與神明的世界溝通。易理既是如此，易書也有同樣的功效，《易經》六十四卦雖然名目繁雜，卻有條不紊。所謂繁雜，指其中有大小、善惡、邪正的不同；所謂有條不紊，指這些特性不外是陰陽的變化，無一例外。然而上古時代，假如只有善而沒有惡，只有正而沒有邪，《易經》還需要寫嗎？在今天衰敗的時代中，既然有善惡邪正的摻雜，《易經》才想藉這種並存的現象，來發現非善非惡的「至善」，和非邪非正的「至正」。

因此《易經》這部書，既能彰顯過去的因，察看未來的果，又能用日常的語言細說幽微的道理，既能把幽暗的禪機轉化成透明的形象，又能昭告普天之下，什麼是名分、事物、言辭和吉凶。它一卦一名，看來事小，一名卻有說不完的意義，那便是大事了；書中蘊涵了內聖外王之學，它的宗旨有夠高遠了；三言兩語便傳達了深意，它的文字有夠巧妙了；它舉一並不反三，意義卻無不圓滿，有夠委婉了；它敘事好像清楚，趣味卻難捉摸，所以似顯而隱；它只用陰陽的選擇卻說明了得失的大道理，即使呆板的人也懂得怎樣避凶就吉。

《易》之興也，其于中古乎？作《易》者，其有憂患乎？

言其有與民同患之深心也。

【譯註】

「《易》興起於中古時代吧？《易》的作者心中有憂患的意識吧？」《繫辭》以伏羲為上古，夏商周為中古。結繩而治的時代過去了，文明也帶來混亂，《易經》作者一定看見了混亂，書中也顯示了對民眾深切的同情。

是故，履，德之基也；謙，德之柄也；復，德之本也；恆，德之固也；損，德之修也；益，德之裕也；困，德之辯也；井，德之地也；巽，德之制也。

心慈而力健，故爲德基；內止而外順，故爲德柄；天君爲主，故爲德本；動而深入，故德可固；譬如爲山，故爲德修；鼓舞振作，故爲德裕；積而能流，故爲德辯；入而能出，故爲德地；遍入一切，故爲德制。○素位而行之謂履，蘊高于卑之謂謙，爲仁由己之謂復，動而有常之謂恆，去惡淨盡之謂損，積善圓滿之謂益，歷境練心之謂困，有源不窮之謂井，无入不得之謂巽。其實六十四卦，无非與民同患，內聖外王之學。且就九卦指點者，以其尤爲明顯故也。

【譯註】

履卦心懷慈悲，柔能勝剛，是德的基礎。謙卦內安而外順，是德的運用。復卦明主中興，一切向前邁進，是德的本質。恆卦感應深入，恆久不息，是德的保證。損卦截長補短，摧山填壑，是德的修飾。益卦努力於自利利他的工作，是德的富裕。井卦掘地儲水，供應萬民，是德的表率。困卦處險脫難，置之死地而後生，是德的福地。巽卦之德如風，周行天下，是德的規模。

運用正慧的力量，不管地位的下，就是履。把高貴隱藏在卑賤中，就是謙。自強不息，「我欲仁斯仁至矣」，就是復。感而有應，永遠不變，就是恆。把罪惡抛個乾淨，就是損。把善事做得圓滿，就是益。在惡劣的環境中鍛鍊身心，就是困。讓資源永不枯竭，就是井。無往不利，處處逍遙，就是巽。其實六十四卦都以與民同患難為居心，是內以修己，外以治人的學問。這裡所提九個卦，不過是些比較明顯的例子而已。

履，和而至；謙，尊而光；復，小而辯于物；恆，雜而不厭；損，先難而後易；益，長裕而不設；困，窮而通；井，居其所而遷；巽，稱而隱。

和即兌慈，至即乾健；尊即山高，光即坤順；小即一陽而爲衆陰之主；入于群動，故雜而不厭；譬如爲山，方覆一簣，故先難而後易；鼓舞振作，則自然長裕；窮即澤之止水；通即坎之流水；由積故流，猶所謂隱居求志而行義達道也；井不動而澤及于物；巽能遍入一切事理深邃之域，故稱而隱。

【譯註】

履（䷉），兌下乾上，兌的慈祥就是柔和，乾的剛健就是中正。謙（䷎），艮下坤上，艮的高山就是「地道卑而上行」，坤的柔順就是「天道下濟而光明」。復（䷗），震下坤上，初九的陽爻雖小，卻是五個陰爻的主人。恆（䷟），巽下震上，接受風雷雜亂的感應，但不忘記生命的常態。損（䷨），兌下艮上，澤在下，山在上，山必有損，但先有艮的艱難（損己），兌的喜樂將隨之而來（利人）。益（䷩），震下巽上，風以鼓之，雷以動之，最能促人改過遷善。困（䷮），坎下兌上，坎是水，困窮時是止水，歡樂時是流水，看你的境遇而定，澤中無水，當然是困境，一旦澤水積滿，開始流動，就像不得志而隱居的人，終於有出頭的一天。井（䷯），巽下坎上，巽是木，是擔水的用具，木上有水，井雖不動卻惠及萬民。巽（䷸）是風，鼓動萬物，無孔不入，廣被天下，也能深入人心。

履以和行，謙以制禮，復以自知，恆以一德，損以遠害，

益以興利，困以寡怨，井以辯義，巽以行權。

此正明九卦之用如此，以此而爲內聖外王之學，所以能歸非善非惡之至善，非邪非正之至正。而聖人與民同患之線索亦盡露于此矣！○按此九卦，亦即是余九法助成不思議觀之旨，蓋易即不思議境之與觀也。作《易》者有與民同患之心，更設九法以接三根：履是眞正發菩提心，上求下化；謙是善巧安心止觀，地中有山，止中有觀也；復是破法遍，一陽動五陰之下也；恆是識通塞，能動能入也；損是道品調適，能除惑也；益是對治助開，成事理二善也；困是知次位，如水有流止，不可執性廢修也；井是能安忍，謂不動而潤物也；巽是離法愛，爲深入于正性也。

【譯註】

這裡說的是九卦的功用，指出了內聖外王的內涵和至善至正的道理，而聖人與民同患難的心理，也在此表露無遺！

這九個卦正好是我提出的九種求智的方法，也是《周易》書中不可思議的智慧境界。《周易》的作者除了有與民同患難的心理外，還設置了這九種方法，挽救人們貪嗔痴的三根：履卦，勸人發真正的菩提心，上求佛道，下化眾生；謙卦，是善巧方便的定慧，勸人在安靜中求智慧；復卦，以一陽戰五陰的毅力，遍破諸惑；恆卦，出入通塞之間，用行動爭取自由；損卦，勸人重新調適方法，達到涅槃境界，減少疑慮；益卦，開門求善，讓事理兩全；困卦，看清自己的位置，觀察自己處境的順逆，左右逢源；

井卦，學習忍耐，在無言止中給人恩惠；巽卦，斷絕執著的偏愛，進入深心中的正法正性。

《易》之為書也不可遠。為道也屢遷，變動不居，周流六虛，上下无常，剛柔相易，不可為典要，惟變所適。其出入以度，外內使知懼，又明于憂患與故。无有師保，如臨父母。初率其辭，而揆其方，既有典常。苟非其人，道不虛行。

易書雖具陳天地事物之理，而其實切近于日用之間，故不爲遠。雖近在日用之間，而初无死法，故爲道屢遷。隨吾人一位一事中，具有十法界之變化，故變動不拘。周流六虛，界界互具，法法乎融，故上下无常。剛柔相易，所以法法不容執著而惟變所適。惟其一界出生十界，十界趣入一界，雖至變而各有其度，故深明外內之機，使知競業于一念之微。又明示憂患之道，及所以當憂當患之故，能令讀是書者，雖无師保，而如臨父母，可謂愛之深教之至矣！是以善讀《易》者，初但循其卦爻之辭，而深度其所云之法，雖云不可爲典要，實有一定不易之典常也。然苟非其人，安能讀《易》即悟易理，全以易理而爲躬行實踐、自利利他之妙行哉？

【譯註】

易書依據的雖是天地萬物之理，實際的應用卻在日常生活上，所以並不高遠。雖說日用，沒有僵定的陳規，而是因時因地的變化；雖說就事論人，牽涉十界的變化，也沒有拘束。它遍布虛空，處處通容，打破了上下的界限。它剛柔調和，沒有膠著的危險。它從一界看十界，又從十界回歸一界，雖然變化多端卻嚴守法度，分辨了現實和理想的差距，說明了一念之差謬以千里的可能。它還提出了憂患意識，和造成憂患的種種原因，它雖不是你的師長卻有父母的溫馨，不惟給你教育，還給你關懷！讀《周易》最好的方法是先聽卦爻的說法，再深入思考其中的涵義，它不必是金科玉律，但它自有不可看輕的道理。有這樣的會心，才能讀這樣的書，領會其中的理，這不就是用易理來貫徹自利利他的行為嗎？

《易》之為書也，原始要終，以為質也。六爻相雜，惟其時物也，其初難知，其上易知，本末也。初辭擬之，卒成之終。

若夫雜物撰德，辯是與非，則非其中爻不備。噫！亦要存亡吉凶，則居可知矣。知者觀其彖辭，則思過半矣！

二與四同功而異位，其善不同，二多譽，四多懼，近也。柔之為道，不利遠者；其要无咎，其用柔中也。三與五同功而異位，三多凶，五多功，貴賤之等也。其柔危，其剛勝耶？

夫離卻始終之旨，則无時物；離卻時物，亦无始終。故學《易》者，須得其大體，盡其曲折，乃可謂居觀象、動觀變也。然雖發心畢竟二不別，而初則難知，上則易知，以二心中先心難故。既發心已，終當克果。一本一末，法如是故，是以初辭擬之，卒以此而成終，顧爲學者又不可徒恃初心已也。

若夫遍涉于萬事萬物之雜途，而撰成其德行，及深辯修行之是非，則非其中之四爻不備，夫事物雖有萬殊，是非雖似紛糅，豈眞難辯也哉？噫！亦要歸于操存舍亡、迪吉逆凶之理，則所以自居者斷可知矣！知者觀于象辭，提綱挈領以定大局，則雖時物相雜，而是非可辯，思過半矣，何謂是之與非？

且如二與四，同是陰也，而譽懼不同，則遠近之分也。三與五，同是陽也，而凶功不同，則貴賤之分也。柔宜近不宜遠，四之位近君，故雖多懼，而其要无咎。二之位遠君，但用柔中，故多譽也。剛宜貴不宜賤，五之位貴，上位必須剛德乃克勝也。此約時位如此。若約修證者，知慧宜高遠，行履宜切實穩當，故知內聖外王之學，皆一卦六爻中備之。

【譯註】

《周易》的本質是時間，也就是「原始要終」，從開始到結束，點滴不漏。每卦的六爻都離不開時間，因為一旦離開了時間，它的爻和爻辭（物）都失去了意義，失去了時間和物的意義，易書也就失去了預期的作用。所以閱讀《周易》一定要抓住時和物二者的大體，在靜態中觀察天地萬物的形象，在動態中觀察它們與時推移的變化。雖然讀者想「一以貫之」，初爻如果難懂，到了上爻就會明朗，畢竟事情的困難在開頭啊！有用心，一定有結果，這就是有始有終。書中起初簡單的比喻，是達到最後領悟的過程，所以讀者要按住性子，循序漸進，領悟不是徼幸得來的！

說到龐雜的萬事萬物，發現其中的道理以及言行的是非，是初爻和上爻之外四爻的責任了。事物雖然龐雜，變化雖然多端，蛛絲馬跡還是存在的。哎呀！其實存亡吉凶的大道理，誰不心中有數！費點腦筋，用心閱讀，你會在雜亂是非中看見曙光，那就是易書智慧的光芒了！

至於什麼是是非呢？六爻中，二和四是陰爻，但有褒有貶，這是距離造成的不同；三和五是陽爻，但有凶有吉，這是貴賤造成的不同。大致說來，陰柔最好靠緊在身邊，不要太遠。但事情也並不如此簡單，例如四太貼近九五的君王，禍害也多，一不小心便會遭殃。而二遠離君王，如果柔中得體，表現良好，容易建造功勳。陽剛宜有高貴的表現，最忌低賤，九五的地位夠高了吧，但沒有剛健的德行作為支持，也沒有成功的可能。在修行方面，智慧越高越好，行為越實在越有力量，就像內聖外王這一大學問，也能從六爻中親切見到。

《易》之為書也，廣大悉備；有天道焉，有人道焉，有地道焉。兼三才而兩之，故六。六者非他，三才之道也。道有變動故曰爻；爻有等，故曰物；物相雜，故曰文；文不當，故吉凶生焉。

上明質與時物，且約人道言之，而實三才之道无不備焉。且如三畫便是三才，而三才決非偏枯單獨之理，當知一一才中還具兩才事理，故象之以六畫。而六者非他，乃表一一畫中又各還具三才之道，不但初二爲地，三四爲人，五上爲天而已矣！是故三才各有變動之道曰「爻」；爻有初、終、中間之等，故名曰「物」；物又互相夾雜不一，故名曰「文」；文有當與不當，故吉凶從此而生。而所以趨吉避凶、裁成輔相于天地者，則其權獨歸于學《易》之君子矣！

【譯註】

上一段說明了易書時物交錯的本質，現在且再從人道，也就是「三才」的觀念著眼。伏羲氏三畫開天，他的三爻代表天、地、人的三才，但這三才不是強制性的分割，每一才中都有另外二才的身影。而在卦中，每二爻構成一才，因此每卦都由六爻組成，每一爻都有三才的內涵，因此我們不能誤以為一、二就是地，三、四就是人，五六就是天！三才的變化叫做「爻」，爻是交叉變化的意思，爻有初爻、上爻，和中間的二、三、四、五爻，它們統稱為「物」。物相互溝通叫做「文」，文又有肯定和否定的不同，而吉凶便是這樣產生出來的。至於如何趨吉避凶，如何截長補短，這個手段就在聰明的《周易》讀者手中了！

《易》之興也，其當殷之末世，周之盛德邪？當文王與紂之事邪？是故其辭危。危者使平，易者使傾，其道甚大，百物不廢。懼以終始，其要无咎。此之謂《易》之道也。

此正明學《易》之君子，于末世中而成盛德，自既挽凶爲吉，又能中興易道，以昭示天下萬世也。

【譯註】《周易》的成書在商末周初，正是文王和紂王對壘的時候，所以文字充滿了危機意識。讀者不難從書中看見時代的變遷，而在創造新時代的同時，也學到趨吉避凶的技巧。

夫乾，天下之至健也，德行恆易以知險；夫坤，天下之至順也，德行恆簡以知阻。能說諸心，能研諸侯之慮，定天下之吉凶，成天下之亹亹者。是故變化云為，吉事有祥。象事知器，占事知來。天地設位，聖人成能，神謀鬼謀，百姓與能。

八卦以象告，爻辭以情言；剛柔雜居，而吉凶可見矣！變動以利言，吉凶以情遷。是故愛惡相攻而吉凶生；遠近相取而悔吝生；情偽相感而利害生。凡易之情，近而不相得則凶；或害之，悔且吝。

將叛者其辭慚，中心疑者其辭枝；吉人之辭寡，躁人之辭多；誣善之人其辭游，失其守者其辭屈。

夫易道雖甚大，而乾坤足以盡之。乾易而知險，坤簡而知阻。惟其知險，故險亦成易，否則易便成險矣！惟其知阻，故阻亦成簡，否則簡亦此阻矣！悟此簡易險阻之理于心，故悅，知此挽回險阻以成簡易之不可草率，故其慮研。既悅其理，又研其慮，則知行合一，全體乾坤之德，遂可以定吉凶成亹亹也。是故世間之變化云爲，舉凡吉事无不有祥，聖人于此，即象事而可以知器，即占事而可以知來矣！

由此觀之，天地一設其位，易理即已昭著于中，聖人不過即此以成能耳。然其易理甚深奧，亦甚平常：以言其深奧，則神謀鬼謀，終不能測；以言其平常，則百姓何嘗不與能哉？夫百姓何以與能，即彼八卦未嘗不以象告，即彼爻象未嘗不以情言，即彼剛柔雜居，而吉凶未嘗不可見也。是故易卦之變動，不過以百姓之利言也；易辭之吉凶，不過以百姓之情，令其遷善也。是故百姓之愛惡相攻而吉凶生，遠近相取而悔吝生，情僞相感而利害生。此百姓之情，即《易》中卦爻之情也。凡易之情，近而相得則吉，不相得則凶。或害之，悔且吝矣。而此相得不相得之情，能致吉凶悔吝者，豈他人強與之哉？

試觀將叛者其辭慚，乃至失其守者其辭屈。可見一切吉凶禍福无不出于自心，心外更无別法。此易理所以雖至幽深，實不出于百姓日用事物之間，故亦可與能也！

【譯註】

《易經》的道理雖然廣大，不出乾坤二卦。乾在平易中預告了艱險，坤在簡約中預告了困難。既然預知艱險，艱險也可化為平易了！既然預知困難，困難也可化為簡約了！明白平易簡約、艱險困難不過是心的狀態，人能處之泰然。明白內心狀態的轉變並不容易，人便能思慮深遠，從長計議。心中泰然，思慮又深遠周到，便是「知行合一」理想的實現，運用自然的力量判斷吉凶、事業也有成了。因此世間現象都有兆頭和原委，懂得預測，可以安心。

這樣看來，天地定位後，易理便流露其中了。聖人抓住了這些訊息，獲得無所不能的神奇。易理雖然深奧，也平易近人。說到深奧，它可以鬼神莫測，說到平易，誰都可以做到。為什麼誰都可以做到呢？因為八卦赤裸裸展現了它們的形象，爻辭、彖辭盡情說明了它們的意涵，縱使剛柔亂成一團，吉凶依然歷歷在目。因此易卦的動靜是與人直接的對話，易辭的吉凶是歧路上選擇的助手。事實上，吉凶是愛憎交戰的結果，悔恨是距離遠近的結果，利害是真誠和虛偽的結果，這些結果就是卦爻的現象。一般來說，卦爻的特性，親近融洽是吉，不親近不融洽是凶。如果誰存心傷害，悔恨是注定的了。不過仔細想想，親近、融洽、吉凶、悔恨這些事，除了你自己，難道是別人可以替你決定的嗎？

一葉知秋，蓄意叛亂的人，說話羞愧；失去操守的人，說話彆扭。禍福吉凶來自自的心頭，除卻自心，哪裡還有其他的來源呢？所以易理看來幽深，都在日常生活範圍之內，聖人可以做到，人人也可以做到！

說卦傳

昔者聖人之作《易》也，幽贊于神明而生蓍。參天兩地而倚數，觀變于陰陽而立卦，發揮于剛柔而生爻，和順于道德而理于義，窮理盡性以至于命。

夫因蓍有數，因數立卦，因卦有爻，此人所共知也。借此以和順道德，窮理盡性，此人所未必知也。且蓍之生也，實由聖人幽贊于神明而生之；數之倚也，實參兩于天地；卦之立也，實觀變于陰陽；爻之生也，實發揮于剛柔，此尤人所不知也。惟其蓍從聖人幽贊生，乃至爻從發揮剛柔生，故即此可以和順道德，使進修之義條理有章。既得進修之義，則理可窮，性可盡，而天命自我立矣！作《易》之旨顧不深與？

【譯註】

有了蓍草才有數字，有了數字才有卦，有了卦才有爻，這是人人知道的事實。但利用這些卦爻來輔長道德，深入理性，卻不是人人皆知的事了。再說蓍草是神明為了暗中幫助聖人占卜出現的神草，數字有奇有偶，爻位有陰有陽，物性有剛有柔，更非人人所知。正因為蓍草有神明的暗助，卦爻來自剛柔，它們有足夠的力量輔助道德，讓人在進德修業的過程中，得到有條不紊的指導。既能進德修業，又能貫通理性，不難找到自己的命運！《易經》的涵義還不深遠嗎？

昔者聖人之作《易》也，將以順性命之理。是以立天之道，曰陰與陽；立地之道，曰柔與剛；立人之道，曰仁與義。兼三才而兩之，故易六畫而成卦。分陰分陽，迭用柔剛，故易六位而成章。

天地定位，山澤通氣，雷風相薄，水火不相射，八卦相錯；數往者順，知來者逆，是故易，逆數也。

吾人自无始以來，迷性命而順生死，所以從一生二，從二生四，乃至萬有之不同。今聖人作《易》，將以逆生死流，而順性命之理，是以即彼自心妄現之天，立其道曰陰與陽，可見天不偏于陽，還具易之全理，所謂隨緣不變也。即彼自心妄現之地，立其道曰柔與剛，可見地不偏于柔，亦具易之全理，亦隨緣不變也。即彼自心妄計之人，立其道曰仁與義，仁則同地，義則同天，可見人非天地所生，亦具易之全理，而隨緣常不變也。天具地人之兩，地具天人之兩，人具天地之兩，故《易》書中以六畫成卦而示之。于陰陽中又分陰陽，于柔剛中互用柔剛，故《易》

書中以六位成章而昭顯之也。

何謂六位成章？謂天地以定其位，則凡陽皆屬天，凡陰皆屬地矣。然山澤未始不通氣，雷風未始不相薄，水火相反，而又未始相射也。是以八卦相錯，而世間文章成矣。即此八卦相錯之文章，若其從一生二，從二生四，從四生八之往事者，則是順生死流；若知其八止是四，四止是二，二止是一，一本无一之來者，則是逆生死流。逆生死流，則是順性命理，是故作《易》之本意，其妙在逆數也。謂「起震至乾，乾惟一陽」，即表返本還源之象耳。

【譯註】

自從開天闢地以來，我們雖在性命洪流中搏鬥，卻能隨順生死，懂得一生二、二生四、四生萬物的簡單道理。這就是用順序的方式推演過去，所謂「數往者順」。文王的《周易》有意逆轉生死的順序，而隨順性命的方向，所謂「知來者逆」。所以他從假想的天建構了陰陽的概念，天雖具備《易》的全理，並不偏向於陽，卻遵守「隨緣不變」的原則。他又從假想的地建構了剛柔的概念，地雖也具備《易》的全理，並不偏向於柔，也遵守「隨緣不變」的原則。他再從假想的人建構了仁義的概念，仁有如地，義有如天，人雖不是天地所生，也具備了《易》的全體，也遵守「隨緣不變」的原則。天包含了地和人，地包含了人和天，人也包含了天和地，所以《周易》的卦要有六爻才能有三才的完備。每卦中的陰陽會誕生新的陰陽，每卦中的剛柔也會誕生新的剛柔，所以每卦的六爻就以六個不同位置的事物，構成六種不同的意義，也就是所謂六位成章。

為什麼叫做「六位成章」呢？從伏羲的八卦方位看，天地定位後，陽便屬天（乾），陰便屬地（坤）。隨著天地的分開，山（艮）和澤（兌）、雷（震）和風（巽）、水（坎）和火（離），也都各自取得了對立的地位，八卦之間交錯的變化就是易書全書的內容。如果我們從一推二，從二推四，從四推八，如此往下推算，便是順著生死之流走向未來。然而如果從八推四，從四推二，從而推一，而一不可再推，便是逆著生死之流走向過去。雖然逆生死之流，仍有順性命之理的目的，但不同於「數往者順」，《周易》的本意卻是「知來者逆」，也就是逆向的操作。所謂「起震至乾，乾惟一陽」（從震開始，經過艮和坎，最後到乾，不過是一個回歸乾體的過程罷了！）（參看「文王八卦方位」圖），所以逆生死流而上，正是溯本歸源的用意。

雷以動之，風以散之，雨以潤之，日以晅（ㄒㄩㄢ）（晅同烜）之，艮以止之，兌以說之，乾以君之，坤以藏之。

先以定動猶如雷，後以慧拔猶如風，法性之水如雨，智慧之照如日，妙三昧爲艮止，妙總持爲兌悅，果上智德爲乾君，果上斷德爲坤藏。

【譯註】

定可以減輕雷的震動（震），慧可以掃除風的急躁（巽），真如的水像雨（坎），智慧的光像太陽（離），而艮的靜止是不可思議的禪定，兌的喜悅是定慧俱全的修養，乾是最上乘的菩提，坤是最上乘煩惱的消泯。

帝出乎震，齊乎巽，相見乎離，致役乎坤，說言乎兌，戰乎乾，勞乎坎，成言乎艮。

帝者，吾人一念之天君也。不憤不啓，不悱不發，故出乎震。既發出生死心，需如法門以齊其三業，三業既齊，需以智慧之明見一切法。既有智慧，需加躬行，智行兩備，則得法喜樂，又可說法度人。說法則降魔爲戰，戰勝，則賞賜田宅，乃至解髻珠以勞之；既得授記，則成道而登涅槃山矣。

【譯註】

這段所說是按照文王後天八卦的順序。天帝，我們生命的源頭，是從震卦開始的，人們時而憤憤不平，時而悶悶不樂，會發出隆隆的雷鳴。既然有了生死的念頭，便需循序漸進，接受巽風的吹拂，驅散身口意的三業，得到身心的平和。身心既已平和，則需接受智慧，有如離的光明。有智慧，能躬行，人除了得到如兌卦一般的喜樂外，還能運用智慧，說法救度眾生。救度眾生是一場戰爭，一如龍戰於野的乾卦，而其中的辛勞和驚險又如坎卦。然而戰爭的勝利會帶來大功告成的圓滿，報償之一是授記的肯定，有如艮卦高聳，攀上了璀璨的涅槃山頭。

萬物出乎震，震，東方也。齊乎巽，巽，東南也；齊也者，言萬物之潔齊也。離也者，明也，萬物皆相見，南方之卦也；聖人南面而聽天下，嚮明而治，蓋取諸此也。坤也者，地也，萬物皆致養焉，故曰致役乎坤。兌，正秋也，萬物之所說也，故曰說言乎兌。戰乎乾，乾，西北之卦也，言陰陽相薄也。坎者，水也，正北方之卦也，勞卦也，萬物之所歸也，故曰勞乎坎。艮，東北之卦也，萬物之所成終而所成始也，故曰成言乎艮。

萬物皆出乎震，況爲聖爲賢，成佛作祖，獨不出震乎？萬物皆齊乎巽，而三業可弗齊邪？萬物皆相見乎離，而智慧可弗明邪？萬物皆養于坤，而躬行可弗履踐實地邪？萬物皆說乎兑，而可无法喜以自娛，可无法音以令他喜悦邪？陰陽相薄，即表魔佛攸分。萬物所歸，正是勞賞有功之意，自既成終，則能成物之始，自覺覺他之謂也。

約觀心者，一念發心爲帝，一切諸心心所隨之，乃至三千性相，百界千如，无不隨現前一念之心而出入也。

【譯註】

人都從震卦裡來，聖人、賢人、佛、祖宗，能有例外嗎？人都從巽風的吹拂中得到平和，身口意三業有逃脫的機會嗎？人都因離卦的光芒睜開了眼睛，智慧還能躲藏嗎？人都從坤卦中得到滋潤，腳踏實地、躬身實踐的人會不深受其惠嗎？人都在兌卦中得到喜悅，法喜怎能不充滿人心、法音怎能不遍布人寰呢？龍戰於野的坤卦，陰陽雖互相激蕩卻森然對峙，說明了魔道和佛道劃然不同。坎卦勞苦功高，也是眾善所歸之地，它有始有終的表現，說明了自覺覺他的可貴。

從觀心處看，我們的心像天帝，一切由心造。一念既起，念念也隨之而來，三千大千世界，眼花繚亂，也會隨風起舞。

神也者，妙萬物而為言者也。動萬物者莫疾乎雷；撓萬物者莫疾乎風；燥萬物者莫熯乎火；說萬物者莫說乎澤；潤萬物者莫潤乎水；終萬物、始萬物者莫盛乎艮。故水火相逮，雷風不相悖，山澤通氣，然後能變化，既成萬物也。

夫神不即萬物，亦不離萬物，故曰妙萬物也；一念菩提心，能動无邊生死大海，震之象也；三觀破惑不遍，巽之象也；慧火乾枯惑業苦水，離之象也；法喜辨才自利利他，兌之象也；法性理水潤澤一切，坎之象也；首楞嚴三昧究竟堅固，艮之象也。凡此皆乾坤之妙用也，即八卦而非八卦，故曰神也。

【譯註】

神奇並不依附在萬物的身上，但萬物從不缺少神奇，這就是萬物的神奇。心中一旦覺悟心動，生死大海立刻生起風浪，這就是震。風浪從不止息，打破了空假中三觀的迷惑，這就是巽。慧日如火，燒枯了疑惑、燒乾了苦水，這就是離。喜愛真理，自己開心，別人也開心，這就是兌。真如有如理性的活水，滋潤萬物，這就是坎。堅固如佛的究竟，堅牢如禪定的莊嚴，這就艮。天地的妙用正是在此，而八卦盡到了它們形象以外的責任，這就是八卦的神奇。

乾，健也；坤，順也；震，動也；巽，入也；坎，陷也；艮，止也；兌，說也。

健則可以體道，順則可以致道，動則可以趨道，入則可以造道，陷則可以養道，麗則可以不違乎道，止則可以安道，說則可以行道，此八卦之德也。

【譯註】乾的剛健可以體驗大道，坤的柔順可以推廣大道，震的行動可以走上大道，巽的深入可以建設大道，坎的下陷可以養育大道，離的依附可以不違背大道，艮的靜止可以安定大道，兌的喜悅則可以推行大道，這就是八卦的功能。

乾為馬，坤為牛，震為龍，巽為雞，坎為豕，離為雉，艮為狗，兌為羊。

讀此方知蠢動含靈皆有佛性，雖一物各象一卦，而卦卦各有太極全德，則馬牛等亦各有太極全德矣！

【譯註】讀到這裡，我才感到凡是能爬能走的生命都有佛性。雖然八個動物代表八個不同的卦，但每卦都有太極的精神，因此每個動物，無論是牛是馬都有太極的精神！

乾為首，坤為腹，震為足，巽為股，坎為耳，離為目，艮為手，兌為口。

若約我一身言之，則八體各象一卦，然卦卦皆有太極全體，則體體亦各有太極全體矣！又體體各有太極全體，則亦各有八卦全能也。又馬牛等各有首腹及與口等，則馬牛等各具八卦全能，尤可知也。

【譯註】

從人的身體來說，如果八個體位各代表一卦，而每卦都有太極全體的精神，那麼人的各體也就是太極的全體了！如果八體都含太極，那麼八卦也就全能了。如果馬牛都有全體，馬牛的全能也不在話下了。

乾，天也，故稱乎父；坤，地也，故稱乎母。震一索而得男，故謂之長男；巽一索而得女，故謂之長女；坎再索而得男，故謂之中男；離再索而得女，故謂之中女；艮三索而得男，故謂之少男；兌三索而得女，故謂之少女。

只此眾物各體之八卦，即是天地男女之八卦，可見小中現大，大中現小，法法平等，法法互具，眞華嚴事事无礙法界也。

佛法釋者，方便爲父，智度爲母，三觀皆能破一切法爲長男，三止皆能息一切法爲長女，三觀皆能統一切法爲中男，三止皆能統一切法爲中女，三觀皆能達一切法爲少男，三止皆能停一切法爲少女。

【譯註】

一物一體的八卦就是天地間男女的八卦，可以在小中見大，大中見小，顯示事事平等，物物相通的特色，完全符合《華嚴經》所說一切無礙的法性世界。

用佛法解釋，乾父給人修習的方便，坤母教人修習的方法。空、假、中的三觀破除世間一切法，所以陽爻第一次出現時的震（☳）是長男，第二次出現時的坎（☵）是中男，第三次出現時的艮（☶）是少男。至於真止、俗止、中諦止的三止，能消泯世間一切法，所以陰爻第一次出現時的巽（☴）是長女，第二次出現時的離（☲）是中女，第三次出現時的兌（☱）是少女。

乾為天，為圜，為君，為父，為玉，為金，為寒，為冰，為大赤，為良馬，為老馬，為瘠馬，為駁馬，為木果。

坤為地，為母，為布，為釜，為吝嗇，為均，為子母牛，為大輿，為文，為衆，為柄；其于地也，為黑。

震為雷，為龍，為玄黃，為敷，為大塗，為長子，為決躁，為蒼筤竹，為萑葦。其于馬也，為善鳴，為馵足，為作足，為的顙；其于稼也，為反生；其究為健，為蕃鮮。

巽為木，為風，為長女，為繩直，為工，為白，為長，為高，為進退，為不果，為臭。其于人也，為寡髮，為廣顙，為多白眼，為近利市三倍。其究為躁卦。

坎為水，為溝瀆，為隱伏，為矯輮，為弓輪；其于人也，為加憂，為心病，為耳痛，為血卦，為赤；其于馬也，為美脊，為亟心，為下首，為薄蹄，為曳；其于輿也，為多青，為通，為月，為盜；其于木也，為堅多心。

離為火，為日，為電，為中女，為甲冑，為戈兵；其于人也，為大腹，為乾卦，為鱉，為蟹，為蠃（ㄌㄨㄛˇ）（蠃同螺），為蚌，為龜；其于木也，為科上槁。

艮為山，為路徑，為小石，為門闕，為果蓏，為閽寺，為指，為狗，為鼠，為黔喙之屬；其于木也，為堅多節。

兌為澤，為少女，為巫，為口舌，為毀折，為附決；其于地也，為剛鹵，為妾，為羊。

此廣八卦一章，尤見易理之鋪天匝地，不問精粗，不分貴賤，不論有情无情。禪門所謂「青青翠竹，總是眞如；郁郁黃花，无非般若」。又云：「牆壁瓦礫，皆是如來清淨法身」，又云：「成佛作祖，猶帶汙名；戴角披毛，推居上位」，皆是此意。

前云乾健也，坤順也，乃至兌悦也，而此健等八德，能具造十界。且如健之善者，則爲天爲君；其不善者，則爲瘠爲駁。順之善者，則爲地爲母；其不善者，則爲吝爲黑。下之六卦，无不皆然，可見不變之理，常自隨緣，習相遠也。然瘠駁等仍是健德，吝黑等乃是順德，可見隨緣之習，理元不變，性相近也。

若以不變之體，隨隨緣之用，則世間但有天圜乃至木果等可指陳耳，安得別有所謂乾？故《大佛頂經》云「无是見」者。若以隨緣之用，歸不變之體，則惟是一乾健之德耳，豈更有天圜乃至木果之差別哉？故《大佛頂經》云「无非見」者，于此會得，方知孔子道脈，除顏子一人以外，斷斷无有能會悟者，故再歎曰：「今則无」。○此中具有依正因果善惡无記煩惱業苦等一切諸法，而文章錯綜變化，使後世儒者无處可討線索，眞大聖人手筆，非子夏所能措一字也。歐陽腐儒乃疑非聖人所作，陋矣陋矣！

【譯註】

這一節分別指出了八卦象徵的意義，擴充了易理的空間，不再分粗細貴賤，不再論有情無情，完全一視同仁。禪師所謂「青青的翠竹，都是真如本性；芳香的黃菊，無非是般若的智慧」，還說「破牆爛壁，都是如來的真身」，以及「即使是佛是祖，也有汙穢之名，即使兔子長了角，烏龜長了毛，仍然可居上位」，就是這個意思。

上一節所說「乾，健也，坤，順也」，一直到「兌，悅也」的話，說明八種不同的德性，可以創造十方不同的世界，例如乾健的善者，可以是天、是君王，不善者，可以淪為貧瘠、雜亂；坤順的善者，可以是大地、是慈母，不善者，可以淪為悔恨、黑暗。其餘六卦也無不如此，可見隨緣的變化仍以不變為原則，因為習性把它們推遠了。貧瘠和雜亂都是乾健之德，悔恨和黑暗也都是坤順之德，可見隨緣的變化也遵守不變的原則，因為本性把它們結合在一起了。

如果我們以不變為體，以隨緣為用，世間便只有乾為圓、巽為木、艮為果這樣的形象了，哪裡還有天呀？所以《大佛頂經》說「沒這回事！」然而如果我們把隨緣之用歸屬於不變之體，天下就只有一個乾健的概念了，哪裡還有乾為圓、巽為木、艮為果這些不同的形象呀？所以《大佛頂經》又說「這些都是幻象！」懂得這個道理，便知道孔子的學說除了顏回，真的沒人領會，所以他歎息地說：「（顏回死後，）不再有人懂了！」

這節文章有因果，有善惡，卻不提煩惱、業障等話題，而文字奇譎跳動，讓後世學者摸不著頭腦。這篇大作，斷非子夏這樣的儒生能夠理會。歐陽修（在《集古錄》中）懷疑這篇文章不是孔子寫的，真夠腐朽呀！（歐陽修重道統，不言心性，不為宋明理學家所青睞，蕅益也不例外。）

序卦傳

有天地，然後萬物生焉；盈天地之間者惟萬物，故受之以《屯》。屯者，盈也；屯者，物之始生也；物生必蒙，故受之以《蒙》。蒙者，物之稚也；物稚不可不養也，故受之以《需》。需者，飲食之道也；飲食必有訟，故受之以《訟》。訟必有衆起，故受之以《師》。師者，衆也；衆必有所比，故受之以《比》。比者，比也；比必有所畜，故受之以《小畜》。物畜然後有禮，故受之以《履》。履而泰然後安，故受之以《泰》。泰者，通也；物不可以終通，故受之以《否》。物不可以終否，故受之以《同人》。與人同者，物必歸焉，故受之以《大有》。有大者不可以盈，故受之以《謙》。有大而能謙必豫，故受之以《豫》。豫必有隨，故受之以《隨》。以喜隨人者必有事，故受之以《蠱》。蠱者，事也；有事而後可大，故受之以《臨》。臨者，大也；物大然後可觀，故受之以《觀》。可觀而後有所合，故受之以《噬嗑》。嗑者，合也；物不可以苟合而已，故受之以《賁》。賁者，飾也；致飾然後亨則盡矣，故受之以《剝》。剝者，剝也；物不可以終盡剝，窮上反下，故受之以《復》。復則不妄矣，故受之以《无妄》。有无妄然後可畜，故受之以《大畜》。物畜然後可養，故受之以《頤》。頤者，養也；不養則不可動，故受之以《大過》。物不可以終過，故受之以《坎》。坎者，陷也；陷必有所麗，故受之以《離》。離者，麗也。

有天地然後有萬物，有萬物然後有男女，有男女然後有夫婦，有夫婦然後有父子，有父子然後有君臣，有君臣然後有上下，有上下然後禮義有所錯。夫婦之道，不可以不久也，故受之以《恆》。恆者，久也；物不可以久居其所，故受之以《遁》。遁者，退也；物不可以終遁，故受之以《大壯》。物不可以終壯，故受之以《晉》。晉者，進也；進必有所傷，故受之以《明夷》。夷者，傷也；傷于外者必反其家，故受之以《家人》。家道窮必乖，故受之以《睽》。睽者，乖也；乖必有難，故受之以《蹇》。蹇者，難也；物不可以終難，故受之以《解》。解者，緩也；緩必有所失，故受之以《損》。損而不已必益，故受之以《益》。益而不已必決，故受之以《夬》。夬者，決也；決必有所遇，故受之以《姤》。姤者，遇也；物相遇而後聚，故受之以《萃》。萃者，聚也；聚而上者謂之升，故受之以《升》。升而不已必困，故受之以《困》。困乎上者必反乎下，故受之以《井》。井道不可不革，故受之以《革》。革物者莫若鼎，故受之以《鼎》。主器者莫若長子，故受之以《震》。震者，動也；物不可以終動，止之，故受之以《艮》。艮者，止也；物不可以終止，故受之以《漸》。漸者，進也；進必有所歸，故受之以《歸妹》。得其所歸者必大，故受之以《豐》。豐者。大也；窮大者必失其居，故受之以《旅》。旅而无所容，故受之以《巽》。巽者，入也；入而後說之，故受之以《兌》。兌者，說也；說而後散之，故受之以《渙》。渙者，離也；物不可以終離，故受之以《節》。節而信之，故受之以《中孚》。有其信者必行之，故受之以《小過》。有過物者必濟，故受之以《既濟》。无不可窮也，故受之以《未濟》。終焉。

序卦一傳，亦可作世間流轉說，亦可作功夫還滅門說，亦可作法界緣起門說，亦可作設化利生門說，在儒則內聖外王，在釋則自利利他之訣也。

【譯註】

《序卦》篇是造業生死（世間流轉）的理論，是修道證涅槃（工夫還滅）的理論，是世間待緣而起的理論，也像是設定教化、利益眾生的理論。儒家稱之為內聖外王的學問，佛門視之為自利利他的寶典。

雜卦傳

剛柔合德，憂樂相關，與求互換，見雜相循，起止盛衰之變態，乃至窮通消長之遞承，世間佛法无不皆然，自治治人其道咸爾。而錯雜之說，以盡上文九翼中未盡之旨，令人學此《易》者，磕著砰著，无不在易理中也。筆端眞有化工之妙，非大聖不能有此。

【譯註】

剛柔相輔相成，悲喜出入相隨，施受相互交換，見與不見相互循環。至於生死興亡的變化，成敗得失的交替，世法也好，佛法也好，對己而言，對人而言，全無差別。這篇《雜卦傳》是《周易》十翼的最後一翼，交代了一切前面尚未交代的事情，讀易書的人即使猛撞瞎打，也不會脫離易理的天地。真有文字的神妙，非聖人誰能做到。

乾剛坤柔，比樂師憂。臨觀之義，或與或求。屯見而不失其居。蒙雜而著。

臨有能臨所臨，以卦言之，陽臨陰也；以爻言之，上臨下也。觀有觀示觀瞻，二陽觀示四陰，則陽爲能示，陰爲所示也；四陰觀瞻二陽，則陰爲能瞻，陽爲所瞻也。建侯而利居貞，故見而不失其居，包蒙而子克家，故雜而著。

【譯註】

臨（䷒），君臨天下，從卦相說，是陽輔導陰；從爻位說，是上籠罩下。觀（䷓），二陽在上施教，四陰在下瞻仰；陽是主人，陰是隨從；陽是施，陰是受。屯（䷂），居守正道，要講究威信，才能保住自己的意志。蒙（䷃），蒙昧的人需要教育，兒童是未來的主人翁，教育的力量起初看不見，後來才會彰顯。

震，起也。艮，止也。損、益，盛衰之始也。大畜，時也。无妄，災也。

損下益上爲衰之始，損上益下爲盛之始。時无實法，而包容萬事萬物，故大畜需約時言。所謂多識前言往行，以畜其德，三大阿僧祇劫修行者是也。自恃无妄，則便成災，所謂惟聖罔念作狂。又復道個如如，早已變了！

【譯註】

犧牲在下的，利益在上的（損），是衰敗的開始，犧牲在上的，利益在下的（益），是興旺的開始。人必須日新其德，與時俱進，才能有好的積蓄（大畜），這裡所謂的積蓄，指從往聖先賢的言行中吸收精神財富，就像用三大阿僧只劫的長時間累積功德求成佛道一樣。如果自視過高便會成災，訾聖謗佛，遲早走上瘋狂的道路。如果口口聲聲只說「諸法同體，全都一樣呀」（如如），把本末都倒置了！

萃聚，而升不來也。謙輕，而豫怠也。

勞謙反得輕安，豫悦反成懈怠，修德者所應知。

【譯註】謙虛過度會忽視自己，愉悦過度會變為懶散，修行者必須警惕。

噬嗑，食也。賁，无色也。

有間隔而可食，无采色爲眞賁。故違境不足懼，文采不足眩也。

【譯註】咀嚼需要空間，樸素的修飾才是真正的修飾。遇到逆境，不要恐慌；文采華麗，不足誇耀。

兌見而巽伏也。

欲說法者，還需入定。欲達道者，先需求志。

【譯註】

說法能令人快樂，但自己得有定力。通達四方，必先要有志向。

隨，无故也。蠱，則飭也。

隨不宜无事生事，蠱不妨隨壞隨修。

【譯註】

柔順不是無是生非，即使在失敗中，也有機會隨時修行。

剝，爛也。復，反也。晉，晝也。明夷，誅也。

爛則必反，晝則必誅，禍兮福所乘，福兮禍所乘，學《易》者所應觀象玩辭，觀變玩占者也。

【譯註】腐爛至極（剝），一定會有改善。一元復始（復），遲早會有變故。禍福從來互相追隨，研究《易經》的人，讀辭玩占，一定懂得這個道理。

井通而困相遇也。

井不動而常通，困雖窮而相遇，此示人以自守之要道也。

【譯註】井像如來，全然不動，卻給人無限的恩惠。澤中無水，逆來順受，未嘗不是脫困之方。有心守道的人，當以此為座右。

咸，速也。恆，久也。

速即感而遂通，久即寂然不動，斯爲定慧之道。

【譯註】感應快速而通暢，風雷多變而恆常。釋門定慧之道，也在咸、恆二卦之中。

渙，離也。節，止也。解，緩也。蹇，難也。睽，外也。家人，內也。否、泰，反其類也。

有離必有止，有緩必有難，有外必有內，有泰必有否，有否必有泰，類相反而必相乘，學《易》者不可不知。

【譯註】

有分散便有節制，有釋放便有阻難，有內便有外，有吉便有凶。物極必反，剛柔相乘，此是世間常理，學易的人怎會不知道呢？

大壯則止，遯則退也。

壯即宜止，遯即宜退，皆思患豫防之學。

【譯註】

壯大是好事，但不宜妄動，進退並無常法，有時退就是進。居安思危，這是預防未然最好的方法。

大有，衆也。同人，親也。革，去故也。鼎，取新也。

衆必相親，相親必革弊而日新其德。

【譯註】

富有的「大有」造成齊心協力的「同人」，但親近中會有弊害，不能沒有「革」的改造，也不能沒有「鼎」的更新。

小過，過也。中孚，信也。

有過不妨相規，相規乃可相信。

【譯註】

有過錯才會求人寬恕，求人寬恕才知道誠信的可貴。

豐，多故也。親寡，旅也。

豐必多故，旅必寡親，素位而行，存乎其人。

【譯註】富貴多淫逸，孑然一身會東西飄蕩，堅守正道才知做人的重要。

離上而坎下也。

智火高照萬法，定水深澄性海。

【譯註】萬法中，人需要智慧的火光；性海中，人需要深沉的定力。

小畜，寡也。履，不處也。

但懿文德，則其道寡。雖辨定分，與時變通，而无定局。

【譯註】蓄養待時，不宜只做片面的修持，把自己孤立。明辨上下，應時通變，才不迷失方向。

需，不進也。訟，不親也。大過，顛也。姤，遇也，柔遇剛也。漸，女歸待男行也。頤，養正也。既濟，定也。歸妹，女之終也。未濟，男之窮也。

不進乃可進，不親乃可親。大不可過，所以誡盈。柔能勝剛，所以成遇。定必須慧，故女待男。養正則吉，故需觀頤。已定者不必言，但當謀其未定者耳。終則有始，窮則思通。凡此，皆言外之旨，象中之意也。

【譯註】

等待也是一種前進，疏遠卻會越加親近。貪得不能無厭，過分永遠是錯。柔可以勝剛，所以剛柔可以相配。靜止需要智慧，所以男女先後有序。畜德養正的吉祥，要靠菩提的資糧。好漢不提當年勇，當謀取未來的成就。歸妹，是女子新生活的開始；未濟，是君子求存的開始。

夬，決也，剛決柔也，君子道長，小人道憂也。

上云乾剛坤柔，則剛柔乃二卦之德，豈可以剛決柔。使天下有乾无坤，其可乎哉？且立天之道曰陰曰陽，則天亦未嘗无陰也；立地之道曰柔曰剛，則地亦未嘗无剛也。今所謂剛決柔者，但令以君子之剛，決小人之柔，則小人可化爲君子，而君子道長。設使人以小人之剛，而決君子之柔，則君子被害，而小人亦无以自立，必終至于憂矣。

所以性善性惡，俱不可斷，而修善需滿，修惡需盡也。問：「何謂君子之剛？」答：「智慧是也。」「何謂君子之柔？」答：「慈悲是也。」「何謂小人之剛？」答：「嗔慢邪見是也。」「何謂小人之柔？」答：「貪痴疑是也。」噫！讀此一章，尤知宣聖實承靈山密囑，先來此處度生者矣！不然，何其微言奧旨，深合于一乘若此也？思之佩之！

【譯註】

乾的特性是陽剛，坤的特性是陰柔，所以「剛決柔」（陽剛決勝陰柔）的話是說不通的，我們怎能有乾無坤？天道是陰陽所生，所以陽剛中有陰；地道是剛柔所成，所以陰柔中也有剛。我們今天所說的「剛決柔」，是指用君子的剛去改變小人的柔，把小人能變為君子，這才是君子之道。如果用小人的剛去改變君子的柔，君子受到了傷害，小人也不再有安身立命的地方，必至憂患叢生。

人性中有善有惡，無法斷絕，所以盡力修善，盡力除惡，才是辦法。什麼是君子的剛呢？答案是「智慧」，什麼是君子的柔呢？答案是「慈悲」。什麼是小人的剛呢？答案是「憤怒、驕傲、偏見」，什麼是小人的柔呢？答案是「貪婪、欲望、痴呆、懷疑」。天哪！這真像孔子受到釋迦的囑咐，來人間度化眾生的口吻！否則他的微言大義，怎麼會如此契合我們大乘佛教的精神呀！我越想越感到敬佩！

《周易禪解》卷第十（圖說）

河圖

《繫辭傳》曰：「天一地二，天三地四，天五地六，天七地八，天九地十。天數五，地數五，五位相得而各有合。天數二十有五，地數三十，凡天地之數五十有五。此所以成變化而行鬼神也。」（此河圖之數也。解現《繫辭上傳》中。）

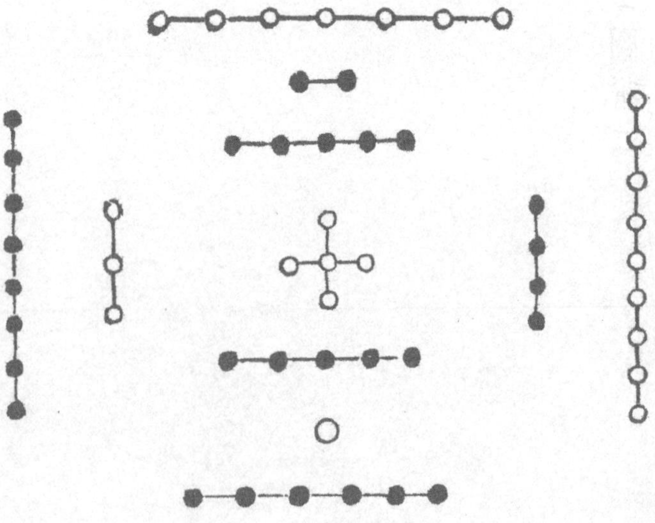

【譯註】

這是《河圖》數字的理論根據。解說已見《繫辭上傳》。

此先天之數，除中五天地生數以爲太極本位，用餘五十爲揲蓍之策也。五位相得者，一得五而爲六，二得五而爲七，三得五而爲八，四得五而爲九，中得一、二、三、四而爲十也。各有合者，一合六，二合七，三合八，四合九，五合十也。一與九爲十，二與八爲十，三與七爲十，四與六爲十，一、二、三、四爲十，共成五十。而中之五點，每點含十，故以中五爲本位也。

然雖先天之數，亦含後天八卦之用。且如一六生水，故坎居正北，二七生火，故離居正南，三八生木，故震居正東，四九生金，故兌居正西，五十生土，故土仍居中。

乾寄位于西北者，陽位陽數之間也；坤寄位于西南者，陰數陰位之盡也。陰陽互結而爲山，故艮居東北；陰陽互鼓而爲風，故巽居東南。

○約出世法者，一是地獄之惡，六是天道之善，爲善惡一對。二是畜生之惑，七是聲聞之解，爲解惑一對。三是餓鬼之罪苦，八是支佛之福田，爲罪福一對。四是修羅之嗔恚，九是菩薩之慈悲，爲嗔慈一對。五是人道之雜，十是佛界之純，爲純雜一對。

又約十度修德者，一是布施，六是般若，此二爲福慧之主，如地生成萬物，故居下。二是持戒，七是方便，此二爲教化之首，如天普覆萬物，故居上。三是忍辱，八是大願，此能出生一切善法，故居左。四是精進，九是十力，此能成就一切善法，故居右。五是禪定，十是種智，此能統御一切善法，故居中。

實則界界互具，度度互攝，蓋世間之數，以一爲始，以十爲終，《華嚴》以十表无盡，當知始終不出一心一塵一刹那也。

【譯註】

伏羲先天八卦的數理是以《河圖》為依據的。天地之數既然是55，河圖中心部位象徵天地的5，就成為太極的本位，剩下的50就成為卜卦時蓍草的數目。以5為本位，5加1就是6，加2就是7，加3就是8，加4就是9，而1、2、3、4相加就是10。但5仍是它們共同的基數：6是5＋1，7是5＋2，8是5＋3，9是5＋4，10則是5＋5。但這個10雖然代表無限，只是河圖數字的結合：1＋9＝10，2＋8＝10，3＋7＝10，4＋6＝10，5＋5＝10，1＋2＋3＋4＝10。河圖中五種結合相加在一起，正好是50。至於圖中象徵天地的五個圓點，每個點都包含圓滿的10，總數也正好是50。所以5是《河圖》基礎的數字。

不過伏羲的先天八卦按照《河圖》的標示，也適合於文王的後天八卦。從五行看，1和6生水，所以坎在正北方；2和7生火，所以離在正南方；3和8生木，所以震在正東方；4和9生金，所以兌在正西方，而5和10生土，所以土居中不動。

乾位於西北，因為它與震（長男）、坎（中男）和艮（少男）同在陽位上；坤位於西南，因為她與巽（長女）、離（中女）、兌（少女）同在陰位上。陰陽互相結合成山，所以艮居東北；陰陽相互鼓蕩成風，所以巽居東南。

○從出世間法看，1是地獄的罪惡，6是天道的善良，所以1和6（坎）是善惡的一對。2是畜生的疑惑，7是聲聞的解脫，所以2和7（離）是愚痴和智慧的一對。3是餓鬼的罪業，8是辟支佛的福田，所以3和8（震）是罪孽和福報的一對。4是阿修羅的憤恨，9是菩薩的慈悲，所以4和9（兌）是憤恨和慈悲的一對。5是人道的雜遝，10是佛地的純淨，所以5和10（大地）是純淨和雜亂的一對。

從菩薩的修行法看，1是布施，6是般若，這二者是福慧的的基礎，有如萬物在大地生長，所以居下。2是持戒，7是方便，這二者是教化的先決條件，有如蒼天覆蓋萬物，所以居上。3是忍辱，8是大願，能生一切善法，所以居左。4是精進，9是十力（如來的大力量），能成就一切善法，所以居右。5是禪定，10是種智（佛的一切智），能統領一切善法，所以居中。

事實上，一切境界相互溝通，一切法法相互包融。人世間一切的數理都從1開始，到10結束。《華嚴經》雖用10代表無限，我們應當知道，所謂的開始和結束，無不出於自一心，無不來自一粒微塵，無不生滅在短短的一剎那之間。這就是《河圖》給我們的啓示。

洛書

大禹因洛書而作《九疇》，今以一三五九居四方及中央正位，以二四六八居四維偏位，又隱其十。正表陽德為政，而陰德輔之。在人，則為知及仁守之學，智巧聖力之象也。

【譯註】

大禹從《洛書》取得靈感，寫下了他的《九疇》。圖象上我們可以清楚看見，奇數1、3、7、9處在畫面的四周，5在中央，偶數2、4、6、8則在畫面四個偏僻的角落，而10則全然隱藏不見。這表明國家的治

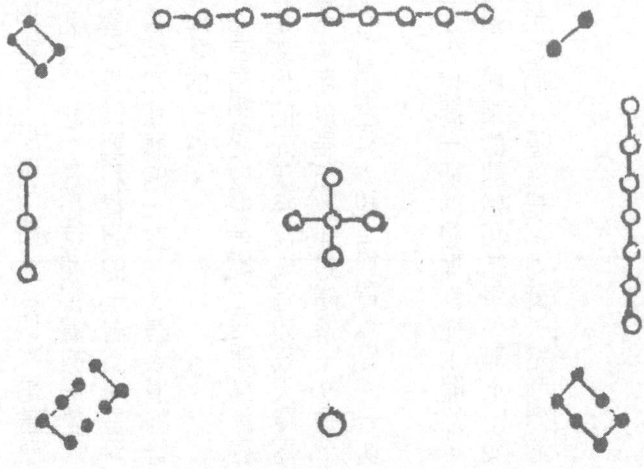

理，陽數為主，各當一面，陰數為輔，在旁襄助，協力完成治國的大業。從人事上看，這是一門認知和守仁的學問，具有智慧和聖功的形象。

左右前後縱橫斜直視之，皆得十五之數，以表位位法法中，皆具天地之全體滿數，非分天地以爲諸數也。物物一太極，于此可見。

約出世法，則九界皆即佛界，故不別立佛界之十。又九波羅蜜皆即種智，故不別立種智之十。蓋凡數法若至于十，便是一大數故，數于此終，即于此始。

【譯註】

《洛書》數字的神奇，在它無論從哪一角度出發做直線式的相加，其結果都是15。天是5，地是10，所以15這個天地的數字貫徹在《洛書》全圖中。數字並不是從太極中分解出來的，應該說天地間每一件事物，都是太極的整體。

從出世法看，九界都是佛界，所以不必另標示佛界來完成十界之名。又，九波羅密都是佛行，所以不必另標示佛智，來完成十波羅密之名。事實上，一切數字到了十，到達了頂峰，是舊的結束，同時也是新的開始。

伏羲八卦次序

繫辭傳曰：「易有太極，是生兩儀，兩儀生四象，四象說生八卦。」

（太極非動非靜，雙照動靜，故必具乎陰陽。陽亦太極，陰亦太極，故皆非動非靜，雙照動靜，還具陰陽而成四象。四象亦皆即是太極，所以亦皆非動非靜，雙照動靜，還具陰陽而成八卦。然則八卦只是四象，四象只是陰陽，陰陽只是太極，太極本无實法，故能立一切法耳。）

【譯註】

太極不動不靜，卻同時含有動靜，所以太極具有陰陽二性。陽是太極，陰也是太極，所

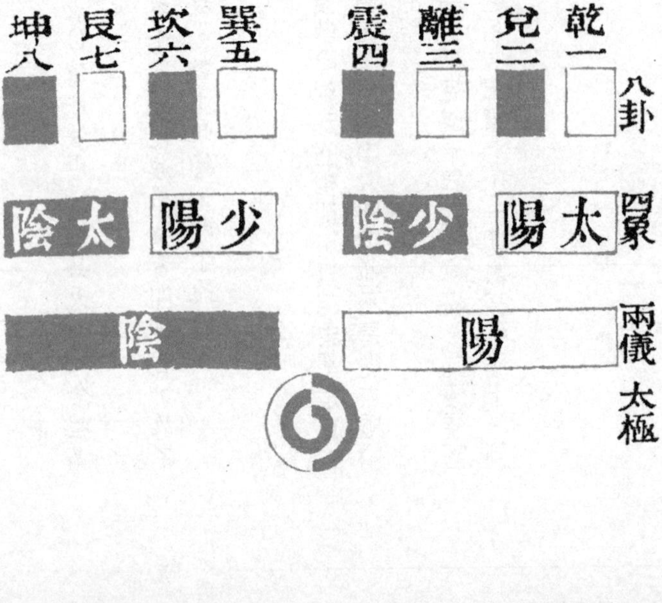

以陰陽雖不動不靜，卻同時含有動靜二性。當動靜與陰陽結合時，造成四象（太陽、少陽、太陰、少陰）。所以四象是陰陽，陰陽也是太極，而太極本來沒有實體的法性，所以太極才能生一切法。

若從一生二，從二生四，從四生八，從八生六十四等，是爲順數；若從六十四溯至八，八溯至四，四溯至二，二溯至一，一亦本无實法，是爲逆數。順數則是流轉門，逆數則是還滅門。流轉從陰陽二畫出，還滅從陰陽二畫入，故曰乾坤其易之門。聖人作《易》，要人即流轉而悟還滅，超脱生死轉回，故曰「《易》逆數也」。

【譯註】

眾生有始以來，雖迷於性命之理，卻能順生死之流。從一到二，從二到四，從四到八，從八到六十四，順理成章，順其自然，這便是「數往者順」，也是「順數」。反過來說，若從六十四追溯到八，從八追溯到四，從四追溯到二，從二追溯到一，一卻無可追溯，因為「一」是太極，沒有實體，是逆生死流，違逆自然，這便是「知來者逆」，也是「逆數」。順數的現象，在《俱舍論》中名為「流轉門」，逆數的現象，名為「還滅門」（造業受生死之果，謂之流轉；修道證得涅槃之果，謂之還滅）。「流轉」是從陰陽二象中順流走出來，「還滅」是從陰陽二象中逆流走回去：這便是為什麼《繫辭》說「乾坤其《易》之門耶」的道理了。聖人寫《周易》，是要人藉煩惱善惡的流轉，從時間的觀念上，逆向地領悟涅槃的還滅，了卻生死輪迴的痛苦，所以《說卦傳》說：「數往者順，知來者逆，《易》逆數也！」（《周易》是逆數的操作，逆生死之流而上，其意在溯本歸源！）

伏羲八卦方位

先天八卦，約體言之，乾南表天；坤北表地；離東表日；坎西表月；震居東北，動之初也；兌居東南，海之象也；巽居西南，入之初也；艮居西北，山之象也；須彌在此方視之，則居西北。日月星辰至西北，皆爲須彌腰所掩，故妄計天缺西北也。

【譯註】

伏羲的先天八卦，從圖像上看，乾在南方，代表天；坤在北方，代表地；離在東方，代表太陽；坎在西方，代表月亮；震在東北，是一切行動的開始；兌在東南，是海水的淵藪；巽在西南，風從這裡吹來；艮在西北，山從這裡升起。因此須彌大山應當就在這裡，它高出海面「三百三十六萬里」，日月星辰來到西北都被須彌的山腰給擋住了，古人不知，只好說「西北方的天空不見了」！

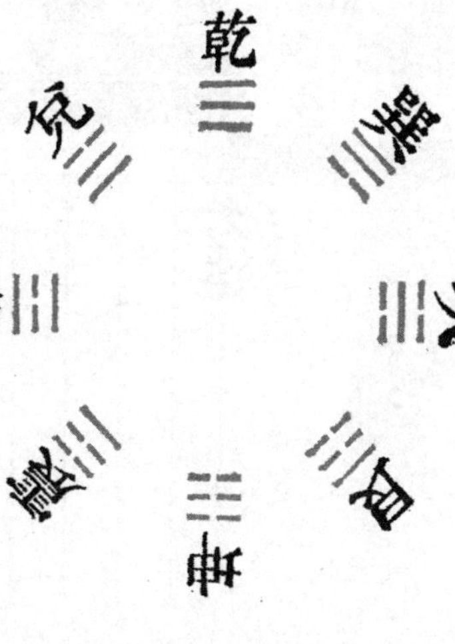

伏羲六十四卦次序

隨拈一陰一陽，必還具一陰一陽，故六重之而成六十四卦。其實卦卦无非太極全體，故得爲四千九十六卦也。

【譯註】

隨手從任何一個單卦裡拈出一個爻來，不論是陰是陽，這個爻可以變成另外一個單卦。因此八個單卦，每卦六爻，會變成六十四個重卦。用數字表示，就是：8×8=64。同樣情形，每個重卦都是太極的全體，因此每個重卦都含有六十四卦，那麼六十四卦，轉眼之間，就會變成四千九十六個卦了。用數字表示，就是：64×64=4096。

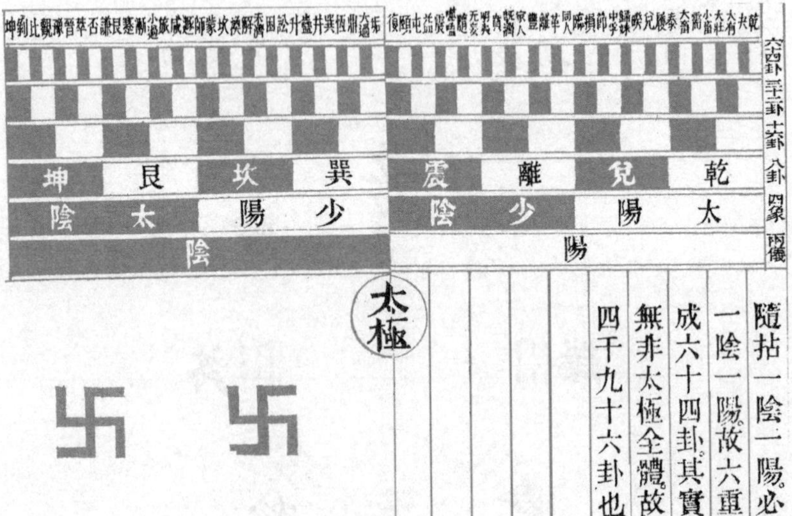

伏羲六十四卦方位

約一天下，亦以此卦圖而分布之；約一省一府一縣，亦各以此卦圖而分布之；近約一宅，亦以此卦圖而分布之；即單約一房一坐具地，亦以此卦圖而分布之。大不礙小，小不礙大，大亦只是六十四卦，小亦全具六十四卦，一時一刻亦有此六十四卦，亙古亙今亦只此六十四卦。若向此處悟得，便入華嚴事事无礙法界，故李長者借此以明華藏世界。不然，豈令福建在南，則有乾无坤，燕都在北，則有坤无乾，天竺在西，但爲坎地，支那在東，惟是離方也耶？

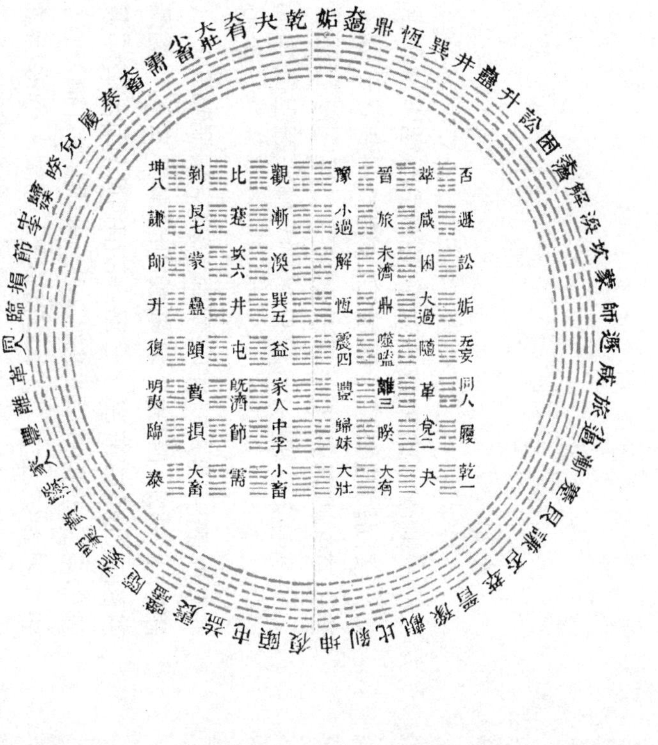

【譯註】

伏羲六十四卦方位圖如果當作地圖看，可以是天下，也可以是一省、一府、一縣。如果小至一棟房舍，也可指出它堂廡庭院的坐落，甚至一間房間之內，也可以視為行走坐臥的規劃。它的大中有小，小中有大，大是六十四卦，小仍然是六十四卦。從時間上看，短暫的一分一秒存在在這圖中，無限的永恆也存在在這圖中。如果這張方位圖能給你如此微妙的啓示，你便能進入《華嚴經》不可思議的空靈境界，無所不容，一目瞭然，有如日正中天！李長老（其人待考）也用這張圖作為「華藏世界」（即比盧舍那佛的蓮華淨土：色相無邊，功德莊嚴）的象徵。

這是一張複雜而抽象的地圖，不能用凡俗的眼光看它，否則層次不明，大小不分，就麻煩了！你說福建在南，你接受了乾，卻拋棄了坤；你說燕京在北，你接受了坤，卻拋棄了乾。如果一口咬定天竺（印度）在西，但那不是坎的位置嗎？如果硬說支那（震旦，就是中國）在東，但那不是離的天地嗎？主觀的心態在這裡全然失去了意義。

文王八卦次序

男即父，女即母，又父只是男，母只是女。坤體得乾爲三男，有慧之定，即止而觀也。震爲觀穿義，艮爲觀達義，坎爲不觀觀義。乾體得坤爲三女，有定之慧，即觀而止也。巽爲止息義，兌爲停止義，離爲不止止義。震動艮靜，坎能動能靜，乾非偏于動也；巽動兌靜，離能動能靜，坤非偏于靜也。又震動而出，巽動而入，艮靜而高，兌靜而深，坎兼動靜，而從上之下，上終不窮。離兼動靜，而從下之上，下終不盡。信知一一皆法界也。

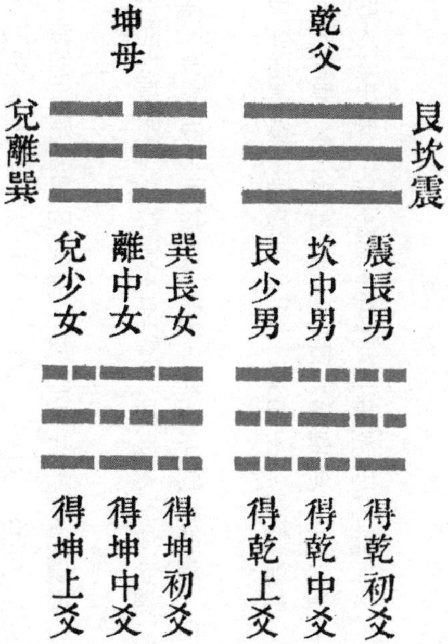

【譯註】

男是父，女是母，文王的八卦次序裡，父象徵男性，母象徵女性。坤體得到乾的初爻、二爻和三爻，依次成為震（長男）、坎（中男）和艮（少男）。他們慧中有定，因坤的定而得慧。震的慧是穿透，艮的慧是上達，坎的慧則是終止這種種的活動。

乾體得到坤的初爻、二爻和三爻，依次成為巽（長女）、離（中女）和兌（少女）。她們定中有慧，因乾的慧而得定。巽的定始於風的吹拂，兌的定止於水的蕩漾，離的定則是不讓這些活動終止。

震是雷，雷能動，艮是山，山能靜，而坎是水，水能動也能靜，所以乾父所表揚的並不全然是動。巽是風，風能動，兌是澤，澤能靜，而離是光明，光明能動也能靜，所以坤母所表揚的也並不全然是靜。

再說，震的動朝外，巽的動朝內，艮靜而高俊，澤靜而深沉。坎是水，能動能靜，但水總是從上往下流，因為源頭從不枯竭。離是火，能動能靜，但火總是從下往上揚，因為火永遠旺盛。這樣看來，後天八卦的人文世界，完全具有法界中實相的功能。

文王八卦方位

《說卦傳》曰：「帝出乎震，齊乎巽，相見乎離，致役乎坤，說言乎兌，戰乎乾，勞乎坎，成言乎艮。」又曰：「震，東方也，乃至艮東北之卦也。」

（此需約觀心工夫解釋，具在說卦傳解中。）（這段話需從觀心處看，在前面的《說卦傳》中已做解釋。）

後天八卦，約用而言：離表火騰，故旺于南；坎表水降，故旺于北；交發立豎，濕爲巨海，乾爲洲潬，故坎雖居北，而水輪含十方界，坤艮之土，亦遍四維，火勢劣水，抽爲草木，故有震巽；木旺于春，故震居東方；巽亦屬木，又

能生火，其象爲風，故居東南；地性堅者，名之爲金，金旺于秋，故居西方；乾亦屬金，又表須彌，是四寶所成，在此地之西北也。

（右圖說有八，或與舊同，或與舊異，只貴遙通儒釋心要而已，觀者恕之！蕅益敬識。）

【譯註】

文王的後天八卦是從實際的運用上著眼的：離代表火的上騰，所以旺於南方；坎代表水的下降，所以盛於北方。在它們交互影響下，潮濕的水氣構成大海，乾旱的土地形成大陸，所以坎雖居北方，它汪洋無際的水層卻漫延到十方世界。坤雖在西南，艮雖在東北，它們的土地也延伸到了四方之中。強烈的火勢能乾涸水分，但草木的生長保存了水分，無怪乎震有春雷，巽有熏風。由於樹木在春天最為興旺，所以震居東方。巽是木，木能生火，又能生風，所以巽居東南。堅硬的東西莫過於金，而秋是金的季節，所以兌居西方。最能代表金的莫過於乾，而乾就是金，他所代表的須彌山便由四種寶物構成：金、銀、琉璃和頗胝迦寶，乾的位置，因此就在西北。

（上面的圖說共八種，有些跟舊有的相同，有些跟舊有的不同，我利用它們約略地指出儒佛的要點，別無他求，請讀者包容！蕅益敬啓。）

Note

Note

Note

國家圖書館出版品預行編目資料

周易禪解／蕅益大師著；周春塘譯註. -- 三版. -- 臺北市：五南圖書出版股份有限公司, 2023.09
面； 公分.
ISBN 978-626-366-286-5（平裝）

1.易經 2.研究考訂

121.17 112010397

1XJK

周易禪解

全球第一本白話「佛教《易經》」、譯註本

作　　者 — 蕅益大師
譯　　註 — 周春塘
發 行 人 — 楊榮川
總 經 理 — 楊士清
總 編 輯 — 楊秀麗
副總編輯 — 黃惠娟
責任編輯 — 魯曉玟
封面設計 — 姚孝慈
出 版 者 — 五南圖書出版股份有限公司
地　　址：106台北市大安區和平東路二段339號4樓
電　　話：(02)2705-5066　　傳　真：(02)2706-6100
網　　址：https://www.wunan.com.tw
電子郵件：wunan@wunan.com.tw
劃撥帳號：01068953
戶　　名：五南圖書出版股份有限公司

法律顧問　林勝安律師

出版日期　2016年8月初版一刷
　　　　　2020年9月二版一刷
　　　　　2023年9月三版一刷
　　　　　2024年3月三版二刷

定　　價　新臺幣930元